THÉÂTER-MUSÉUM DALÍ IN FIGUERES

ANTONI PITXOT
MONTSE AGUER
JORDI PUIG

TRIANGLE▼POSTALS

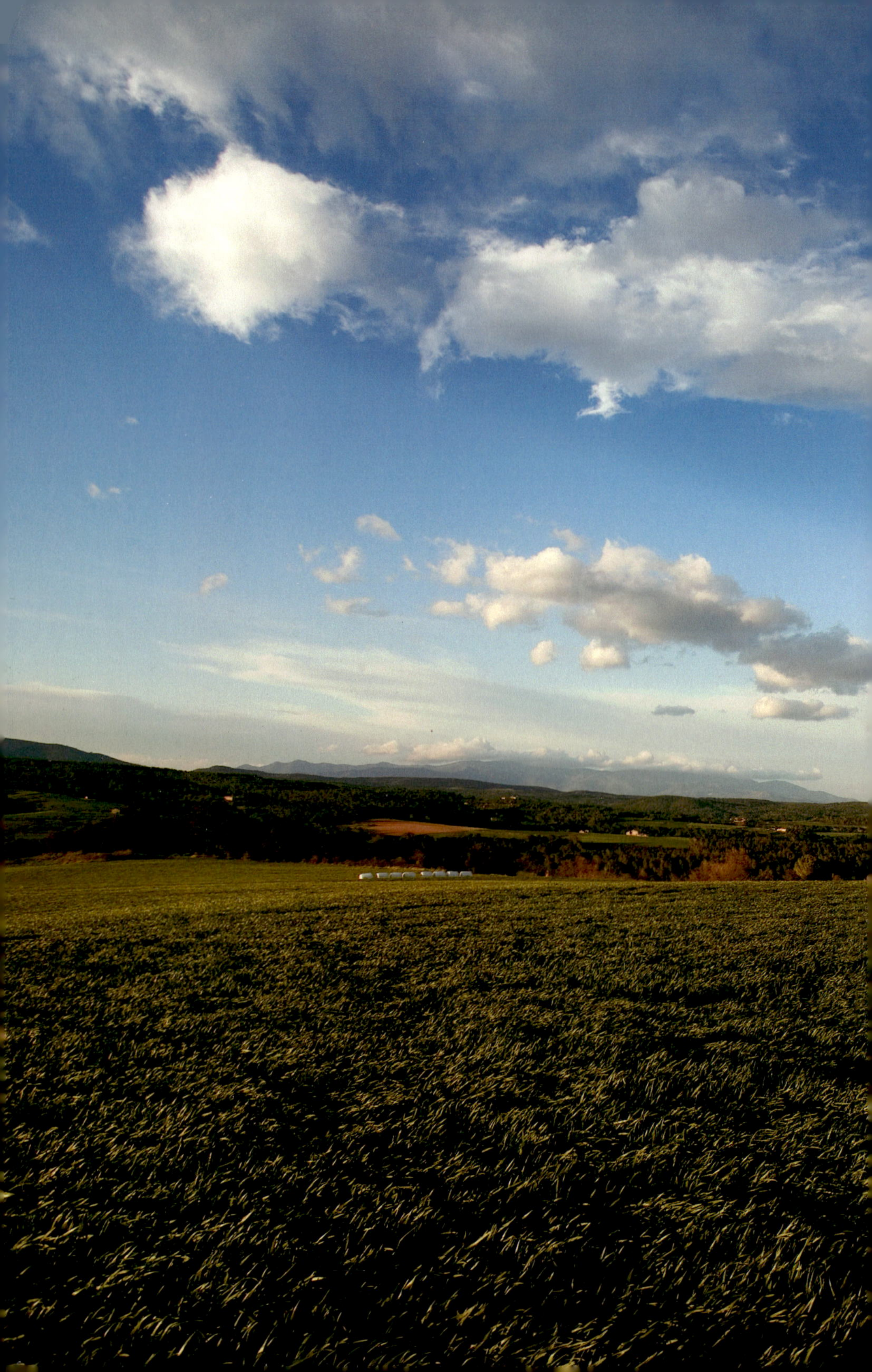

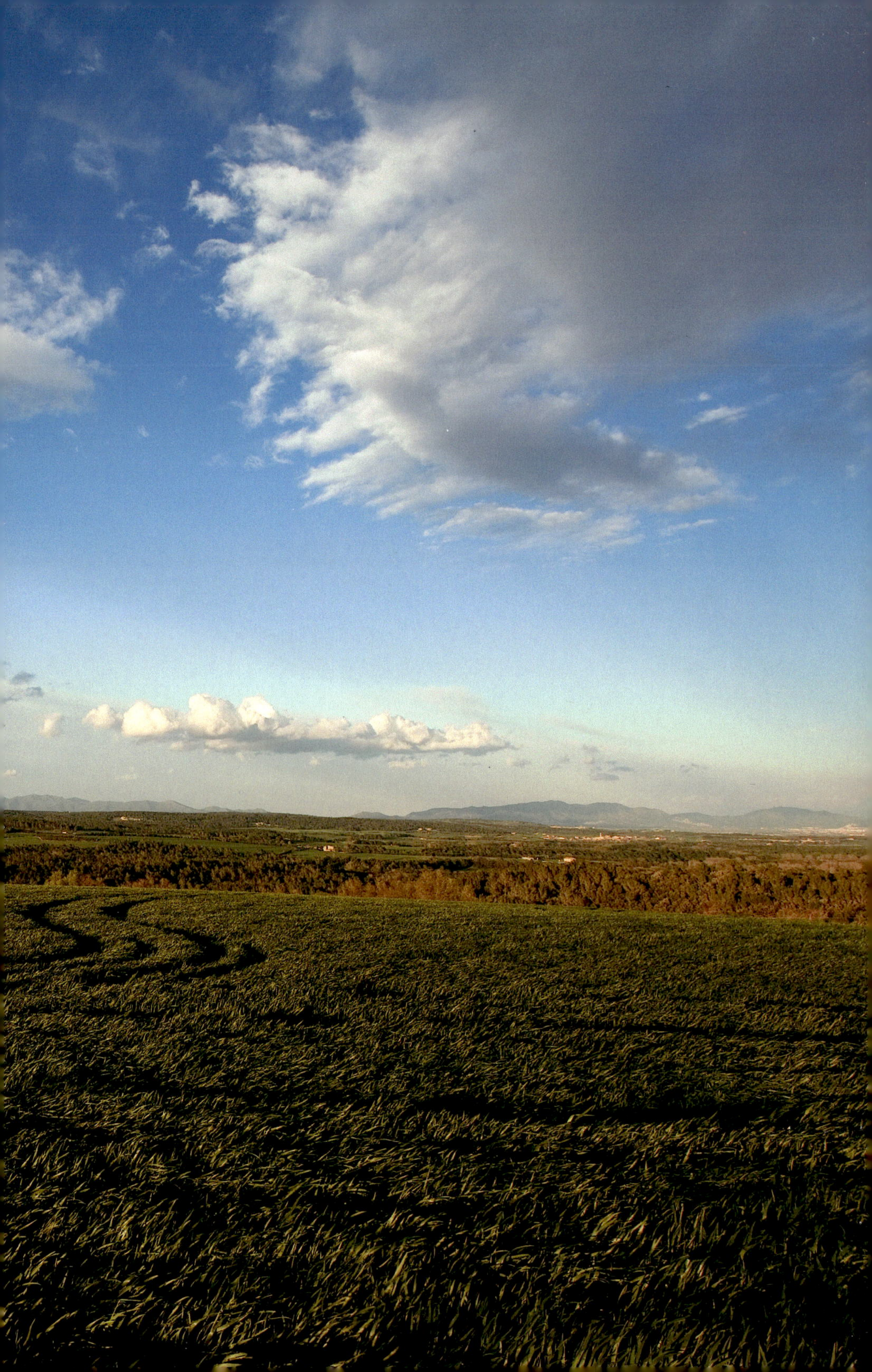

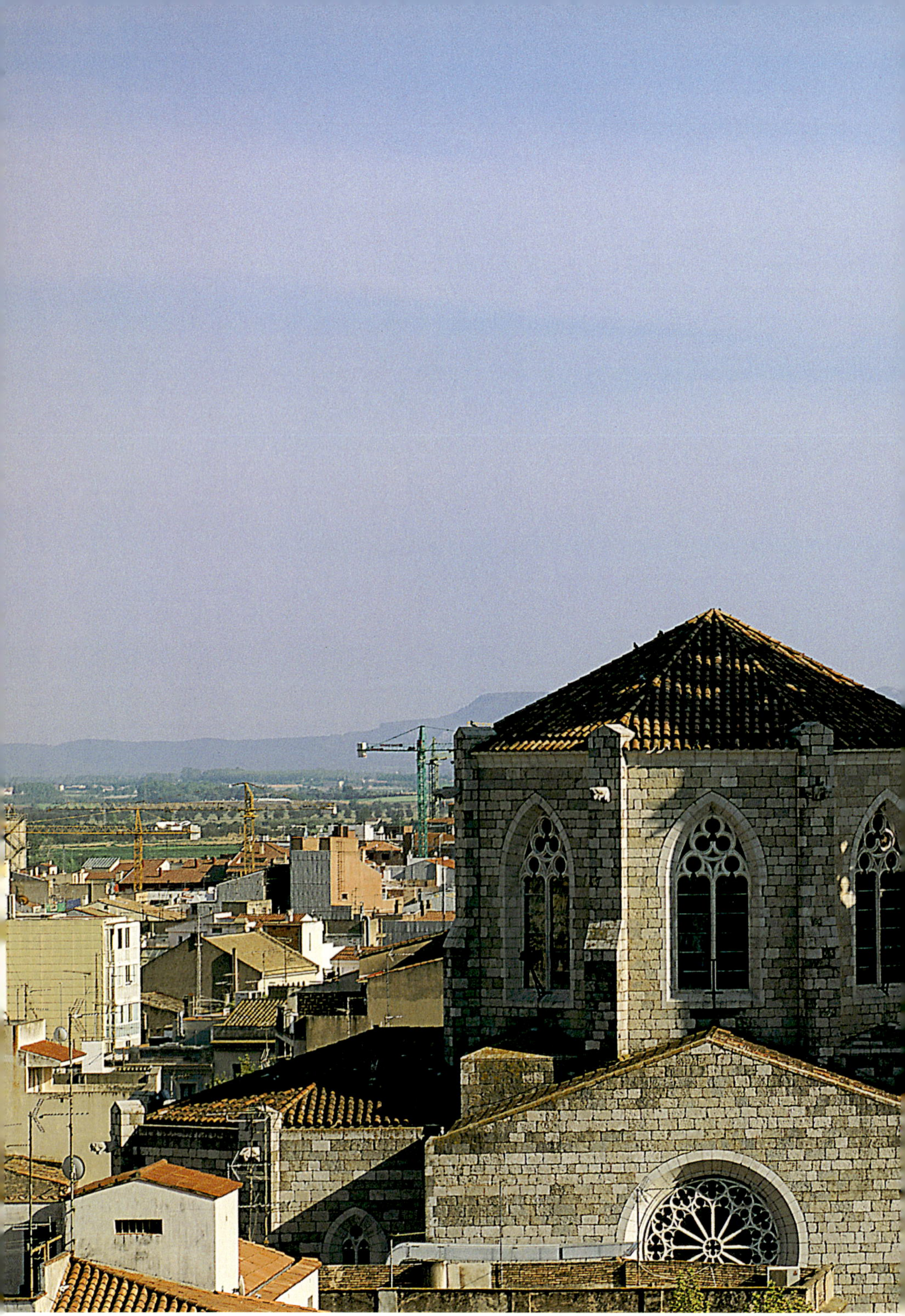

Figueres mit der Kirche Sant Pere und der Kuppel des Theater-Museums Dalí im Vordergrund.

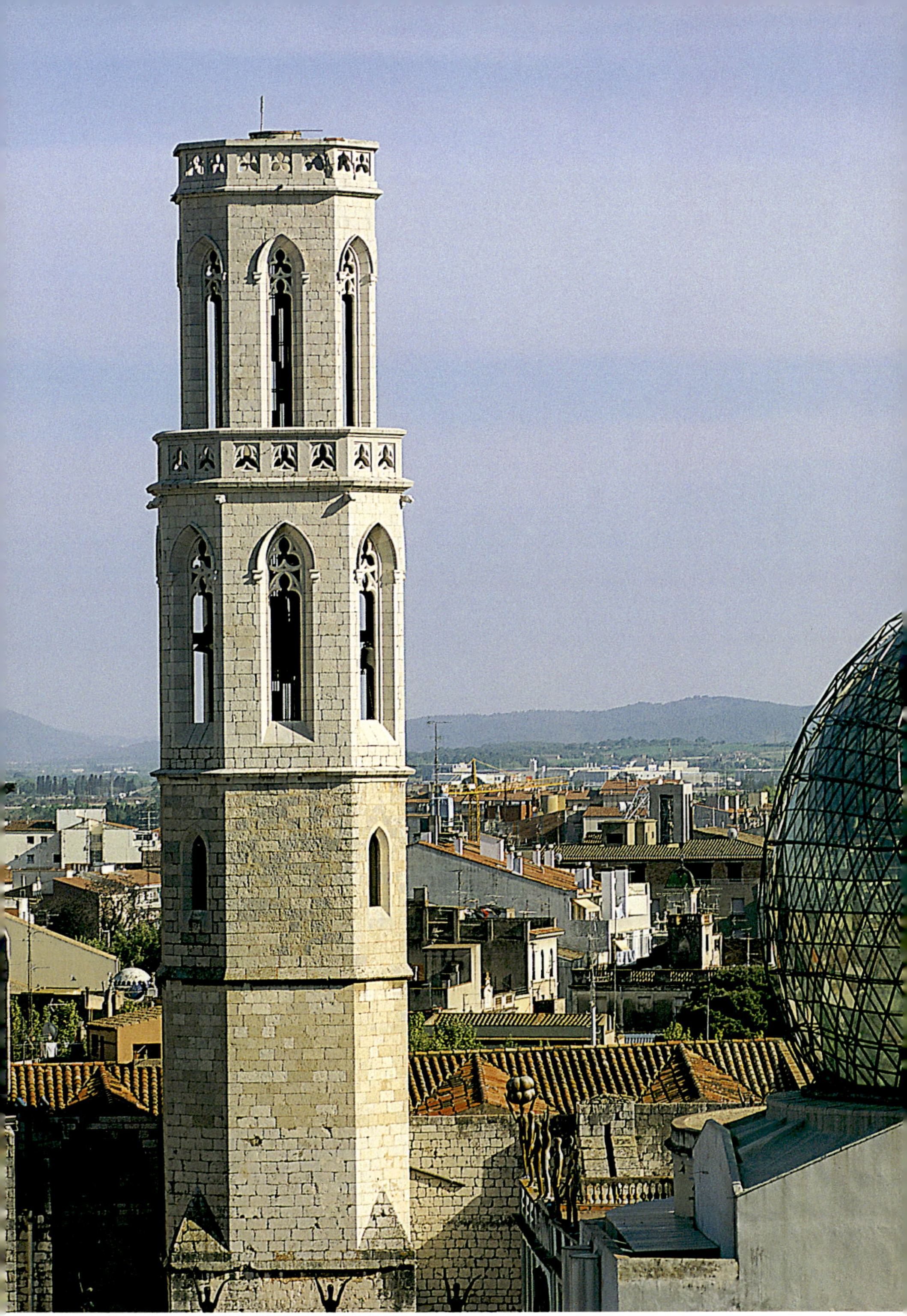

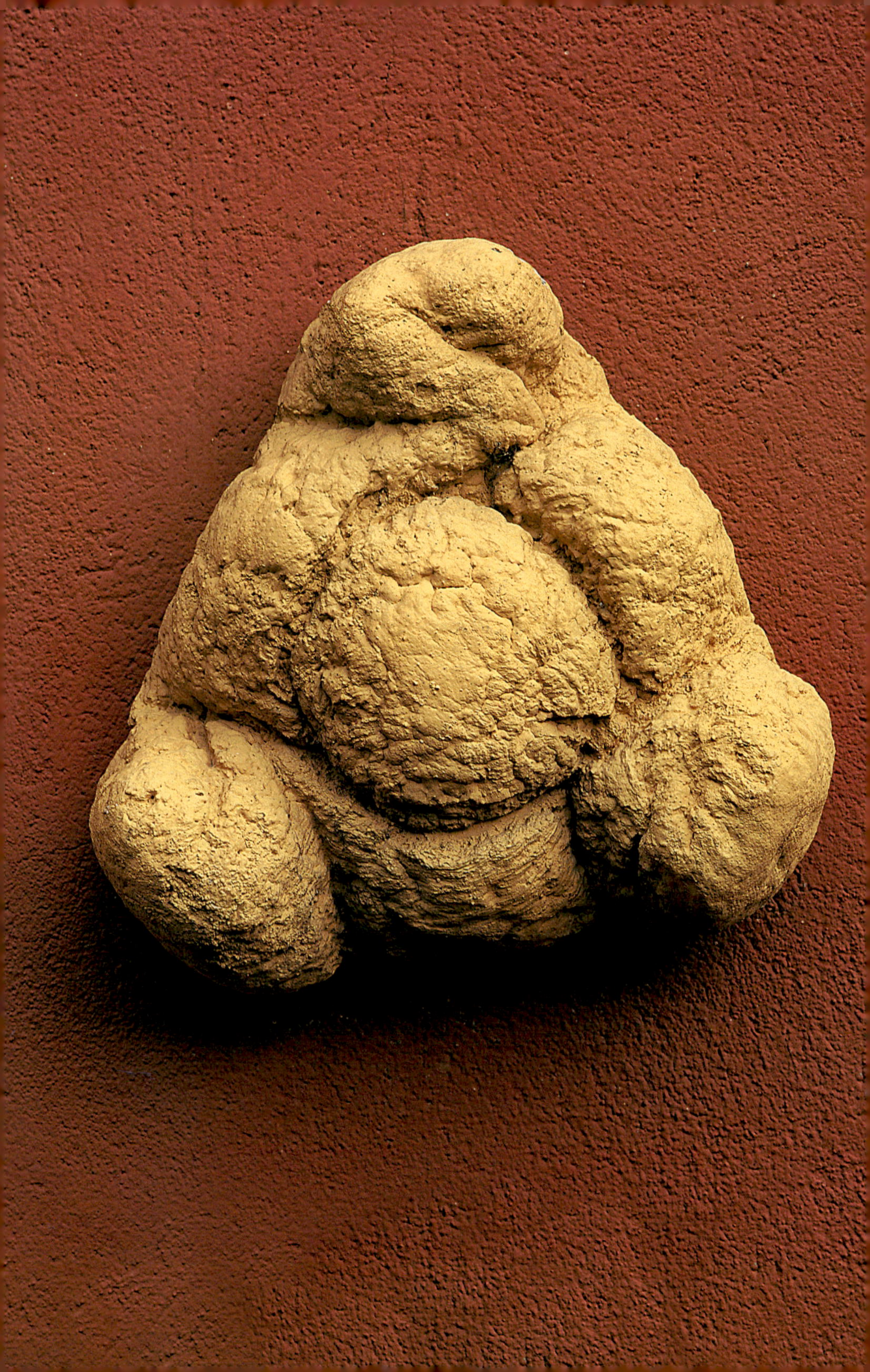

WAS VERSTEHEN WIR UNTER DEM THEATER-MUSEUM DALÍ

Ein einzigartiger Raum, ein vorbildliches Museum, das auf Grundlage eines bestimmten Konzeptes eines Künstlers geschaffen wurde, um die semantischen Möglichkeiten seines Werkes zu verstärken. Ein herausragendes Werk, das so angelegt ist, dass dem, was die Konzepte und Ideen beitragen, der Vorrang vor dem gegeben wird, was der chronologische Historizismus zu bieten hat. Eine andere Blickweise ist ein Teil von dem, was wir finden und was wir brauchen, um das Theater-Museum Dalí in Figueres zu verstehen. Dalí distanzierte sich von den Modetrends, als er dieses Gesamtkunstwerk, dieses große surrealistische Projekt oder *ready-made*, wie er es manchmal nannte, schuf. Und es entstand ein Zentrum voller Andeutungen, Bejahungen und Provokationen, die das Interesse aller Besucher und Betrachter wecken.

Dieses Museumszentrum spiegelt die allgemeine Struktur des Schaffens Dalís wider. Es projiziert seine innere Welt und ist eine Art Rundgang durch die künstlerische Laufbahn und das Leben von Salvador Dalí, basierend auf den surrealistischen Gesichtspunkten des Ausstellungskonzeptes und des Autors selbst. In diesem Zentrum wird uns die Entwicklung des Werkes Dalís gezeigt: impressionistische, futuristische, kubistische, pointillistische, fauvistische und schließlich die surrealistischen Gemälde, von seiner klassizistischen Phase bis zum nuklearen Mystizismus. Da sind die Werke, die mit dem Fortschritt der Wissenschaften in Beziehung stehen, und seine letzten Schöpfungen aus den Jahren 1980 bis 1983, in denen Dalí wieder auf die großen Klassiker, insbesondere auf Michelangelo und Velazquez zurückkam. Wir entdecken Dalí als Provokateur, Mystiker, Bühnenbildner, Wissenschaftsbegeisterten; und Vieles von dem Künstler in seiner letzten Schaffenszeit.

Man kann dieses Museum nicht verstehen, ohne die Verbundenheit des Malers mit der Stadt Figueres, in der er geboren wurde und starb, zu kennen, und die Landschaft und Idiosynkrasie des L'Empordà. Aber gleichzeitig war Dalí auch ein sehr internationaler Künstler. Er selbst schrieb: „L'Empordà soll durch das Theater-Museum Dalí universell werden". Diese Landschaft und Schauplätze sind wichtig, denn sie sind ein Teil seines Werkes. Man kann Dalí, den Künstler, die Persönlichkeit und den Menschen nicht verstehen, ohne die Umgebung, in der er lebte, zu kennen.

„Jeder von uns sollte das Museum als ein Kunstwerk an sich verstehen, wie einen Text von Raymond Roussel, voller Information, aber völlig ohne tiefgehende Erklärungen. Das heißt, dass jeder aus dem, was er sieht, seine eigenen Schlussfolgerungen ziehen kann, die eher mit seiner eigenen Psychologie und seiner Kosmogonie verbunden sind."

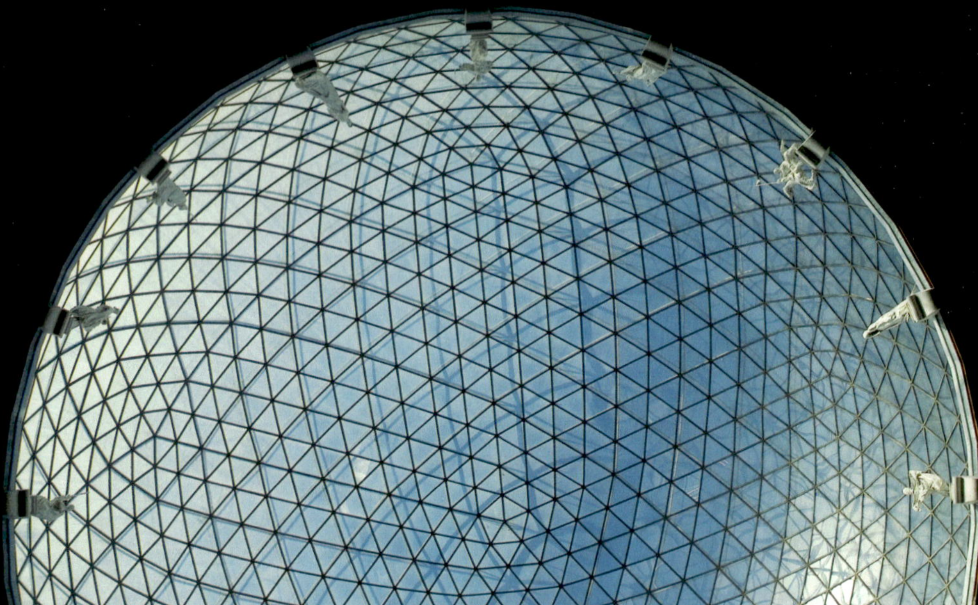

THEATER-MUSEUM
DALÍ
IN FIGUERES

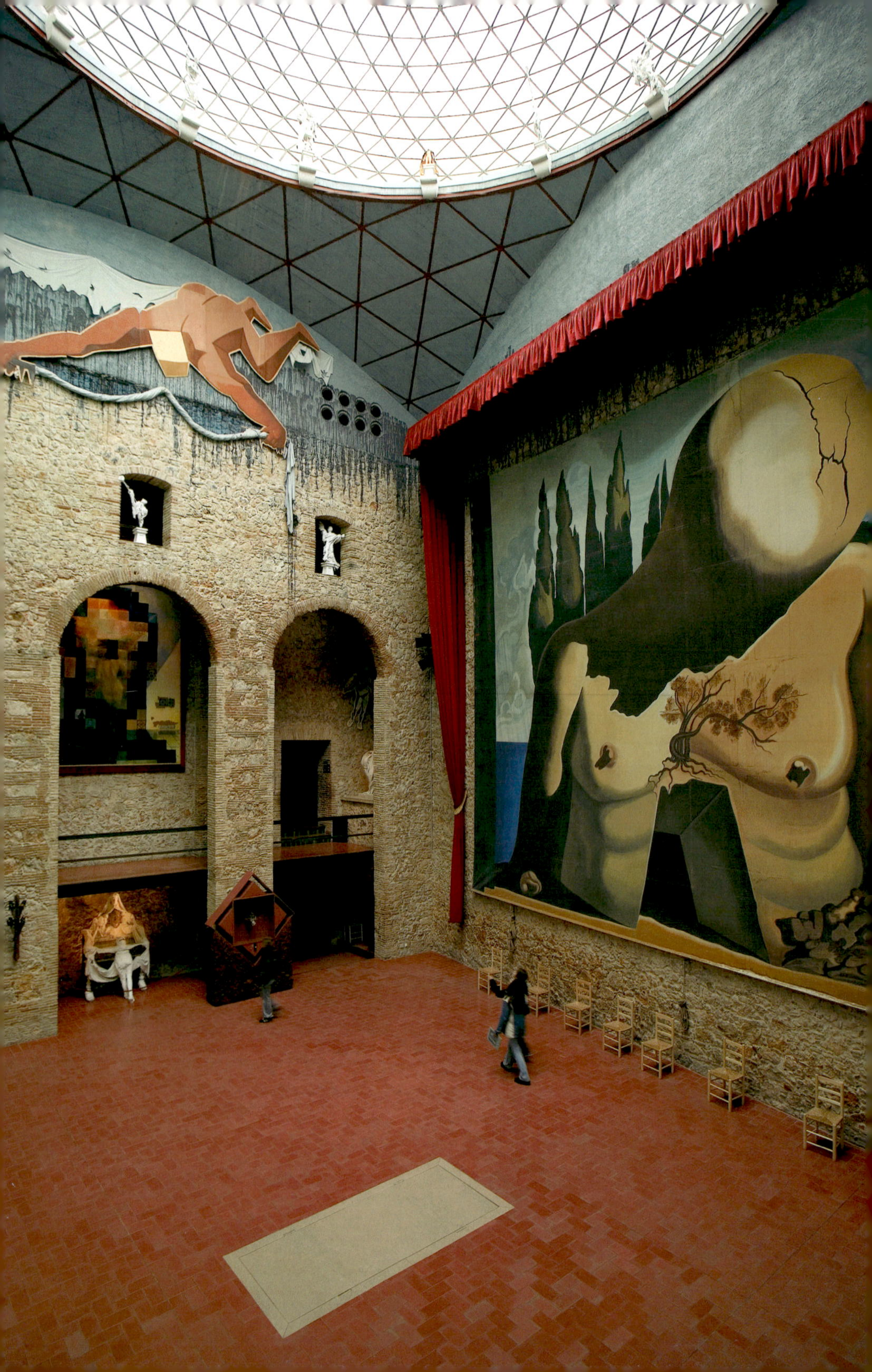

ENTSTEHEN UND ENTWICKLUNG DES THEATER-MUSEUMS DALÍ

1954 zeigte Salvador Dalí eine „Mostra di quadri, disegni ed oreficeri" im Saal Cariatides des Königspalastes von Mailand. Dieser Palast, der seinem Freund, dem Grafen Theo Rossi di Montelera gehörte, war bombardiert worden und inspirierte Dalí, so dass er an die verbrannten Wände des Stadttheaters von Figueres, seiner Geburtsstadt, als Ausstellungszentrum für seine Werke zu denken begann. Am 8. August 1961 äußerte Dalí in Figueres seinen Wunsch, das Museum zu schaffen, und sagte: „Mein Wahlspruch war schon von sehr jung an der von Herrn Montaigne, als er sagte, dass der einzige Weg, um zum Universellen zu gelangen, über das Ultralokale führt (...). Hier machte ich die erste Ausstellung meines Lebens. Jeder Zentimeter dieser halb verfaulten Wände ist ein abstraktes Bild".

Im Oktober 1960 wurde Ramon Guardiola Rovira zum Bürgermeister von Figueres ernannt und er bat den Maler, ein Bild für das Heimatmuseum zu stiften, das Museu de l'Empordà de Figueres. Auf Wunsch des Bürgermeisters wiederholt der Fotograf und gemeinsame Freund Melitó Casals "Meli" diese Bitte und Dalí antwortet ihm, dass er seiner Geburtsstadt nicht nur ein Werk stiften würde, sondern ein ganzes Museum.

Der Erschaffungsprozess des Theater-Museums begann 1961. Am 12. August ehrt die Stadt den Künstler mit zahlreichen Veranstaltungen, unter anderem mit einem Stierkampf, für den Dalí ein Plakat mit der Zeichnung eines sich erhebenden Stieres entwarf. Sein Wunsch war es, dass ein Hubschrauber den toten Stier abholen sollte, was aber aufgrund des starken Tramontana-Windes am Tage des Stierkampfes nicht möglich war. Das war aber noch nicht alles, was er sich für dieses Ereignis ausdachte, er beauftragte auch die Künstler Niki de Saint Phalle und Jean Tinguely mit einem Stier aus Gips. Dieser explodierte am Ende des Stierkampfes und es folgte ein Feuerwerk. Später wurde ihm das "Fulla de Figuera" [Feigenblatt], überreicht, die höchste Auszeichnung der Stadtverwaltung, und in der gleichen Nacht, um halb neun, gab er in dem noch zerstörten Stadttheater bekannt, was für Pläne er für dieses Gebäude hatte. Es handelte sich um einen Ort, der seiner Meinung für sein Vorhaben vorbestimmt war, denn hier stellte er zum ersten Mal in der Öffentlichkeit im Jahr 1919 seine Werke aus. Dalí erklärte: „Wo sonst, wenn nicht im meiner Stadt, soll das Extravaganteste und Dauerhafteste meines Werkes fortbestehen? Wo sonst als hier? Das, was vom Stadttheater noch übrig ist, erscheint mir aus drei Gründen als sehr geeignet: Der erste Grund ist, dass ich ein vor allem theatralischer Maler bin, der zweite Grund ist, dass sich das Theater gegenüber der Kirche befindet, in der ich getauft wurde, und Sie wissen ja, dass ich römisch-katholisch und apostolisch bin, und der dritte Grund ist, dass ich im Saal des Vestibüls dieses Theaters zum ersten Mal meine Gemälde ausgestellt habe".

„Tatsächlich finden wir dort in geschickter Inszenierung alle Obsessionen des Erfinders der paranoisch-kritischen Methode."

1964 erklärte der Maler in der Zeitschrift *Time*, dass sein Museum mit der Montage einer netzartigen Kuppel von Richard Buckminster Fuller über der ehemaligen Bühne des Theaters begonnen werden sollte, das in den Jahren 1849 und 1850 nach Plänen des Architekten Josep Roca i Bros gebaut wurde. Am 29. Januar 1968 wurde laut eines Vorschlags der Stadt vereinbart, dass das Theater zum Dalí-Museum werden sollte. Schließlich wurde im Jahr 1969 der Architekt Emilio Pérez Piñero mit der Errichtung der geodätischen Kuppel beauftragt. Er war zu jener Zeit der einzige Architekt in Spanien, der solche Strukturen plante. Am 1. April 1970 gab der Künstler während einer Pressekonferenz im Gustave Mureau Museum im Paris bekannt, dass in Figueres das Dalí-Museum entstehen würde. Am 26. Juni des gleichen Jahres billigte der Ministerrat das Bauvorhaben zur Schaffung des Theater-Museums. Die Bauarbeiten wurden vom Wohnungsministeriums unterstützt, was auf die Tatsache zurückzuführen war, dass Figueres infolge der Bombardierungen während des Spanischen Bürgerkriegs als „zerstörte Region" eingestuft wurde.

Am 13. Oktober 1970 fand eine vorerste Einweihung des Theater-Museums statt, während der Dalí dem Publikum das mittlere Deckengemälde des Windpalastes zeigte und die komplette Skizze ausstellte. Der Wiederaufbau des Gebäudes wurde von dem Architekten Joaquim Ros de Ramis, der auch das Picasso-Museum in Barcelona geschaffen hat, und dem Architekten aus Figueres Alexandre Bonaterra geleitet. Im August und September 1973 wurde das Museum in allen Medien vorgestellt, und die Ausstellung „Dalí, su arte en joyas" [Dalí, seine Kunst in Schmuckstücken] zugunsten der „Sociedad Española de Amigos de la Infancia" [Spanische Gesellschaft der Freunde der Kindheit] organisiert. Diese Ausstellung kann man als ein Vorspiel zur offiziellen Einweihung bezeichnen. Und schließlich fand am 28. September 1974, nach einem ständigen Auf und Ab, langwierigen Prozessen und viel Wartezeit dank der ständigen Unterstützung der Stadt und ihres Bürgermeisters und der direkten und aktiven Mitarbeit des Malers bei der Entwicklung die große Einweihung des Theater-Museums Dalí statt. Ramon Guardiola beschreibt in seinem Buch *Dalí y su museo* [*Dalí und sein Museum*] die Ereignisse dieses Tages: „ Das Museum stand kurz vor der Eröffnung. Der Erfolg war zu groß. Es war ein organisiertes Chaos. Die Verantwortlichen für die öffentliche Ordnung hatten wirklich zu kämpfen. Es war unvermeidlich, dass sich eine riesige Menschenmenge einfand (...) Als Dalí und die Politiker zum Theater-Museum kamen, schnitt der stellvertretende Regierungspräsident das Band durch und weihte das Museum offiziell ein. Alle bewunderten das Museum, und es kam eine Überraschung nach der anderen. Dalí erklärte seinen Begleitern verschiedene Einzelheiten. Als man zu der ehemaligen Bühne kam, die nun von der Kuppel von Pérez Piñero gekrönt wurde, dirigierte der Dirigent Ernesto Halffter eine Interpretation der Hymne an das Dalí-Museum (...)".

Das Museum wuchs wie ein lebendiger Organismus weiter und faltete sich aus, da der Künstler bis zum Jahr 1989, seinem Todesjahr, Änderungen vornahm und neue Werke darin aufnahm. Dieses Zentrum ist sein letztes großes Werk und die Krönung eines Gesamtkunstwerkes.

Wenn wir gegenwärtig vom Theater-Museum Dalí reden, beziehen wir uns auf zwei sehr unterschiedliche Museumseinrichtungen: Das erste Museum ist das ehemalige Stadttheater, ein im 19. Jh. von dem Architekten Roca i Bros geplanter Bau, der am 19. Februar 1939 ungewollt von einer Gruppe Soldaten des in Marokko rekrutierten Heers Francos abgebrannt wurde, und das nach den Kriterien und Entwurf des Malers selbst in das Theater-Museum umgestaltet wurde. Dieses Gebäude bildet ein einziges künstlerisches Objekt, in dem jedes Element ein untrennbarer Bestandteil des Ganzen ist, ein Werk des Künstlers, das so erhalten bleibt, wie er es geschaffen hatte. Den zweiten Teil des Museums bilden eine Reihe von Sälen, die durch die ständigen Erweiterungen des Originalgebäudes des Stadttheaters entstanden sind. Da ist zum einen die Krypta, da es Dalís Wunsch war, unter der Kuppel seines Museums begraben zu werden, und die Säle, die zur Torre Galatea gehören, ein Gebäude, das 1981 erworben wurde und das zu den ehemaligen mittelalterlichen Stadtmauern gehört. In diesem Gebäude lebte Dalí vom Oktober 1984 bis zu seinem Tod am 23. Januar 1989. Bevor er hierher zog, arbeitete der Maler an der Dekoration der Fassade und an der neuen Gestaltung des Gebäudes. Am 9. Oktober 1983 kündigte er an, „dass sich ab heute der Turm Gorgot Torre Galatea nennen würde, ein Denkmal an alle Rätsel". Der Turm würde, laut Dalí, „alle geheimen Relikte der Reise der Argonauten unter der Inschrift „Allen verboten, die keine Helden sind" beherbergen und auch die Höhle der Rätsel". Er schlägt auch vor, dass in anderen Gebäudeteilen das Arbeitszimmer von Francesc Pujols rekonstruiert werden sollte. Außerdem sollte ein Saal für Projektionen mit einer Inschrift unter der Tür geschaffen werden, die sagte, „dass den Kunstkritikern der Zugang nicht gestattet sei", und es sollten die neuen wissenschaftlichen und ästhetischen Entdeckungen studiert werden, die sich aus den Theorien des Mathematikers René Thom ableiten. Er machte auch die ersten Skizzen für die Dekoration der Fassade der Torre Galatea mit Schaufensterpuppen, Eiern und harten Brotstücken.

Am 1. Juli 1990 wurde eine Erweiterung des Theater-Museums im gleichen Gebäude eröffnet, in dem einst der Künstler gelebt hatte. In diesen Räumlichkeiten werden insbesondere die Werke seiner letzten Schaffenszeit zwischen 1979 und 1983 gezeigt. Am 19. Mai 1994 wurden während einer Veranstaltung, bei der das spanische Königspaar den Vorsitz führte, die sogenannten „neuen Säle" eröffnet, die sich in dem Anbau befinden, der einst die Fonda Condal der Stadt war und in der sich später ein Antiquitätenhändler befand. Hier werden die letzten Anschaffungen der Stiftung Gala-Salvador Dalí gezeigt, beherrscht von dem riesigen Gemälde Die *Apotheose des Dollars,* (1965) **[C40]**. Im Juni 1999 erwarb die Stiftung die Schmucksammlung, die bis dahin im Besitz der nordamerikanischen Stiftung Owen Cheatham war und die im Theater-Museum Dalí zur Lebenszeit des Künstlers in den Monaten August und September 1973 ausgestellt wurde, ein Jahr nach der Eröffnung des Museums. Diese Sammlung wurde im Jahr 2001 in dem gleichen Raum gezeigt, der zu diesem Zweck eigens von dem Architekten Oscar Tusquets neu gestaltet wurde. Den Besuchern wurden nicht nur die Schmuckstücke gezeigt, sondern auch die dazugehörigen, vorbereitenden Zeichnungen. Im Zentrum dieser Ausstellung und der neuen Säle befindet sich das Ölgemälde Die *Apotheose des Dollars* aus dem Jahr 1965.

Der gesamte Komplex des Theater-Museums ist nichts anderes als die Projektion und Verwirklichung der Vorstellungen und kreativen Energien des Künstlers. Dalí selbst erklärte dies so: „Es ist offensichtlich, dass andere Welten existieren, das ist ganz sicher. Aber wie ich schon so oft gesagt habe, befinden sich diese Welten in unserer, sie sind auf der Erde und genauer gesagt im Zentrum der Kuppel des Theater-Museums, wo sich die ganze neue, unerwartete und faszinierende Welt des Surrealismus befindet".

Ebenso interessant ist die Bedeutung, die Ignacio Gómez de Liaño dem Theater-Museum Dalí beimisst: ...es handelt sich um ein wahres Gedächtnistheater, das dem gleicht, das der Humanist und schwer verständliche Venezianer Giulio Camillo in der Epoche der Renaissance schuf (...) der „sein Theater, wie Zuichemius Erasmus erzählte, mit einer Vielzahl von Namen belegte und der sagte, dass es sich um einen erbauten oder konstruierten Geist handelte, aber auch um einen Geist und eine Seele mit Fenstern. Er behauptet, dass alle Dinge, die der menschliche Geist begreifen kann und die wir nicht mit den Augen des Körpers selbst sehen können, durch bestimmte materielle Zeichen ausgedrückt werden können, so dass der Beobachter sofort mit seinen Augen das wahrnehmen kann, was andernfalls in den Tiefen des menschlichen Geistes verborgen bleiben würde. Und aufgrund seines Aussehens nannte er es Theater". Und Gómez de Liaño fährt fort: „Das Theater von Figueres, oder von Figuren, wie man sagen könnte, stellt ein System von mnemonischen Orten dar, analog zu denen, die sich Giulio Camillo vorstellte, um dem Gedächtnis ein Antlitz zu verleihen, um das zu zeigen, was verborgen ist, um Fenster zur Seele zu öffnen, um diesem Ort eine dauerhafte Konsistenz zu verleihen".

Jeder der Räume und jedes der Werke des Theater-Museums haben eine große Anziehungskraft und sie wirken sehr rätselhaft. Deshalb stehen immer und immer wieder Besucherschlangen vor diesem Museum, die von dem unbeschreiblichen Geheimnis angezogen werden, das die Anziehungskraft des Genies schafft. Dalí öffnet uns eine Tür, eine Schublade zur Welt, zur Welt des Unterbewussten. Wir könnten diese Vorstellung mit den Worten beenden, die der Künstler im *Le Figaro* zu Georges Bornes sagte: „Wenn so viele Leute es besuchen, so meint Salvador Dalí, liegt es daran, dass es nicht nur ein Ort ist, an dem eine Reihe von Bildern an den Wänden hängen wie in den meisten Museen, sondern weil es voller Rätsel ist. Wissen Sie, dass der Erfolg aller Religionen in ihren Mysterien zu suchen ist. Sobald einmal alles auf didaktische Weise erklärt wurde, bleiben keine Geheimnisse mehr, und damit auch keine Gründe mehr zurückzukommen. In diesem Museum kommen jedoch die Menschen, die es bereits einmal besucht haben, am nächsten Tag wieder, da es der verschlimmerte Fortbestand des subjektiven Bewusstseins ist!".

„Ich möchte, dass mein Museum wie ein einziger Block ist, ein Labyrinth, ein grosses, surrealistisches Objekt. es wird ein absolut theatralisches Museum. Die Leute, die es sich ansehen, werden beim Herausgehen das Gefühl haben, einen theatralischen Traum gehabt zu haben."

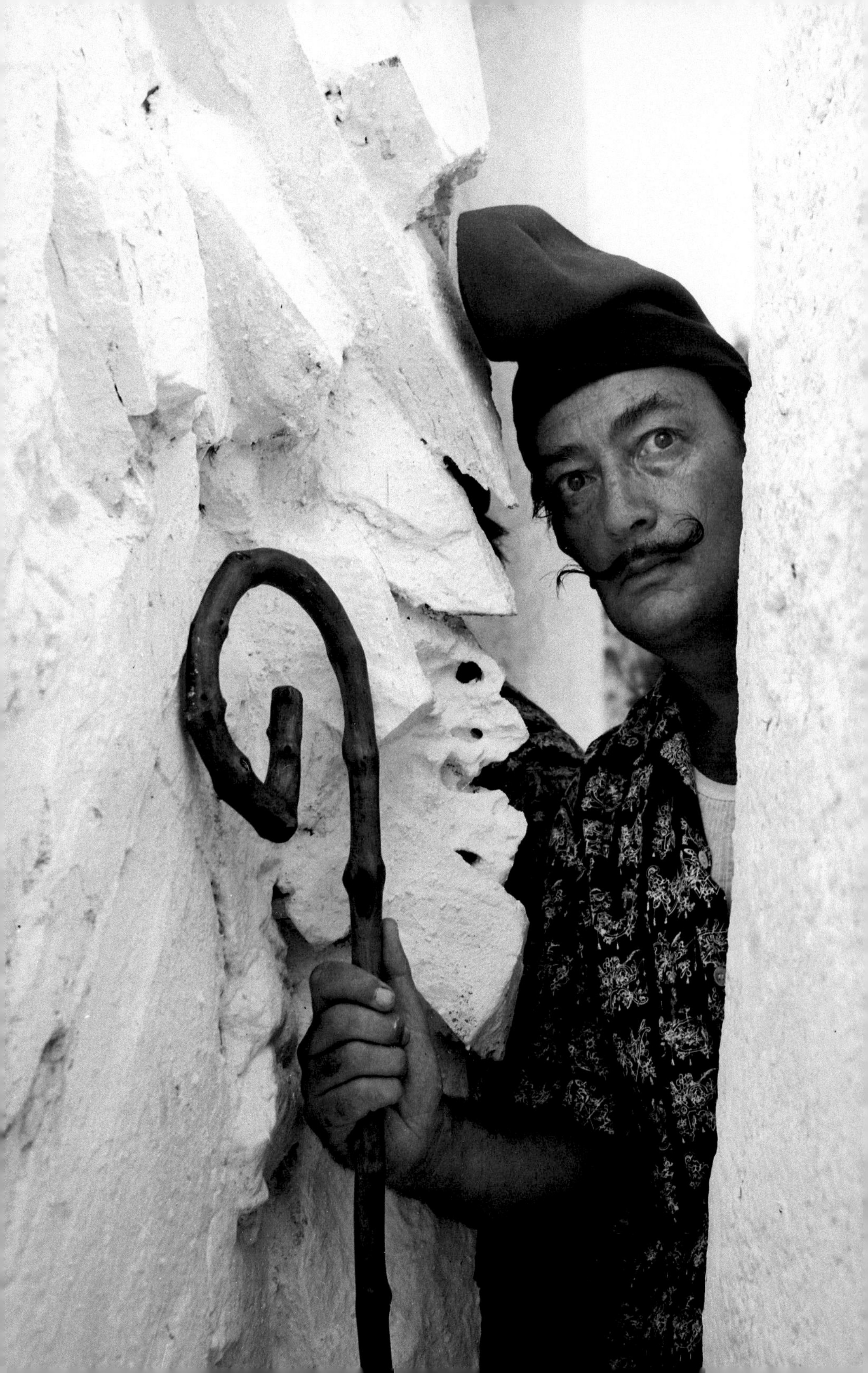

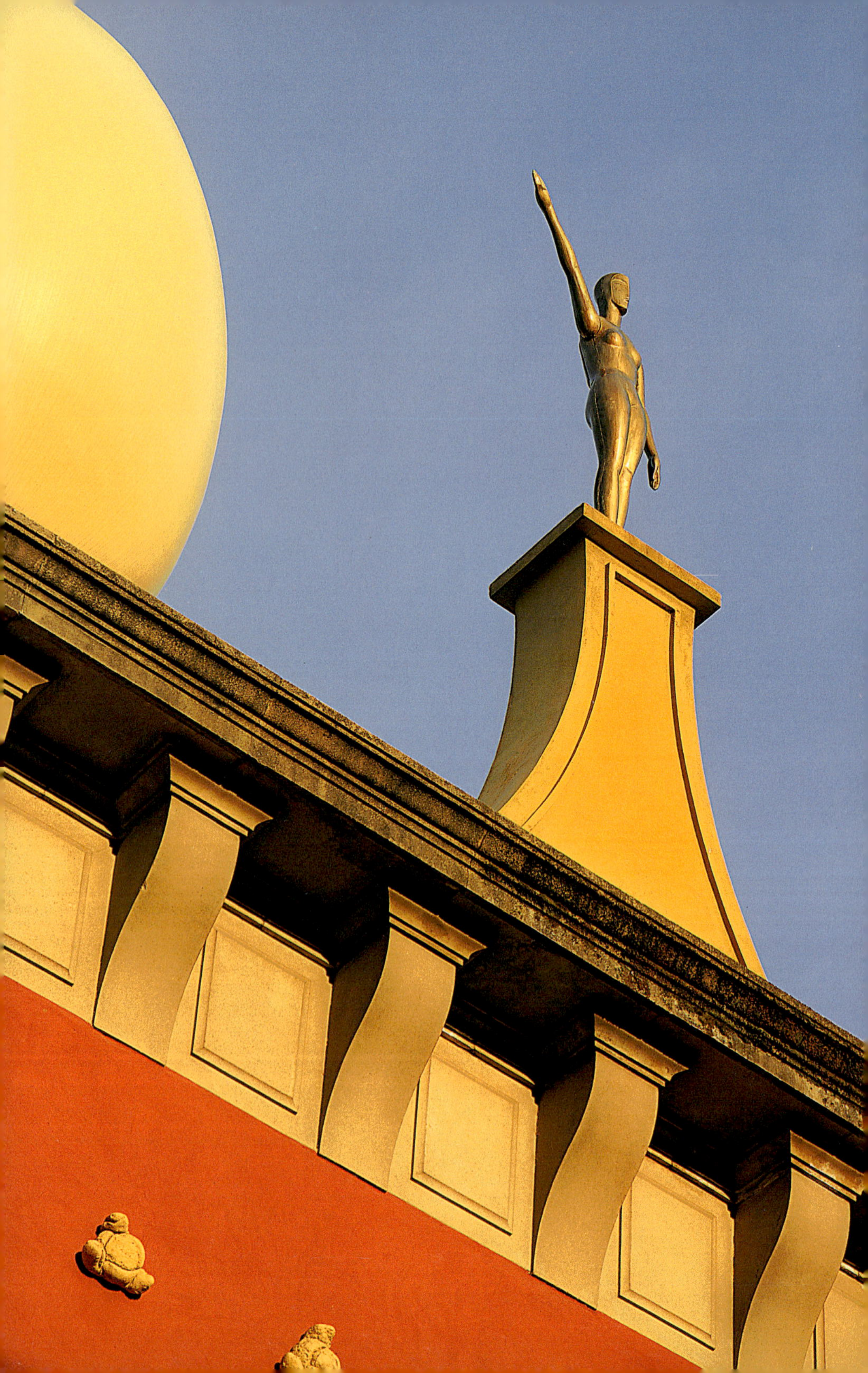

Das Theater-Museum ist die Projektion und Verwirklichung der Vorstellungen und kreativen Energien des Künstlers. Salvador Dalí wollte, dass der Beginn des Theater-Museums, seines Meisterwerkes, in der Umgebung zu suchen ist, vor allem auf dem Platz, der Gala-Salvador Dalí genannt wird. Die strahlenförmige Pflasterung des Platzes läuft mit dem Museum unter der Kuppel zusammen, wo der Künstler auf seinen letzten Wunsch hin begraben wurde. Ebenso wünschte der Maler, dass die Wallfahrt durch sein spirituelles Zentrum in der Besucherschlange und auf den spielerisch gestalteten Plätzen rund um das Museum beginnt, wo die besinnliche Teilnahme begonnen und die Existenz neuer Visionen, neuer Konzepte und Gedanken erahnt werden können.

Diesem als Einleitung dienendem Raum fügte Dalí einige seiner Vorlieben und Obsessionen hinzu: die Wissenschaft, mit der *Hommage an Newton*, die akademische Kunst mit den drei Skulpturen von Meissonier, die innovative Kunst mit dem *Fernseh-Obelisken* von Wolf Vostell, das katalanische Denken mit dem Denkmal an Francesc Pujols, das gleichzeitig eine Statue von Ramon Llull enthält.

DIE UMGEBUNG

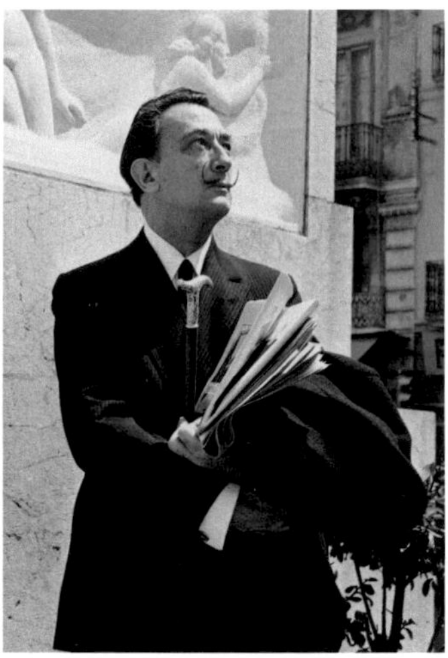

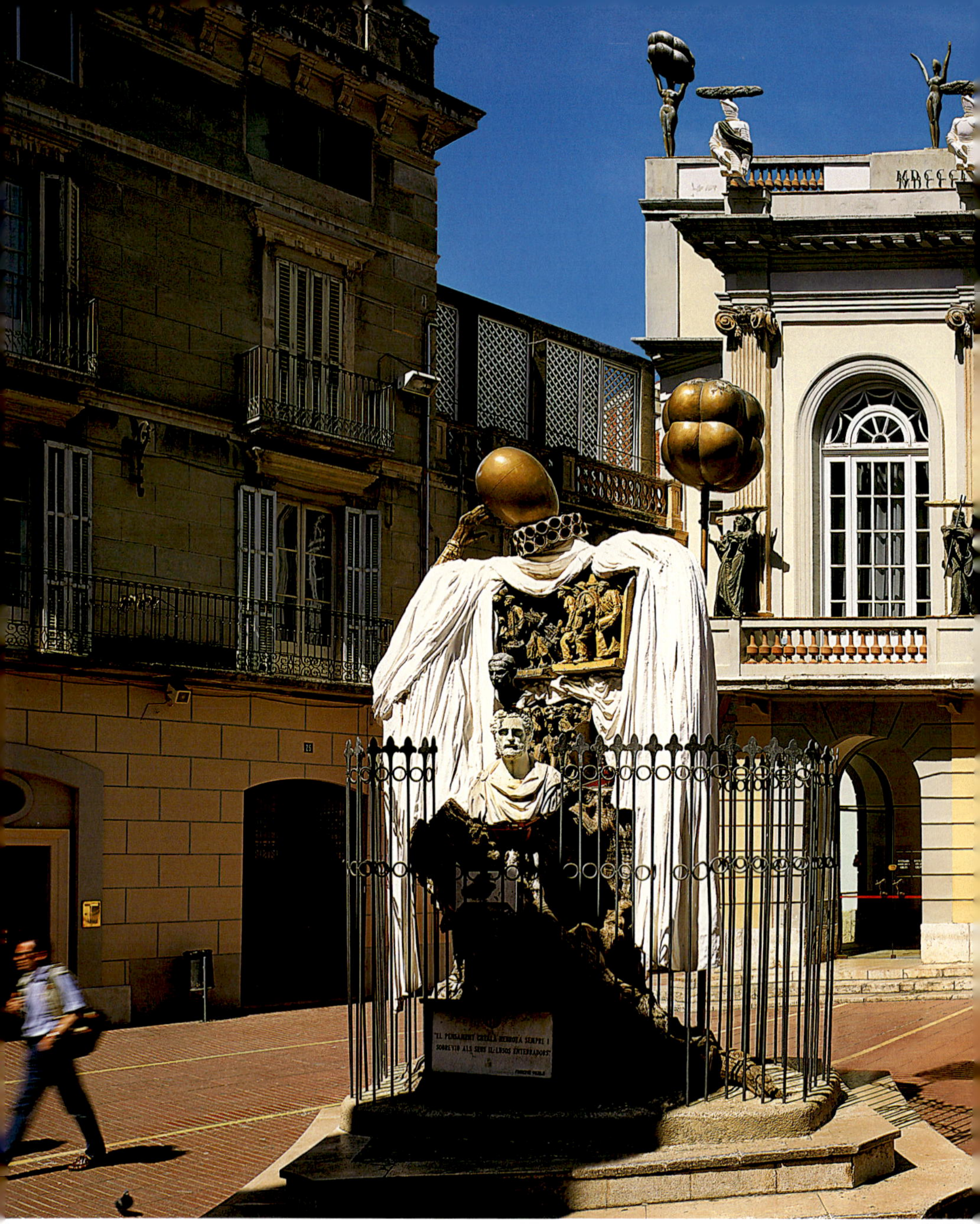

Der Platz Gala-Salvador Dalí mit der Fassade des Theater-Museums und dem Denkmal des Künstlers an den katalanischen Philosophen Francesc Pujols.

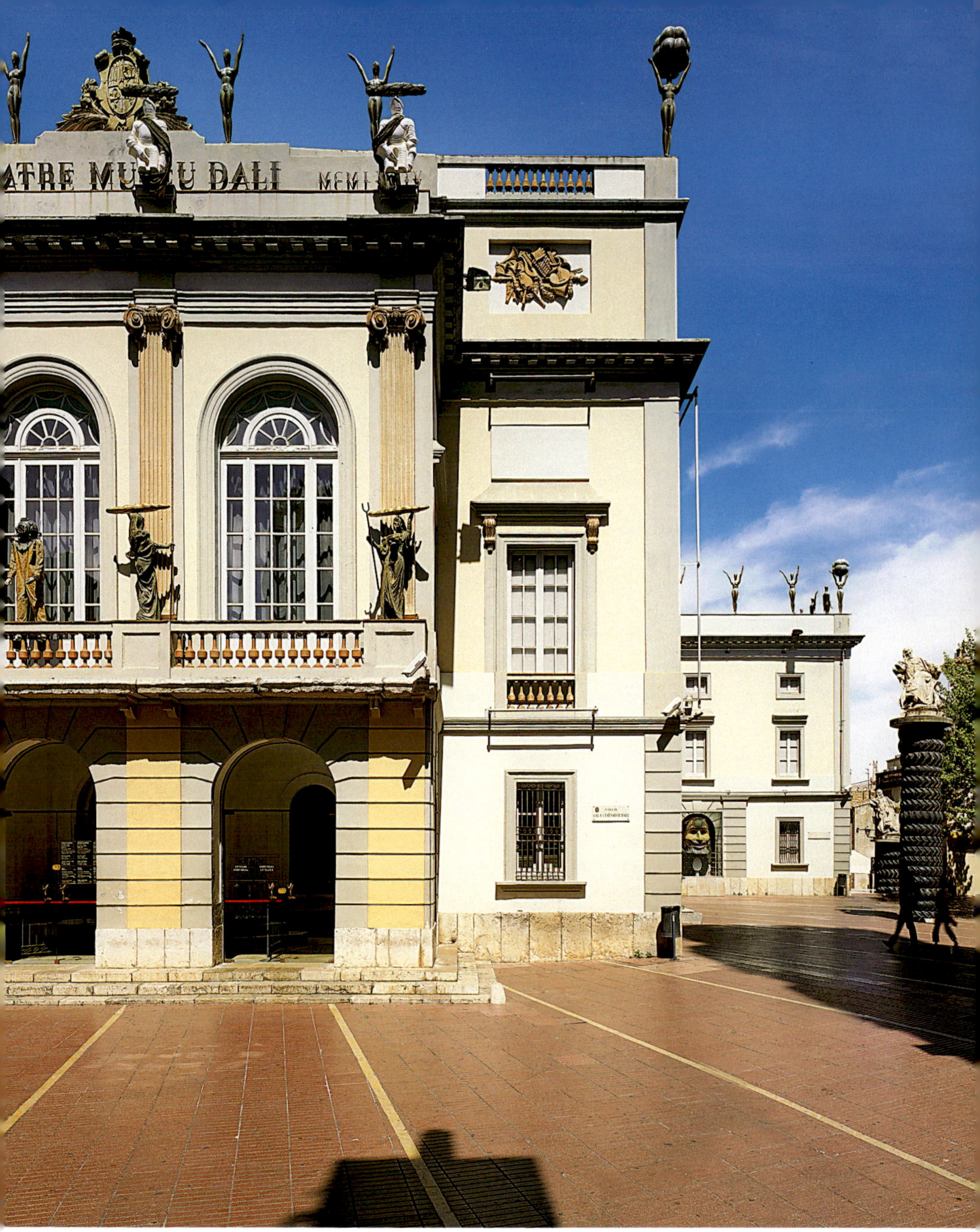

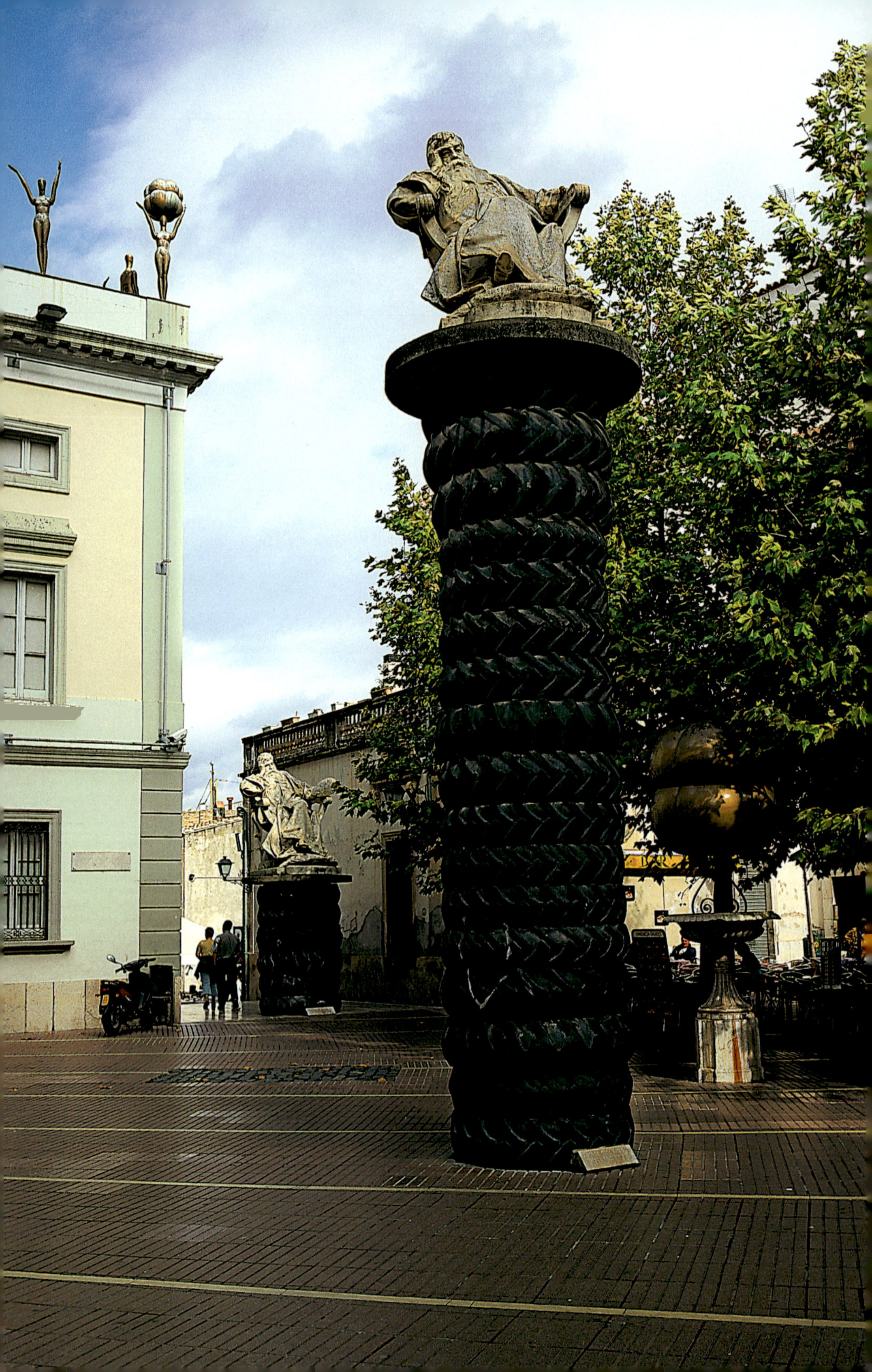

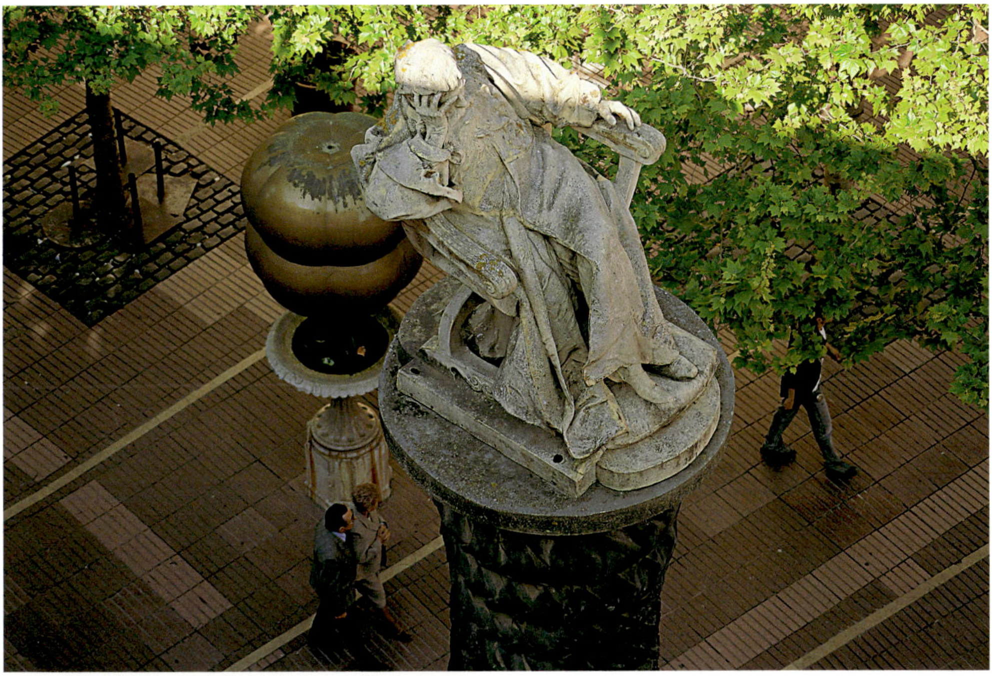

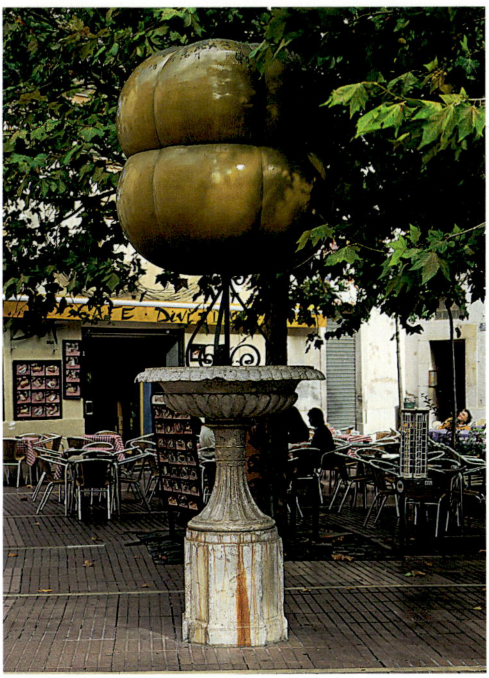

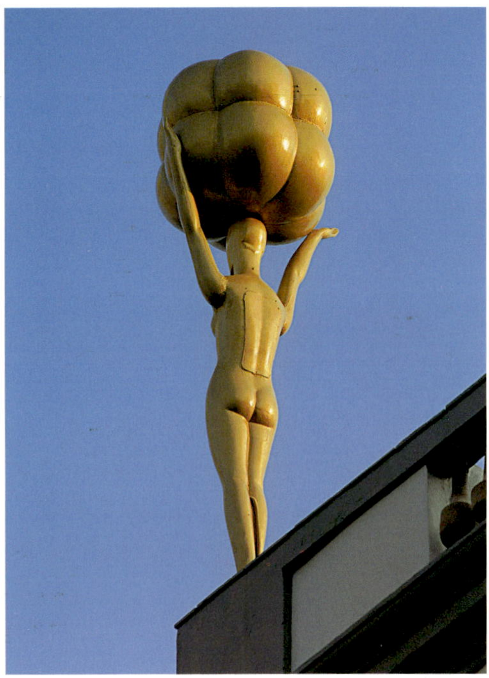

Das Wasserstoffatom, ein Motiv aus der Ikonographie Dalís.

← Eine der drei Hommagen an den französischen Maler Meissonier.

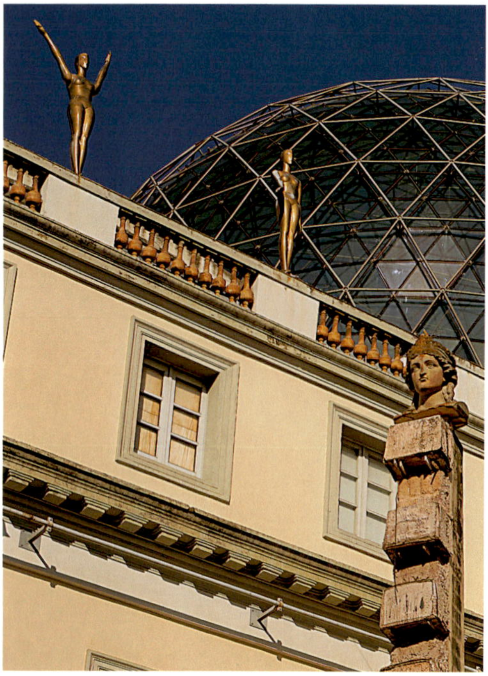

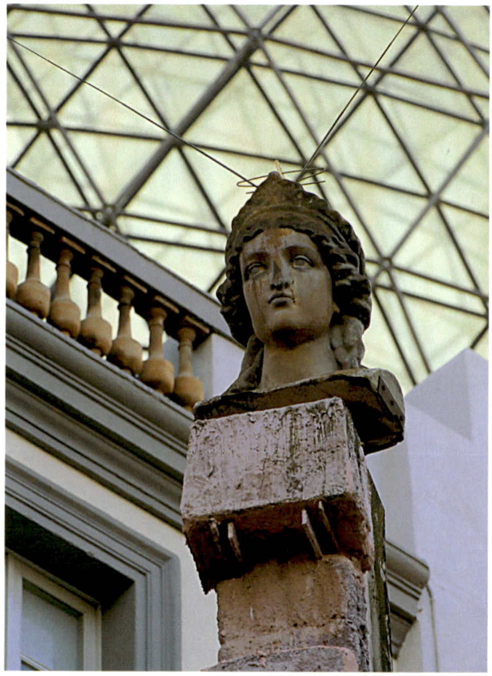

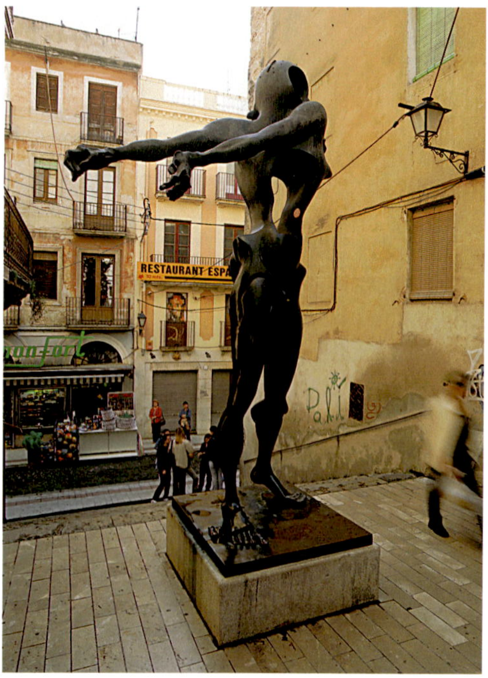

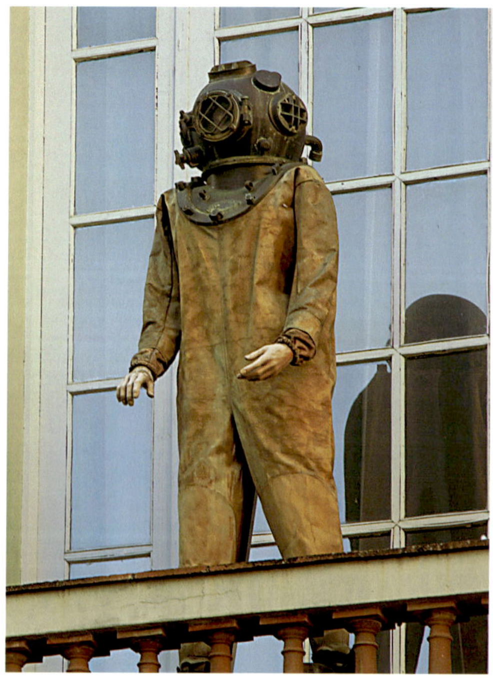

Der Fernseh-Obelisk, von Wolf Vostell.

Hommage an Newton.

Taucher im Taucheranzug, ein Symbol des Eintauchens in das Unterbewusste.

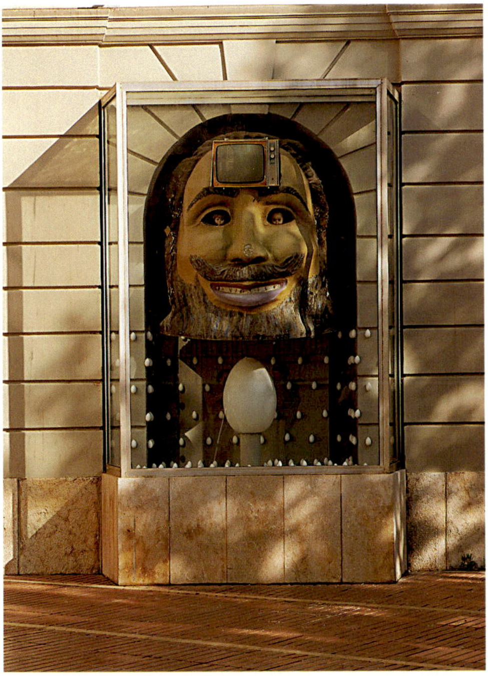

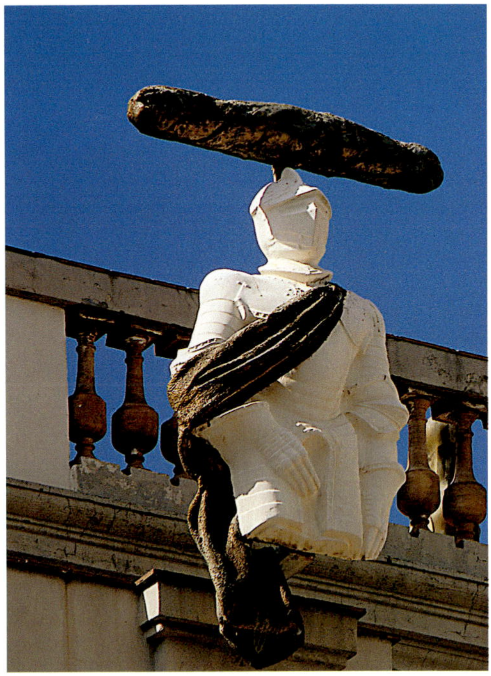

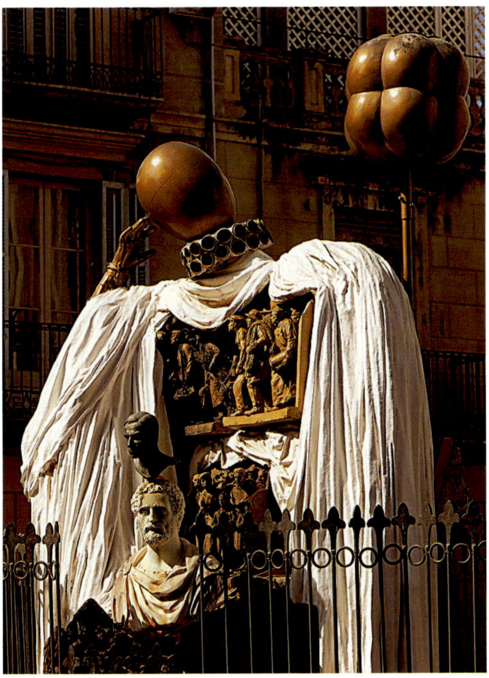

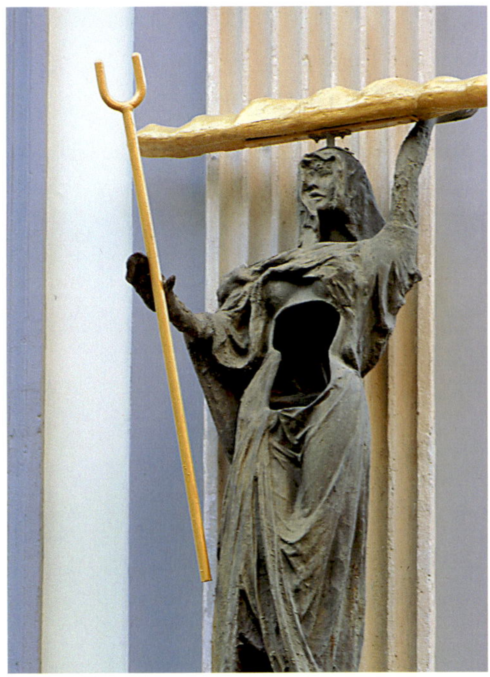

Installation von Dalí mit Fernseher in der Stirn.
Krieger mit Brotlaib.
Denkmal an Pujols.
Figur mit Brotlaib und Krücke.

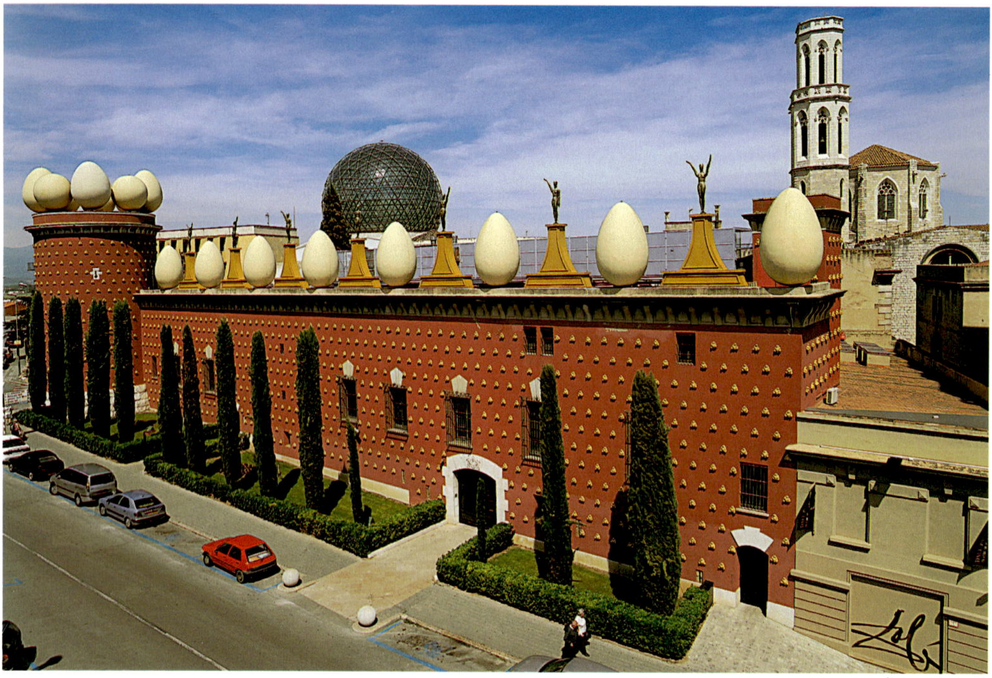

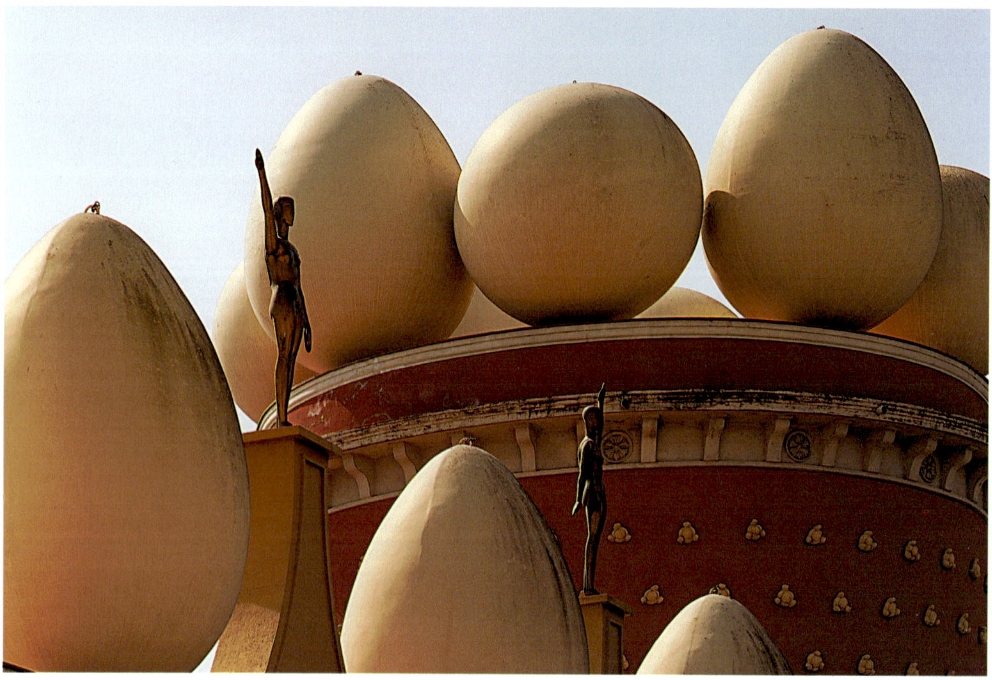

Torre Galatea, an das Museum angebaute Gebäude, das zu Ehren Galas so getauft wurde.
Kuppel und Elemente, die die Fassade des Torre Galatea krönen. →

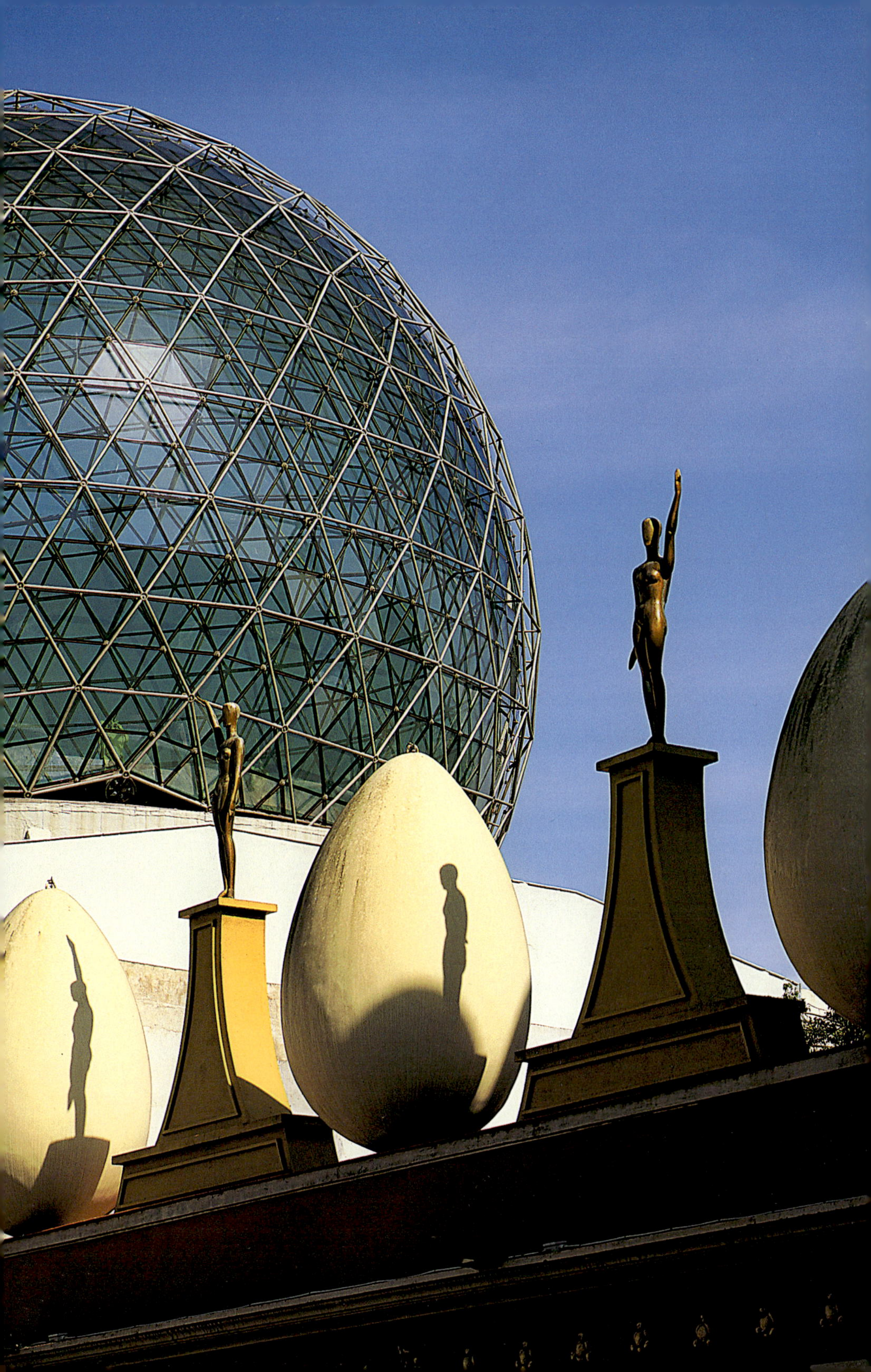

Das Theater-Museum Dalí, das einstige Stadttheater von Figueres, befindet sich neben der Kirche Sant Pere, in der Dalí getauft wurde. Auf diese Tatsache wies er sehr gerne hin. Vor der Hauptfassade des Museums erhebt sich das Denkmal, das dem Genie der katalanischen Philosophie Francesc Pujols gewidmet ist, ein Freund der Familie Dalí, für dessen Denken der Maler ein besonderes Interesse hegte. Auf dem Sockel des Denkmals steht der Satz des Philosophen: „Das katalanische Denken treibt immer Knospen und überlebt in seinen begrabenen Träumern". Das Denkmal besteht aus den Wurzeln eines tausendjährigen Olivenbaumes und einem Körper, der von einer weißen, römischen Toga bedeckt ist. Gekrönt wird es von einem goldenen Ei, das den auf eine Hand gestützten Kopf formt. Diese Haltung gleicht *dem Denker* von Rodin. In dieser Gruppe sieht man auch die Marmorbüste eines römischen Patriziers mit einem kleinen Bronzekopf, der Francesc Pujols selbst darstellt. Dieser erinnerte den Künstler an Pepito Pichot, einen anderen Freund der Familie. Ebenso auffallend sind die Basreliefs auf der Vorderseite aus der Serie „Kunst und Handwerk", die für die Weltausstellung in Paris im Jahr 1900 geschaffen wurde. Auch eine Anspielung auf die Wissenschaft in Form des Sinnbildes des Wasserstoffatoms fehlt nicht, und auf der Hinterseite des Denkmals befindet sich eine Statue von Ramon Llull, als dessen Schüler sich Pujols betrachtete und auf den Dalí in seinen Bildern und Schriften anspielt. So erklärte er zum Beispiel 1971: „In dem Moment der größten spirituellen Armut, in dem sich die moderne Kunst in der minimalen (oder minimalistischen) Kunst auslöscht, wie es der Name schon andeutet, erreicht die Technologie dank der Cybernetik eine Verfeinerung, die den kombinatorischen Rädern des einem Erzengel gleichenden Ramon Llull würdig sind".

Auf den Treppen des anliegenden Platzes, die uns zur Straße La Jonquera führen, befindet sich eine zweite Skulptur, *Hommage an Newton*, die diesem Wissenschaftler und der Schwerkraft, die von ihm entdeckt wurde, Tribut zollt. Diese wird durch eine Apfelkugel repräsentiert, die an einem Pendel hängt, eine Anspielung auf das Ölgemälde Dalís aus dem Jahr 1932, *Fosfè de Laporte*, auf dem Newton unten erscheint. Dalí nimmt auch Bezug auf den Physiker Giambattista della Porta, der die *Magia Naturalis* (1589) verfasst hat, die erste systematische Abhandlung über optische Linsen, in der der Camera obscura vor allem eine künstlerische Anwendung zugedacht wird.

Auf dem gleichen Platz sieht der Betrachter drei Skulpturen, die sich wie ein Echo wiederholen. Es handelt sich um drei Hommagen an Jean Louis Ernest Meissonier —der Maler, den Dalí bewunderte— von Antonin Mercié 1895 angefertigt und von dem Maler überarbeitet. Er brachte sie über der Reifengruppe in seiner anthologischen Ausstellung im Centre Georges Pompidou in Paris an, die vom 18. Dezember 1979 bis zum 14. April 1980 stattfand. Am Fuß der zentralen Skulptur hinterließ Dalí die ironische Inschrift: „Ohne Gala und Dalí wäre dies noch nicht hier". Eine andere Inschrift enthält einen Auszug eines Fragebogens an Proust: „Welcher Maler gefällt Ihnen am besten? Ernest Meissonier". Auf dem Platz befin-

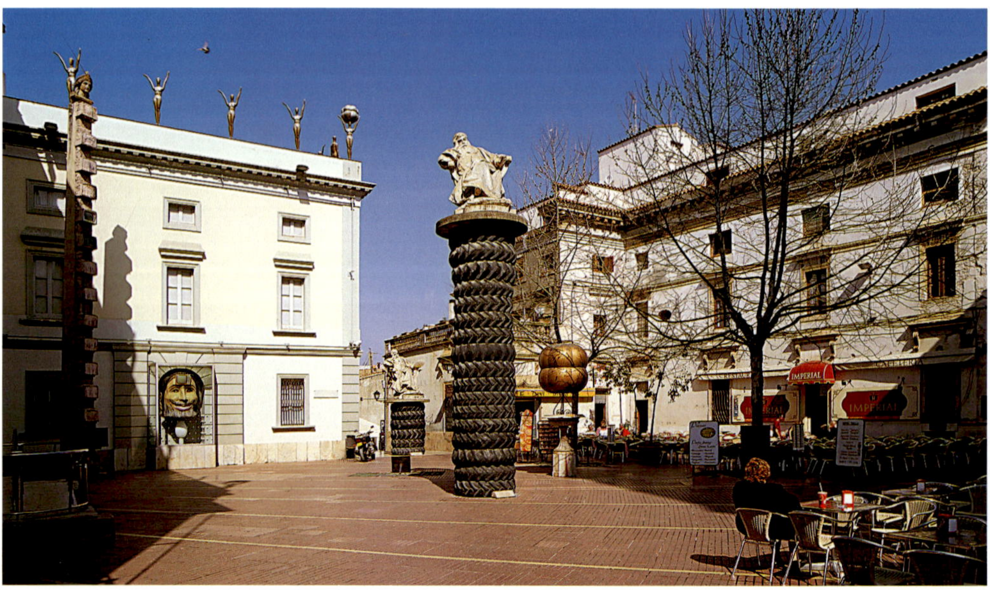

Platz Gala-Salvador Dalí.

det sich auch ein Steinbrunnen, der als Lampe dient. Dalí hatte den Originalbrunnen umgestaltet und in sein Universum integriert. Er ist ebenfalls mit der Nachbildung eines Wasserstoffatoms gekrönt.

An einer Ecke des Platzes befindet sich die Skulptur *Der Fernseh-Obelisk* von Wolf Vostell, der erste Europäer, der ein „Environment" schuf und ein Happening in Europa veranstaltete. Die Skulptur enthält einen Monolithen mit vierzehn Fernsehern, der von einem Frauenkopf gekrönt wird. 1978 schlossen Dalí und Vostell einen Vertrag ab, aufgrund dessen sie Werke für ihre Museen austauschten. Dalí erlaubte es Vostell, in dem Museum Malpartida in Caceres seine Idee des *Vorhangs des Parzival* zu verwenden.

Dalí vervollständigte den Platz mit einer Eigenkreation, die sich hinter einem Schaufensterglas befindet und einen monströsen Kopf aus Karton enthält, ein Geschenk des Malers Rafael Durán. Dieser steht auf einem Ei umgeben von kleinen Eiern, und in den Augen sind kleine Puppen, die Augensterne. Auch die Zähne bestehen aus Puppen und in der Stirn ist ein Fernseher eingebaut. Diese Installation befindet sich an der Eingangstür zum Pavillon, der einst die Auktionshalle für Fische war und der zum dem Saal des Theater-Museums führt. Aus diesem Grund nennt sich dieser Raum der Saal der Fischmärkte. Die Medaillons, Öl auf Kupfer, am Hauptbalkon der Seitenfassade des Theaters, sind Abbilder von Dalí und Gala.

Das Gebäude ist mit einer Art Krone aus Schaufensterpuppen bekränzt, die verschiedene Haltungen einnehmen. Es handelt sich um art déco-Figuren, die Dalí aus Kunststoff modellieren ließ und anschließend vergoldete. Die beiden Schaufensterpuppen an der Ecke der Mittelfassade halten in ihren Armen, die sie zum Himmel strecken, das Wasserstoffatom, die ständige Wiederholung der Leidenschaft des Künstlers für die Wissenschaft. Am oberen Kranzgesims befinden sich vier Körper weißer Krieger mit einem Brotlaib auf dem Kopf. Auch auf der Balustrade des Balkons stehen Figuren mit Brotlaiben auf dem Kopf. Es handelt sich um vier stehende Frauenfiguren, die sich in Haltung und Gestik voneinander unterscheiden. Sie könnten eine Einladung zu einem rituellen Tanz darstellen. Alle tragen die Krücken Dalís, die für Dalís Vorstellungswelt so wichtig waren. Sicherlich haben diese Elemente hier den Sinn, den der Maler selbst ihnen in seiner Autobiographie *Das geheime Leben des Salvador Dalí* zuweist: „Man würde Mengen und Mengen von Krücken brauchen, um das alles fest aussehen zu lassen (...). Krücken, um die Ekstase bestimmter Haltungen seltener Eleganz unbeweglich zu machen, Krücken, um die flüchtige Haltung eines choreographischen Sprungs architektonisch und dauerhaft zu machen". Diese Frauen stellen auch Löcher im Solarplexus dar, da laut Dalí die Informationen in verschiedenen Räumen enthalten sind. Zwischen ihnen steht ein Taucheranzug, eine Anspielung auf den Vortrag von Dalí im Juni 1936 anlässlich der Internationalen Surrealismusausstellung in London, als er fast erstickte. Der Taucher ist gleichzeitig ein erster Hinweis und Symbol für das Eintauchen in die Tiefen des Unterbewussten, die den Besucher des Theater-Museums erwartet.

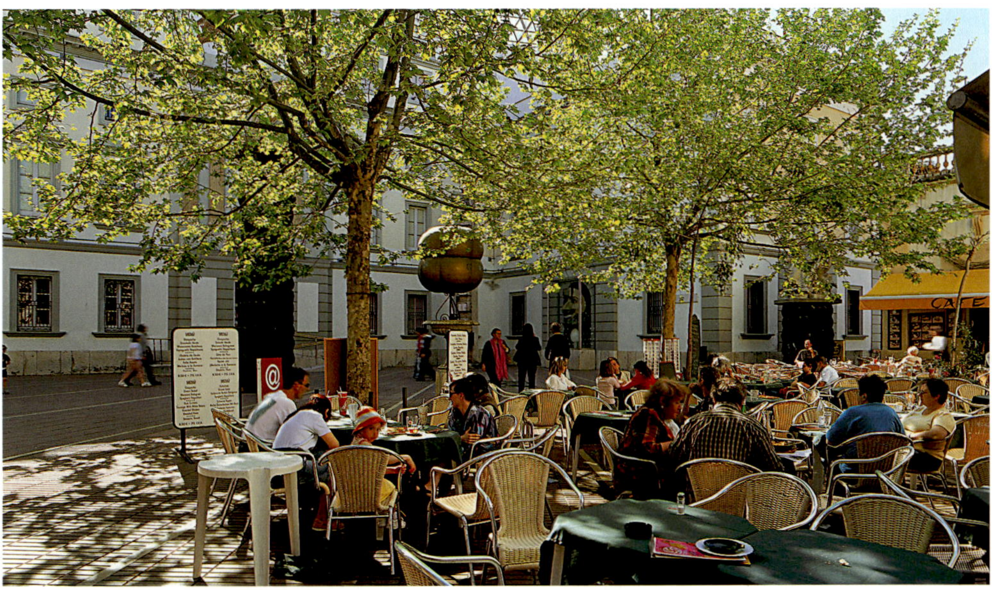

Pause in einem der Straßencafés am Platz.

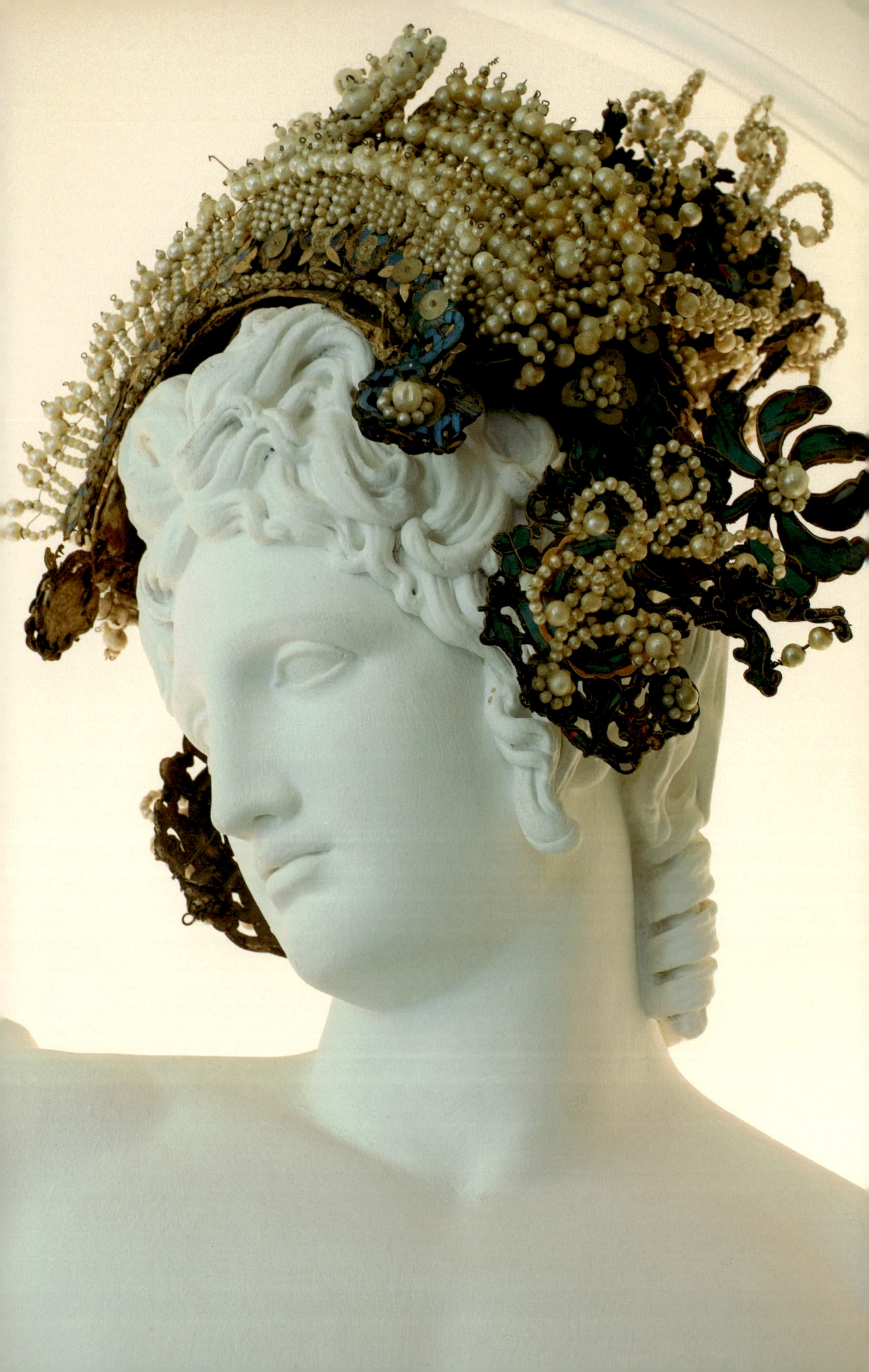

Der Zugang zum Vestibül des Theater-Museums erfolgt durch Glastüren aus alten Eisenplatten, die von Zeit zu Zeit in den surrealistischen Werken Dalís mit verschiedenen Konnotationen auftauchen, manchmal sogar erotischer Art. In diesem Fall gab Dalí ihnen die Funktion von Griffen. Sobald der Besucher im Inneren ist und das Denkmal an Francesc Pujol und die Kirche Sant Pere hinter sich gelassen hat, sieht er durch die Fenster hinter dem Vestibül die szenographische Installation im Hofgarten.

Es handelt sich um einen Raum, in dem man in die Erinnerungen Dalís eintaucht. Kaum ist man darin, erhält man von dem Künstler die Schlüssel und erkennt die Künstler, Menschen und wichtigen Ereignisse seines Lebens, die dabei helfen, die vielen und komplexen Bedeutungen seines Theater-Museums zu verstehen.

VESTIBÜL

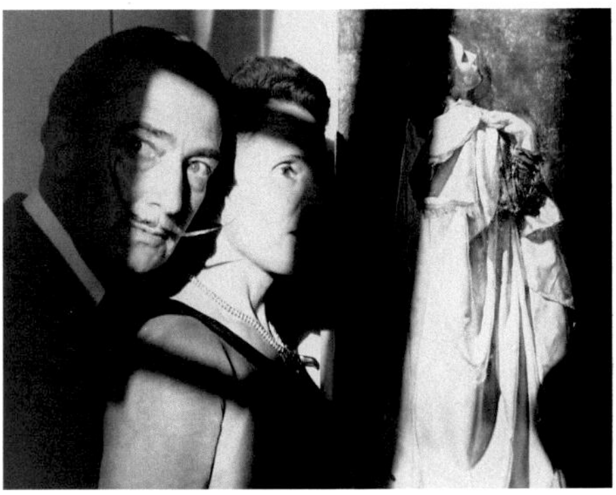

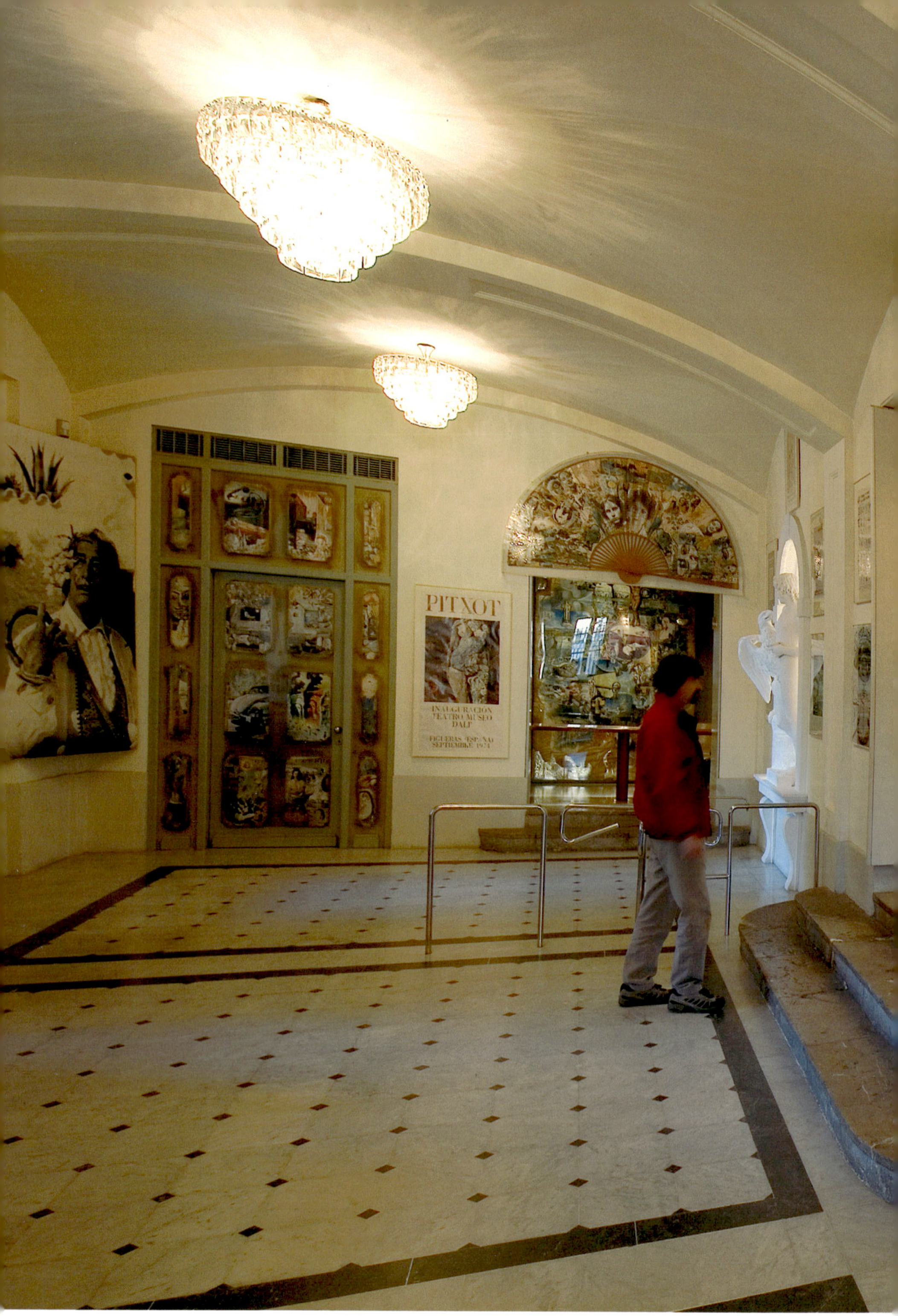

Vestibül mit der klassischen Skulptur *Ganymed*, die von Dalí mit einem goldenen Hut aus Edelsteinen versehen wurde.

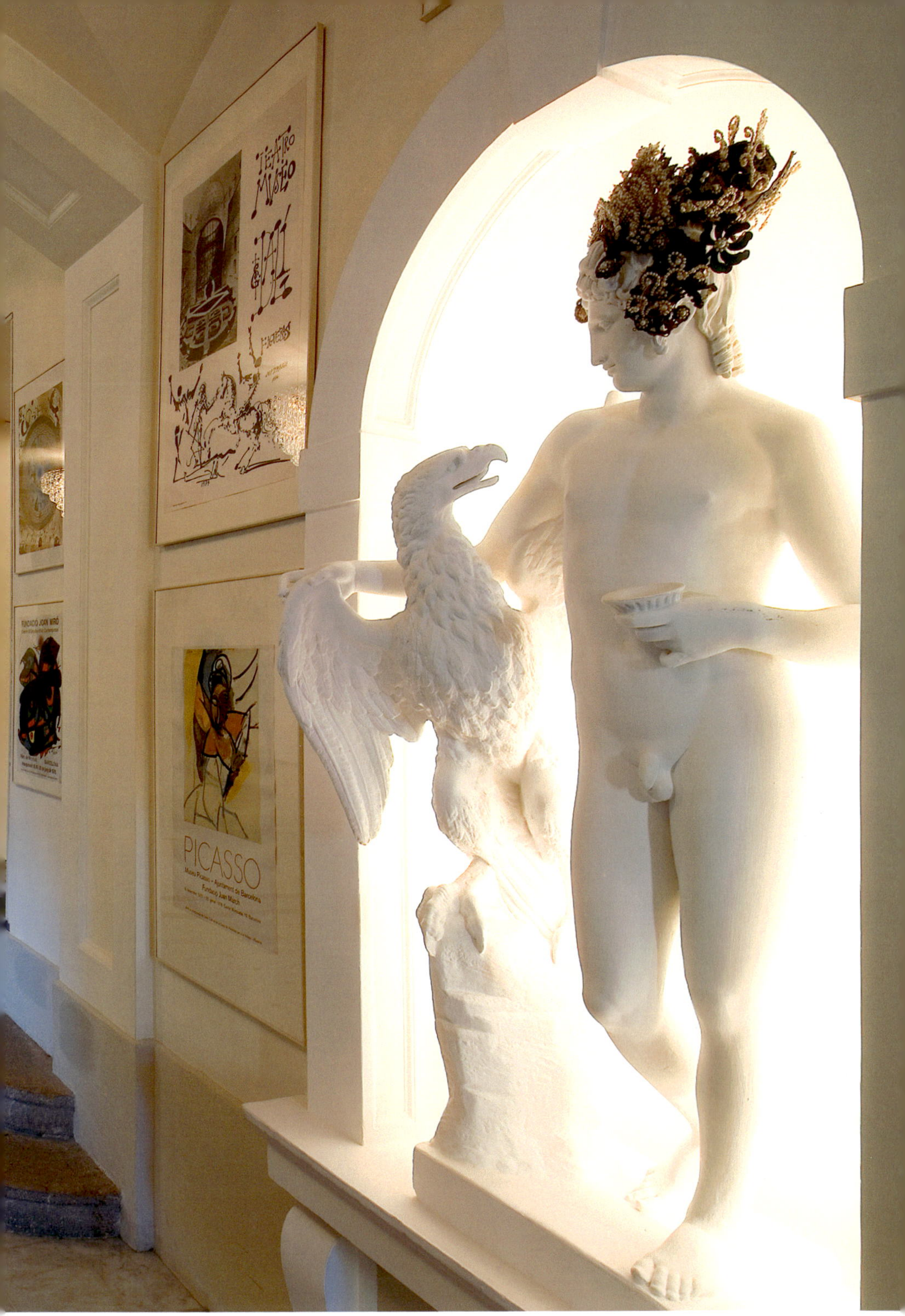
PICASSO
Fundació Juan March

Gleich nach dem Eintreten sieht man zwischen der Kasse und der Tür ein Foto von den Menschen, die Schlange standen, um die erste europäische Dalí-Retrospektive im Boijmans Van Beuningen-Museum im Rotterdam zu besuchen, die zwischen dem 21. November 1970 und dem 10. Januar 1971 veranstaltet wurde. Dalí gefielen diese Schlangen, vor allem die, die sich vor dem Theater-Museum bildeten. Bei diesem ersten Foto wird noch ein zweites gezeigt, ein Foto von Dalí in Portlligat, das Marc Lacroix 1974 aufgenommen hatte, im Jahr der Einweihung des Theater-Museums.

Auf der rechten Seite, in der Nähe der Treppe, die zu den oberen drei Stockwerken führt, befindet sich ein Plakat, das eine Ausstellung von Werken von Antoni Pitxot im zweiten Stock ankündigt. Daneben das Originalplakat für die Einweihung des Denkmals an Francesc Pujols mit einem kalligraphischen Hinweis von Dalí: „Einweihung von Die nackte Gala betrachtet das Meer, das sich in einer Entfernung von achtzehn Metern in das Bildnis des Präsidenten Lincolns verwandelt, Denkmal an den Philosophen des katalanischen Denkens Francesc Pujols. Die Monstren Pitchot Dalí und der Regencadillac S.D.". Diese Ankündigung ist eine Einladung zu einer Vorführung und basiert auf der römischen Inschrift der Säule des Trajan, die Dalí immer fasziniert hatte, und auf dem Plakat, das Dalí selbst für die Ausstellung im Museum für moderne Kunst in New York, „Dada Surrealism and their Heritage", entworfen hatte, die zwischen dem 27. März und dem 9. Juni 1968 stattfand. Die Presse schrieb zu jener Zeit: „Dada Surrealism and their Heritage vereint nicht nur, wie der Titel sagt, drei Spektakel unter einem Dach, sondern die Ausstellung ist auch eine erstklassige Zusammenfassung der Bewegung des Dadaismus und des Surrealismus, die eng miteinander verknüpft sind und die immer noch als Quelle für einen großen Teil der experimentellen und avantgardistischen Kunst dienen". Und genau mit dieser Absicht sollten wir den Besuch dieser Räumlichkeiten beginnen. Ein Stück weiter befindet sich die Originalzeichnung für das Plakat „Besondere Verlosung für die Hispanität", die in dem Museum am 9. Oktober 1976 stattfand. Dann ein Plakat zur Einweihung des Theater-Museums 1974, mit einer Montage, die auf einer Fotografie beruht und auf der der erste Plan für das ehemalige Theaterparkett gezeigt wird. Diesen Raum kann man von diesem Punkt aus erspähen. Dann sieht man noch ein Plakat für die Picasso-Ausstellung, die im Picasso-Museum von Barcelona zwischen dem 6. Dezember 1977 und dem 10. Januar 1978 stattfand. Auf der anderen Seite befindet sich eine Lithographie, ein Plan für eine Decke, ein Plakat für die Einweihung der Fundación Miró in Barcelona 1976; ein Foto, das an die Freundschaft zwischen Dalí und Josep Tarradellas, dem ersten Präsidenten der Generalitat de Catalunya nach der Diktatur erinnert, und die Bildergeschichte *der Triumph und Paarreim von Gala und Dalí*, die sein Freund Carles Fages de Climent geschrieben und er selbst bebildert hatte. Außerdem ist da das Originalplakat *Surrealisme*, bei dem man vor allem auf das Binom „Surrealisme-clasique" hinweisen muss, das mit

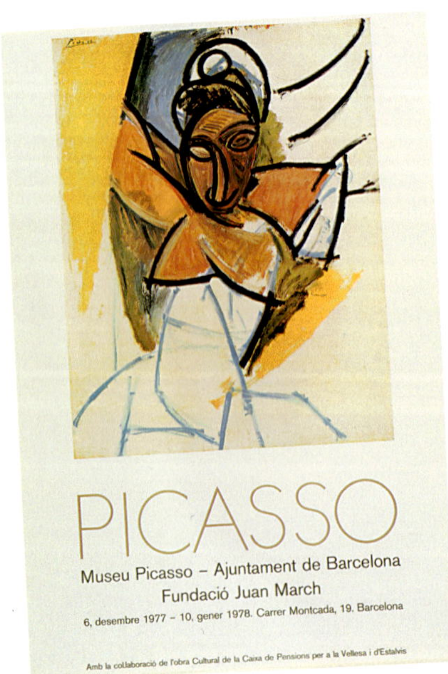

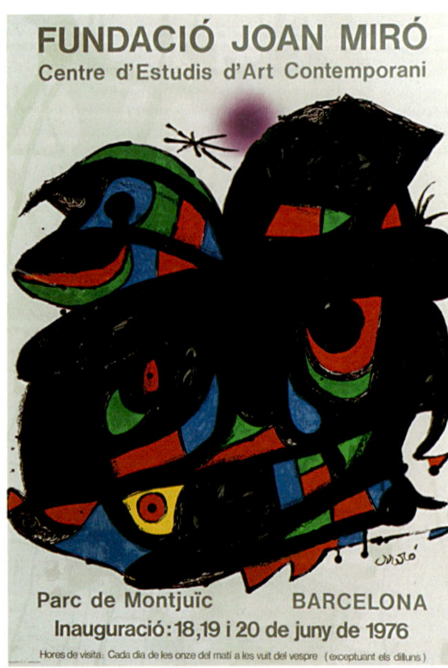

Emblematische Plakate: Picasso, Miró, der Surrealismus und Dalí.

einzigartigen Beispielen, die für den Künstler und die westliche Kultur repräsentativ sind, ergänzt wird. Auf diesem Plakat bringt er Comte mit Pujols, Moreau mit Fortuny und Ledoux mit Gaudí in Verbindung. Diese Serie wird durch das Plakat „A 'happening' with Salvador Dalí" vervollständigt. Dieses Happening fand am 23. Februar 1966 im Lincoln Center in New York statt. Außerdem ist da das Plakat für die Ausstellung Dalí während des 22. Salón de Montrouge 1977 und das Plakat der Ausstellung „Hommage à Meissonier" aus Paris 1967, in der Dalí die Maler der *Art pompier* ehrte und zu rehabilitieren suchte, insbesondere Meissonier und Detaille. Desweiteren betrachtet man das Plakat „Hommage à Goya" des französischen Museums in Castres aus dem Jahr 1977 und das Werbeplakat für die Herausgabe von 300 Exemplaren des *Lippensofas* mit Fotografie von Oriol Maspons.

In zwei Nischen befinden sich zwei identische Skulpturen von José Alvárez Cubero (1768-1867), der *Ganymed*, der tyrannische Held, der von den Göttern aufgrund seiner Schönheit als Mundschenk des Zeus ausgewählt wurde. Beide Skulpturen spielen auf den Mythos an, der erzählt, wie sich Zeus in Ganymed verliebte und ihn in einen Adler verwandelt verführte. Rechts trägt Ganymed einen goldenen Helm voller Edelsteine, der aus dem russischen Ballett stammt. Diese Kopfschmuck ist ein Beitrag von Gala. Auf der linken Seite steht die Skulptur vor einem Reliquiar.

Auf der linken Wand, in einer üppigen Fächer-Collage, die von dem Modell und Freundin Amanda Lear unter der Anweisung von Dalí angefertigt wurde, befinden sich zwei Fotografien von Gala mit Inschriften. Die bekannteste Fotografie ist wahrscheinlich die, auf der auf der Stirn „Tête au chateau" steht. Diese Inschrift bezieht sich auf das Schloss Pubol, das der Maler Gala schenkte. Auf beiden Fotografien sollte man auf den Blick Galas achten, der so von dem Dichter Paul Éluard, ihrem ersten Ehemann, gerühmt wurde. Da sich gleich daneben ein Bild von Amanda Lear selbst mit leeren Augen befindet und ständig das ikonographische Element „Auge" auftaucht, scheint es, dass Dalí hier ein Spiel mit Andeutungen zu den Konzepten Blick und Sicht spielt. Die meisten Elemente dieser Collage, einschließlich des Fotos von Marilyn Monroe von Philippe Halsman-Magnum, das von dem Maler *maoifiziert* wurde, gehören zu der Spezialausgabe der französischen Zeitschrift *Vogue* (1921-1971), die von Salvador Dalí zum 50. Jahrestag des Bestehens entworfen wurde.

Auf der anderen Seite, unter der Treppe, über die man in die anderen Etagen des Museums gelangt, befindet sich ein Adler, der von *Els Xiquets de Valls*, einer katalanischen *Castellers*-Gruppe, gestiftet wurde. Dieser Adler ist eine Hommage des Malers an alle Volksfeste und Feierlichkeiten seines Landes. In einer großen Öffnung mitten in der Brust hat er den Kopf eines Chinesen, ein Hinweis auf den Film von Dalí *Die Reise in die Hohe Mongolei* (1975), für den José Montes Baquer Regie geführt hatte.

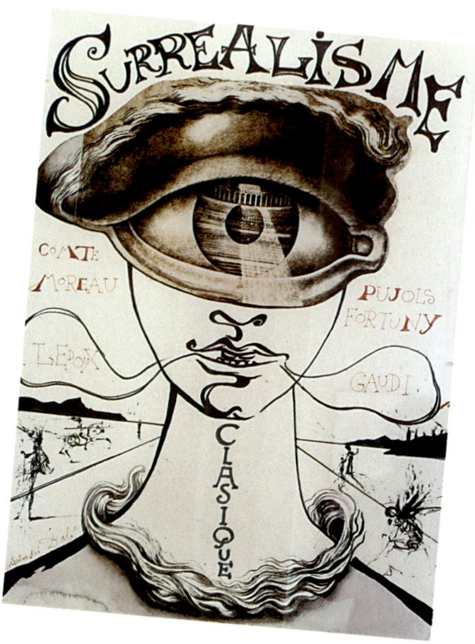

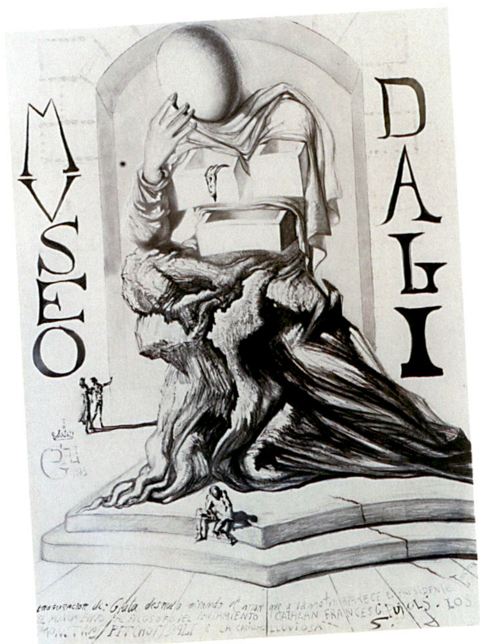

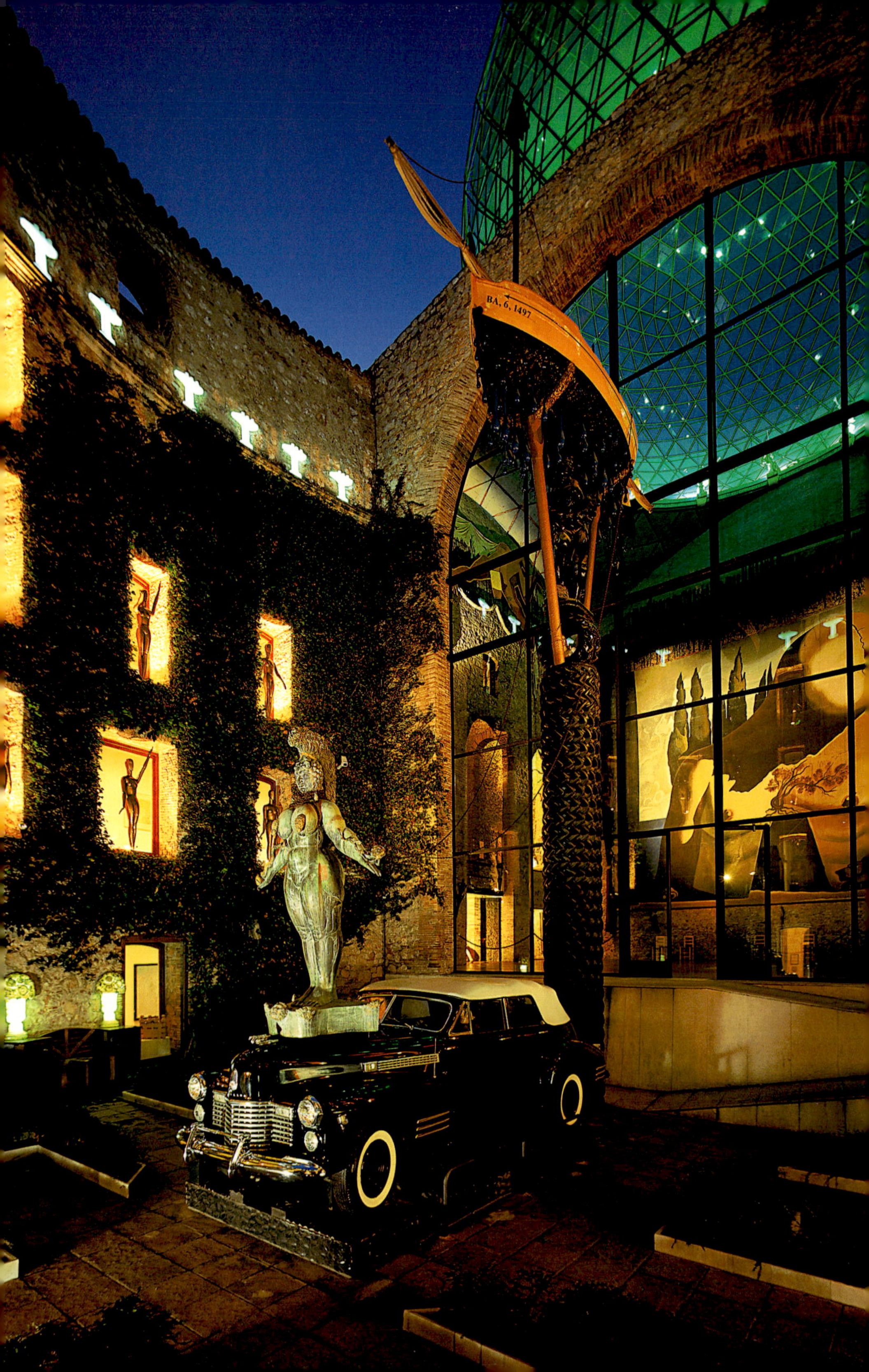
BA, 6, 1497

Dieser beeindruckende zentrale Innenhof, ein Garten unter freiem Himmel, war das einstige Parkett des Stadttheaters von Figueres. Besonders auffallend sind die vertikale Installation mit dem beeindruckenden Cadillac, die sich in der Mitte des Hofes befindet, und die Skulptur *Die große Esther* von Ernst Fuchs, die mit ihren Ketten die Säule des Trajan aus Reifen zieht. Diese Säule ist eine Hommage an den römischen Kaiser, der in Hispanien das Licht der Welt erblickt hatte und der Dalí sehr faszinierte. Desweiteren befinden sich hier eine Marmorbüste von François Girardon und Dalís Interpretation des *Sklaven* von Michelangelo, außerdem das Boot Galas und ein schwarzer Regenschirm, Elemente, die laut Dalí das größte surrealistische Denkmal der Welt bilden.

An den Mauern, die das ehemalige Theater begrenzen, begrüßen zwischen Überresten der verbrannten Balken Schaufensterpuppen die Besucher. Desweiteren sind dort auch „groteske" Monstren, acht Basreliefe der Serie „Kunst und Handwerk", die Dalí für die Weltausstellung in Paris 1900 angefertigt hatte und die metaphysischen Waschbecken, die Engeln gleichen. Auch hier ist die Muse von Salvador Dalí wieder auf subtile Art anwesend, in den vier Blumenbeeten, die das G von Gala formen. Hinter der großen Glastür wird mit dem Hintergrund für das Ballett *Labyrinth* die Bühne angedeutet, während eine Musik, die der Meister selbst ausgewählt hatte, den musikalischen Hintergrund für den gesamten Raum schafft.

INNENHOF

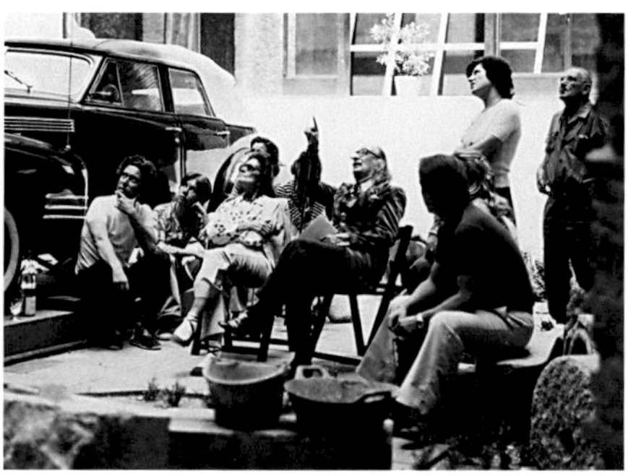

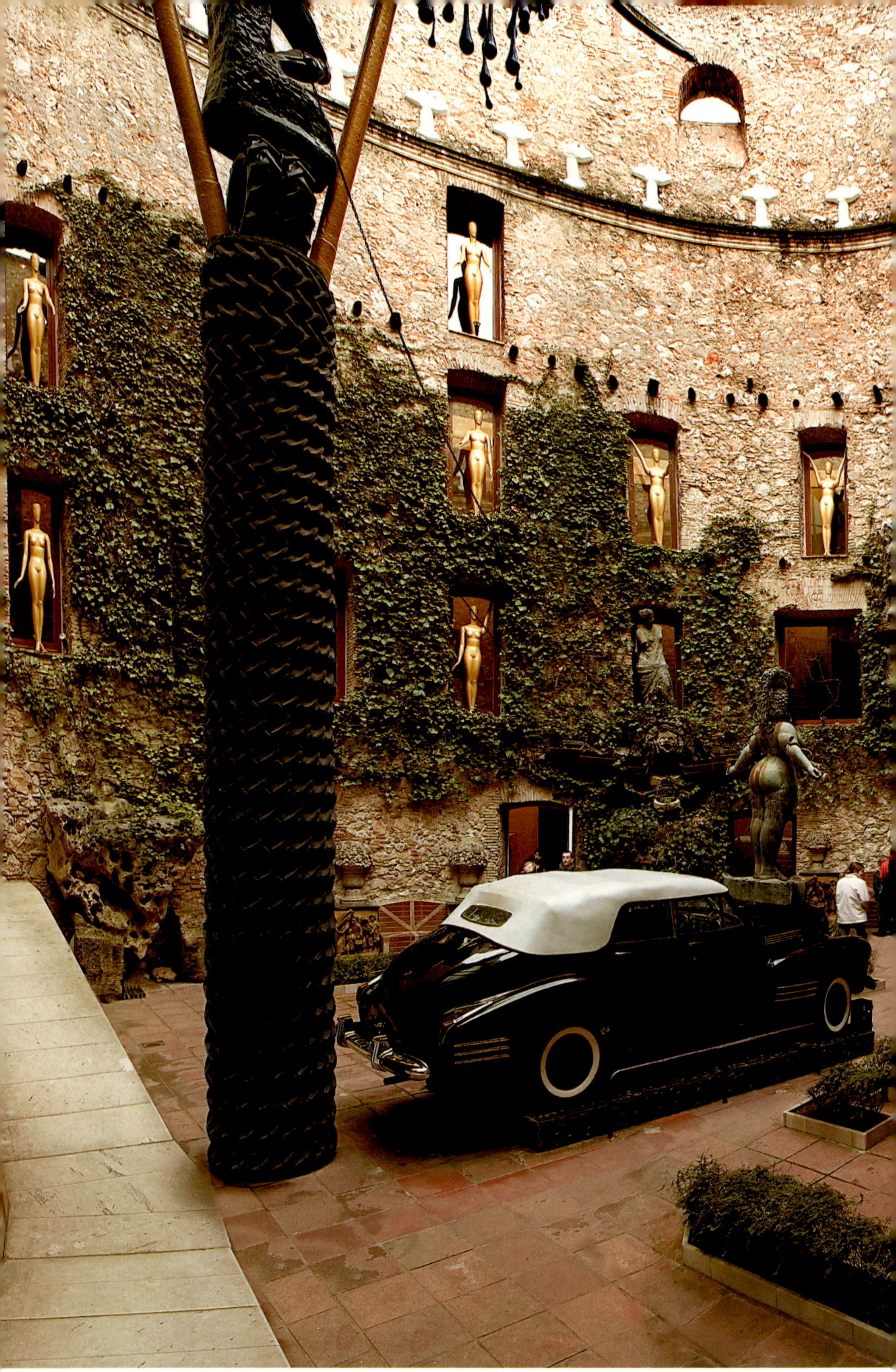

Szene der Inszenierung im Hofgarten.

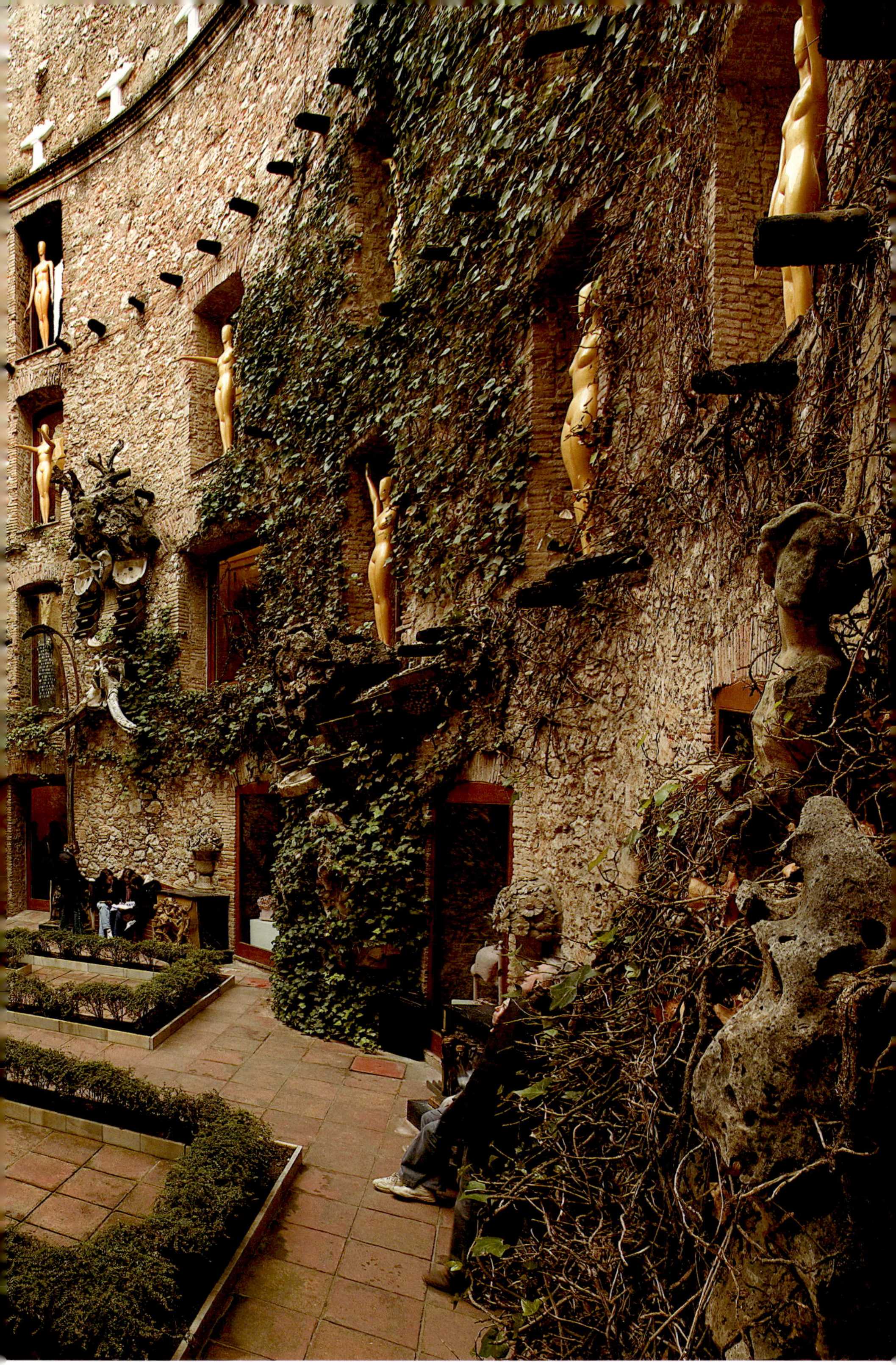

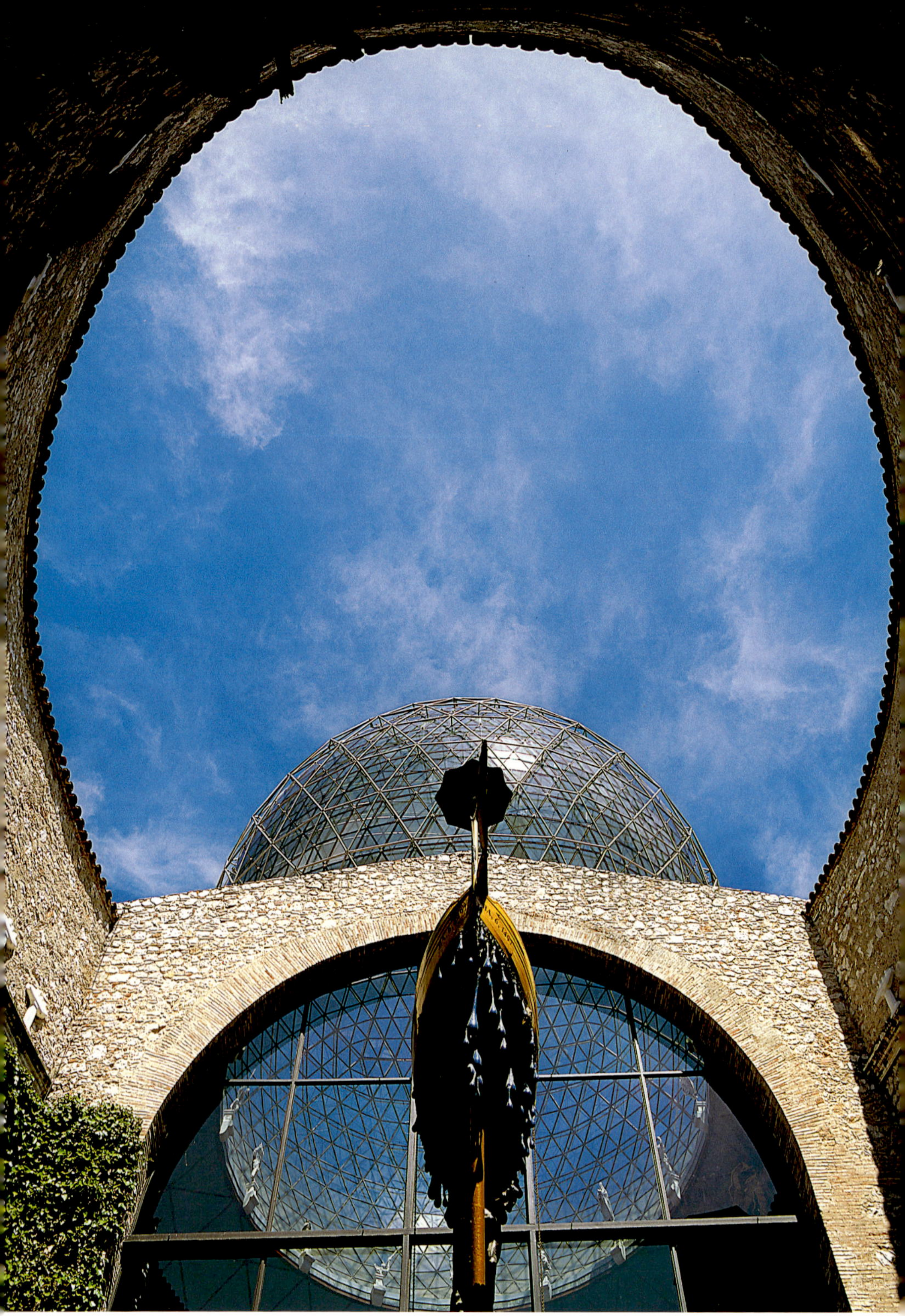

Das Boot von Gala und der schwarze Regenschirm als Krönung des größten surrealistischen Denkmals der Welt.

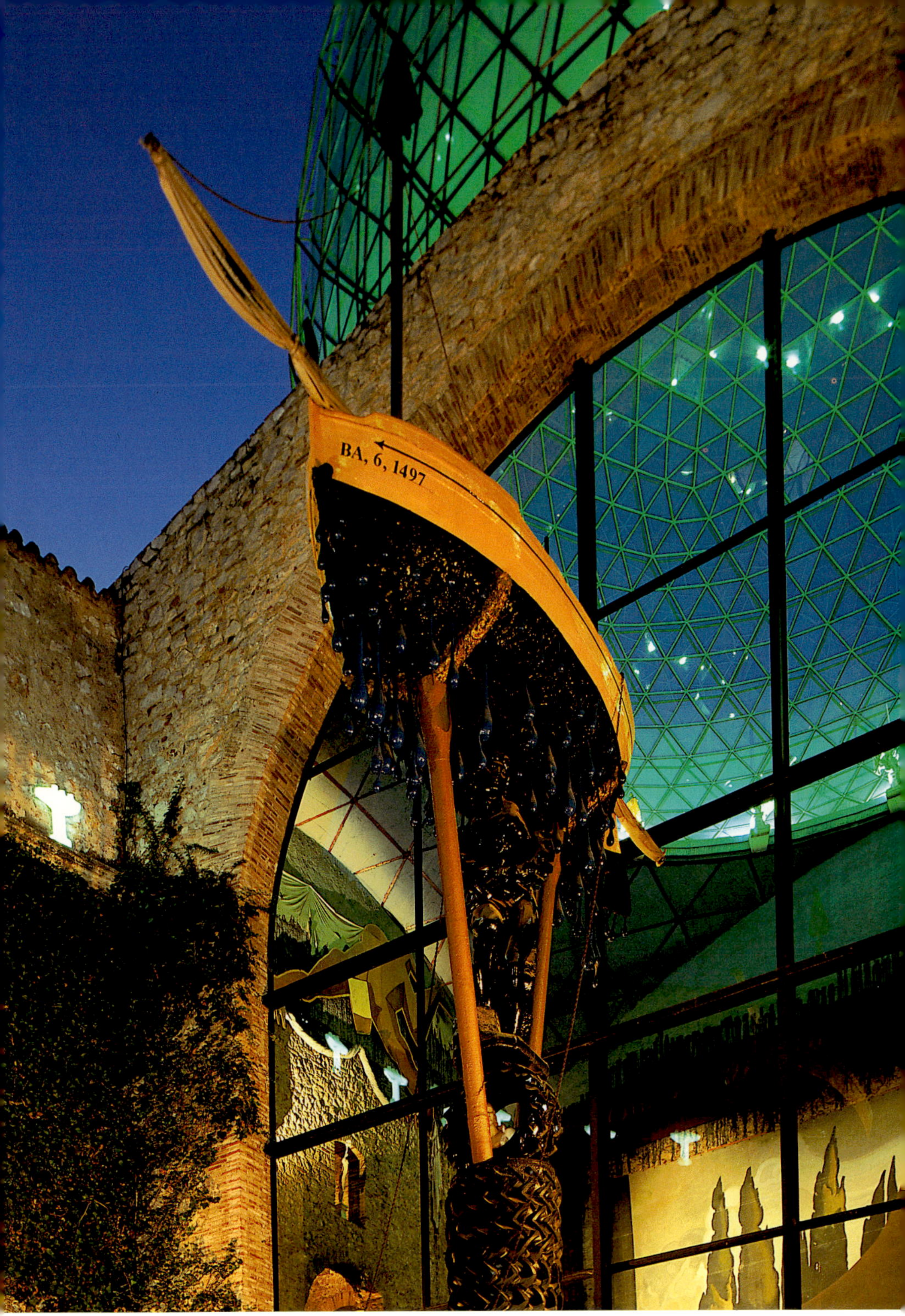
BA, 6, 1497

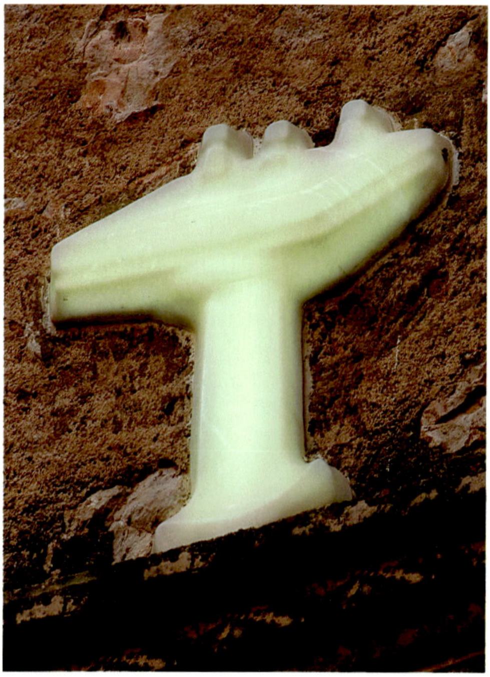
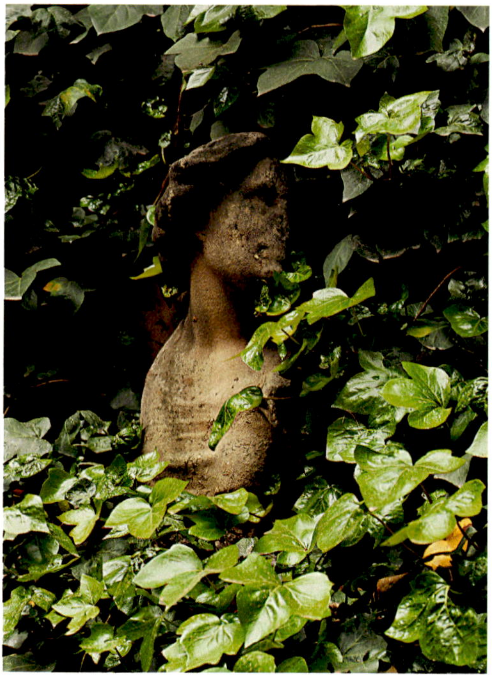
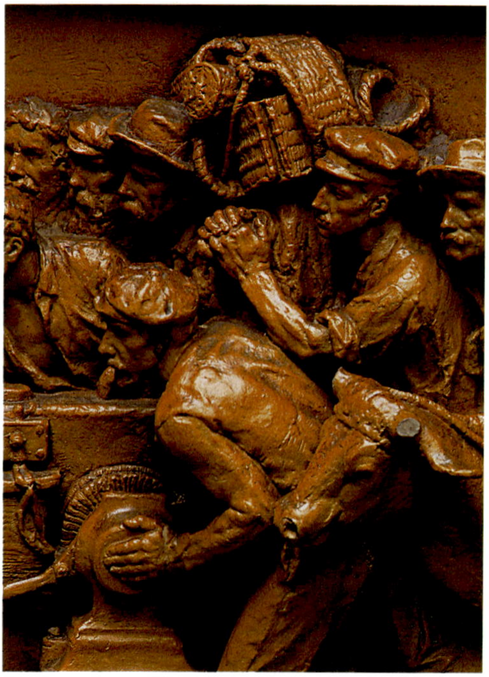
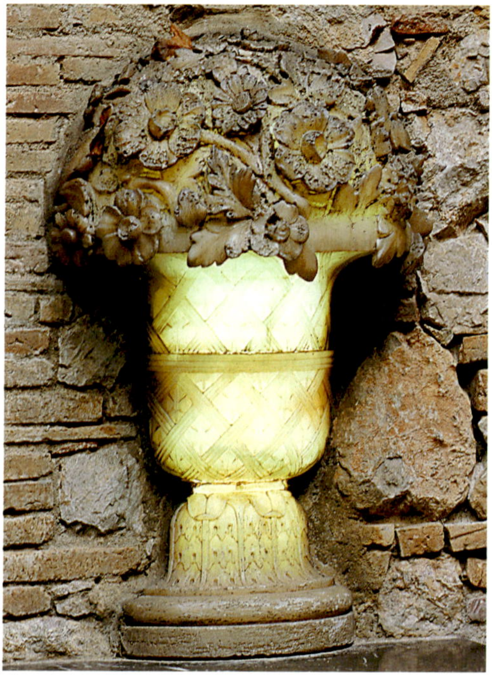

Dekorationselemente tragen zur der einzigartigen Atmosphäre im Innenhof bei.

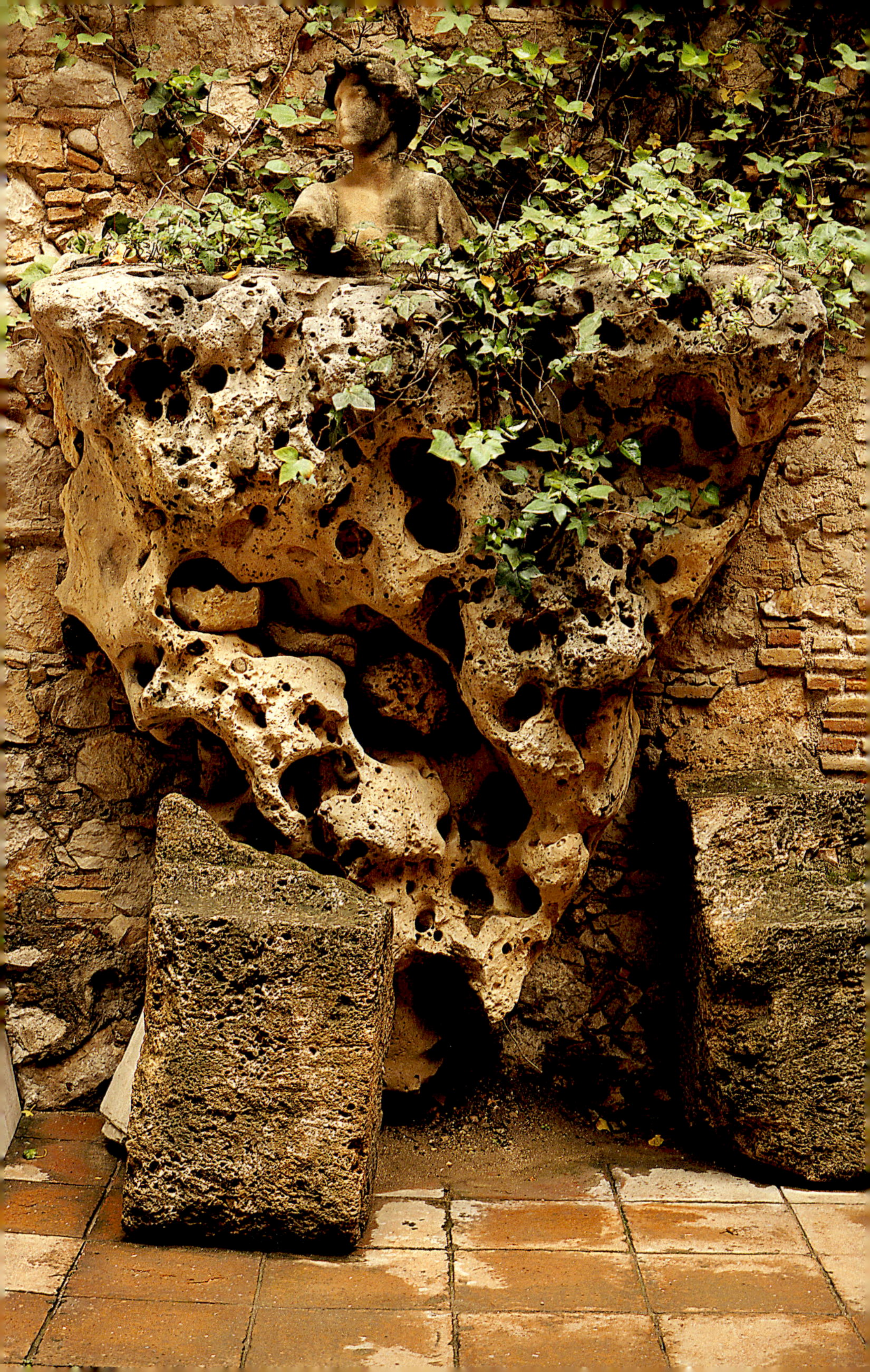

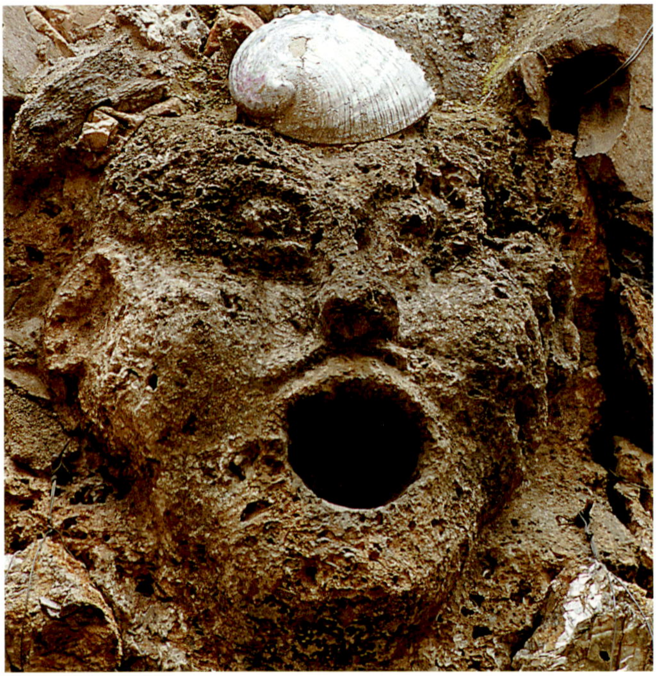

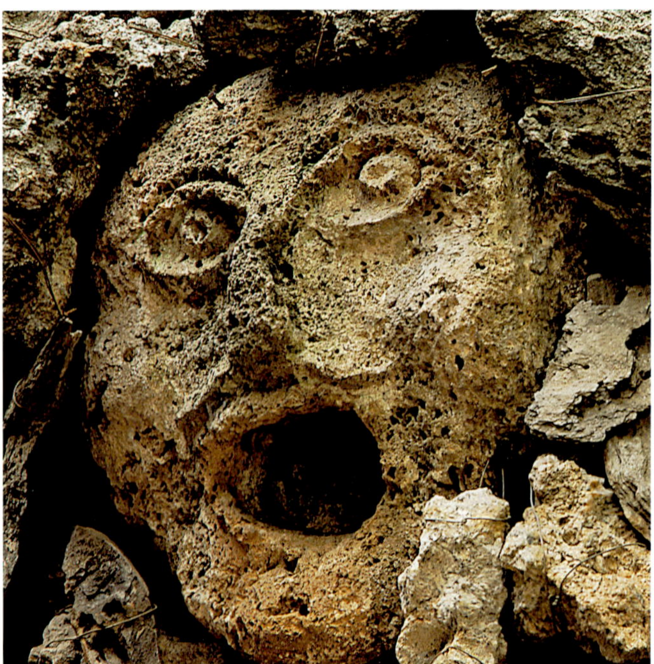

Nahaufnahme der „grotesken“ Ungeheuer, die den Hof bewachen.

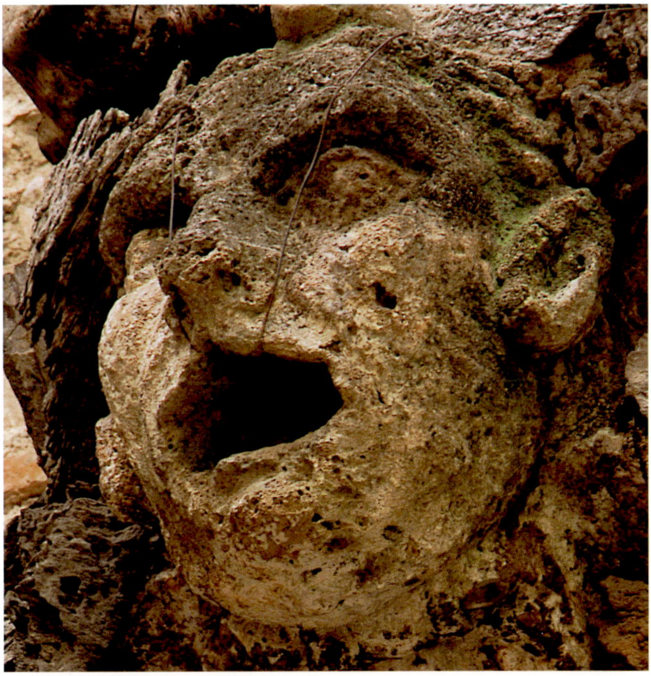

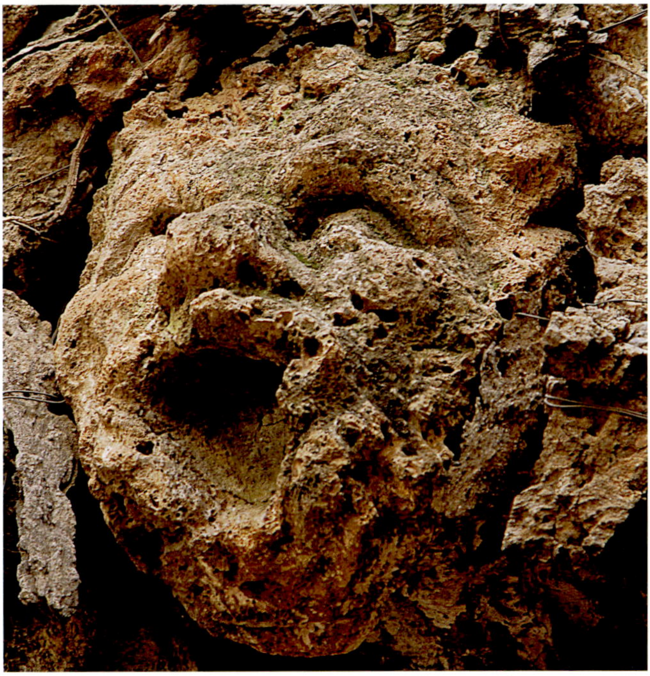

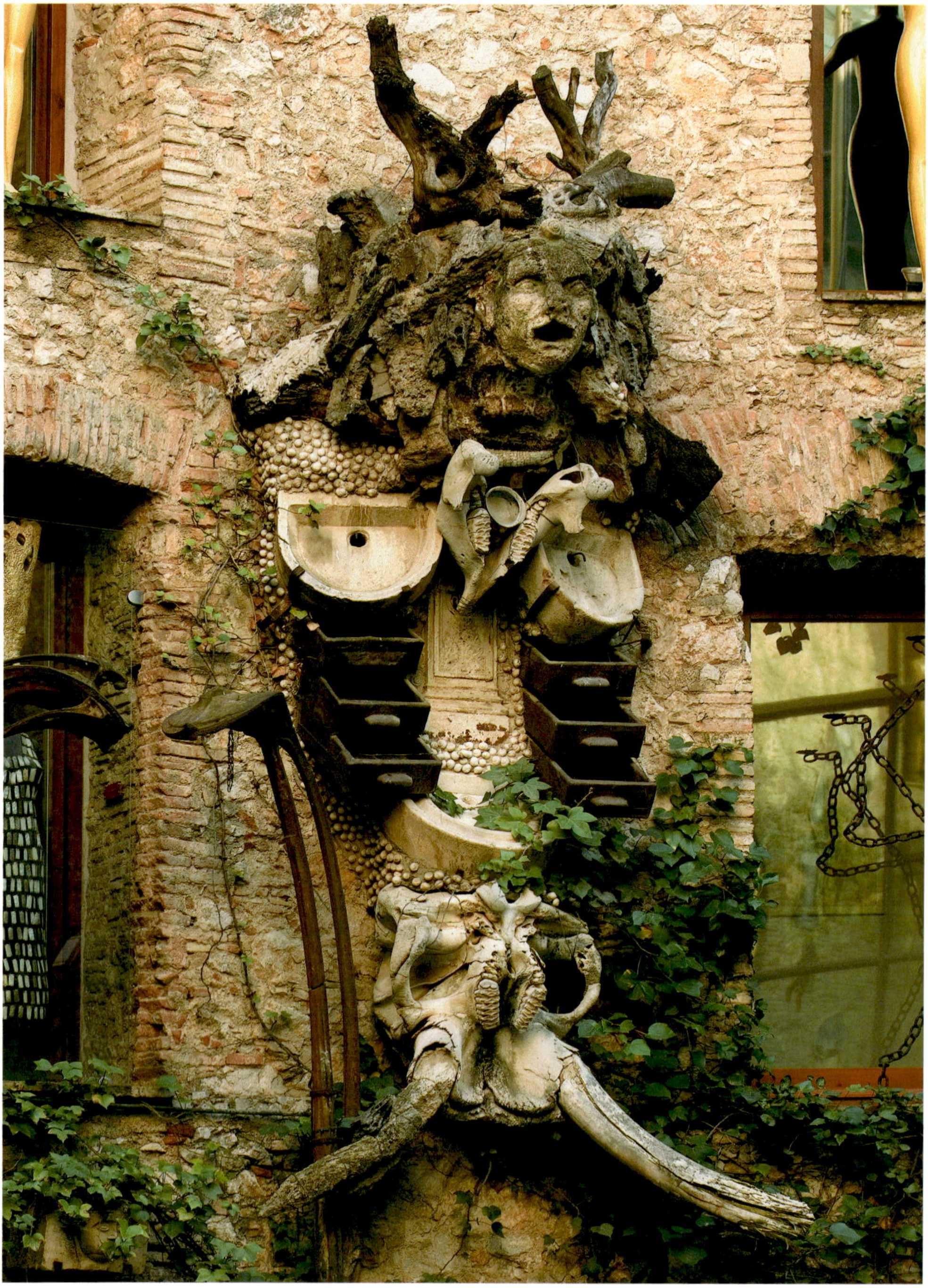

Die „grotesken" Ungeheuer entstanden 1975 in Zusammenarbeit mit Antoni Pitxot und befinden sich in den mittleren Fenstern zum Hof.

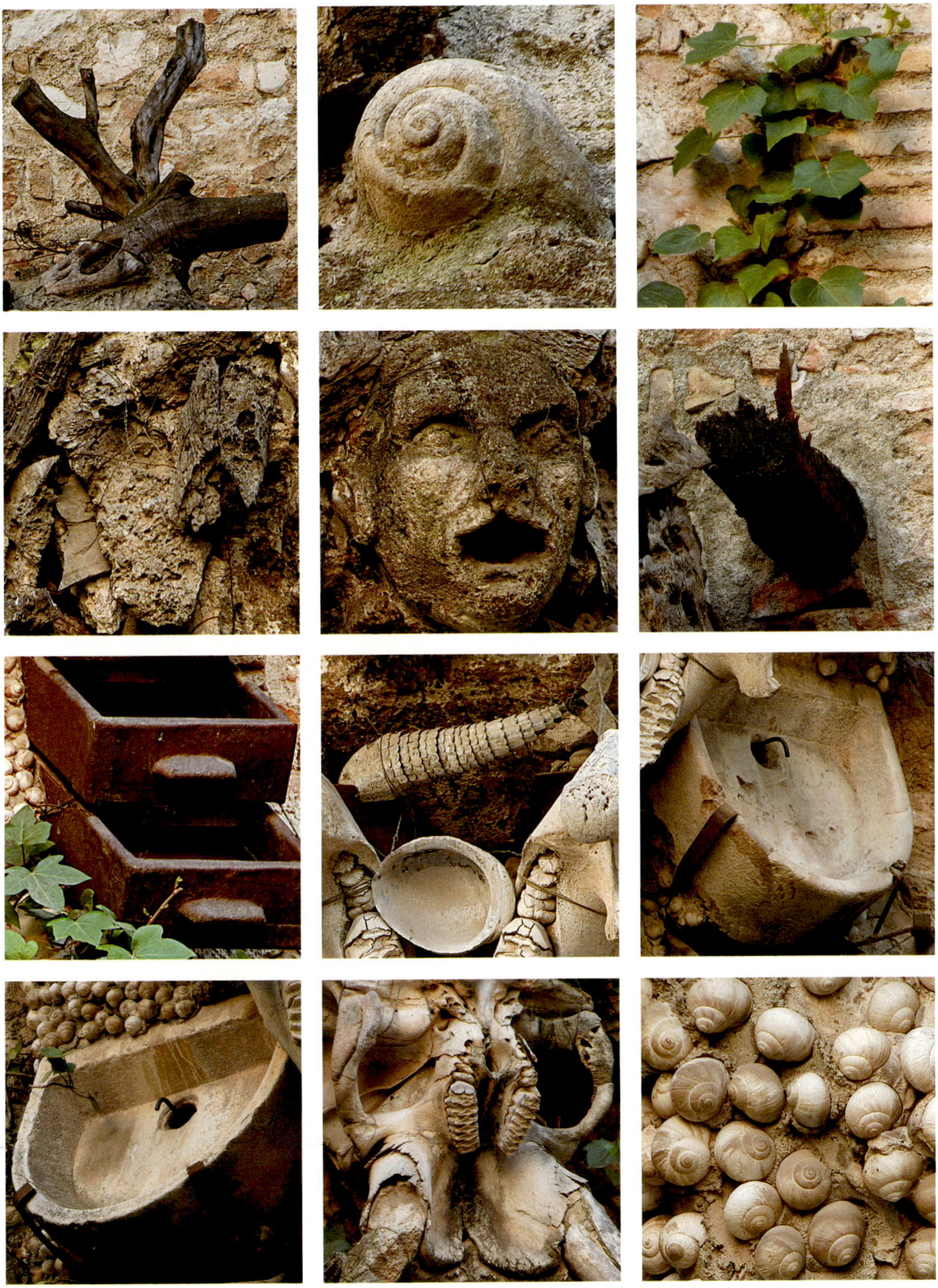

Diese Skulpturengruppen, phantasmagorische Wesen, die der Finsternis entsteigen, bestehen aus vielen Elementen.

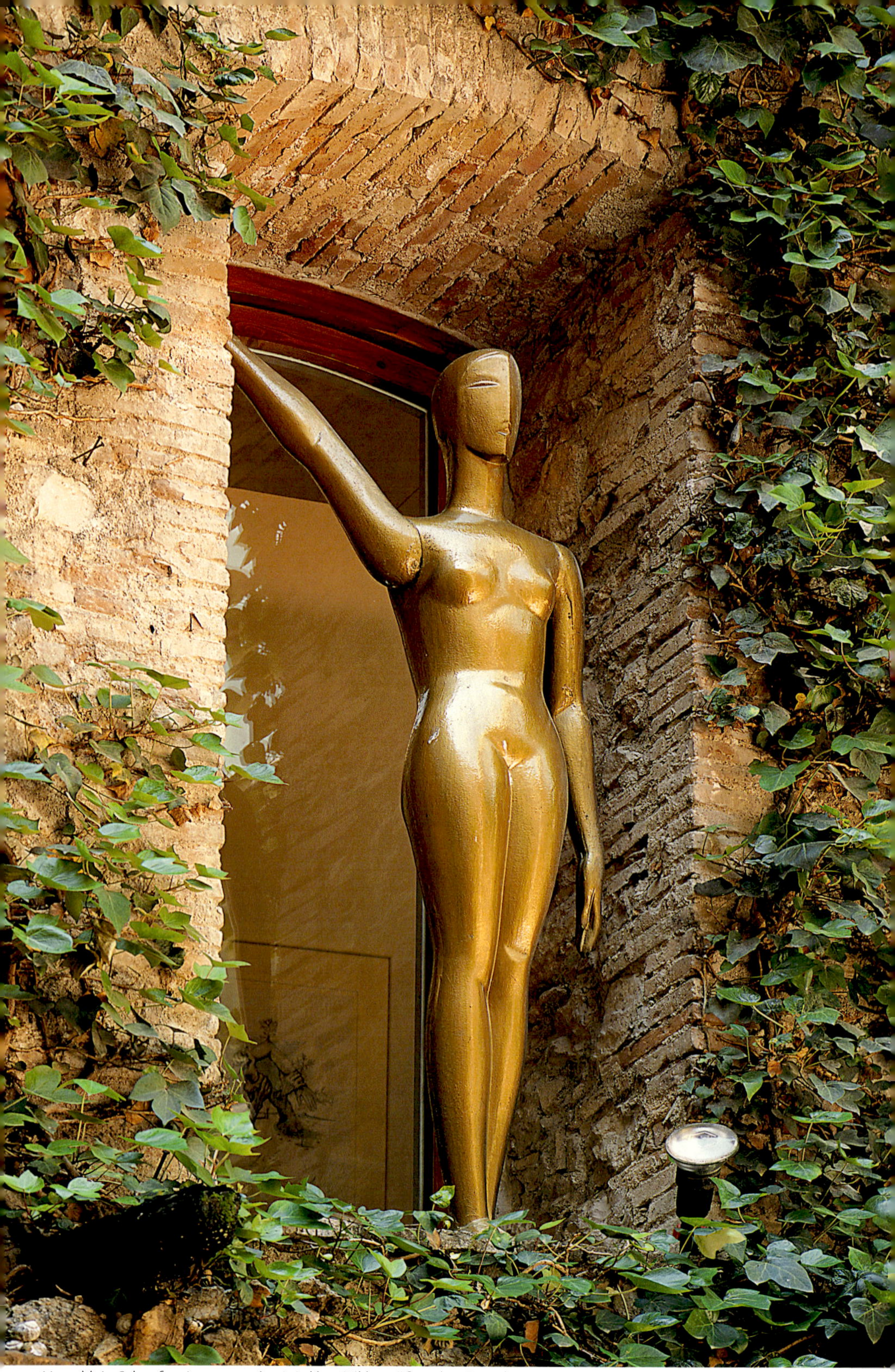

Vergoldete Schaufensterpuppen im Art déco-Stil begrüßen den Besucher.

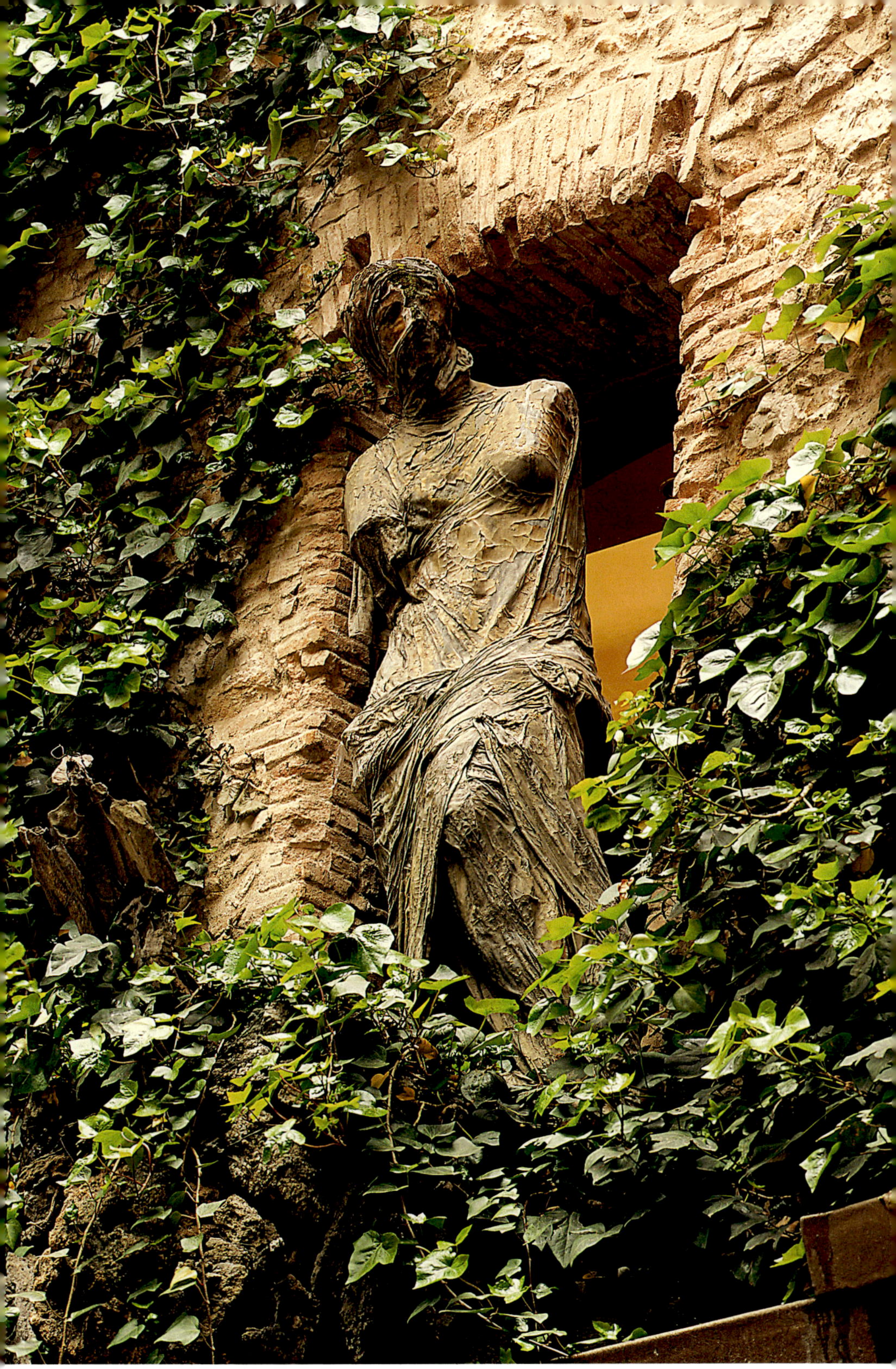

Venus velata von Olivier Brice.

Diese ganze Gruppe, aus der der zentrale Innenhof des Museums besteht, könnte als eine große Installation mit einer rituellen und dionysischen Bedeutung, als Opfergabe, Spiel und Fest interpretiert werden. Dalí lädt den Besucher dazu ein, an einem Ritual oder einem Spiel teilzunehmen, und erinnert ihn daran, dass sein Beitrag ihn in Zuschauer und gleichzeitig Erschaffer verwandelt.

Als Besucher-Zuschauer wird man von der überwältigenden Installation mit dem Cadillac, der *Regentaxi* genannt wird, überrascht. Diese Installation entstand anlässlich der Internationalen Surrealismusausstellung in der Galerie Beaux-Arts in Paris, die im Januar und Februar 1938 stattfand und von André Breton und Paul Éluard in Zusammenarbeit mit Marcel Duchamp als „générateur-arbitre" organisiert wurde. Salvador Dalí und Max Ernst waren die besonderen Berater dieser Ausstellung. Das Automobil ist ein häufiges Ikon im Schaffen Dalís, in dem sich die fossile, unvergessliche Materie mit der neusten Errungenschaft der Geschichte der Menschheit vereint, der Maschine, die Beweglichkeit ermöglicht. Dieser Cadillac, der vor allem in den Vereinigten Staaten gefahren wurde, war ein Geschenk Dalís an Gala. Dalí sagte —vielleicht mit leichter Ironie— dass es davon nur sechs Stück gäbe und eins davon Al Capone gehörte. Deshalb sind auch die Scheiben des Modells, das in diesem Museum ausgestellt wird, aufgrund eines scheinbaren vandalistischen Aktes zerbrochen. Und der Maler fügte hinzu: „Einer davon gehörte dem Präsidenten Roosevelt, ein anderer Clark Gable, usw. Das ist die vierte Reproduktion der berühmten, heute zerstörten „Regentaxis". Das erste wurde während der Surrealismusausstellung in Paris gezeigt und es war eine Sensation. Das zweite auf der Weltmesse in New York und das dritte auf der surrealistischen Retrospektive im Museum für Moderne Kunst in New York". Dabei bezieht sich Dalí auf den Pavillon *Der Traum der Venus*, den er 1939 in New York auf der Weltmesse vorstellte. Man könnte ihn als eine erste, noch zögerliche Version des Kunstobjektes betrachten, das schließlich im Theater-Museum gezeigt werden würde.

Auf der Motorhaube steht als ein Art Kühlerverschluss die Skulptur der Königin Esther, *Die große Esther*, (1968-1973), ein Geschenk des österreichischen Künstlers Ernst Fuchs. Dalí betrachtete sie als eine Vorgestaltung für die *Nanas* von Niki de Saint-Phalle. Im Inneren des Cadillacs liegt ein komplexes Rohrleitungssystem, aus dem in Unterbrechungen Regen strömt, um die Burgunderschnecken am Leben zu erhalten, die die Schaufensterpuppen und ihren Chauffeur begleiten.

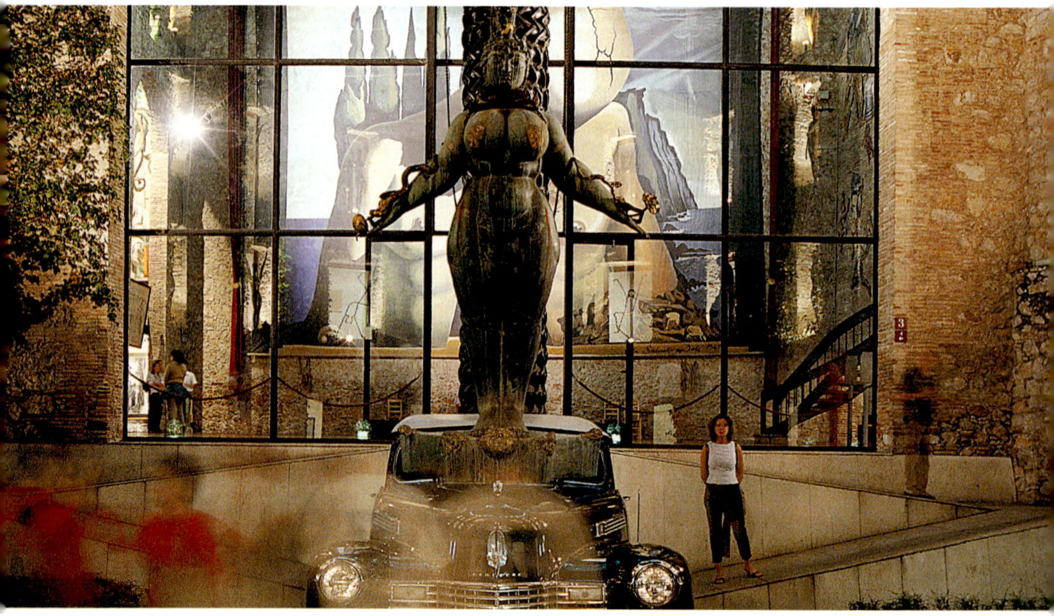

Die große Esther von dem österreichischen Künstler Ernst Fuchs.

Das Boot, das mit einem Regenschirm die Installation krönt, gehörte einst Gala und wird jetzt von Krücken gestützt, ein Element, das sehr häufig in Dalís Werken zu finden ist. Die Säule aus Autoreifen dient zur Betonung einer feinen Marmorbüste von François Girardon, Bildhauer und Leiter der Dekoration mit Skulpturen in Versailles nach dem Tod von C. Le Brun. Darüber befindet sich der *Sklave* von Michelangelo in einer Interpretation Dalís, in schwarzer Farbe gestrichen und mit einen Autoreifen, der seinen Körper durchquert. (Im dritten Stock, am Eingang zum Flur, stellte Dalí noch einmal den *Sklaven* auf, dieses Mal mit einem Harnisch). Auffallend ist auch die üppige Gruppe aus nachgestellten Wassertropfen, die unter dem Kiel des Schiffes hängen, von dem Maler sehr genau definiert und gestaltet. Auch der schwarze Regenschirm ist dort. Wenn der Besucher eine Münze einwirft, öffnet er sich, schließt sich wieder und lässt es im Inneren des Taxis regnen.

An den Wänden sind noch die verbrannten Balken zu erkennen, Relikte aus dem Brand des Theaters. Für Dalí war dieser Brand reinigend, denn er war, wie man nicht vergessen darf, der Ausgangspunkt der Zukunft des Theater-Museums. Der Künstler wollte, dass das Brandmal des Feuers erhalten blieb. Ebenso auffallend sind die Waschbecken, die einen Engelschor formen. Dalí schrieb in einem Text mit dem Titel *T*, den er im Mai 1976 in Portlligat verfasste: „Lange vor den Pyramiden in Ägypten, lange vor dem Bahnhof von Perpignan, seit dem Beginn des *Homo Erectus*, war die erste Vision seiner Seele ein strahlend weißes Waschbecken der Marke Roca, dessen Umrisse die kategorische Figur eines von der Sonne erleuchteten Buchstaben T bilden“. In den Fenstern stehen einundzwanzig vergoldete Schaufensterpuppen im *Art déco-Stil* der Zwanzigerjahre und bilden eine mnemotechnische Referenz. Ihre verschiedenen Haltungen stehen im Gegensatz zu diesem Raum mit seiner kalten und ausdruckslosen Präsenz.

In den vier Nischen der ersten Etage befinden sich, von links nach rechts, eine *Venus Velata* von Olivier Brice, eine Figur, die aus einer Bronzekette konstruiert ist und den Titel *Hommage an Bracelli* trägt, ein manieristischer Maler des 17. Jh., der zusammen mit Luca Cambiaso Dalí aufgrund seiner Fähigkeit der Neuinterpretation und Deformation der menschlichen Figur sehr interessierte, ein Kleid aus Metall im charakteristischen Design von Paco Rabanne, gekrönt mit einem goldenen Krokodilsschädel und hinten

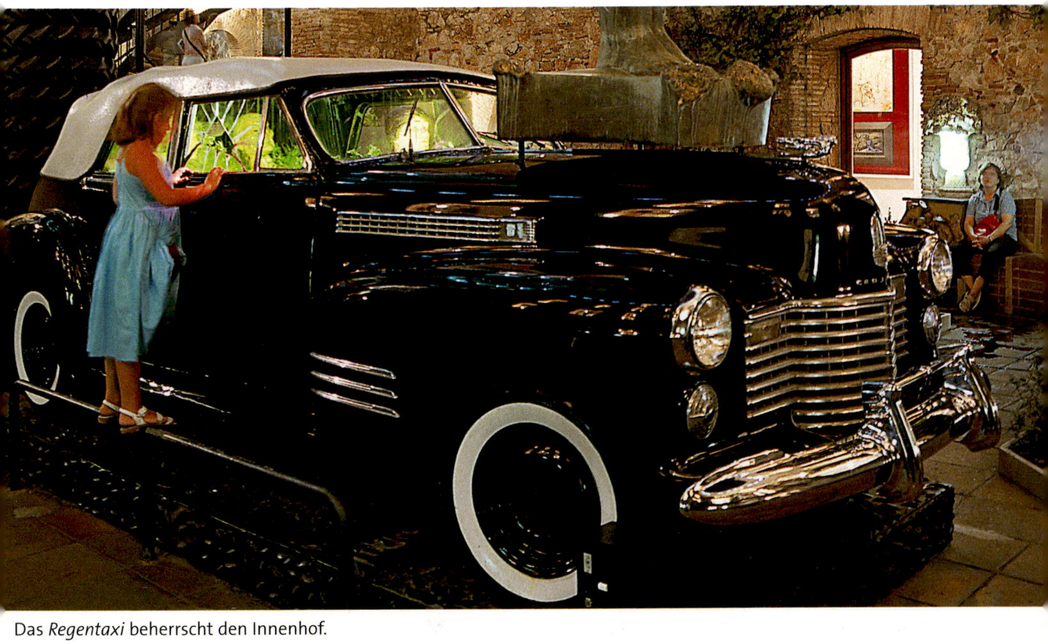

Das *Regentaxi* beherrscht den Innenhof.

durch eine kleine Bronzeskulptur vervollständigt, der *Vogel-Mensch* (1966). Diese Statue stammt von Dalí und verleiht der Installation eine gewisse ägyptische Ästhetik. In der vierten Nische wird die zweite *Hommage an Braccelli* ausgestellt.

Die Haupttür zum Hof wird von zwei Originallaternen aus der Metro von Paris gerahmt. Sie stammen von Hector Guimard und stehen auf einem Sockel aus fossilen Schnecken aus den Pyrenäen. Dalí äußerte sich ständig lobend über den Modernismus, vor allem über Antoni Gaudí. Ein besonders bemerkenswerter Artikel ist der, den er für die Dezemberausgabe 1933 der Zeitschrift *Minotaure* schrieb. Der Artikel trug den Titel: *De la beauté terrifiante et comestible de l'architecture Modern Style* [Von der schreckenserregenden und essbaren Schönheit der Architektur des Modern Style]. Dalí war immer für eine kreative Architektur, die „Maschinen zum Träumen" bereitstellt und das „Funktionieren der Wünsche" verstärkt.

Die Bänke, von denen aus man diese ganze, spektakuläre Installation betrachten kann, sind mit acht Basreliefen der Serie „Kunst und Handwerk" dekoriert, die für die Weltausstellung in Paris 1900 von dem Bildhauer Guillot und dem Keramiker Muller angefertigt wurden. Ein weiteres Dekorationselement sind die Alabasterkrüge, die nachts beleuchtet werden und die Dalí bereits zur Zeit des Torre Galatea (1984-1989) in seinem Museum aufstellen ließ. Neben der Rampe befinden sich Kletterpflanzen und zwei geheimnisvoll wirkende Büsten. Sie gehörten einst zu dem Haus Lleó Morera in Barcelona. Auffallend sind auch die Beete, die das G von Gala formen. Dalí hatte einst über sie gesagt: „Der ganze Hofgarten ist mit Myrte in Form eines G bepflanzt. Sie war in der Antike der Strauch der Liebe. Und sie sind zu Ehren Galas hier".

Dalís Theorie lautete, dass man immer ansammeln und nicht auswählen sollte, da die Zeit und der Raum schon dafür sorgen würden, dass der Rest geordnet werde. Und dieses Prinzip wendete er auf seine Werke und sein Theater-Museum an. Ein gutes Beispiel dafür sind die „grotesken" Ungeheuer, wie er sie zu nennen pflegte, die 1975 in Zusammenarbeit mit Antoni Pitxot entstanden sind. Es sind phantasmogorische Wesen, die aus der Dunkelheit kommen und verzückt das überwältigende Spektakel des Theatermuseums von ihrem wundervollen Platz im Hof aus betrachten. Sie stehen zwischen den mittleren Fenstern des Hofes. Diese Skulpturengruppen bestehen aus zahlreichen Elementen: Schnecken, Steine aus dem Cap de Creus, Zweige, die aus dem Schnitt der Platanen an der Rambla von Figueres stammen und die Dalí benutzen wollte, Reste von Wasserspeiern der benachbarten Kirche Sant Pere, die auch während des Spanischen Bürgerkriegs in Brand gesetzt wurde, ein alter, vergessener Brunnen aus dem Stadtpark und Schubladen, die aus den alten Möbeln des Rathauses von Figueres stammen und die für Dalí immer Behälter für Information darstellten.

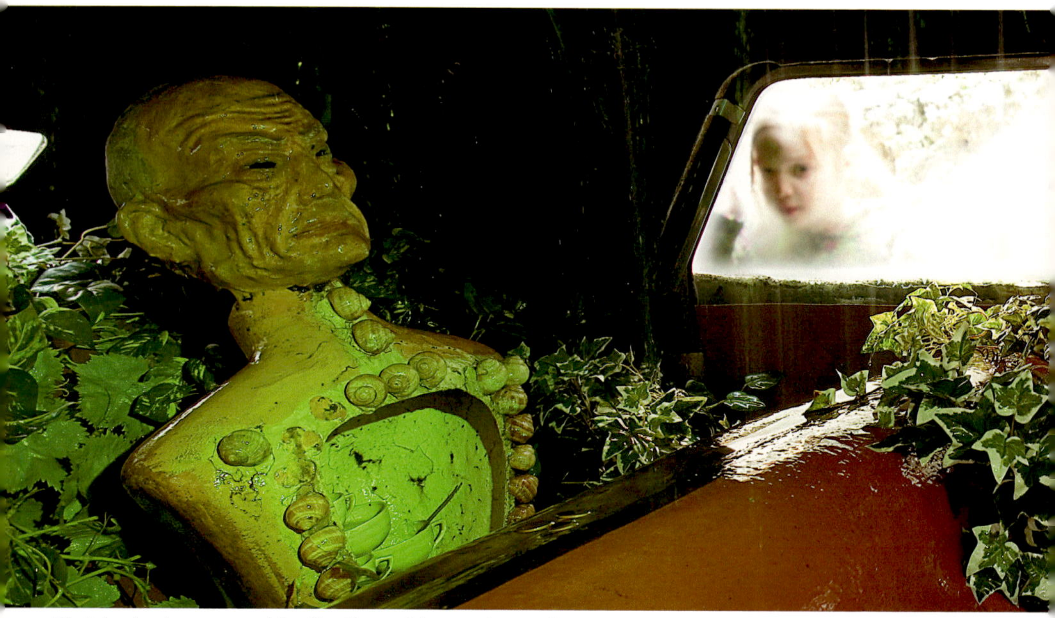

Die Schaufensterpuppe und der Chauffeur gehören zu der Installation *Das Regentaxi*.

Die Gruppe besteht aus vier Ungeheuern, zwei davon in der Mitte, die den Eingang zum Hof umrahmen. Auf der rechten Seite befindet sich eine Struktur aus Brunnen, Schubladen, einem Walskelett und einem Steinhorn, eine männliche Struktur. Das Element auf der linken Seite ist reicher mit Muscheln, Schnecken und Stämmen geschmückt und wirkt weiblich. Beide haben keine Arme. Die beiden Ungeheuer auf der Seite sind zerlegter, sie haben keinen Körper, aber Arme, die ein Kreuz formen. Das auf der rechten Seite ist, wie Dalí sagte, leicht aristokratisch, da es auf seiner Brust das Wappen eines alten Adelsgeschlechtes trägt. Sie alle scheinen, wie bereits vorher gesagt, das Spektakel zu betrachten, das sich zwischen der Vegetation eines verlassenen, romantischen Gartens abspielt. Sie spielen auf den Park der Ungeheuer von Bomarzo an, ungefähr 90 km im Norden von Rom entfernt. Dieser Park faszinierte Dalí und er steckte die Italiener mit seiner Begeisterung an, so dass sie ihn restaurierten. Diese Ungeheuer sind auch Brunnen, da sie mit einem System versehen sind, das Wasser aus ihren Mäulern strömen lässt. Sie werden in den Augustnächten in Gang gesetzt, wenn nächtliche Besuche im Theater-Museum stattfinden.

Die Musik, die uns bei diesem Besuch begleitet, wurde von dem Künstler selbst ausgesucht und sorgt für eine ganz besondere Atmosphäre. Wir hören *Tristan und Isolde* von Wagner, der einer der Lieblingskomponisten Dalís war. Am 15. Dezember 1944 wurde in New York das Stück *Mad Tristan* [*Verrückter Tristan*], „das erste paranoische Ballett, das auf dem ewigen Mythos von der Liebe bis zum Tode basiert", uraufgeführt. Die Handlung in diesem Stück von Dalí ist von Wagners Oper *Tristan und Isolde* inspiriert. Wagner ist auch in den Gemälden Dalís zu finden. Im Flur in diesem Bereich wird zum Beispiel in einer Vitrine ein Ölgemälde mit dem gleichen Titel ausgestellt. In dem Museum hören wir ebenfalls die Oper *Die Perlenfischer* von Georges Bizet und die Musik des Mysterienspiels *Das Geheimnis von Elche*, dessen Aufführung Dalí 1973 beiwohnte.

Zwei Rampen aus weißem Marmor, die nach einer ersten Skizze des rumänischen Bildhauers Damian angefertigt wurden, führen uns zu dem verglasten Gang zu der Bühne unter der Kuppel. Dalí hatte zusammen mit Emilio Pérez Piñero ein Modell für diesen verglasten Gang entworfen, der sich im Zentrum des Museums befindet und als Trennung zwischen dem Parterre und der einstigen Bühne unter der Kuppel dienen sollte. Dieses Modell, das zur Zeit in dem Saal „Der Rundtempel von Bramante" ausgestellt wird, wurde aus Metacrylat-Quadraten mit sehr farbenprächtigen Werken von Dalí angefertigt. Dalí wollte, dass der Besucher von Bildern geradezu überwältigt und visuell stark beeindruckt werde.

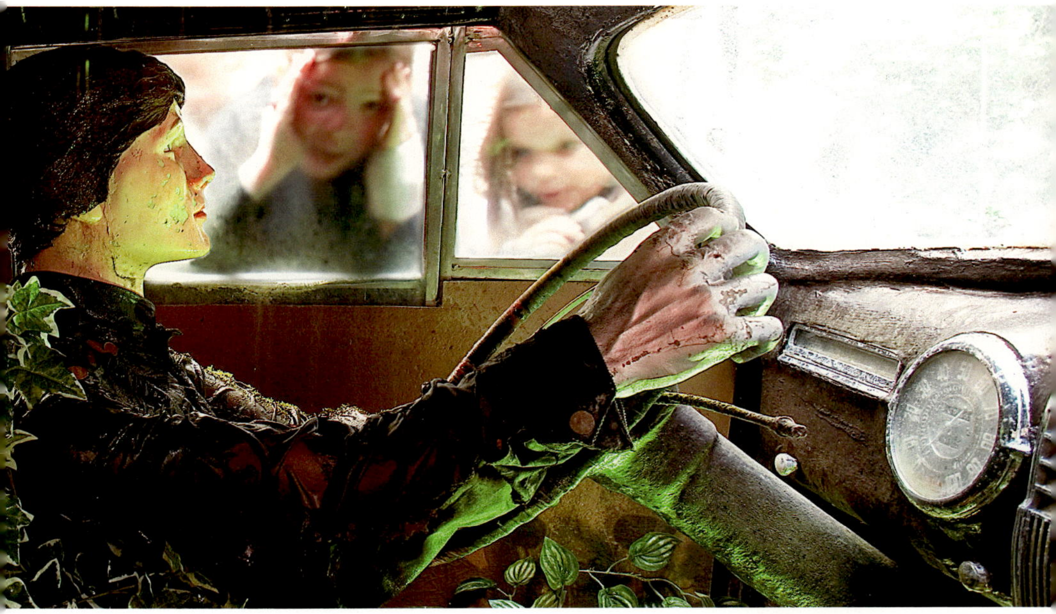

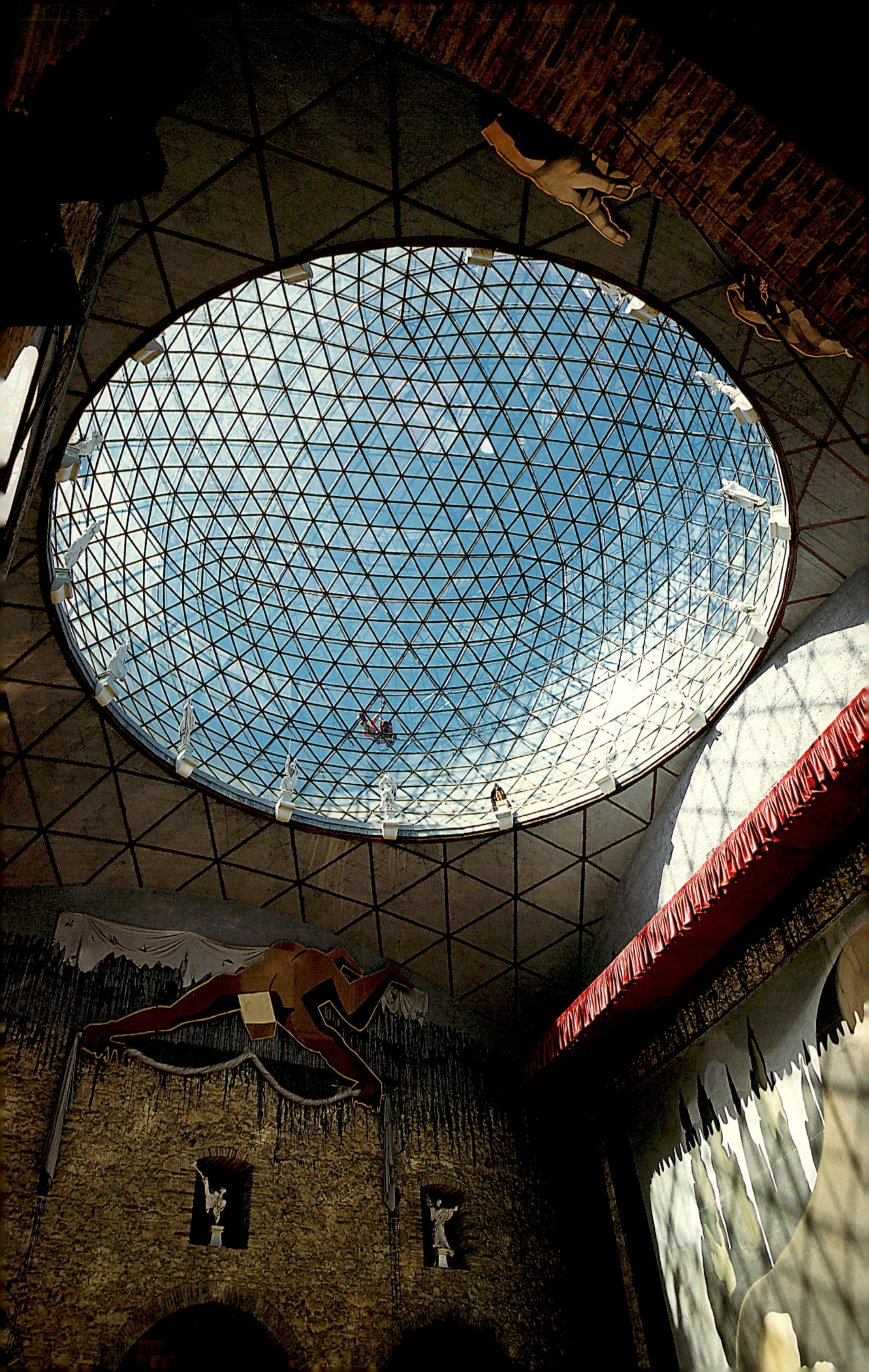

Vom Hof gelangt man über die Rampe in einen beeindruckenden Raum, die Bühne des Theatermuseums, die von einer überwältigenden, geodätischen Kuppel bedeckt wird, die zum Sinnbild des Theater-Museums und damit auch von Figueres geworden ist. Nachts spiegelt sich die Kuppel in den großen Gläsern, die den Hofgarten von der Bühne trennen und es wird der Eindruck erweckt, dass der Hof von einer zweiten Kuppel bedeckt wird. Es entsteht ein Spiel mit Widerspiegelungen, mit vielfachen Bildern.

Dalí wollte, dass eine der Kuppeln transparent und netzartig sei. Diese Art von Konstruktion war eine Spezialität des nordamerikanischen Architekten Richard Buckminster Fuller, auch wenn das Projekt schließlich, wie sicher Fuller selbst angeregt hatte, von dem Architekten Emilio Pérez Piñero durchgeführt wurde. In der Zeitschrift *Arquitectura* vom Juli/August 1972 erklärte Dalí anlässlich des Todes dieses Architekten folgendes zur Kuppel: „...Und es gibt nichts, was einem Diamanten gleicht und so angebracht ist wie dieses Dach von Piñero. Wenn man es von allen Seiten betrachtet, scheint es, dass es andere Strukturen gibt und all diese Strukturen synthetisieren sich in einer Herrlichkeit aus ewigem Licht. Das heißt, dass der modernste aller spanischen Architekten nicht nur dem großen Einfluss der italienischen Renaissance von Palladio unterlag, sondern auch der kategorischen Bejahung des Glaubens unseres großen Architekten Herrera, dem Erbauer des El Escorial". Und er fügt sehr oft hinzu, dass die Kuppel das Symbol der Einheit und der Monarchie sei.

DER KUPPEL

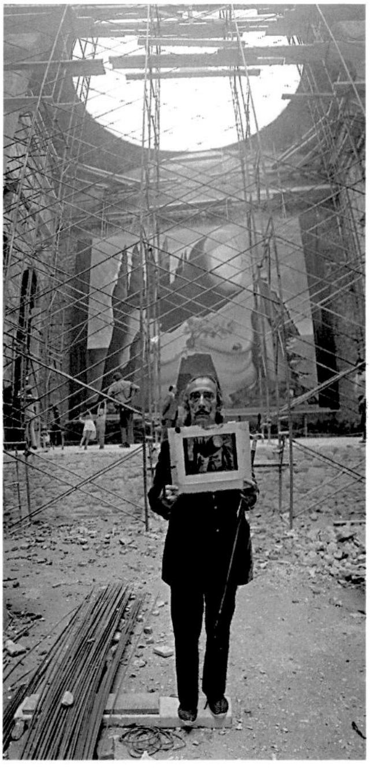

„Das Haus unter dem Dach beginnen, so wie es die großen Architekten der Renaissance taten, die sich zuerst die Kuppel vorstellten."

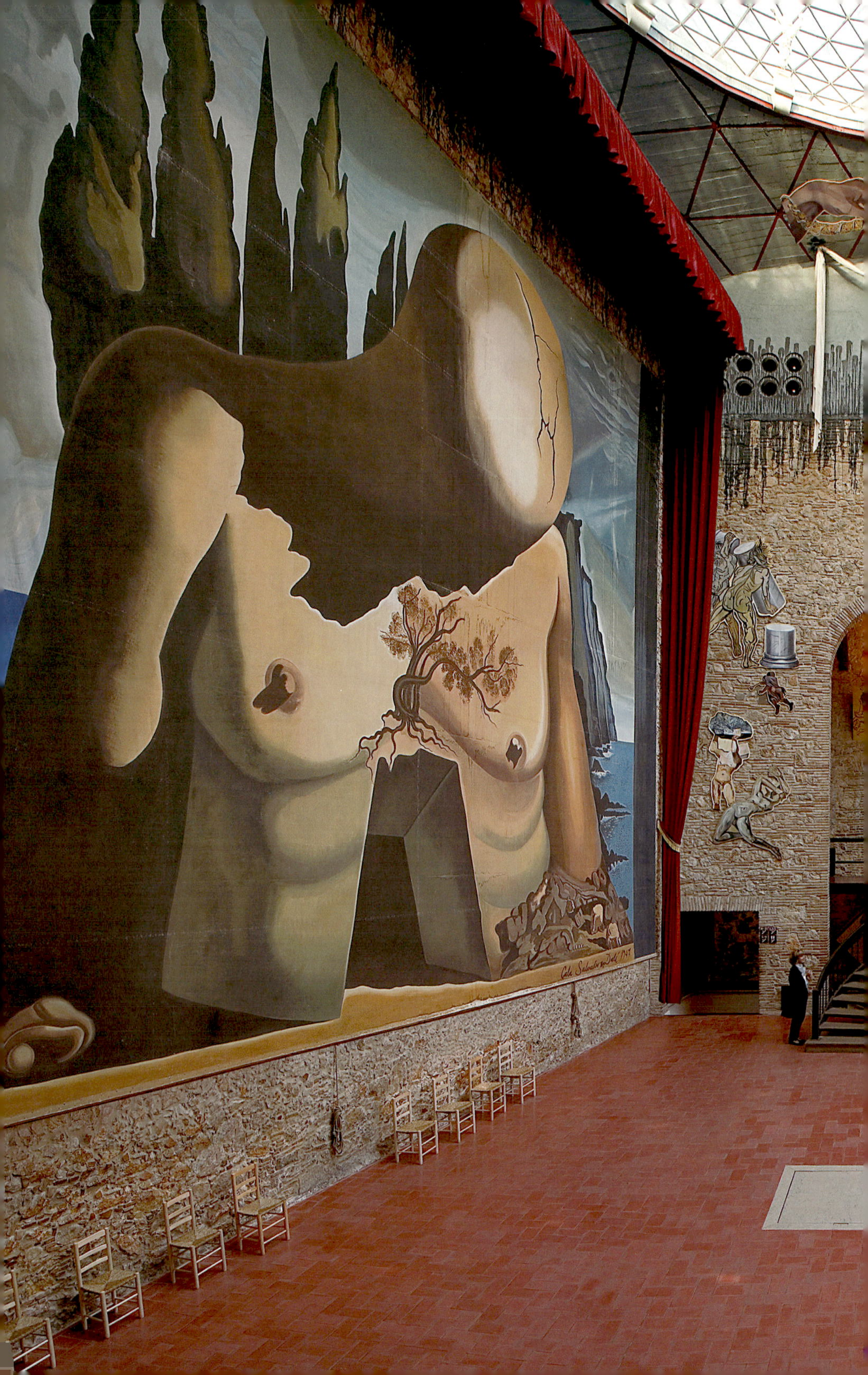

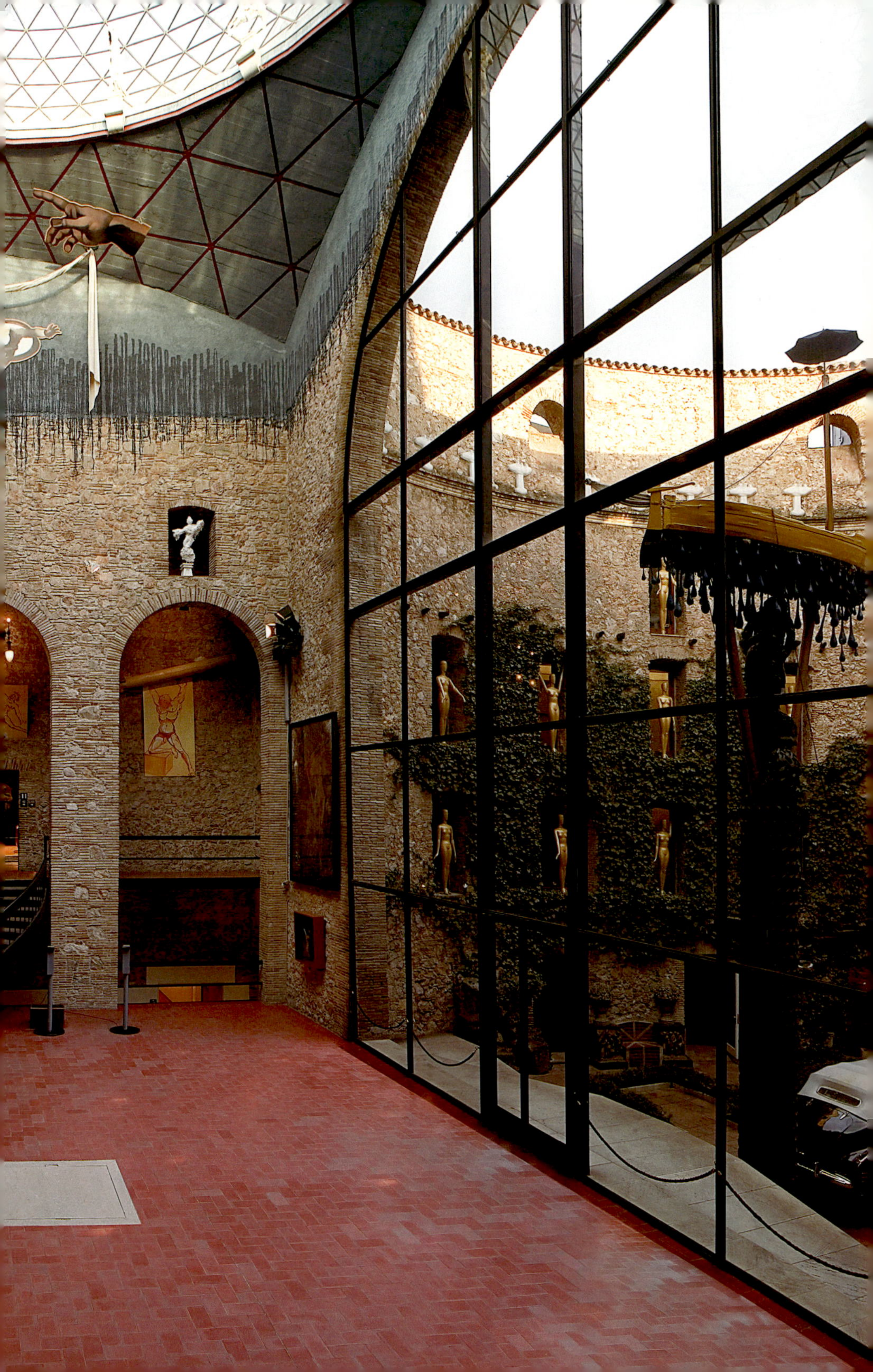

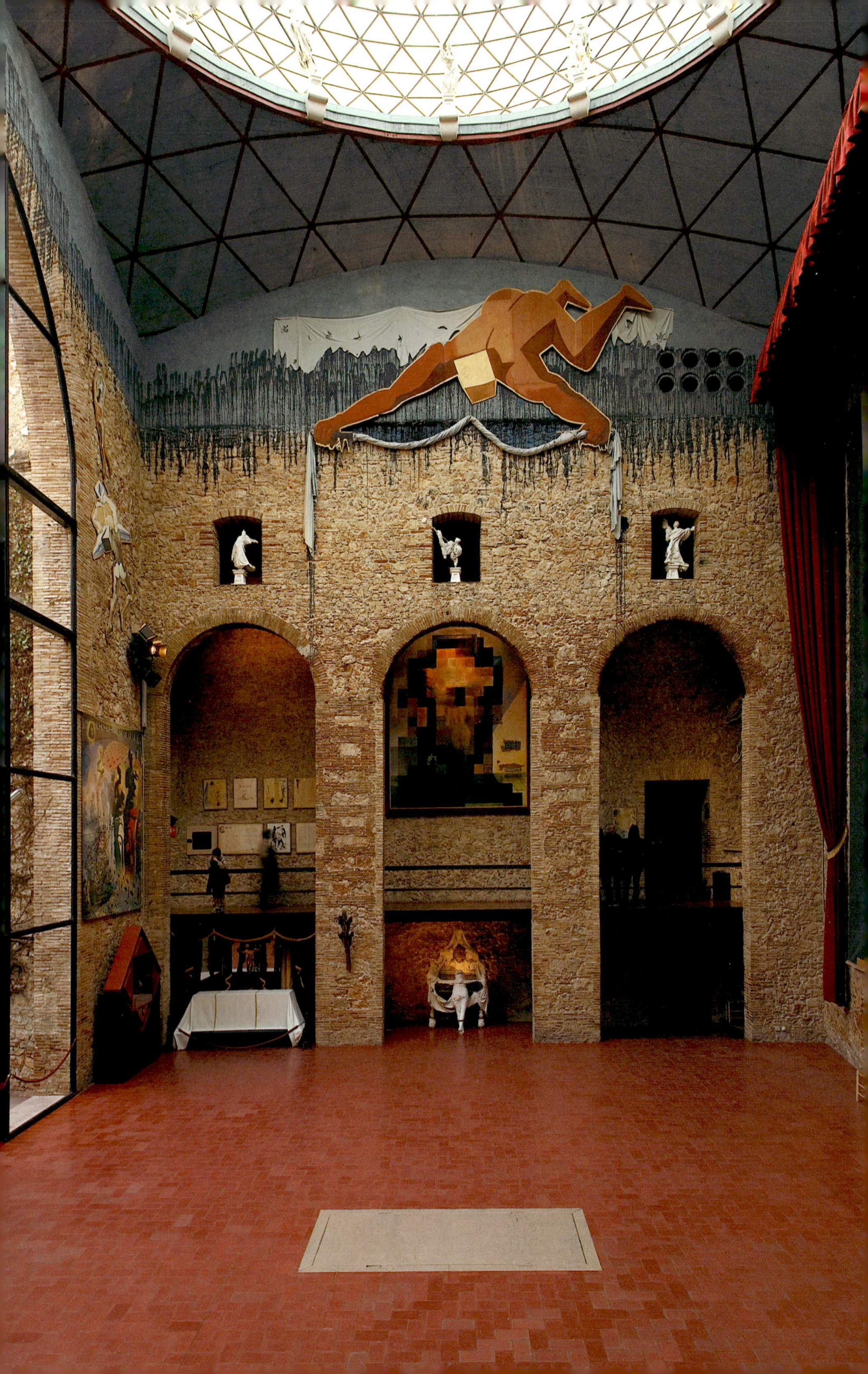

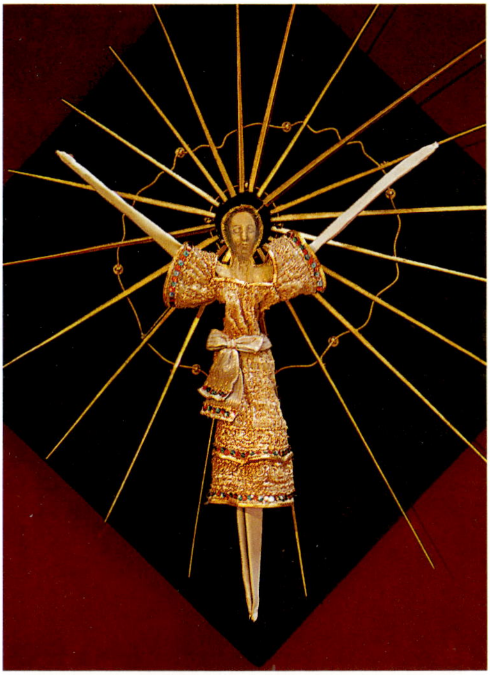

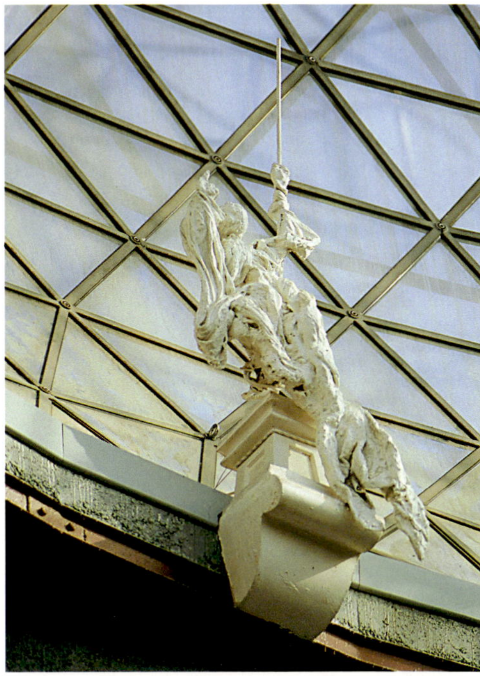

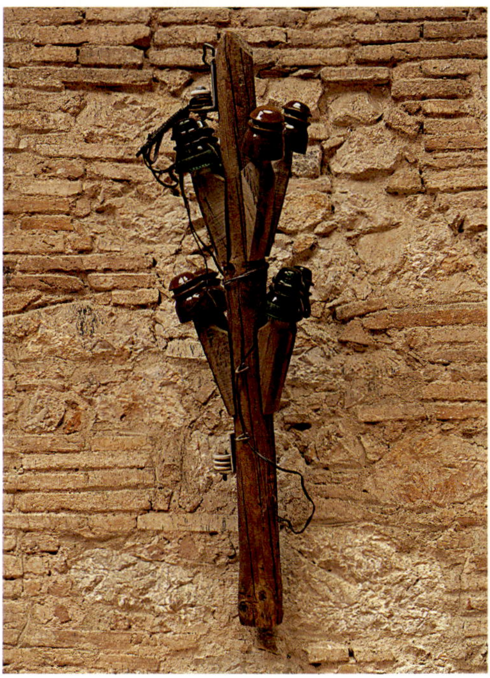

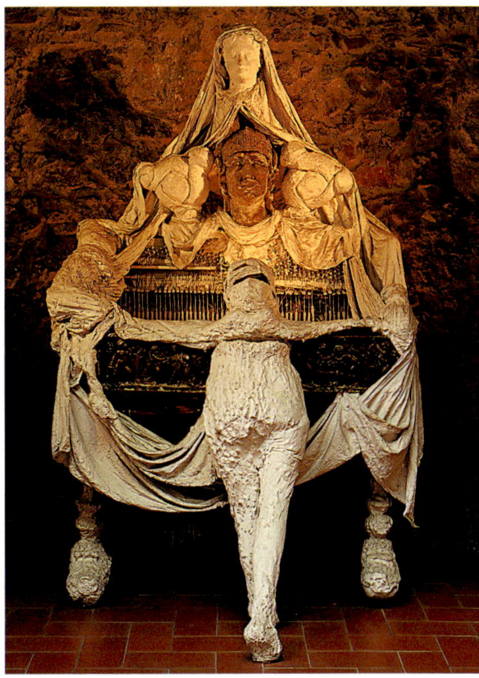

Dalís Installationen unter der geodätischen Kuppel.

← Die beeindruckende Bühne des Stadttheaters.

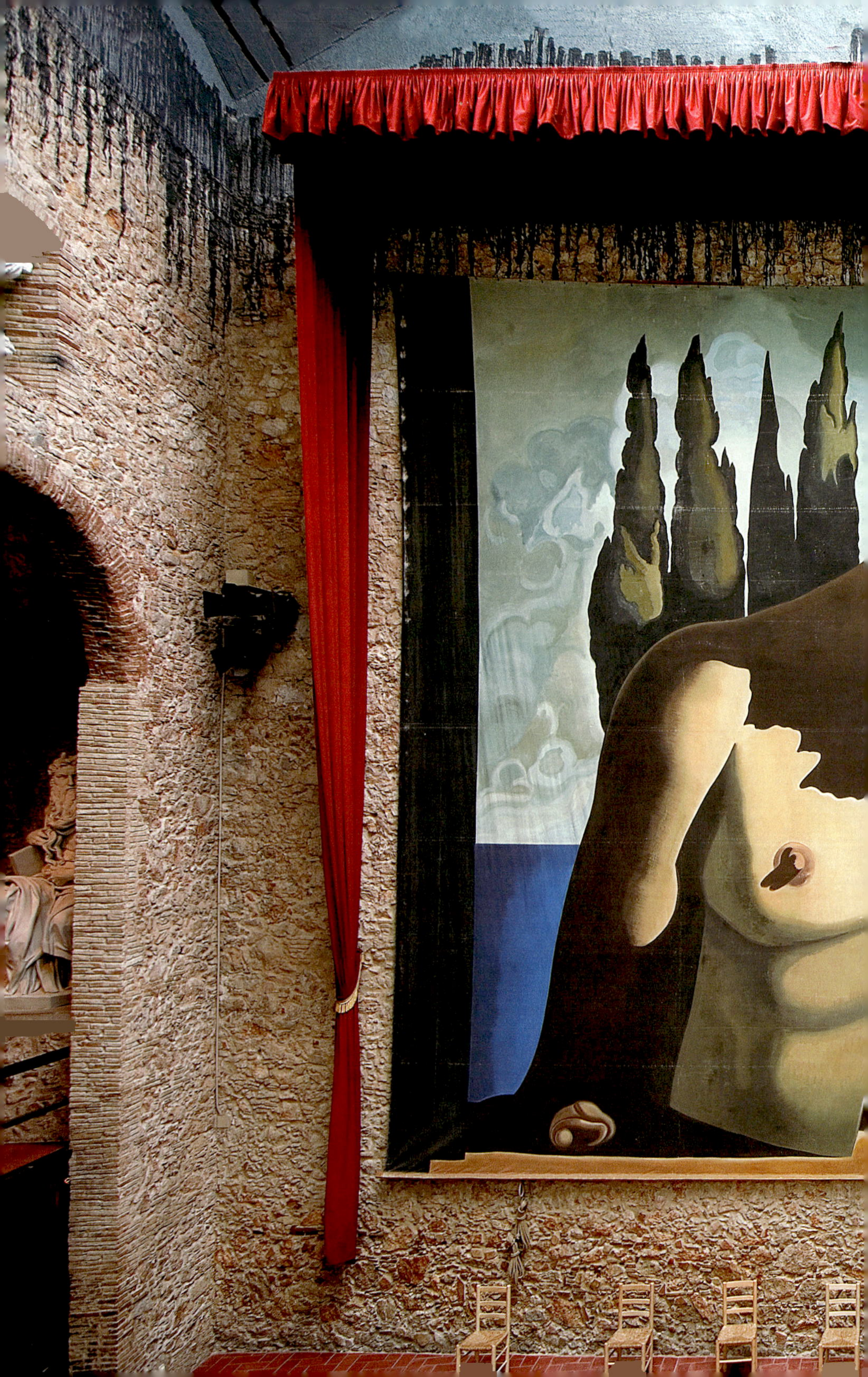

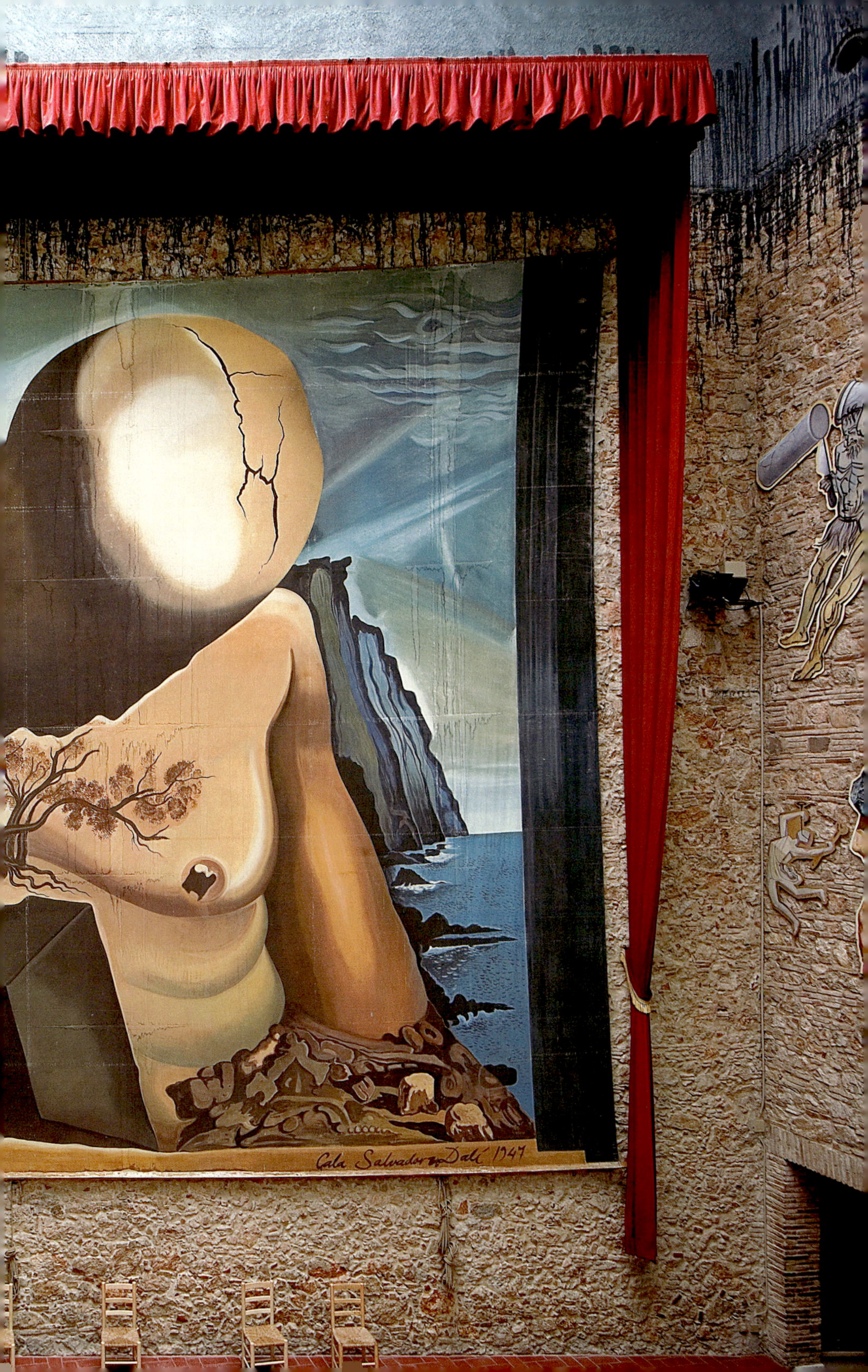
Gala Salvador Dalí 1947

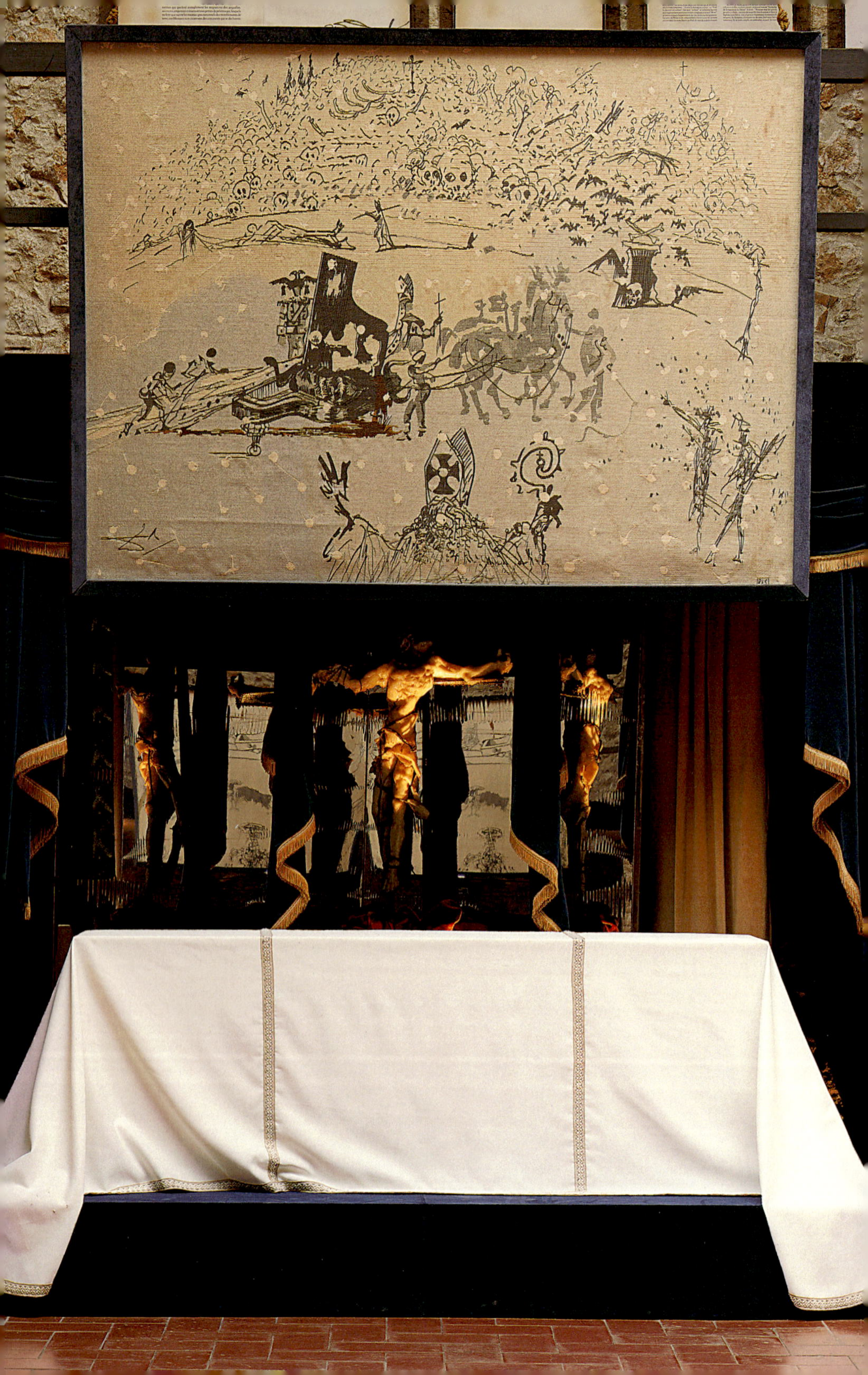

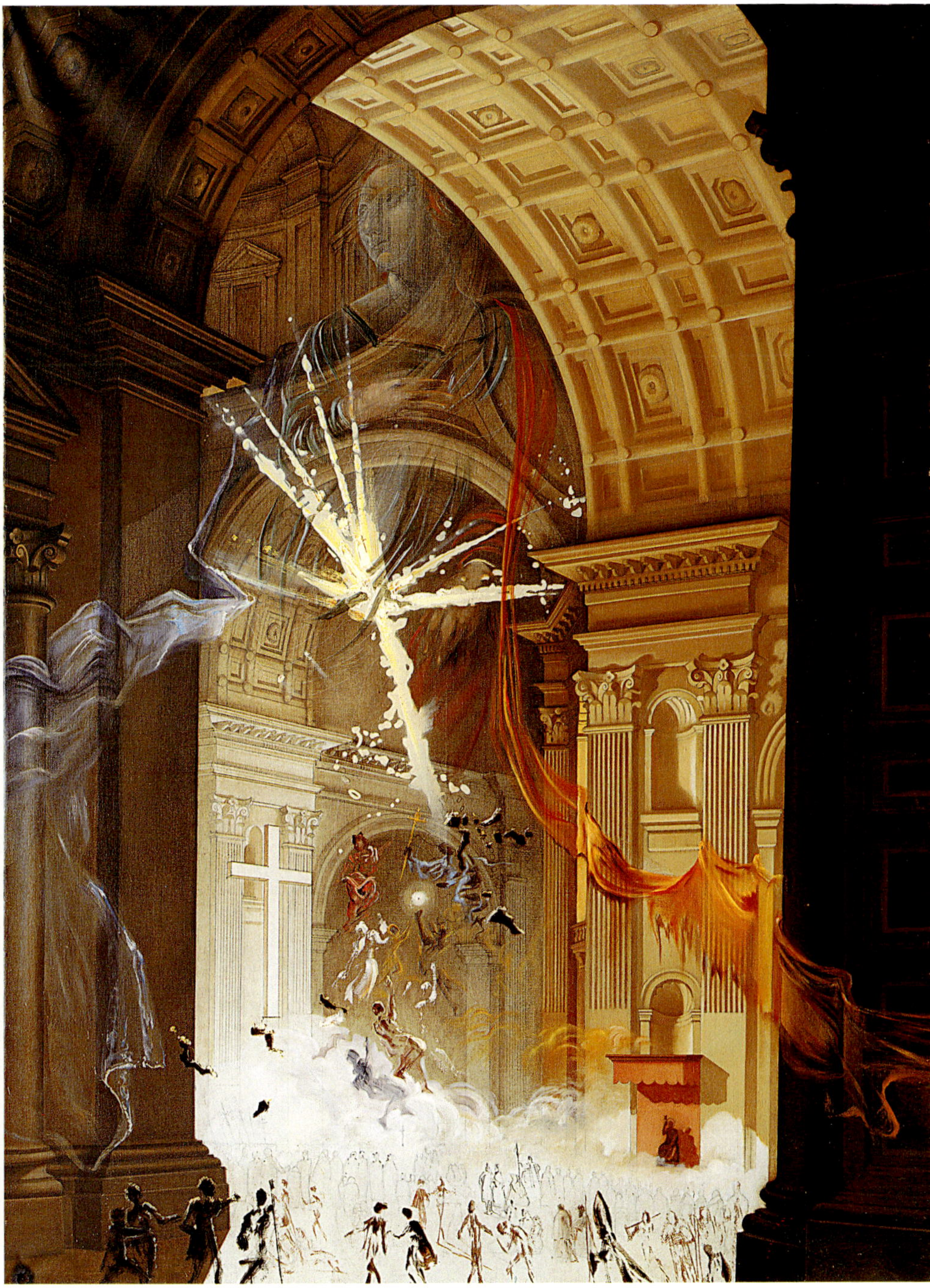

Explosion des mystischen Glaubens im Zentrum der Kathedrale, Öl auf Leinwand, 1974.

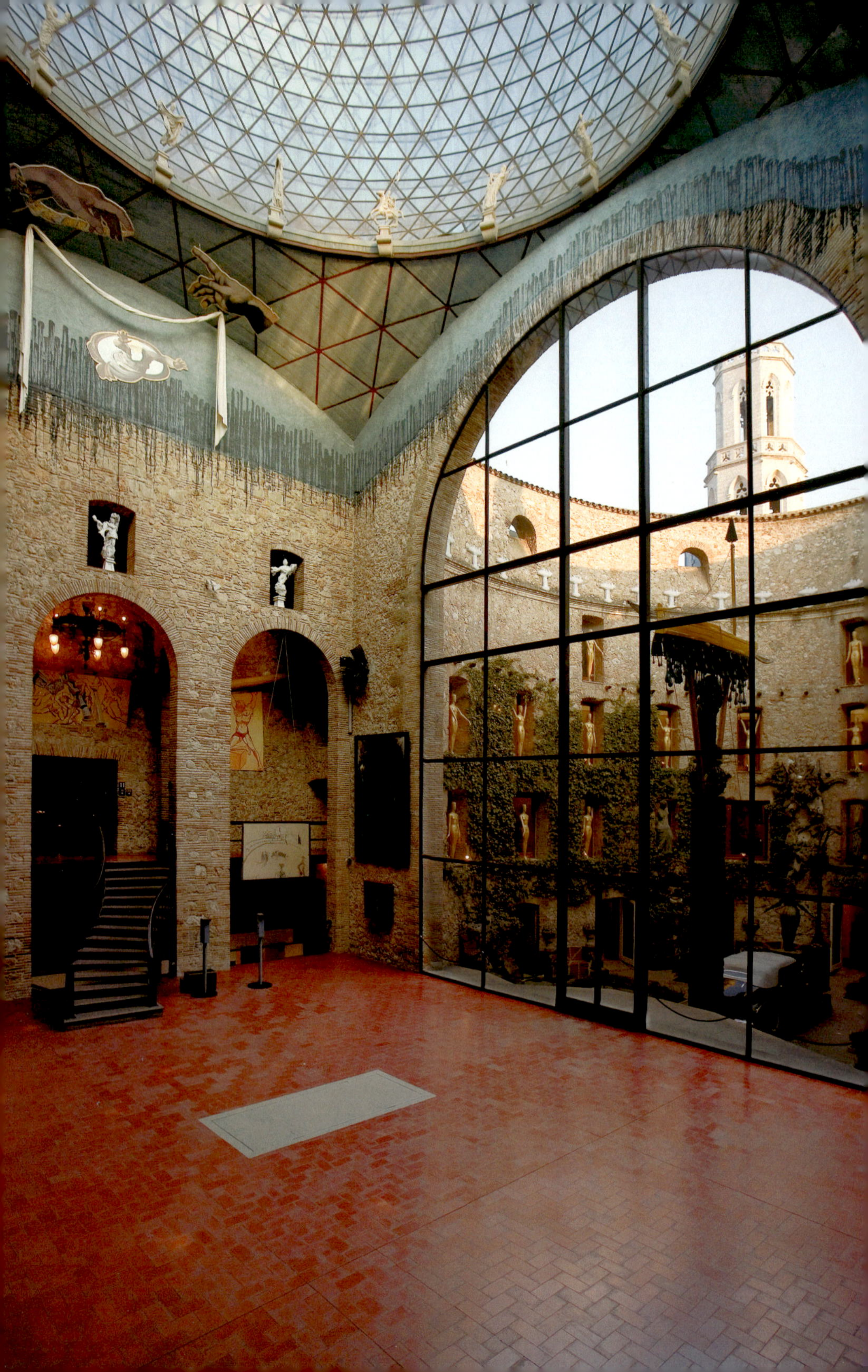

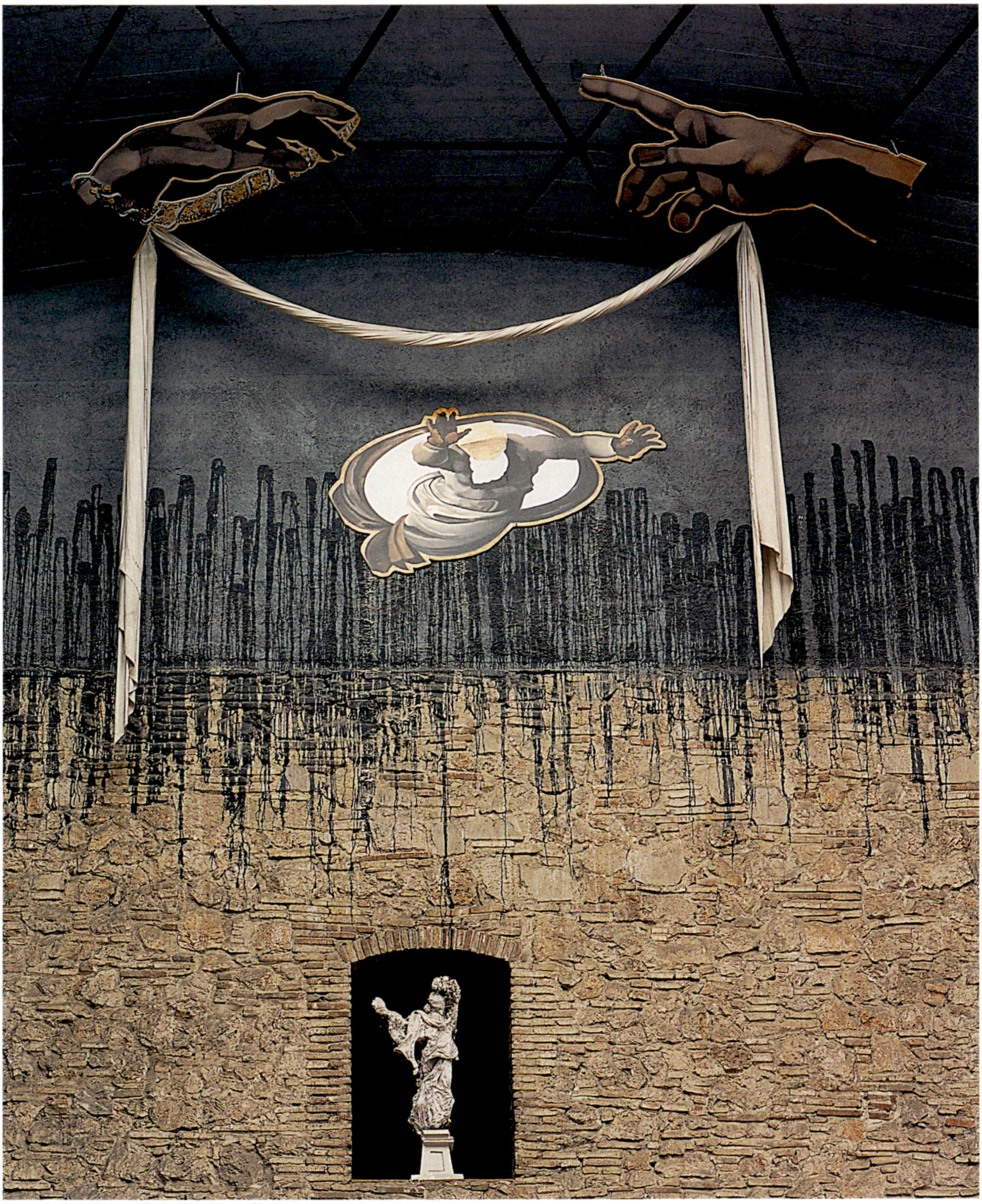

Teil der Hommage an die Sixtinische Kapelle von Michelangelo.
← Blick auf den Innenhof und den Glockenturm durch das große Fenster.

Nachdem die Kuppel errichtet war, wollte Dalí die Ästhetik im Bereich des Gewölbes verbessern. Er strich eine falsche, netzartige Struktur rot und den ganzen Hintergrund des stützenden Gewölbes blau. Dann ergänzte er diesen Bereich mit sechzehn Gipsstatuen, die er selbst in Portlligat angefertigt hatte. Sie sind die Beschützer des Museums, sie gestikulieren und wirken heldenhaft, haben Trompeten, Stöcke oder historische Kleidung, bis auf eine, die nackt ist und einen Umhang um die Schultern trägt, ein Symbol für das ständige Wachen, weshalb sie immer beleuchtet ist. Es handelt sich um Gipsfiguren, die beweglich wirken, was vor allem auf die Gestaltung der Drappierungen zurückzuführen ist. Dalí hatte sie im Freien an Tagen geschaffen, an denen der Tramontana-Wind wehte.

Dalí ist überall im Museum präsent, selbst in den kleinsten Einzelheiten. So sieht man zum Beispiel an der rechten Wand einen Titanen mit einem würfelförmigen Kopf, der ein blaues Bettuch auswringt. Er entstand, weil auf der Wand Flecken der gleichen Farbe waren, die Dalí in die Tropfen der nassen Wäsche verwandelte. Diese Figur hat die Bedeutung des Regenmachers. Links halten riesige Hände ein weißes Bettuch. Auf den Wänden sind noch weitere, gigantische Figuren zu sehen. Es sind fotografische Reproduktionen, da es die Bedingungen unter der Kuppel nicht zulassen, so empfindliche Werke auszustellen. Viele der Originale sind in dem Saal des „Rundtempels von Bramante" zu sehen. Diese ganze Gruppe spielt ganz klar auf die Sixtinische Kapelle Michelangelos an, obwohl Dalí ironisch anmerkte, dass seine Figuren das Privileg genossen, den Platz wechseln zu können.

Am Scheitelpunkt der Bögen auf der Höhe der Geländer der Galerie der ersten Etage befinden sich Wandteppiche, die aus einer Reihe von sieben Stichen mit dem Titel *Surrealistische Tauromachie* (1966-67) stammen, die auf dem Werk *Tauromachie* von Pablo Picasso aus dem Jahr 1957 basiert. Jedoch ist die Interpretation Dalís des Stierkampfes viel kritischer als die des Malers aus Malaga.

Die Szene wird von einem enormen Hintergrund beherrscht, der auf einem Ölgemälde basiert, das Dalí für das Ballett *Labyrinth* angefertigt hatte. Dieses Ballett beruht auf dem Mythos von Theseus und Ariadne und wurde im Metropolitan Opera House in New York am 8. Oktober 1941 uraufgeführt. Die Choreographie stammte von Léonide Massine, die Musik von Schubert und das Libretto, die Dekorationen und die Garderobe von Dalí. In diesem Raum lernt man Dalí als Bühnengestalter kennen, und zwar in der riesigen Komposition, in der eine Büste mit einer Öffnung in der Brust erscheint, aus der eine phantasmagorische Landschaft mit Zypressen, Böcklins *Toteninsel*, herausquellt. Die Felsen, die im Meer versinken, sind eine Anspielung auf die Landschaft des Cap de Creus, die sich in den Werken des Künstlers immer wieder findet.

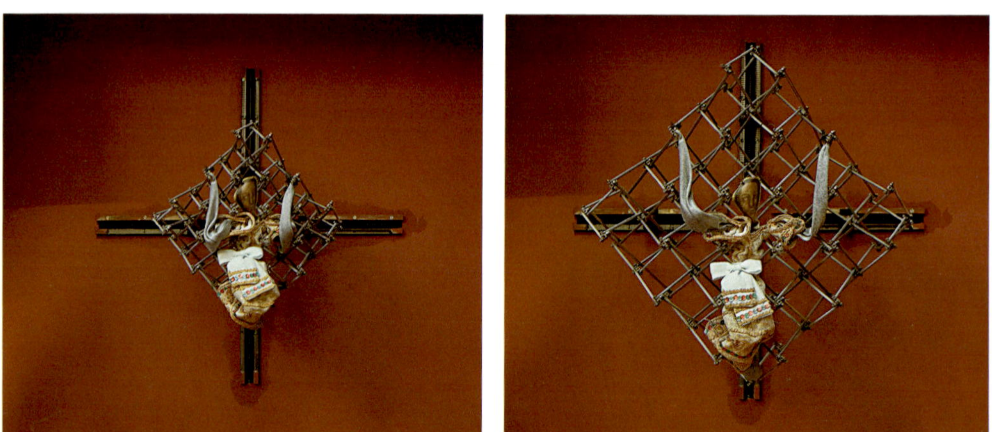

Von Dalí gemalter Christus auf einer Metallstruktur von Pérez Piñero.

Davor befindet sich im Bodenbelag der Bühne eine sehr diskrete Steintafel, die uns daran erinnert, dass der Künstler hier begraben ist, im radialen Zentrum seines eigenen Theater-Museums.

Auf der rechten Seite sieht der Besucher das riesige, fotografische Ölgemälde *Die nackte Gala betrachtet das Meer, das sich in einer Entfernung von achtzehn Metern in das Bildnis Abraham Lincolns verwandelt* (1975) **[C47]**, ein anderes, seiner Zeit vorgreifendes Werk Dalís, in diesem Fall, weil es sich um das erste Beispiel des Gebrauchs eines digitalisierten Fotos in einem Gemälde handelt. Der Künstler weist darauf hin, dass es eine Hommage an den nordamerikanischen Maler Mark Rothko sei. Es existiert eine andere, leicht geänderte Version.

Daneben und neben der alten Bühnenöffnung, die durch ein großes, transparentes Glasfenster geschlossen wurde, werden zwei großformatige Werke ausgestellt. Rechts sieht man die Reproduktion auf Leinwand des *Halluzinogenen Toreros* (um 1968-70), das sich im Museum Dalí in St. Petersburg in Florida befindet. Dieses Werk ist eine Hommage an den Torero Manolete. Hier setzte der Künstler aufs Neue sein Konzept der doppelten Bilder um. Dalí fing 1968 an, dieses riesige Werk zu schaffen, als er auf einer Bleistiftschachtel von Venus Esterbrook die Nase, die Wange und den Mund eines Toreros in einer Zeichnung der Venus von Milo sah. Die Venus ist ein immer wiederkehrendes Thema in Dalís Schaffen. Und auch das doppelte Bild. In diesem Fall sehen wir das Gesicht des Toreros Manolete, das auf dem roten Umhang wiederholt wird. Dalí wollte, dass es wie sein Gemälde Die *Apotheose des Dollars* (1965) **[C40]** ein Ölgemälde würde, das seine ganze Vorstellungswelt beinhaltet, die er bis dahin benutzt hatte, die Venus von Milo, Gala, die Büste von Voltaire, die Mücken, das Selbstporträt — Dalí als Kind im Matrosenanzug. Die stärkste Halluzination ist das Erscheinen des Antlitzes Galas in den Sitzreihen der Arena mit der hellen Aura der Erscheinungen. Auf der anderen Seite befindet sich ebenfalls ein großes Ölgemälde, *Roger befreit Angelica*, das auch als *Der Heilige Georg und das Mädchen* bekannt ist, eine Nachbildung, wie der Maler sagte, des Werkes *Angelica* von Max Ernst. Dalí erklärte: „Wir müssen nur die Komplexität der Kurven genau betrachten, zuerst die Arme, dann die Stellen, wo sie unterbrochen werden, eine andere, absolut göttliche Kurve, eine kategorische gerade Linie, die eines Juan de Herrera, dem Architekten des El Escorial würdig ist, und plötzlich die Hüfte, die bereits der Höhepunkt ist, eine Linie, die den unsterblichen Griechen würdig ist". Es ist ein Zeugnis erhalten geblieben, sogar in Form einer Fotografie, von der Person, die ihm als Modell gedient hatte. Es handelte sich um Amanda Lear, die viele Jahre lang zum Gefolge aus Freunden und Mitarbeitern von Dalí gehörte.

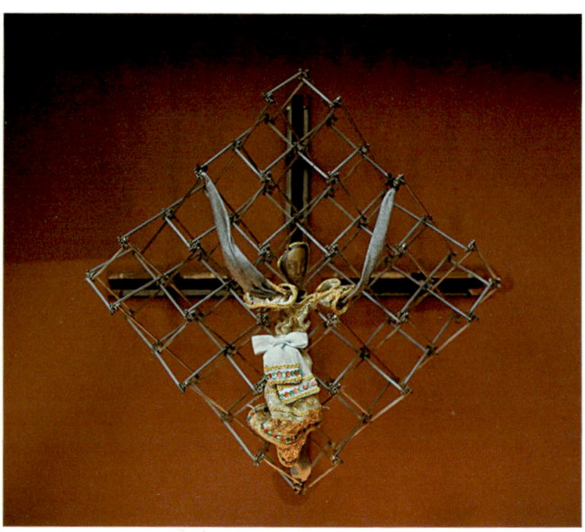

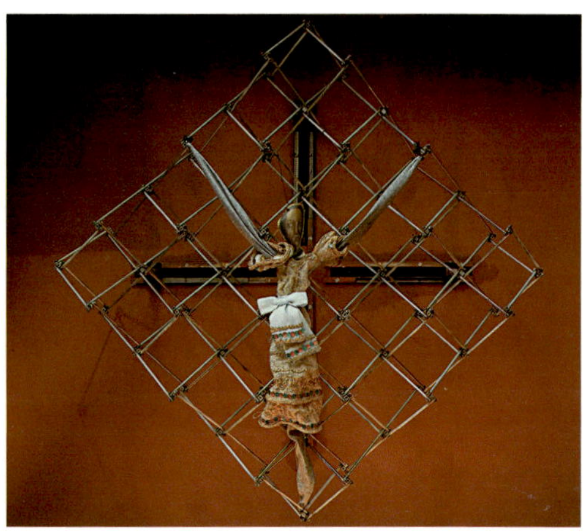

Unterhalb jedes der beschriebenen Werke wird in einer Vitrine ein Christus ausgestellt, den Dalí auf ein Pergament gemalt hatte. Er ist auf eine ausklappbare Metallstruktur montiert, die von Emilio Pérez Piñero entworfen wurde. Es handelt sich um die Figur des Christus, und wenn man eine Münze einwirft, öffnet er die Arme. Aber nur der Christus, der ständig ausgebreitet ist und sich über dem Werk *Roger befreit Angelica* befindet, ist original. Der andere ist eine moderne Version, an der man die Funktion sehen kann, ohne dabei das Kunstwerk zu zerstören.

Rechts davon in Richtung Schatzsaal befindet sich eine weitere Installation von Dalí aus einem Altar, der von einer Wachsskulptur beherrscht wird, die den Titel *Crist twisted* (1976) trägt. Dieser Christus mit seinen weichen und kurvigen Formen leidet, wie Dalí sagte, physisch so stark, dass er sein eigenes Kreuz verdreht. Dieses Werk ist eine Hommage an Gaudí, den Bildhauer der Sagrada Familia, der Spiegel in der gleichen Anordnung benutzte, damit man seine Werke gleichzeitig mehrfach sehen konnte. Außerdem gibt es einen umgekehrten Spiegel, das reflektierte Bild des Ölgemäldes *Explosion des mystischen Glaubens im Zentrum der Kathedrale* (1974), das beim Zuschauer den Eindruck von Entfernung und mehr Tiefe erweckt.

Dalí ließ daran anschließend einen Lichtmast mit einem Isolator aus Glas und Porzellan montieren. Dieses Objekt hatte der Maler gefunden und er wollte ihm dadurch, dass er es an einem so sichtbaren Ort aufstellte, Wichtigkeit verleihen. Dalí war der Ansicht, dass dieses Objekt das sei, was in weiter Zukunft die Archäologen, die nach den Ursprüngen des Dalí-Museums und dessen Zivilisation suchen, am meisten interessieren würde.

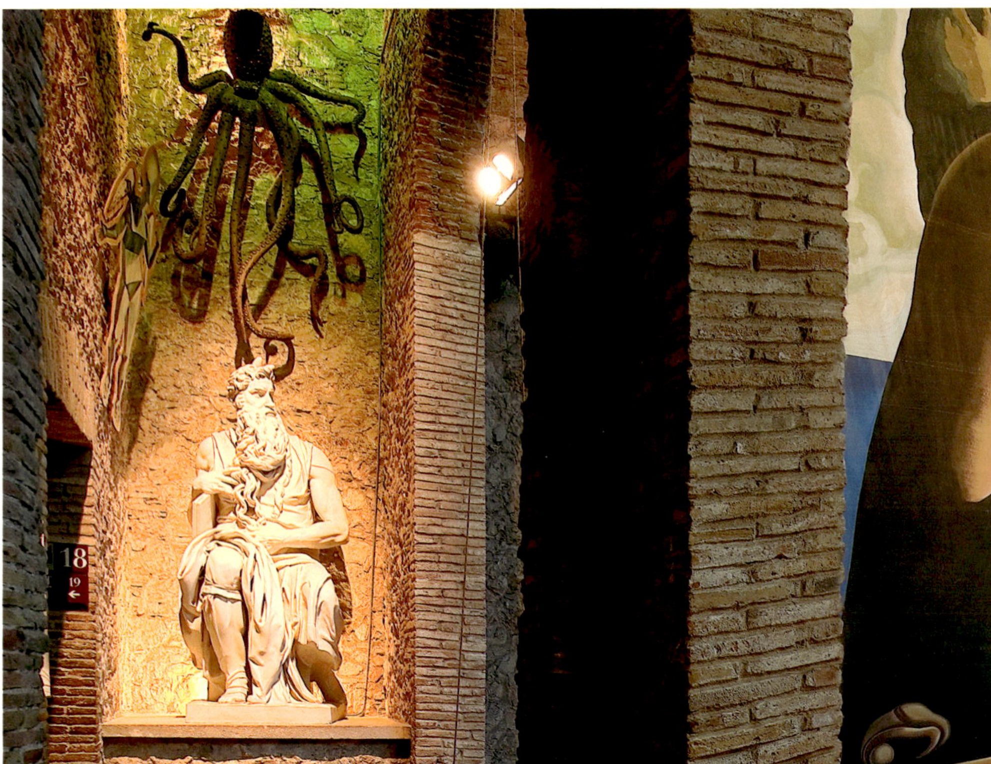

Von *Moses und dem Monotheismus* bis zum Ölgemälde *Kopf nach Michelangelo.*

Beim Fortsetzen des Weges stößt man auf eine Tintenzeichnung und Collage mit Mücken auf Karton, *Der Heilige Narziss und die Fliegen* (1973), eine Anspielung auf die Tatsache, dass das französische Heer von einer Fliegenplage geschlagen wurde, als es die Stadt Girona belagerte. Der Legende nach, die von Vicenç Domènech in dem Buch *Flos Sactorim* erzählt wurde, „begangen die Franzosen nach ihrem Einmarsch so viele Untaten, dass die Menschen dies nicht aushalten konnten... sie entweihten sogar die Kirchen (...), nachdem sie sie ausgeplündert hatten, indem sie heilige Kelche und Becher raubten. Sie brachen den Arm des Körpers des Heilgen Narziss... Gott bestrafte jene Unverschämtheit und ließ aus dem Grab des Märtyrers große Schwärme blaugrüner Fliegen mit roten Streifen entströmen, die in die Nüstern der Pferde und Nasen der Menschen flogen und erst wieder herauskamen, wenn diese tot niedergefallen waren". Für Dalí war die Fliege das paranoisch-kritische Insekt schlechthin. Gleich darauf fesselt eine Skulptur die Aufmerksamkeit des Besuchers. Es handelt sich um eine Hommage an *El Poll i la Puça* [Die Laus und der Floh], zwei legendäre Gestalten aus der Kindheit des Künstlers. Sie waren zwei bekannte Straßenkünstler aus Figueres zu Beginn des vergangenen Jahrhunderts, die in den Straßen der Stadt die Drehorgel spielten und um Geld baten. Bevor man in den Schatzsaal eintritt, sieht man rechts von der Tür einen Tintenfleck, den Dalí gemalt hatte, indem er die Spur, die das Modell auf einem Hintergrund aus Leinwand oder Papier hinterlassen hatte, nachmalte. So imitierte er die Anthropometrien des französischen Künstlers Yves Klein.

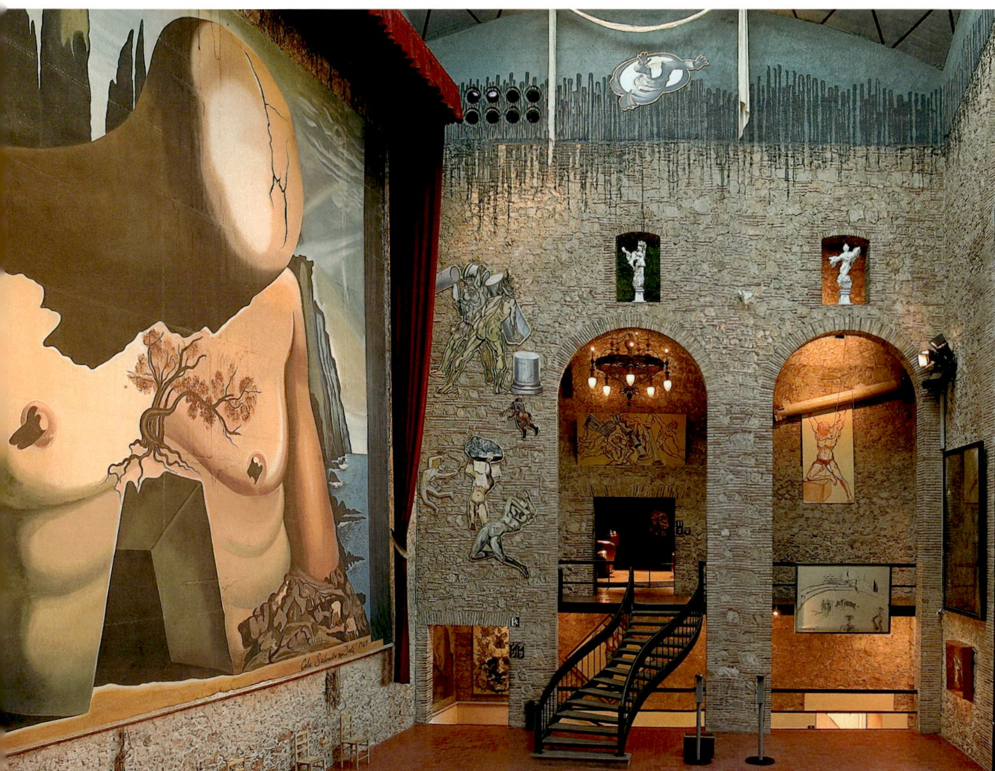

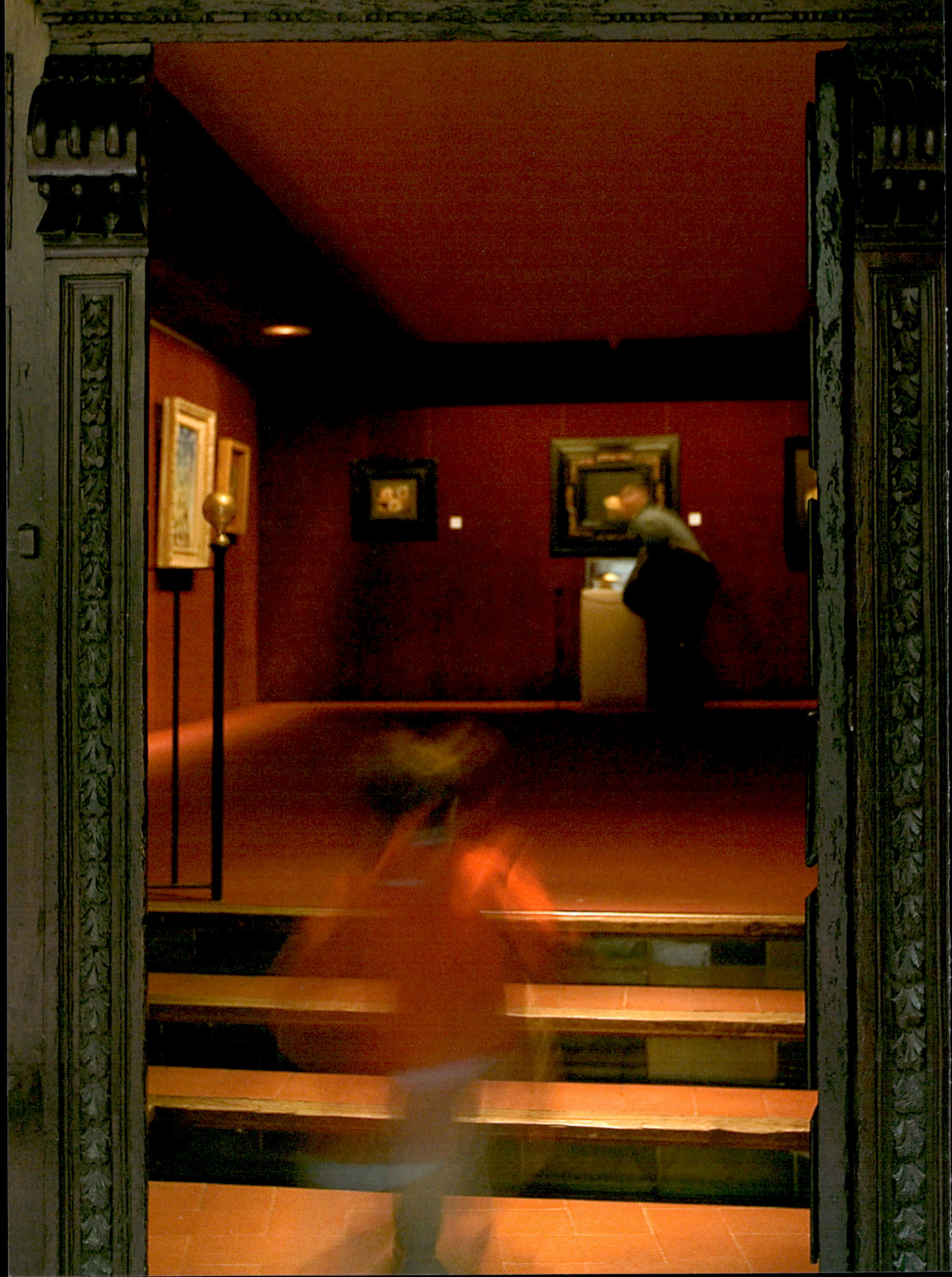

Salvador Dalí selbst taufte diesen Saal so, da es sich um einen mit rotem Samt verkleideten Raum handelt, den er so gestaltet hatte, dass er wie ein Schmuckkästchen wirkt. Hier sind einige Werke des Theater-Museums Dalí ausgestellt, die der Künstler für die wichtigsten und gleichzeitig charismatischsten hielt. Und noch einmal werden diese Schöpfungen ohne eine chronologische Reihenfolge ausgestellt. Der Besucher wird mit einem interessanten Spiel aus Analogien und Kontrasten und ästhetischen und intellektuellen Anspielungen konfrontiert, die ihn der Kunstgeschichte, der Renaissance und ganz konkret Raphael, den historischen Avantgardebewegungen, der Wissenschaft, Gala und dem Selbstporträt des Künstlers selbst, der überall anwesenden Landschaft und dem Maler Marià Fortuny näher bringen. Deshalb sind in diesem Raum viele der Besessenheiten und Leidenschaften Salvador Dalís zu finden.

SCHATZSAAL

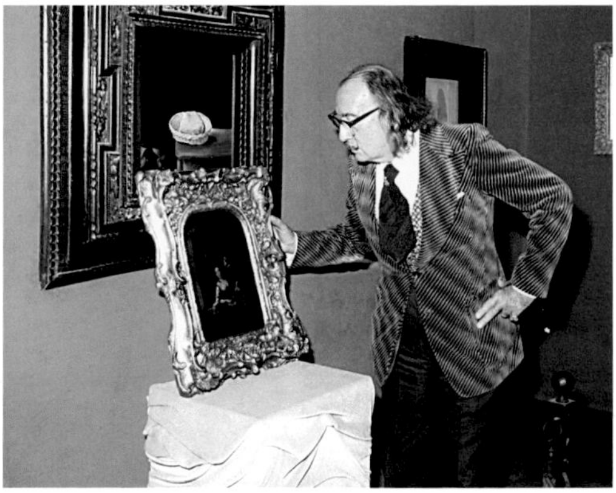

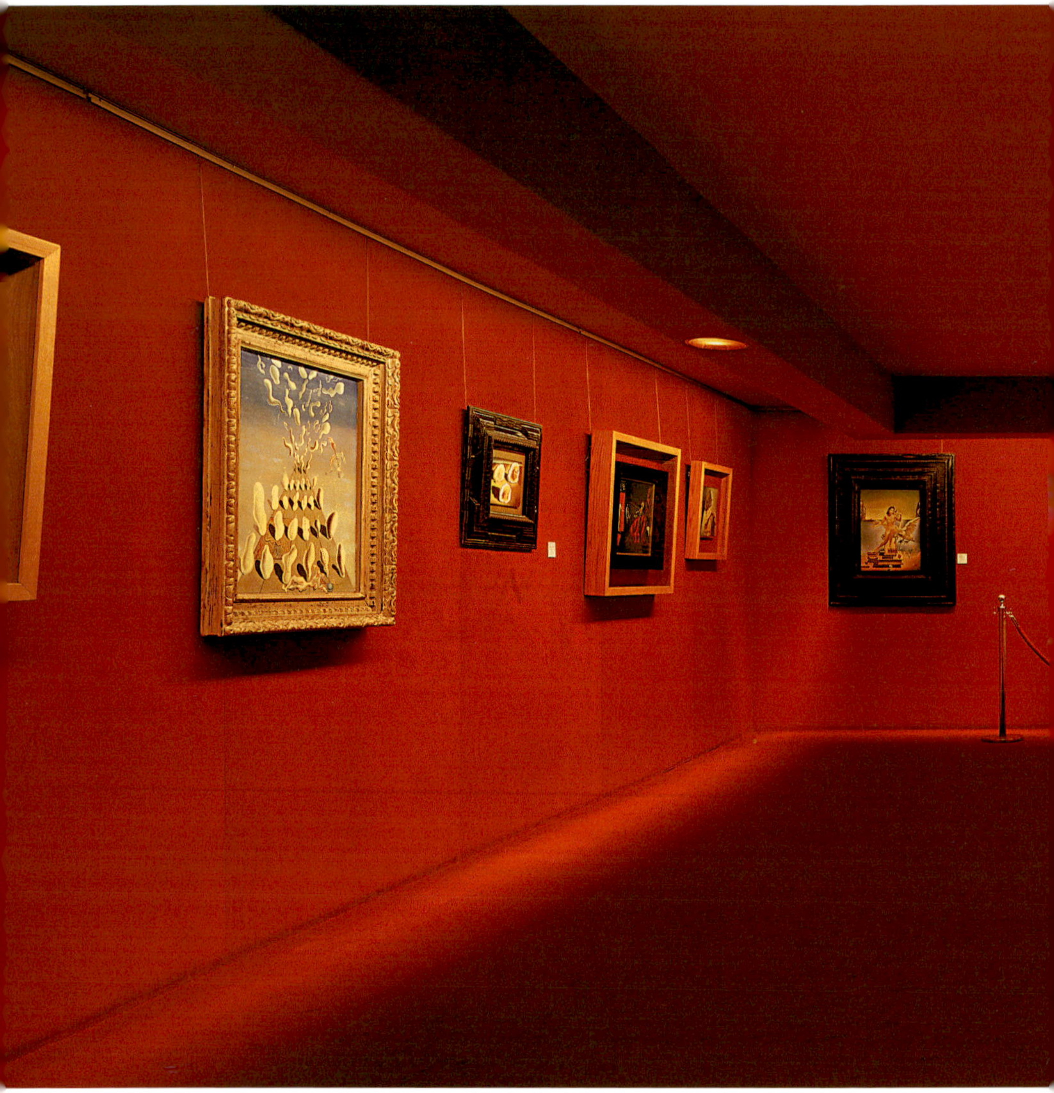

Der Schatztruhen-Saal, mit rotem Samt tapeziert.

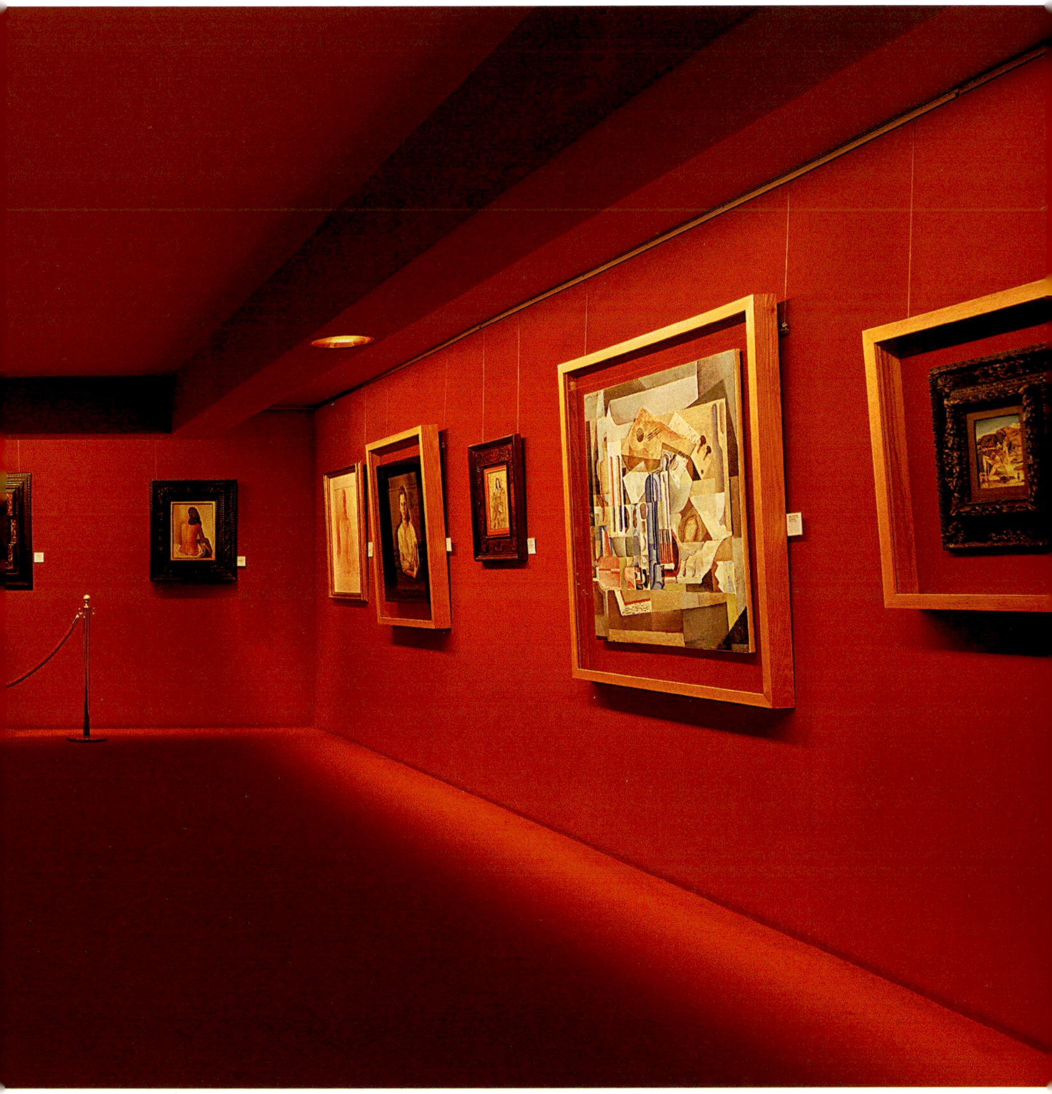

Wenn man diesen Raum betritt, befindet man sich vor dem *Brotkorb* (1945) **[C31]**, ein emblematisches Ölgemälde, das den Künstler immer auf seinen Reisen begleitete und das das beste Geschenk war, das er Gala jemals gemacht hatte, ein Werk voller Geheimnisse, das totale Rätsel. Dieses Werk wurde als Symbol für den Marshall-Plan, durch den das Europa der Nachkriegszeit ökonomisch unterstützt wurde, gewählt. So war es Objekt zahlreicher Studien und auch vieler Erklärungen von Salvador Dalí selbst. Eine dieser Erklärungen Dalís, und zwar eine sehr bezeichnende, in der er eine Hilfe für die Analyse dieses Ölgemäldes gab, war folgende: „Sechs Monate lang war es mein Ziel, die verlorene Technik der Klassiker wieder zu erlangen, und eine Unbeweglichkeit des Objektes vor der Explosion zu erreichen. Es ist das strengste Gemälde unter dem Gesichtspunkt der geometrischen Vorbereitung. Die strukturellen Spannungen erreichen ihre obersten Grenzen. Nach dem Brot wird die korpuskulare Explosion erfolgen. Zwanzig Jahre später ist aus dem Korb eine Krone geworden und das Brot wird zu einer Einheit mit dem Ellbogen oder mit dem Horn des Nashorns".

Dieses Werk wird von der Anwesenheit Galas, seiner Frau und Muse begleitet. Rechts davon befindet sich *Gala von hinten, in einen unsichtbaren spiegel blickend* (1960) **[C39]** und links *Leda Atomica* (1949) **[C34]**, ein Werk, in dem das Interesse des Künstlers für die Wissenschaft deutlich wird. Dalí sagte in Bezug auf dieses Gemälde folgendes: „Ich kann nicht versichern, dass meine *Leda*, bei der alles im Raum gravitiert, ein Meisterwerk ist. In der Epoche des erschreckenden mechanischen Fortschritts und der spirituellen Dekadenz, in der wir leben, scheint es mir unmöglich zu sein. Aber ich kann garantieren, dass dieses Werk ein Meisterwerk in der Produktion Dalís ist. Ebenso kann ich garantieren, dass es lobenswerter ist, im Jahr 1947 Schönheit zu schaffen als unter dem väterlichen Schutz eines Perugino. Mir fehlen noch vier Monate, um *Leda* zu beenden. Wenn ich es beendet habe, werde ich es erneut in New York ausstellen und am folgenden Tag, an dem ich nach Europa reise, werde ich in extraleichten, kunstvoll hergestellten Kisten *Leda* in meiner rechten Hand, *Den Brotkorb* in meiner linken Hand und eine Weizenähze in meiner anderen rechten Hand, also in der Hand von Gala, tragen". Zwei weitere Ölgemälde, *Galarina* (1945) **[C32]** und *Gala beim Betrachten des Corpus Hipercubus* (1954), eine Studie zu dem definitiven Gemälde *Corpus Hipercubus*, das im Metropolitan Museum in New York ausgestellt wird, und die Zeichnung *Studie zu "Meine nackte Frau beim*

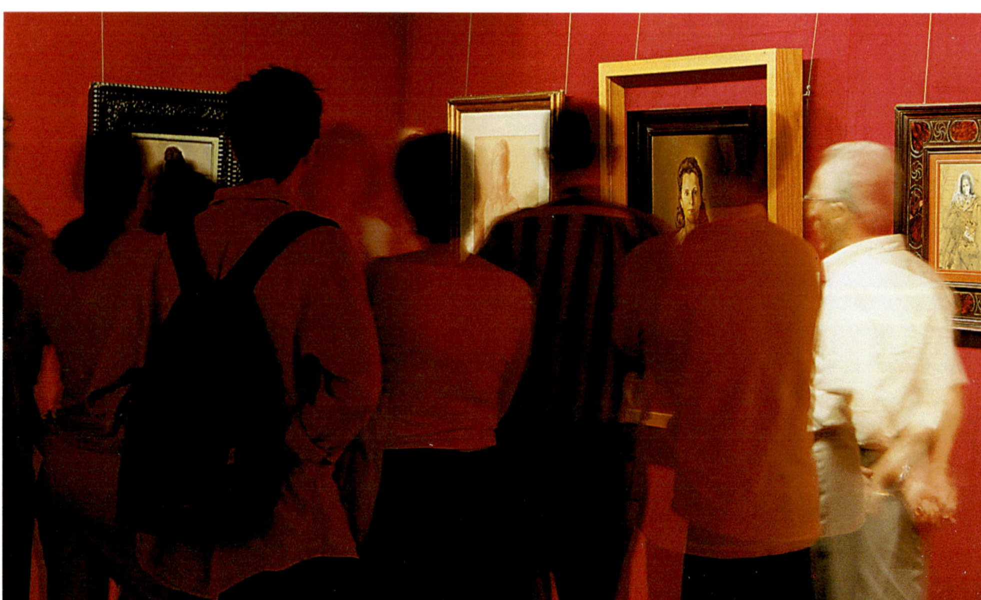

Das Ölgemälde *Galarina*, 1945. Spiel mit Blicken.

Betrachten ihres eigenen Körpers, der sich in Treppen, drei Wirbel einer Säule, Himmel und Architektur verwandelt" (1945), die in einer Versteigerung von der Stiftung Gala-Salvador Dalí erworben und aufgrund ihrer Thematik und Beziehung neben dem bereits erwähnten Gemälde *Gala von hinten, in einen unsichtbaren spiegel blickend* **[C39]** und *Bildnis der lachenden Gala* (1969) ausgestellt werden, zeigen noch einmal, wie stark die Präsenz Galas im Theater-Museum und insbesondere in diesem Raum ist.

Ebenso muss auf das wunderbare, nicht ganz so große Ölgemälde *Das Gespenst des Sex-Appeals* (1934) **[C19]** hingewiesen werden, auf dem er sich selbst als Kind in Matrosenkleidung darstellt, das das Ungeheuer der Sexualität betrachtet. Ebenso interessant sind das *Selbstbildnis, aufgespalten in 3 Teile* (1926-27), das mit seiner dreifachen, typischen Silhouette des Künstlers in jener Zeit deutlich unter futuristischem Einfluss steht, *Soda-Siphon und Rumflasche (kubistisches Gemälde)* **[C8]** aus dem Jahr 1924, ein schematisches Werk voller Symbolismus, in dem der italienische Einfluss eines Giorgio de Chirico und der Metaphysiker deutlich wird, *Port Alguer* (um 1923) **[C5]**, eine Ansicht von Cadaqués und die Studie *Die Schlacht bei Tetuan*, eine klare Anspielung auf Marià Fortuny, das eine bezeichnende, französische Widmung trägt: „Für Gala, Osten meines Lebens, Dalí 1962". Auf diesem Bild fällt auf, dass die Krieger kein Antlitz haben und wie genau die Pferde dargestellt sind. Desweiteren befindet sich in diesem Raum das unvollendete Gemälde *Porträt von Ramoneta Montsalvatge* (1925), eine Persönlichkeit aus Figueres, die ein gewisses Geheimnis umgab. In Bezug auf das *Bildnis der lachenden Gala*, das von dem Künstler auch *Bildnis von Gala, die die Flecken des Papiers* nutzt genannt wurde und das Titelbild des Kataloges *Dalí: Paintings and Drawing, 1965-70* der Galerie M. Knoedler in New York war, drückte Dalí seinen Wunsch aus, das Lächeln Galas jedes Mal zu sehen, wenn er diesen Saal besuchte. Deshalb wird diese Zeichnung immer hier ausgestellt, an diesem Ort, der von dem Künstler vorgegeben wurde.

Je nachdem, wie die Ausstellung organisiert wird, können in diesem Raum die erwähnten Werke durch andere Ölgemälde ersetzt werden: *Kubistische Komposition, Kubistisches Bildnis von Federico García Lorca* (um 1923), *Mädchen von Figueres* (1926) **[C11]**, *Porträt von Emilio Terry* (1934), *Mann mit dem Kopf voller Wolken* (1936), *Das Bild verschwindet* (1938) **[C23]**, *Drei Frauen, die die Bewegungen eines Segelschiffes nachahmen* (1940), *Dreifache Erscheinung des Antlitzes Galas* (1945) oder *Dematerialisierung der Nase Neros* (1947).

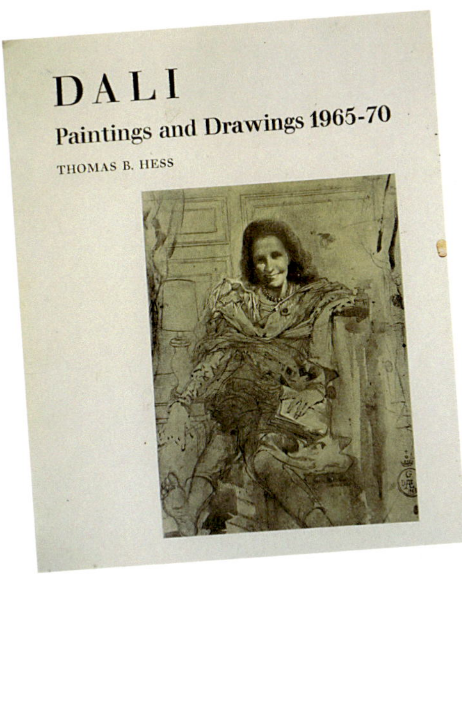

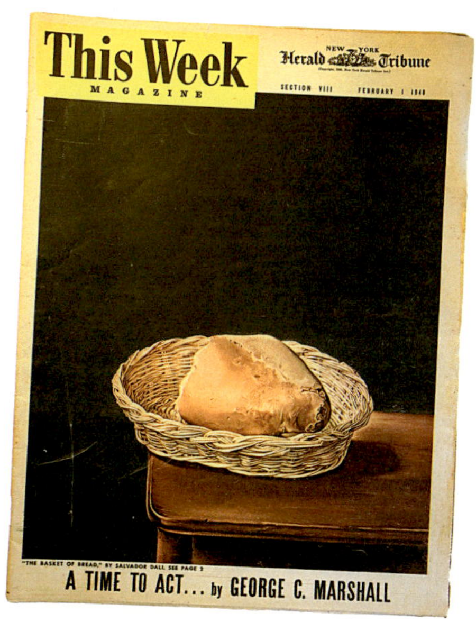

Dalí war oft auf den Titelbildern von Büchern, Zeitschriften und Katalogen zu sehen.

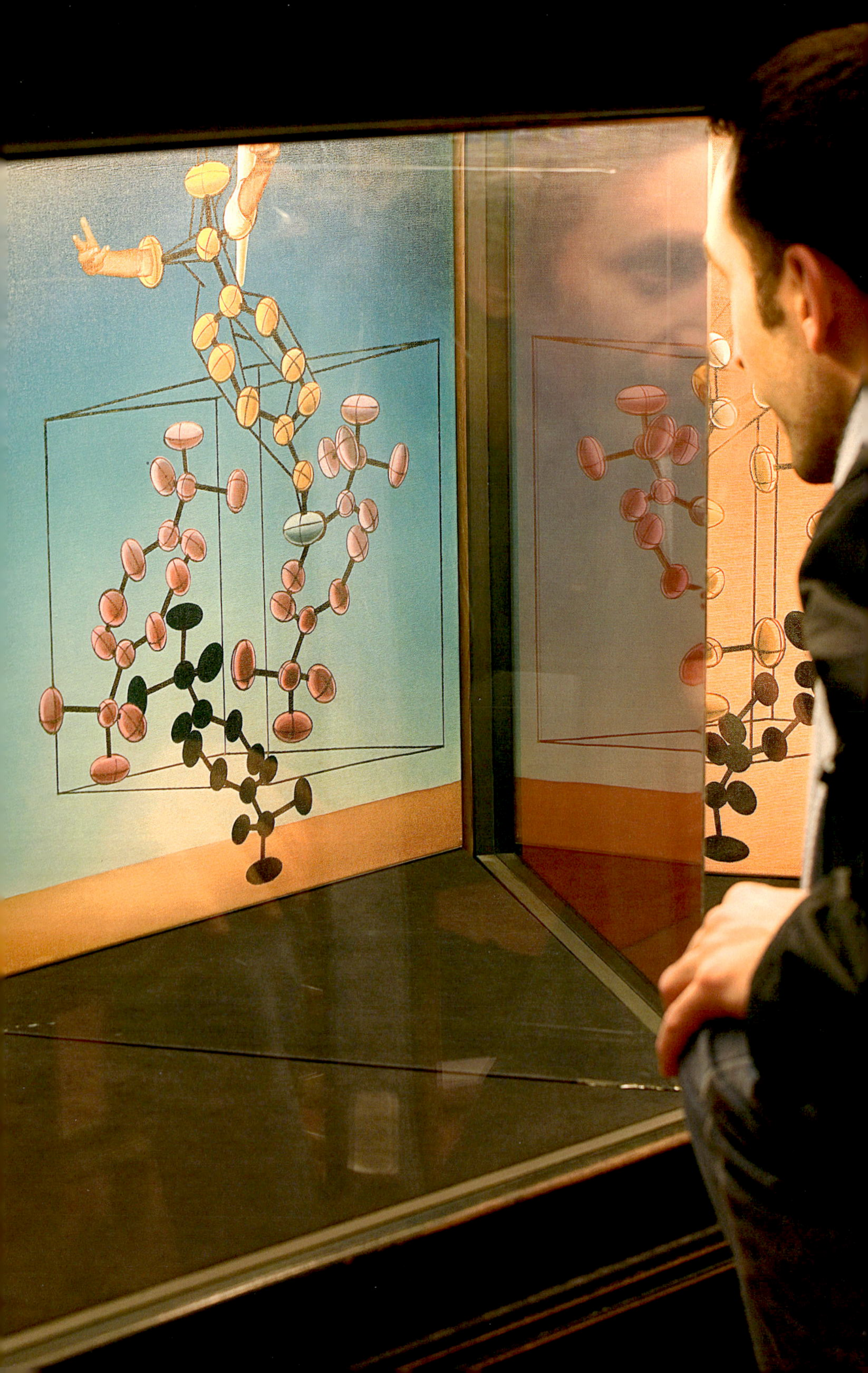

Von neuem ein Raum unter der Kuppel, dieses Mal auf der anderen Seite der Bühne. Der Besucher geht ein paar Stufen hinunter, um zu dem Saal der Fischmärkte zu gelangen. Zunächst sieht man eine Gouache aus Tinte und eine Collage aus Federn auf Papier, *Kopf von Beethoven* (1973). Das Werk ist sehr groß und Dalí fertigte es an, indem er lebendige Kraken auf das Papier warf, das am Boden befestigt war, und die Formen nutzte, die durch die Tinte entstanden waren. Ebenso sieht man die Spuren der Espadrillen, die der Maler zu tragen pflegte. Deshalb sagte er auch, dass er dieses Werk mit den Füßen angefertigt hatte.

Hinter dem Ölgemälde *Surrealistischer Engel* (um 1977), am Ende der Treppe auf der linken Seite befindet sich ein großer Raum, der von Dalí als der Raum der Fischmärkte bezeichnet wurde, da in der Zeit, als das Stadttheater eine Ruine war, ein großer Raum, zu dem auch dieser gehörte, als die Fischauktionshalle von Figueres benutzt wurde.

Auf der gegenüberliegenden Seite befinden sich drei weitere Säle. Im ersten werden abwechselnd Werke wie die Serie *Christmas* ausgestellt, die er für das Unternehmen Hoechst zwischen 1958 und 1976 angefertigt hatte, und die Zeichnungen und Aquarelle, die er zur Illustration von drei großen Werken der Weltliteratur schuf: die *Autobiographie* von Benvenuto Cellini (1945), den *Don Quijote* von Miguel de Cervantes (1945) und die *Essays* von Montaigne (1947). Im nächsten Raum, der den Namen „Dalí d'or" trägt, werden eine Reihe von Schmuckstücken aus der Kreation Dalís gezeigt, und schließlich betritt man die Krypta, ein nüchterner Raum, in dem sich der Grabstein befindet. Von hier aus geht es durch einen Flur, in dem seit 1978 Werke des Malers und Freundes Evarist Vallès ausgestellt werden.

FISCHMÄRKTE
KRYPTA

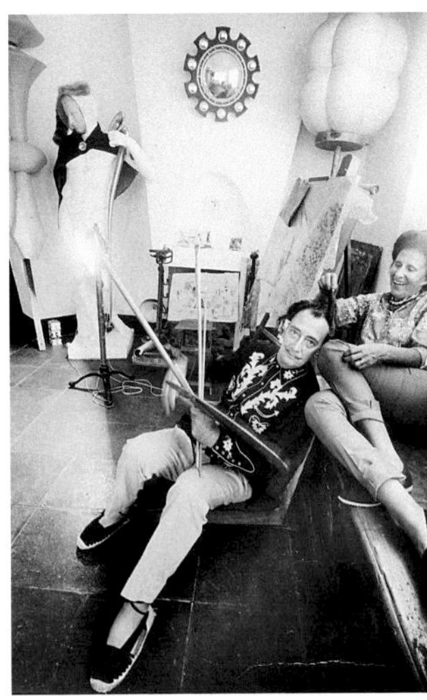

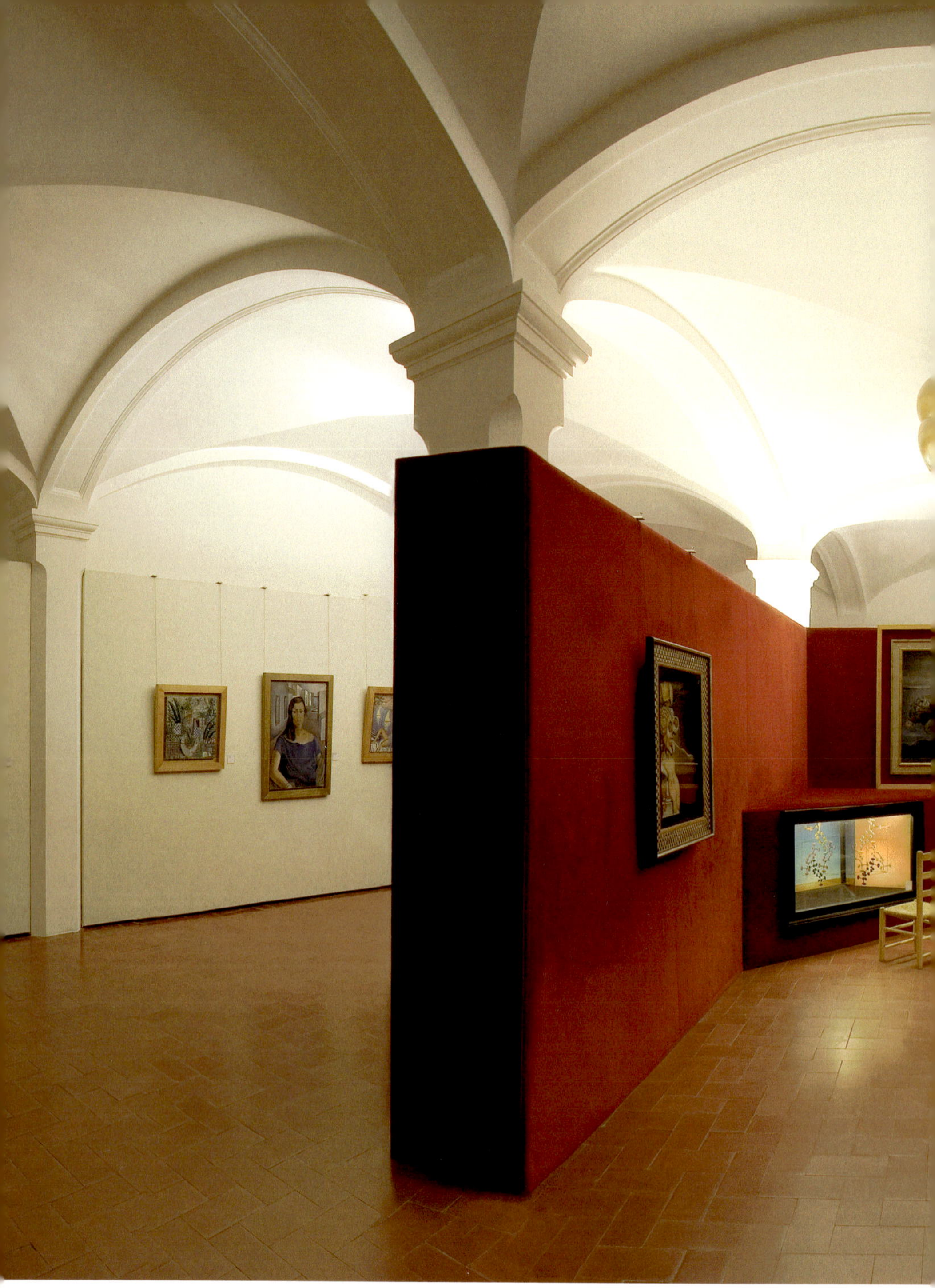

Der Saal der Fischmärkte mit der Wasserstoffatomlampe.

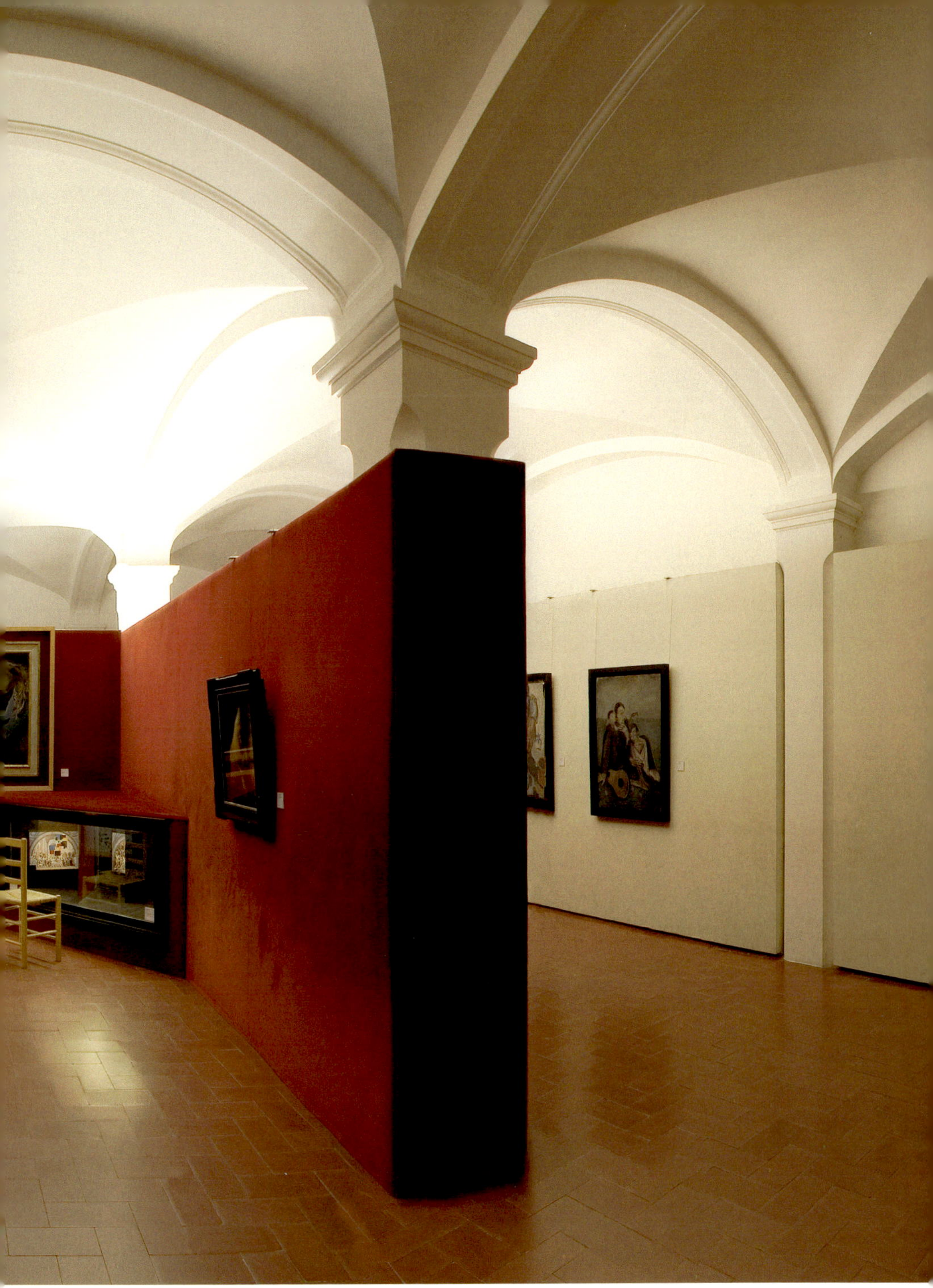

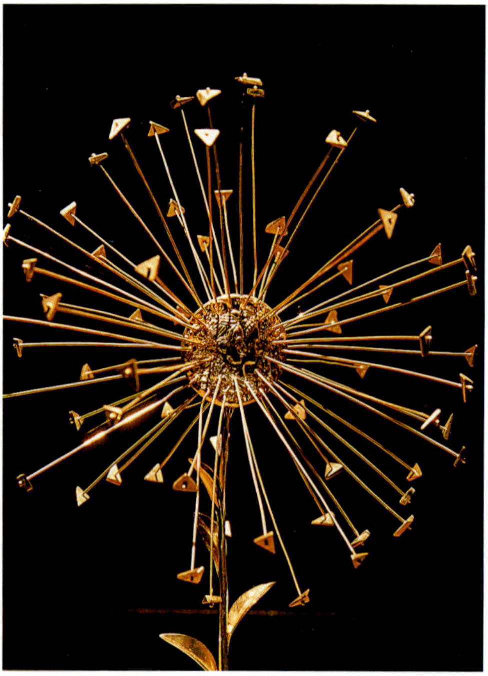

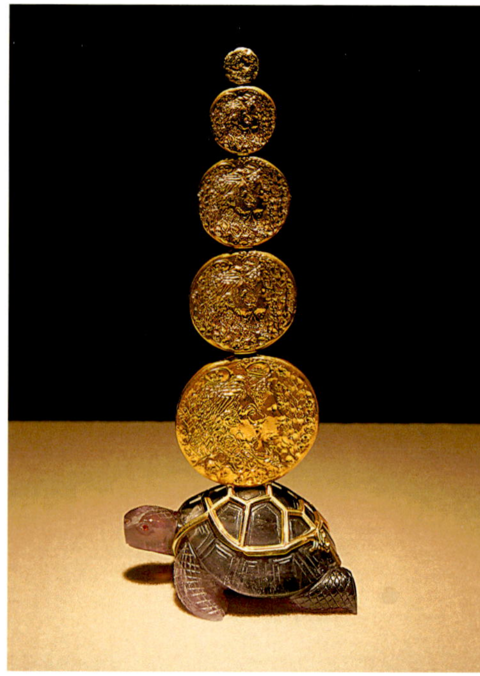

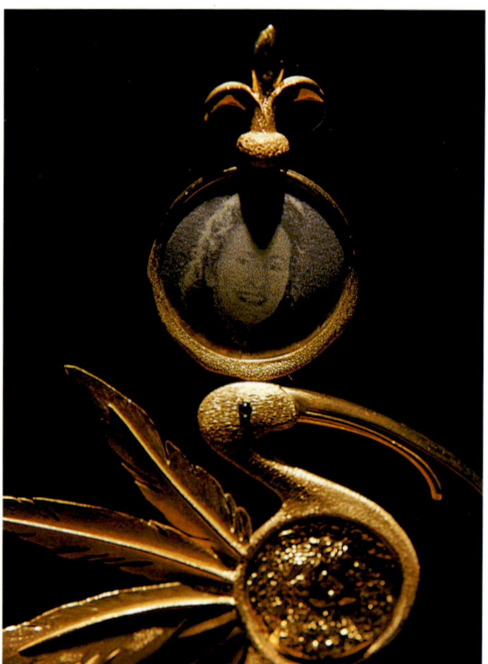

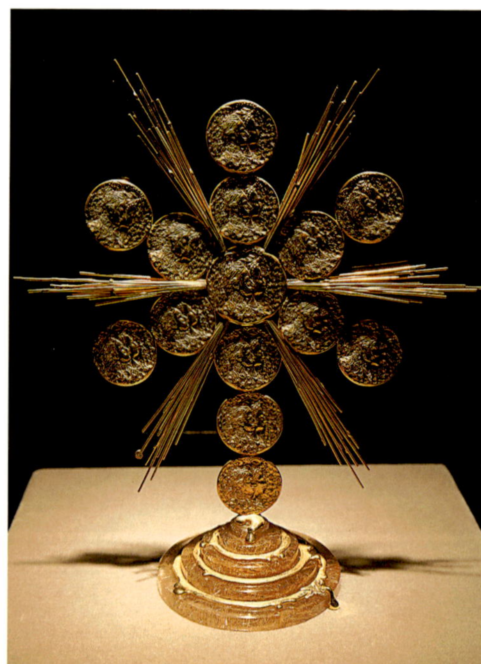

„Dalí d'or". Nummerierte und auf geschmiedete Teile montierte Medaillen mit dem doppelten Abbild von Dalí und Gala.

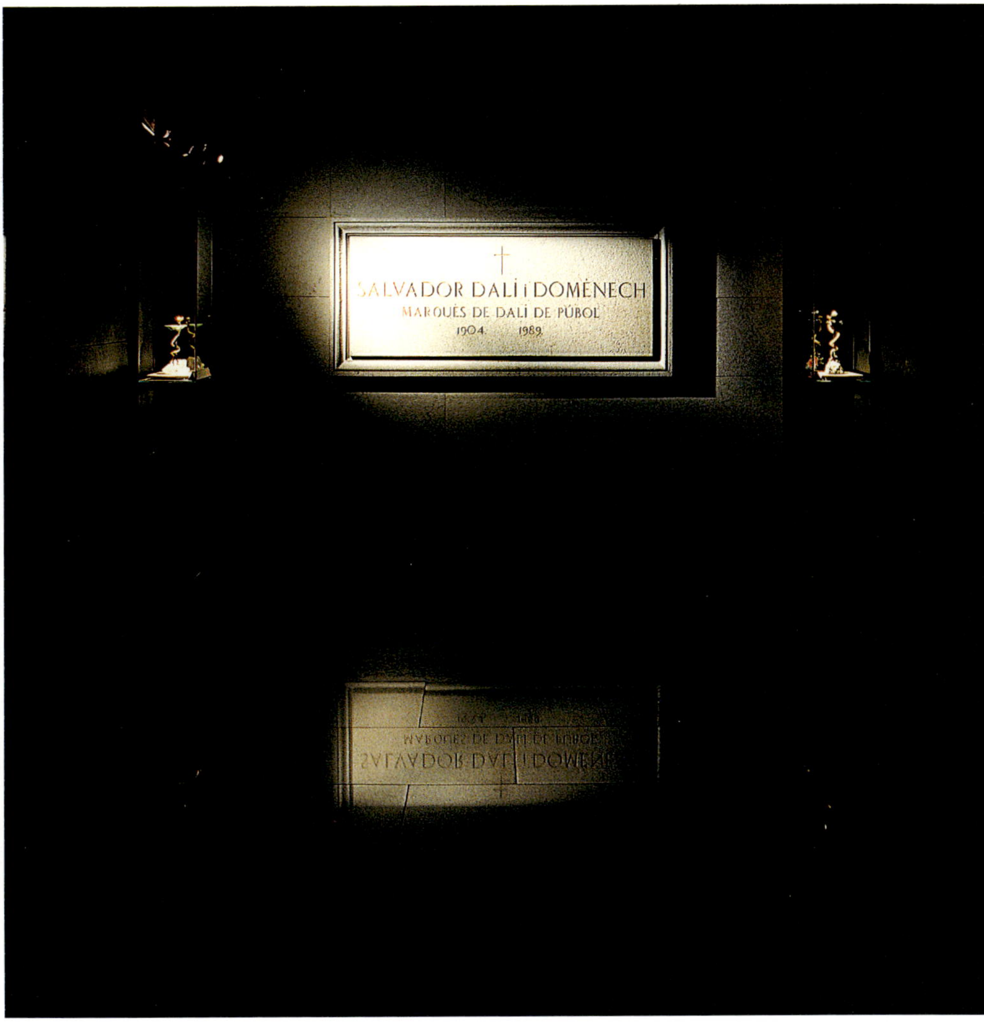

Die Krypta wird von dem Grabstein Salvador Dalís beherrscht. Außerdem sind dort sechs Merkurstäbe aus der Serie „Dalí d'or".

Im Saal der Fischmärkte werden Werke aus verschiedenen Schaffensperioden Salvador Dalís gezeigt, wenn auch die meisten aus der ersten und der letzten stammen. Auf der rechten Seite befinden sich das Ölgemälde auf Karton *Satirische Komposition* (1923) **[C7]**, das ganz deutlich von Matisse beeinflusst ist, daneben die Ölgemälde *Familienszene* (1923), *Selbstbildnis mit L'Humanité* (1923) **[C6]**, *Zwei Mädchen* (um 1922), *Weiblicher Akt vor blauem Hintergrund* (1923) und auf der vorderen Wand zwei weitere beunruhigende Werke: *Mondschein* (um 1928) und *Symbiose Frau-Tier* (1928), ein anderes, eindeutiges Beispiel dafür, wie Dalí die ästhetischen Strömungen des Jahrhunderts vorausnahm. Daran anschließend werden zwei Kompositionen gezeigt, —*Arm* und *Torso*—(um 1928), Vorausnahmen der surrealistischen Epoche, und vier Ölgemälde aus der letzten Schaffenszeit des Künstlers: *Geologisches Echo. La Pietà* (1982) **[C52]**, *Othello träumt von Venedig* (1982) **[C53]**, *Der rätselhafte Weg* (1981) **[C51]** und *Das fröhliche Pferd* (1980). Dalí wollte es nicht, dass sein Werk im Museum einer chronologischen Ordnung oder einer Norm unterläge. In einer Vitrine fällt die Installation und Skulptur *Lilith-Hommage an Raymond Roussel* (1966) auf, die aus zwei Bronzewerken von Meissonier und einer doppelten *Nike aus Samothrake* besteht. An dieser Stelle muss man auf den Einfluss des französischen Schriftstellers Raymond Roussel auf die Surrealisten hinweisen, vor allem den seines Werk *Afrikanische Impressionen*, zu dem es ein gleichnamiges Ölgemälde von Dalí aus dem Jahr 1938 gibt, und das Inspirationsquelle zu seinem Film *Die Reise in die Hohe Mongolei* (1975) war, der schon erwähnt wurde. Dieser Vitrine gegenüber befinden sich zwei weitere Ölgemälde: *Vogelkadaver* (1928) **[C15]** und *Mond und Meeresschnecke auf Felsen* (um 1928), und im zentralen Quadrat, das wiederum mit rotem Samt verkleidet ist, wird das *Weiches Selbstbildnis mit gebratenem Speck* (1941) **[C26]** ausgestellt und davor, wie es nicht anders sein konnte, das *Bildnis von Pablo Picasso im 21. Jh. (eines aus einer Serie von Bildnissen von Genies: Homer, Dalí, Freud, Christoph Kolumbus, Wilhelm Tell, usw.)* (1947) **[C33]**, eine allegorische Hommage an den Maler aus Malaga. Der Kreis wird von *Rhinozerotische Gestalt des Ilissos von Phidias* (1954) **[C37]** geschlossen, wo er einen hellenistischen Torso und das Horn eines Nashorns mit der mineralischen Landschaft von Cadaques kombiniert. In den unteren Vitrinen befinden sich zwei Beispiele für Stereoskopien, zwei absolut mechanische, optische Verfahren zur Wahrnehmung der dritten Dimension. In der ersten Etage, im Saal der Stereoskopien werden weitere Beispiele gezeigt. Die erste enthält das doppelte Ölgemälde *Struktur des DNA* (um 1975-76), in dem Dalí die typische, doppelte Spirale um die zentrale Achse darstellt, Die zweite besteht aus zwei Ölgemälden aus den Jahren 1970/80 und trägt den Titel *Athen brennt!*. Das rechte Element dieses stereoskopischen Werkes basiert auf *Der Brand im Borgo* und das linke auf *Die Schule von Athen*, beide Fresken von Raphael, die sich im Palast des Papstes im Vatikan befinden. Dalí wollte die stereoskopische Vision mit zwei Meisterwerken von Raphael verbinden und so beim Betrachter einen kombinierten, visuellen Effekt erzeugen. An der Decke zieht wieder eine auffallende, vergoldete Form des Wasserstoffatoms die Aufmerksamkeit auf sich.

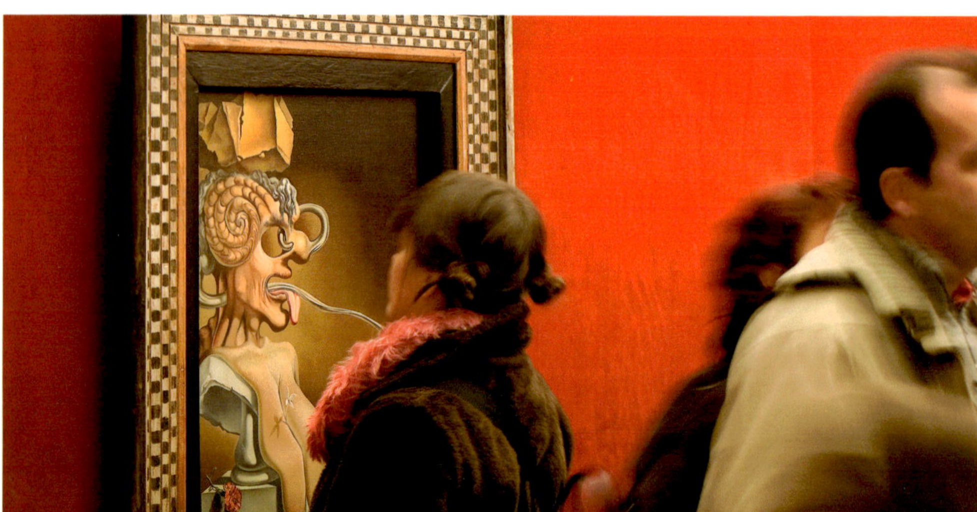

Das Ölgemälde aus dem Jahr 1947, *Bildnis von Pablo Picasso im 21. Jh.*

Wenn man diesen Saal verlässt, kann man gegenüber eine Zone besuchen, die aus drei Sälen besteht und zur ersten Erweiterung des Museums gehört. Im ersten Raum werden Zeichnungen und Aquarelle gezeigt, die der Maler zur Illustration des *Don Quijote* von Cervantes, der *Autobiographie* von Cellini und den *Essays* von Montaigne schuf. Hier zeigen sich Dalís hervorragenden Kenntnisse der Werke der Meister der Renaissance. Manchmal wird in diesem Raum die Sammlung an Weihnachtskarten ausgestellt, die er zwischen 1958 und 1976 für das Unternehmen Hoechst Ibérica schuf. In diesen verbindet Dalí stets symbolisch die Kunst und die Wissenschaft, seine beiden Hauptinteressen, so dass die Weihnachtskarte sich jedes Jahr auf die augenblicklichen wissenschaftlichen Ereignisse und Fortschritte bezieht: die Ankunft des Menschen auf dem Mond, optische Illusionen, der Mikrokosmos, die Leiterplatten... Anschließend gelangt man in den Saal „Dalí d'or", wo eine Reihe von nummerierten Medaillen ausgestellt wird, die auf geschmiedete Teile montiert sind. Die Medaillen stammen aus den Jahren 1966 bis 1975 und wurden von Jean-Paul Schneider herausgegeben. Auf ihnen befindet sich das doppelte Abbild des Malers und seiner Frau Gala.

Schließlich gelangt man in die Krypta, die von dem Grabstein aus Figueres mit der Inschrift „Salvador Dalí i Domènech, Marqués de Dalí de Púbol, 1904-1989" beherrscht wird. Um sie herum sechs Merkurstäbe aus der Serie „Dalí d'or". Von der Krypta aus geht es weiter zu dem Raum, in dem Dalí folgende Widmung anbrachte: „Vallès ist der einzige Maler, der Reißnägel in den Himmel des L'Empordà geheftet hat". Hier befinden sich Ölgemälde und Skulpturen von Evarist Vallès aus den Jahren 1971-1988. Dieser Maler malte die metaphysischen Räume und wusste die Essenz, die Landschaft und das Licht des L'Empordà darzustellen. Wenn man diesen Raum verlässt, trifft man erneut auf Dalí. Ausgestellt werden Lithographien aus der Serie „Les songes drolatiques de Pantagruel" (1973), die sich mit vier Vitrinen abwechseln. In der ersten Vitrine befindet sich eine Installation mit einer Venus von Milo, ein Ikon, das man im ganzen Museum wiederfindet, mit einer klassischen Figur, die die Nachbildung eines Stuhls aus Löffeln flankieren, der vom Künstler entworfen und mit einer antropomorphen Violine gekrönt wurde. Dieser Installation widmete Dalí viel Sorgfalt. Sie basiert auf einem rotierenden, geheimnisvollen Spiel mit den Blicken der Figuren.

Die zweite Vitrine enthält eine Collage von Dalí, *Araber* (um 1962), die aus dem überarbeiteten Skelett eines Tintenfisches und einer Zeichnung besteht, die die dargestellte Figur des Malers auf eine Reihe von Leisten zeichnet, mit einem Rohrgeflecht im Hintergrund. In der dritten Vitrine befindet sich das Ölgemälde *Tristan und Isolde* (1945), das als Hintergrund für das Ballett *Wahnsinniger Tristan* diente, und eine aquarellierte Temperamalerei, eine Komposition mit Tisch, Schubladen und verschiedenen weichen Figuren mit Tintenfässern, die, laut Dalí, ein Gefühl von Wohlbefinden und Lächeln beim Betrachter schafft. Es gibt ein weiteres Beispiel für diese Komposition im Schlafzimmerbereich des Windpalastes. In der letzten Vitrine befindet sich eine komplexe Montage, eine Hommage an einen Pikador, der in der Arena von Figueres verunglückte und dem ein Bein amputiert wurde, was von dem getrockneten Krokodil angedeutet wird. Diese Gruppe wird durch ein Fragment bunter Renaissancevorhänge ergänzt.

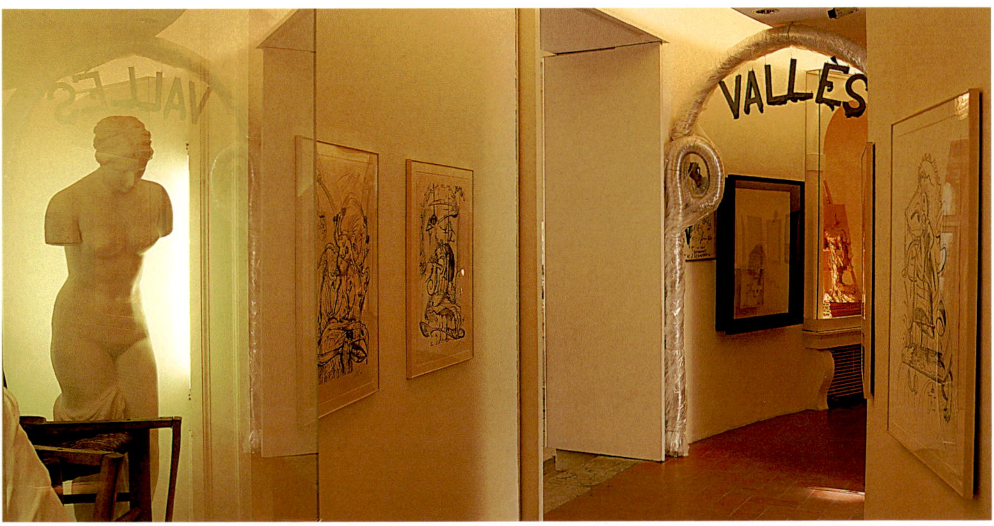

Flur zum Saal, der dem Maler Evarist Vallès gewidmet ist.

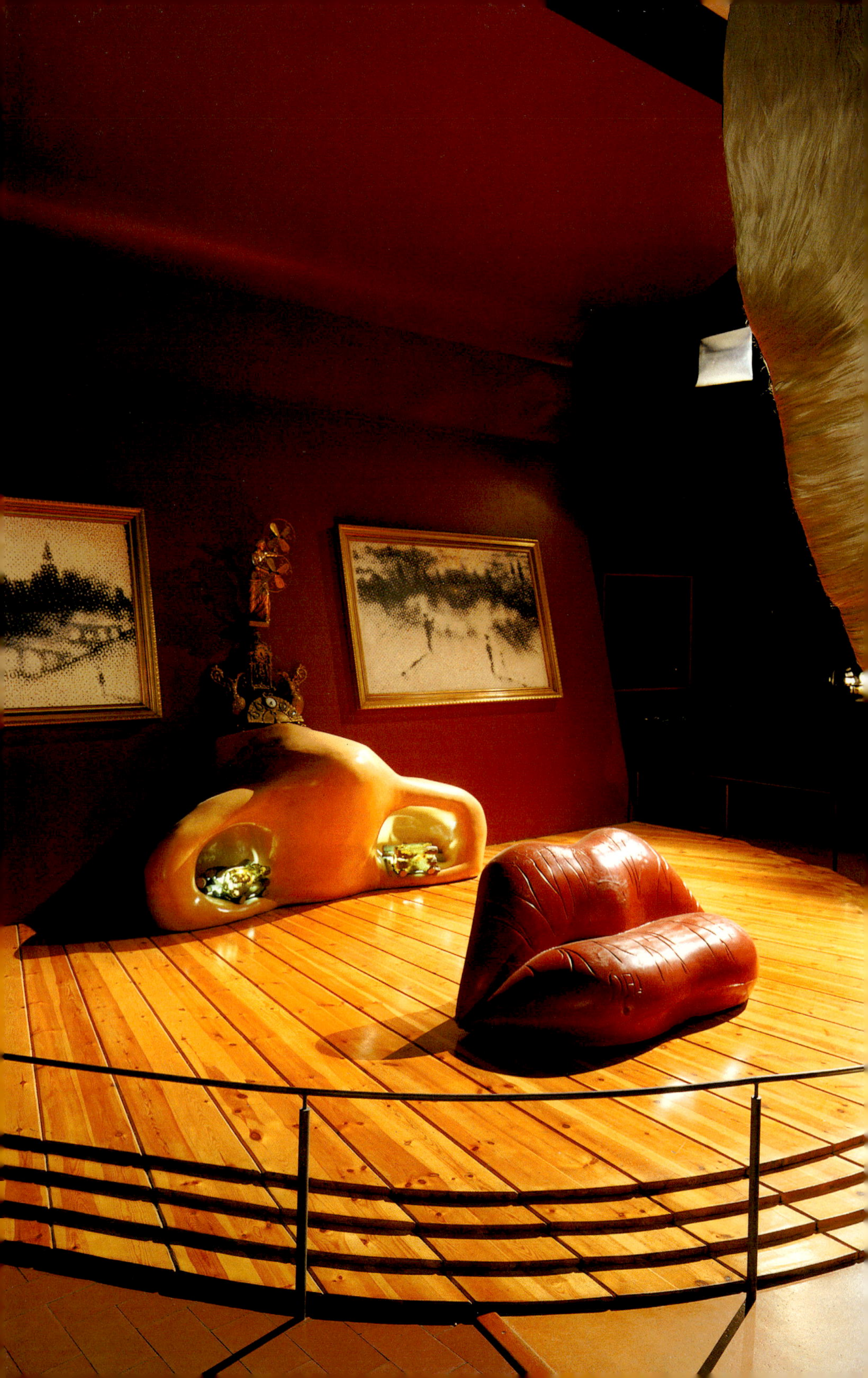

Wenn man die Treppe hochsteigt, die von dem Bereich unter der Kuppel zur ersten Etage führt, gelangt man in den Mae-West-Saal, einer der bekanntesten Räume des Theater-Museums. Hier wird eine dreidimensionale Anwendung gezeigt. Es wird ein Raum auf Grundlage eines zweidimensionalen Bildes geschaffen, eine Goauche auf Zeitungspapier *Gesicht der Mae West, das als Wohnung benutzt werden kann* (um 1934- 35) von Salvador Dalí, die im Art Institute in Chicago ausgestellt wird. Der Maler erklärte während eines Interviews: „Da ich phönizisch veranlagt bin, habe ich es bevorzugt, anstelle eines surrealistischen Traums, der eine Viertelstunde nach dem Aufwachen entschwindet und sich verflüchtigt, einen Traum zu schaffen, den man als Wohnzimmer benutzen kann. Das heißt, es gibt einen Kamin und einen Mund, der Lippensofa genannt wird und wo man sich bequem setzen kann. Zum gleichen Preis gibt es genug Platz in der Nase, um eine überaus geschmacklose Uhr aufzustellen, den Kitsch aus der spanischen Kunst, und natürlich auch auf beiden Seiten der Nase Augen, verschwommene und impressionistische Ansichten der Seine in Paris".

MAE WEST SAAL

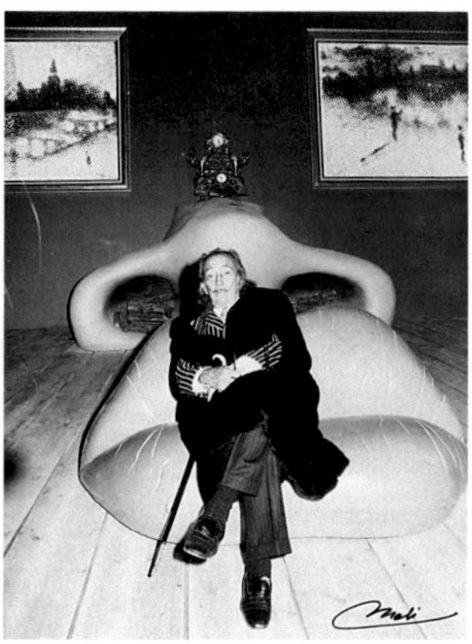

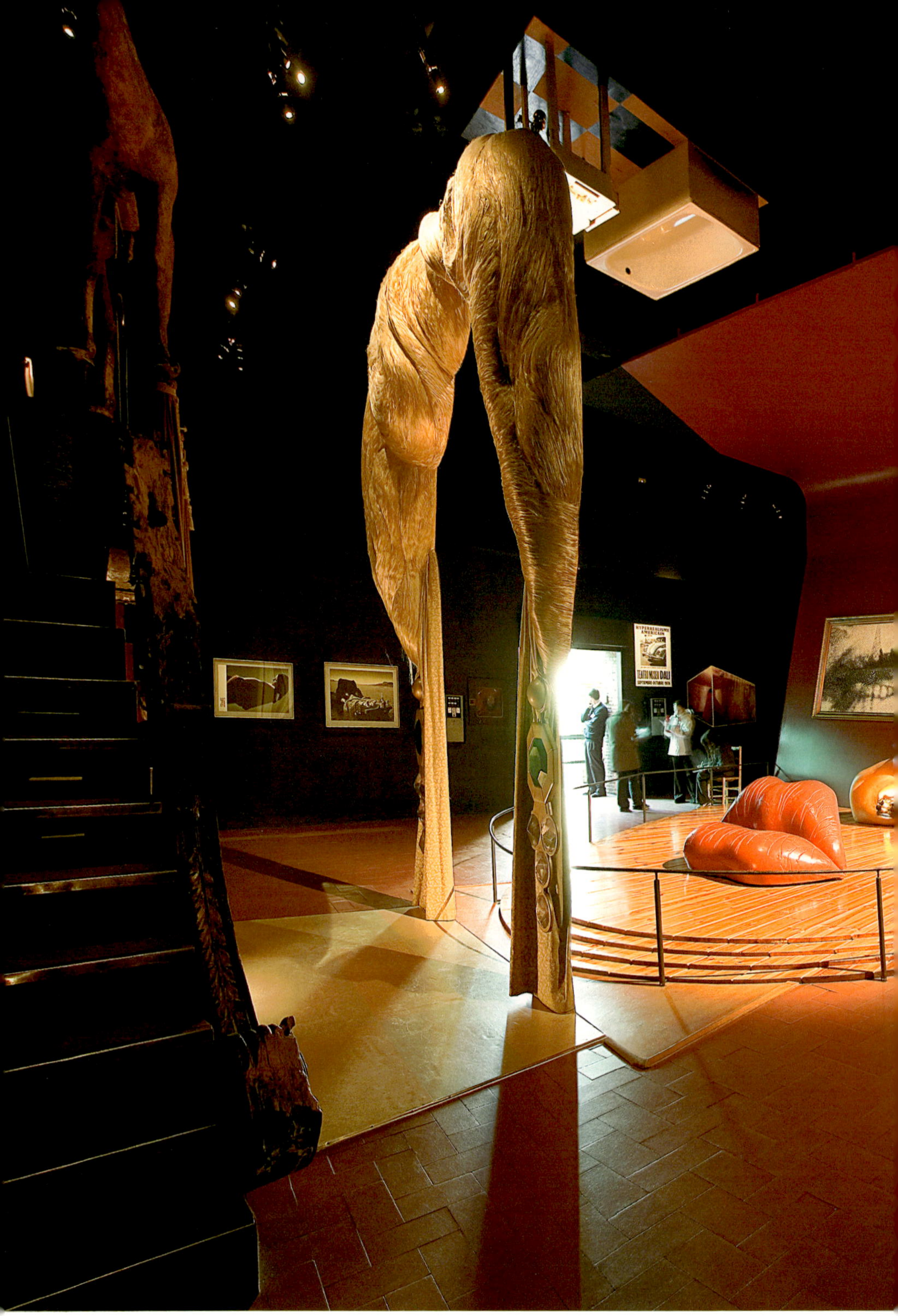

Mae-West-Saal, der von der berühmten, dreidimensionalen Installation beherrscht wird, der dieser nordamerikanischen Schauspielerin gewidmet ist.

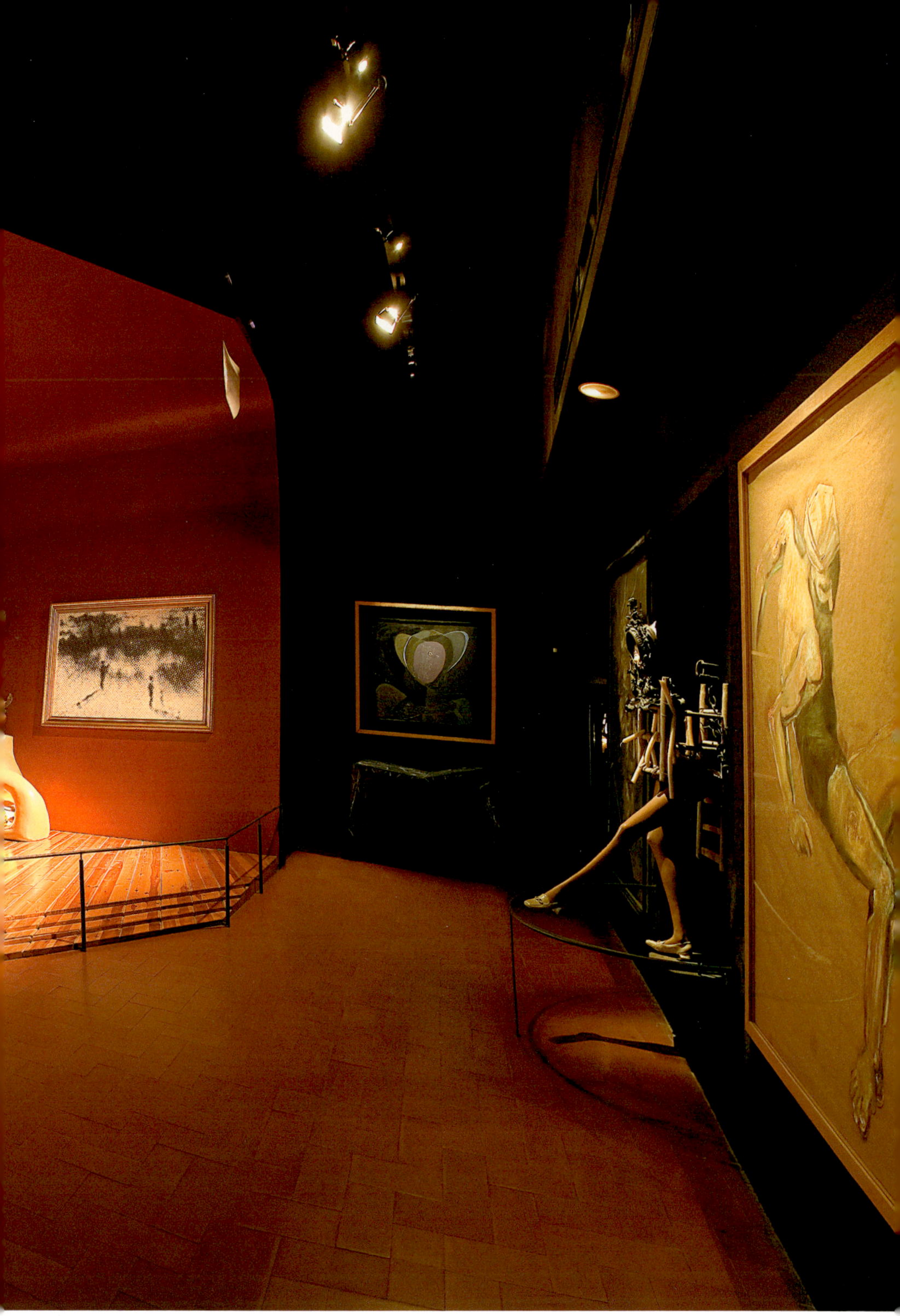

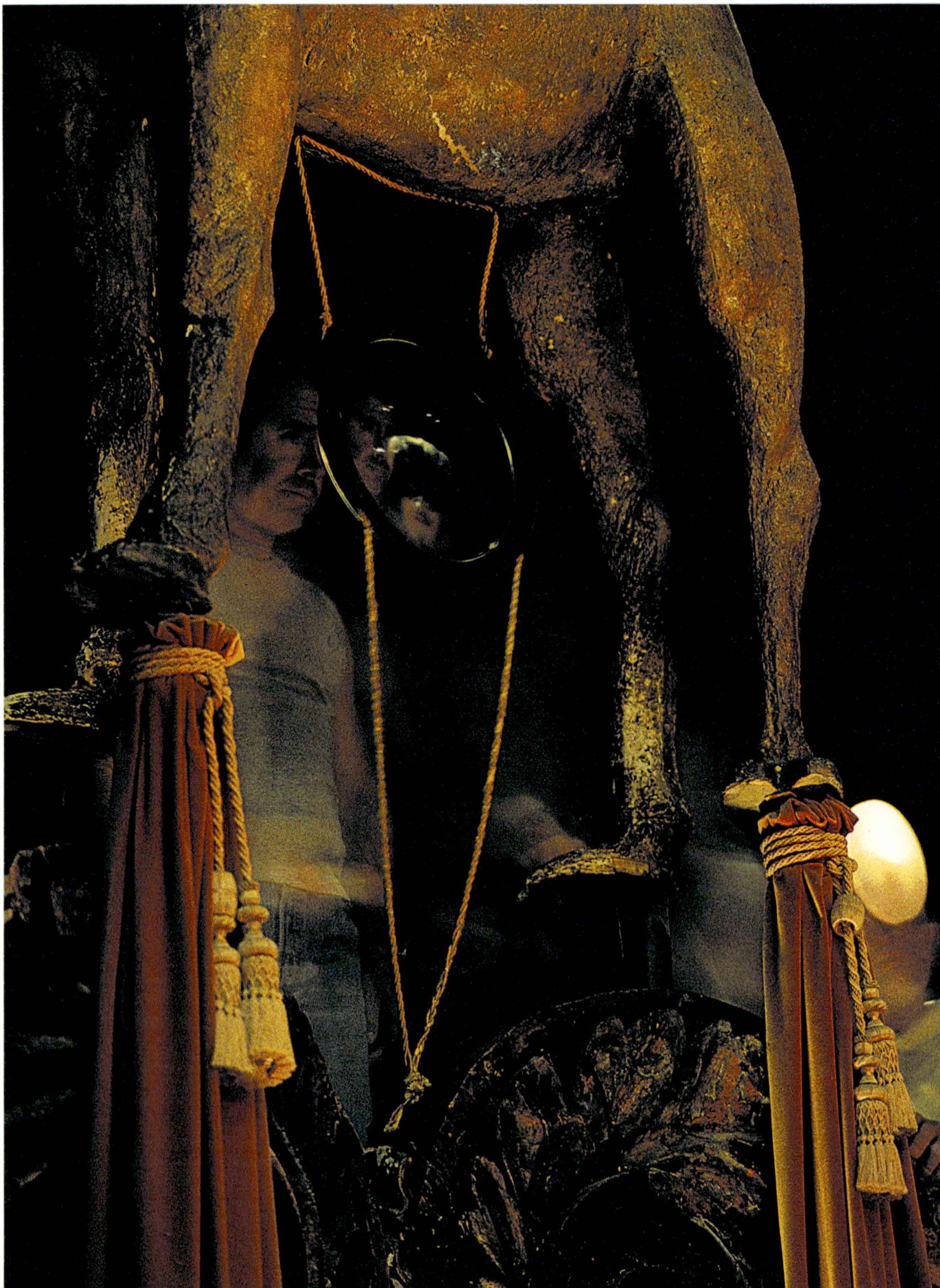

Reduktionslinse, die am Kamel hängt und durch die der Besucher das Antlitz von Mae West ganz betrachten kann.

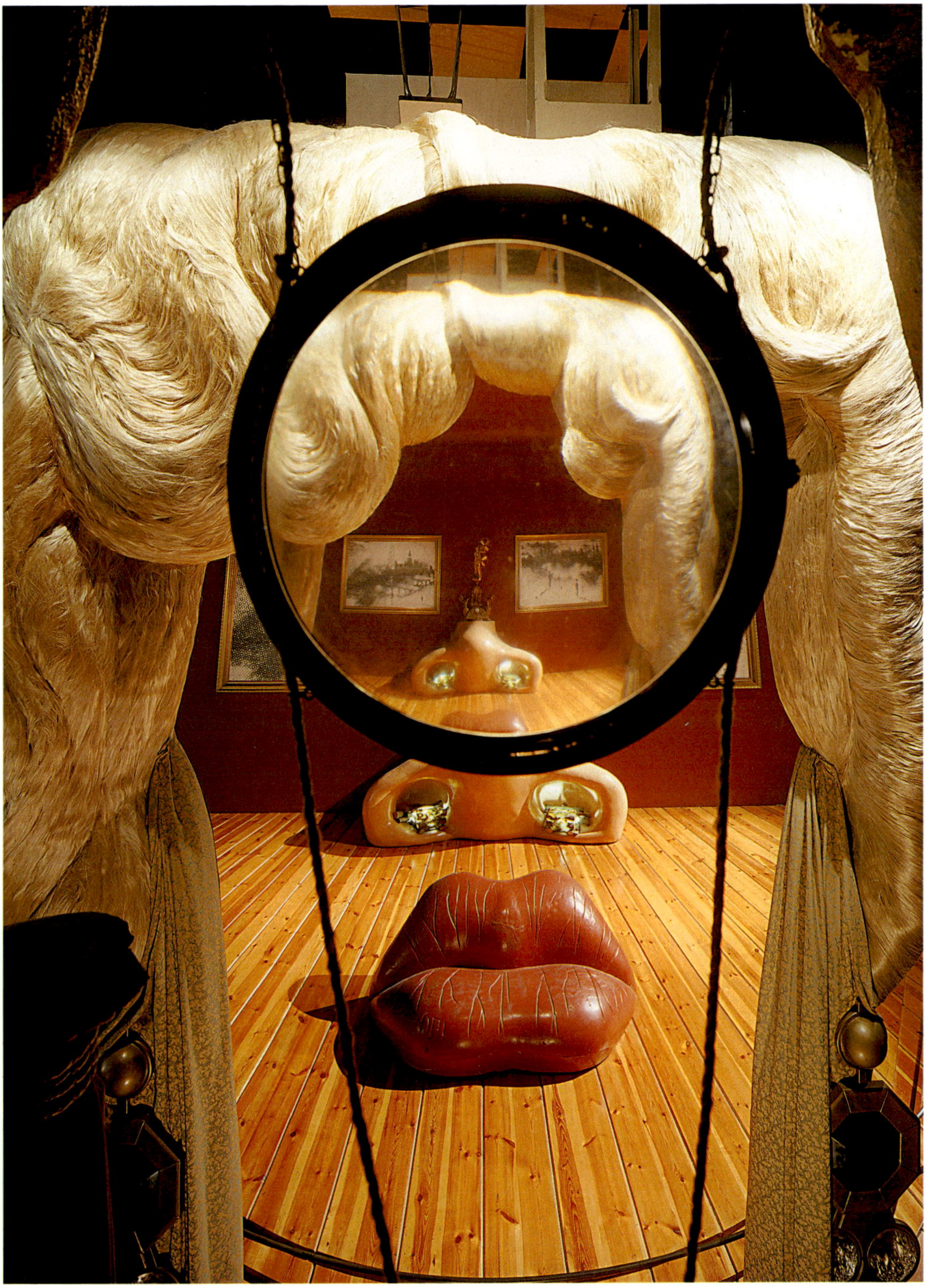

Von oben auf der Treppe gemachte Aufnahme von der ganzen Gruppe,
die man auch durch die Reduktionslinse sieht.

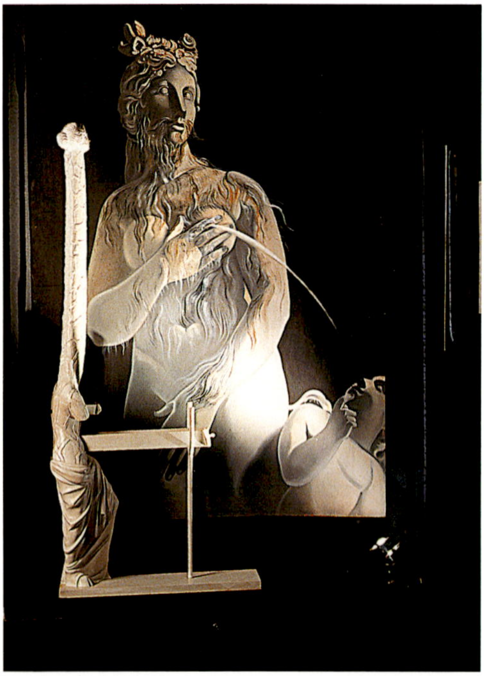

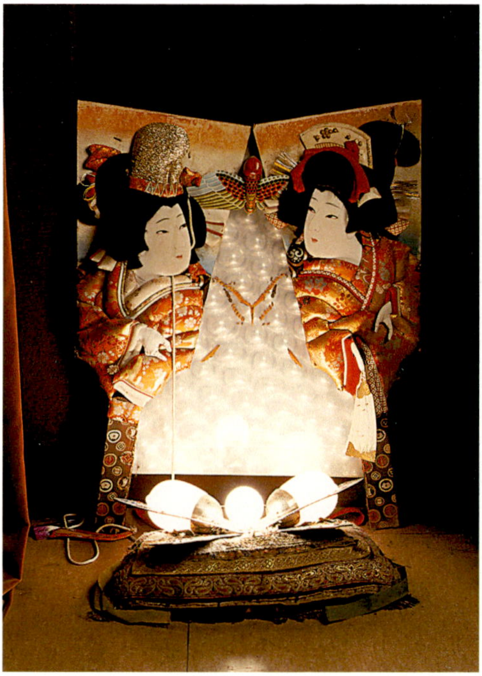

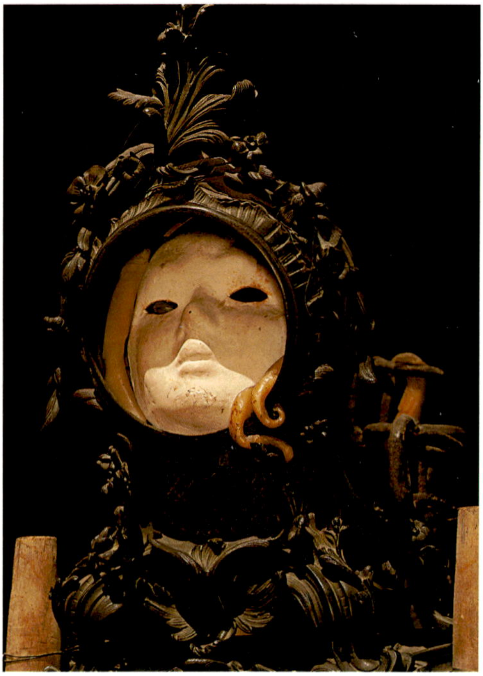

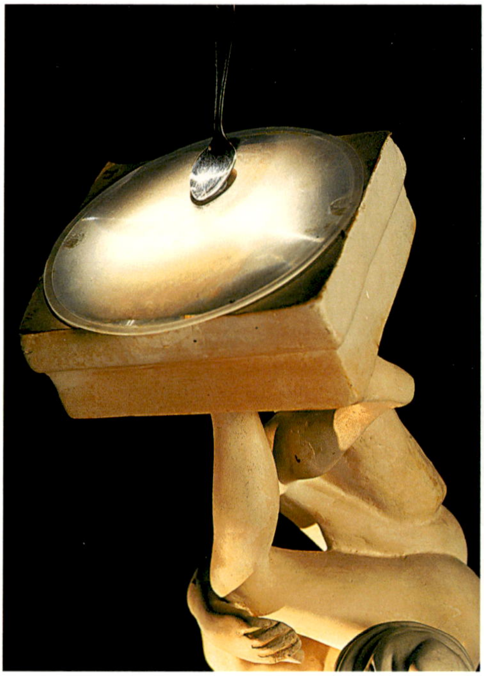

Verschiedene Installationen im Mae-West-Saal.
Otorhinolaryngologischer Venuskopf, 1964. →

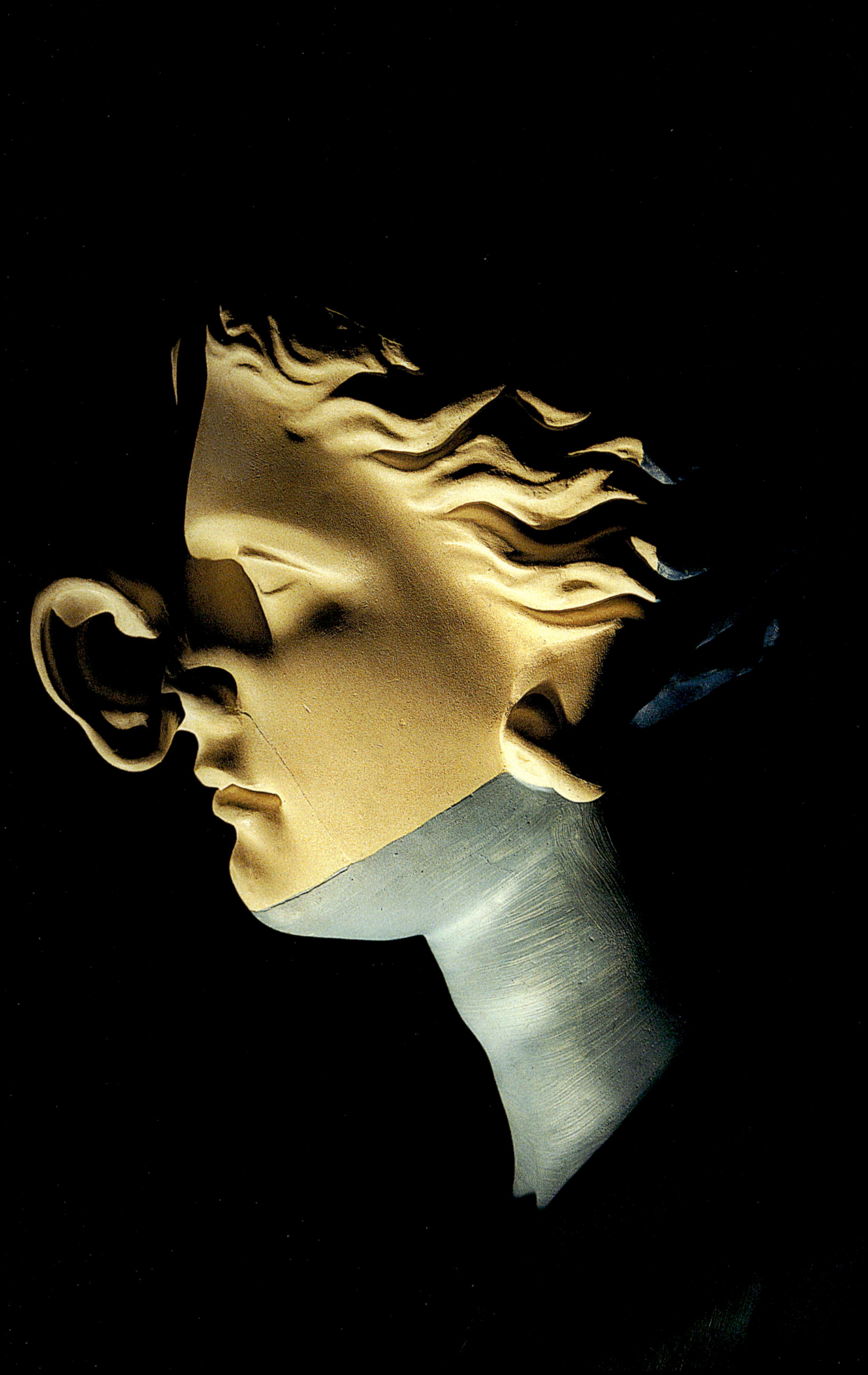

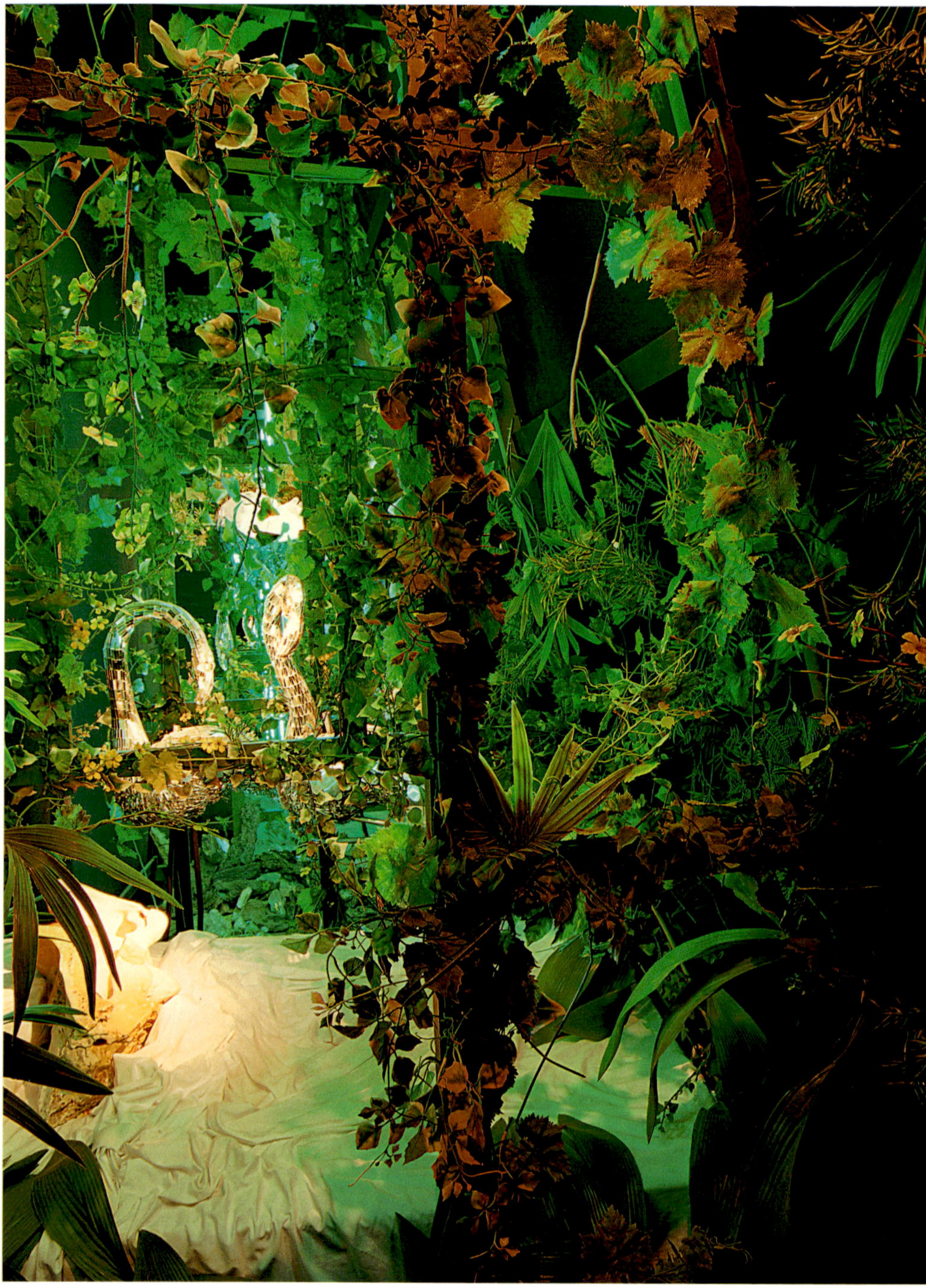

Installation mit dem Namen *Das Paradies*.

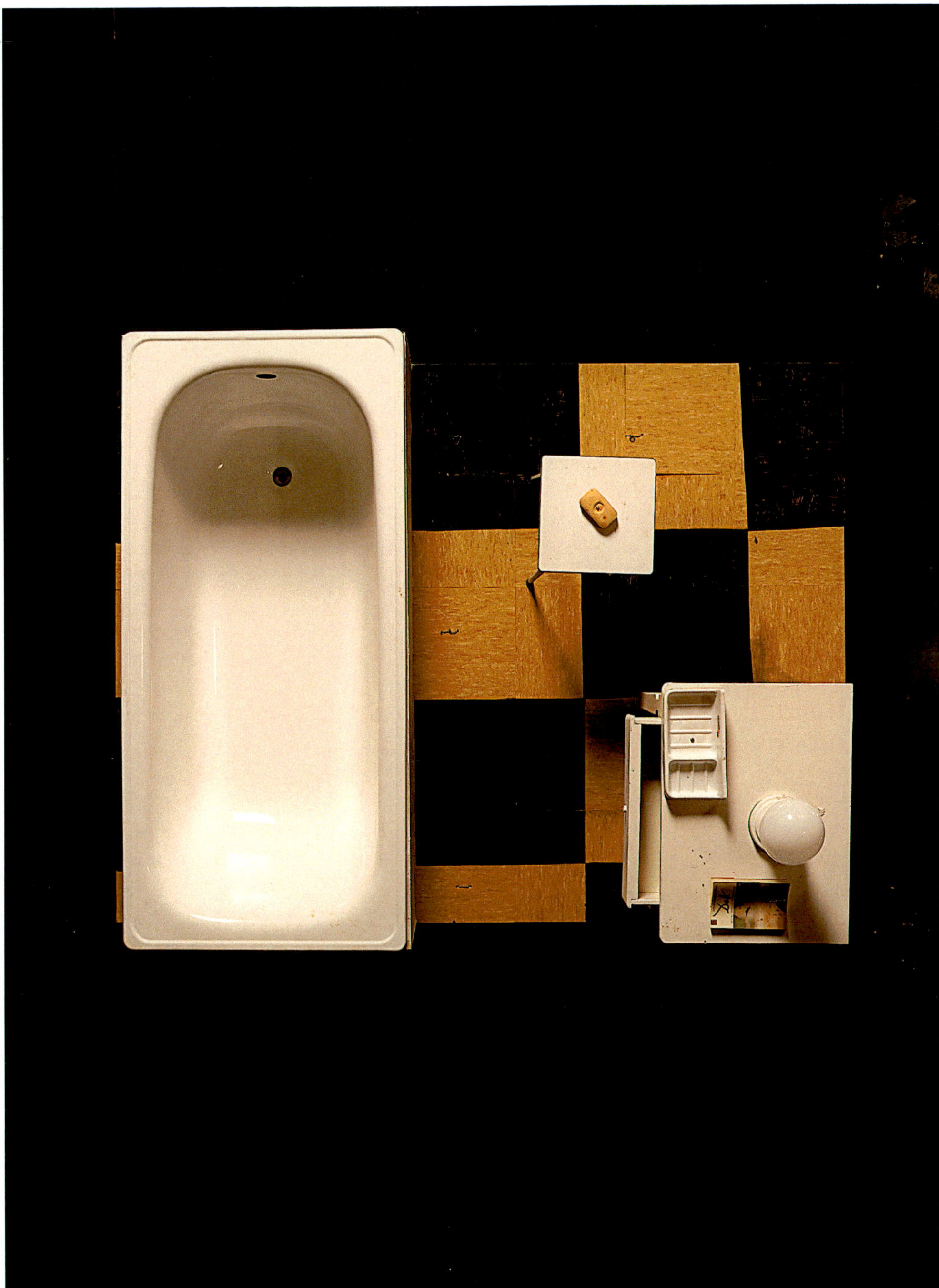

Umgekehrtes Bad in der Decke des Mae-West-Saals.

Er verwirklichte diesen Raum zusammen mit dem Architekten Oscar Tusquets und in Zusammenarbeit mit dem Baumeister Pedro Aldámiz. Die Augen sind vergrößerte und retuschierte Fotografien zweier pointillistischer Gemälde mit Ansichten von Paris, die Nase ist ein Kamin mit Holzstücken, die Perücke, die im Guiness-Buch der Rekorde zu finden ist, stammt von Lluís Llongueras und schließlich muss man noch ganz besonders auf das Lippensofa hinweisen, eine Idee von Dalí, die bereits aus dem Jahr 1937 stammt und die er in Paris im Laden der Schneiderin und Freundin Elsa Schiaparelli ausstellte. Andere Elemente der Komposition sind eine Fächeruhr, eine antike Uhr, zwei Krüge und eine Venus von Milo mit Giraffenhals und Schubladen. Um dieses optische Spiel wahrzunehmen, muss der Besucher ein paar Stufen hochsteigen, die von einem Kamel gekrönt sind, ein Geschenk der Firma Camel. An diesem Kamel hängt eine Reproduktionslinse, durch die man das Gesicht von Mae West sieht. Man kann sogar sagen, dass damit die Pop-Art vorweggenommen wird. Wenn man nach oben zur Decke blickt, erkennt man ein umgekehrtes Badezimmer, das Dalí 1977 anbrachte.

Im Saal zollt Dalí den hyperrealistischen Malern Tribut. Im Jahr 1973 veröffentlichte er den Prolog mit dem Titel *Realisme sybaritique aigu* in dem Buch von Linda Chase *Les hyperrealistes americains*. Hier werden Ölgemälde von Silvère Godéré, dem Maler aus Rouen, ausgestellt, die er 1975 eigens auf Bitte von Dalí in Schwarz-, Grau- Rot- und Himmelblautönen malte. Das erste ist eine Kopie des Werkes von Evarist-Vital Luminiais *Les énervés de Jumièges*. Ebenso wird ein originales Werbeplakat der Firma Canon ausgestellt, das Dalí in einer veränderten Position aufhängen ließ, um auf die Silhouette des Bootes der Entnervten, der Énervés anzuspielen. Laut Dalí handelte es sich irgendwie um das gleiche Gemälde. Ein drittes Ölgemälde von Godéré ist die Kopie eines Plattencovers von Duke Ellington. Dalí wollte die Malerei von Bouguereau und den Hyperrealismus mischen, um den Kontrast zwischen der *Art pompier* und der Avantgarde zu erkennen. An der gleichen Wand hängt ein Bleistiftporträt Dalís, von Sebastián Cestero im Jahr 1975 auf Grundlage einer Fotografie angefertigt.

In einer anschließenden Nische befinden sich zwei Werke von Dalí. Ein Ölgemälde auf Sperrholz, das Dalí aufgrund seiner Abmessungen genau an diesem Ort anbrachte und das eine haarige Venus darstellt, die, als ob sie eine Quelle wäre, eine Amorette stillt, und eine patinierte Bronze aus dem Jahr 1973 in Form der *Venus von Milo* mit Schubladen und Giraffenhals.

Unter der Treppe sieht man eine Pop-Montage aus Kunststoff und Gewebe mit japanischen Figuren und auf der anderen Seite der Treppe eine Assemblage mit einem Nilpferd, einem Geiger, einem Diskuswerfer mit einer virtuellen Tasse und einem echten Löffel, die man auch auf dem Gang betrachten kann.

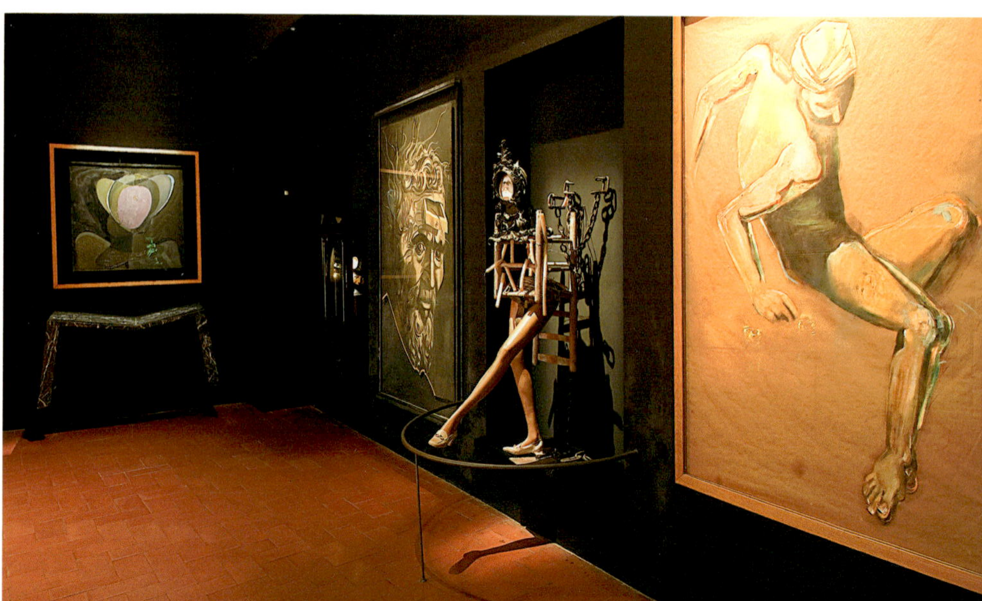

Blick auf eine Seite des Mae-West-Saals, mit dem Ölgemälde *Kopf* von 1926.

Auf der Wand gegenüber des Eingangs befindet sich die Skulptur *Otorhinolaryngologischer Venuskopf* aus buntem Gips in Weiß und Himmelblau, eine Art Ungeheuer oder Gottheit, mit dem Ohr als Nase und der Nase als Ohr. Dann ein Ölgemälde auf Kraftpapier, eine männliche Figur von hinten, sitzend, die eigentlich unter der Kuppel sein sollte, aber die, weil die Konturen sehr fein waren, nicht ausgeschnitten wurde. Anschließend die Skulptur *Stuhl-Schaufensterpuppe* (1976), mit Elementen wie Ketten und Kerzen mit verwirrender Wirkung, und ein anderes, großes Ölgemälde auf Holz *Kopf nach Michelangelo* (um 1975), mit einer Schublade in der Stirn und Fäden, die aus dieser herauskommen. Dann folgt eine Vitrine und eine Maske mit Zylindern mit Schubladen, die Dalí für einen Kostümball der Familie Rothschild entworfen und getragen hatte. Sie hat vier Seiten, zwei mit dadaistischen Versionen der *Mona Lisa*, einmal mit Schnurrbart und einmal mit Gerstenkorn. Auf der dritten Seite ein Porträt von Helen Rothschild und eine vierte Seite mit dem Träger der Maske.

An der folgenden Wand hängt ein Ölgemälde von Dalí, *Kopf* (1926) in Violett- und grünen Erdtönen, ein Antlitz mit seinem Schatten aus der Serie, die er nach dem Besuch im Atelier Picassos in Paris begann. Dann folgt der Tisch, entworfen von Bigas Luna, einem bekannter Regisseur, aus der Serie „Neun zerbrochene Tische", die, wie Dalí sagte, zum Essen von Seeigeln dienten.

Bevor man diesen Raum verlässt, sieht man auf der rechten Seite einen Wandschirm, der diese Installation abschirmt und der auf zwei Höhen zwei Gucklöcher hat, für Erwachsene und Kinder, damit die Besucher und Neugierigen durch diese Löcher schauen konnten und gleichzeitig eine lange Schlange bildeten, was Dalí sehr gefiel. Dieses Werk kann man in einer gewissen Weise mit *Étant donné* von Marcel Duchamp assoziieren, oder mit irgendeiner Installation von Dalí selbst, vor allem mit *Der Traum der Venus*, das er für die Weltmesse in New York 1939 geschaffen hatte. Links hängt ein weiteres, hyperrealistisches Werk, *Der Prozess der Mary Dugan*.

An der Wand Richtung Ausgang hängt eine fotografische Komposition der Op-Art mit einer weiblichen Gestalt, *Donyale's Tee Vee* von Luiggi Cazzaniga und das Plakat zur Ausstellung des amerikanischen Hyperrealismus der Sammlung Daniel Hechter, die im Theater-Museum stattfinden sollte und schließlich ausfallen musste. Dalí verteidigte die amerikanischen Hyperrealisten, um, wie er sagte, seinen Sieg über die abstrakten Maler besser auskosten zu können.

Wieder auf dem Gang befindet sich auf der rechten Seite eine Installation mit einer Skulptur einer alten Frau, die auf ihrem Schaukelstuhl döst, ein Werk von Francesc Anglès. Sie ist durch eine Art rote

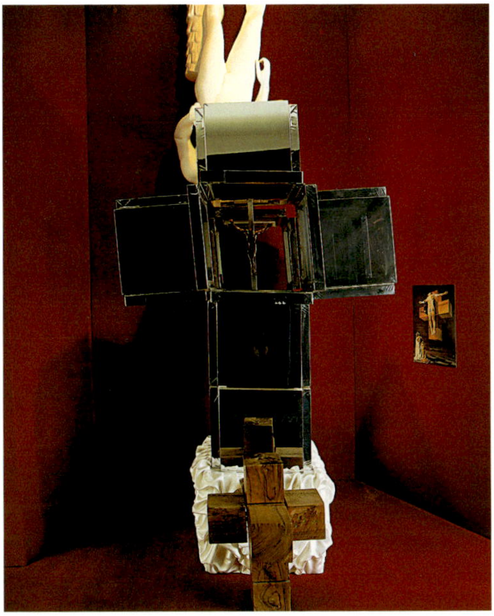

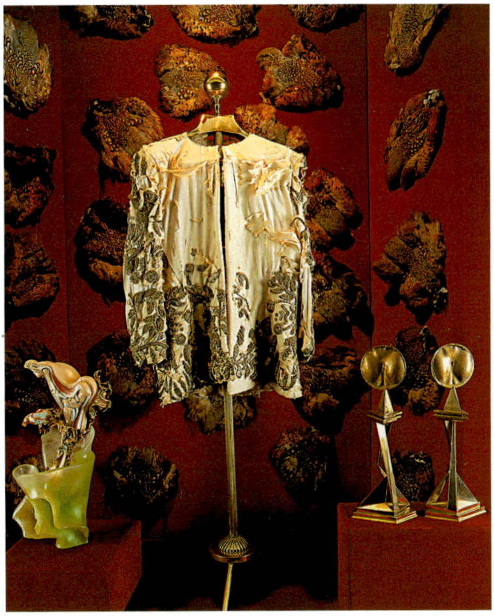

Zwei Innenansichten der Vitrinen von Salvador Dalí.

Nabelschnur mit dem einzigen nicht realen Würfel der Gruppe verbunden, mit dem, der an die Decke gemalt ist. Dort befinden sich auch einige phantasmagorische Köpfe mit rot erleuchteten Augen, eine Anspielung auf den kanarischen Maler Néstor Fernández de la Torre, mit dem er und Federico García Lorca befreundet waren. Die große Lampe stammt aus dem Kasino Sport in Figueres, ein Kulturverein, in dem Dalís Vater Mitglied war. Dalí pflegte zu sagen, dass er erst dann wirklich berühmt sei, wenn man im Kasino von Figueres von ihm sprechen würde. Ebenso gibt es eine Standarte, die ein Brot und einen Widderkopf formt, das Ölgemälde *Nymphen und Satyre*, das Kopie eines Bouguereau, und einen der antropomorphen Stühle, die Dalí für den Garten seines Hauses in Portlligat entworfen hatte. Hinter der Arkade an der Seitenmauer hatte Dalí eine Reihe von Titanen auf eine Planke gemalt, im Stil der Giganten, mit denen Giulio Romano die weiten Salons des Teepalastes in Mantua schmückte.

Im Flur befindet sich dann die erste einer Reihe von drei Vitrinen mit echten Fasanenfedern im Hintergrund. In dieser ersten befindet sich eine Reproduktion der *Retrospektiven Frauenbüste*, die er 1933 geschaffen hatte und die zum ersten Mal im gleichen Jahr in der surrealistischen Ausstellung in der Galerie Pierre Colle gezeigt und 1970 in einer Variation rekonstruiert wurde. Man darf nie vergessen, dass Dalí sehr viel zu der Erfindung und der Bedeutung des surrealistischen Objektes beigetragen hatte. Dieser Büste fügte der Künstler Ameisen, Maiskolben, ein Band eines Zootrops und einen Brotlaib mit einem bronzenen Tintenfass hinzu, das von zwei Figuren aus dem *Angelus* von Millet gekrönt wird, ein Werk, das immer wieder von Dalí erwähnt wird. Die Skultpur wird von einem Sockel getragen, der aus einer Hand mit einem schwarzen Handschuh besteht, die mit einer Hand aus weißem Paraffin verflochten ist. Die Vitrine wird mit den Überresten des Kiefers eines Haifisches und eines Flugfisches, der optischen Täuschung einer Kunststofftasse mit einem echten Löffel und dem typischen Horn eines Nachhorns vervollständigt.

In der zweiten Vitrine entwarf Dalí eine Gruppe von Bildern, die luxuriös wirken sollten. Vor dem Hintergrund aus Fasanenfedern heben sich eine Jacke von Coco Chanel und die Skulpturen *Blumen des Bösen* ab. Weiterhin sieht man einen Krug aus Glaspaste Daum aus dem Jahr 1970 mit der Montage eines Fußes aus Paraffin und eines anderen zum Studium im Anatomieunterricht, und die beiden Skulpturen, die die Dioskuren Castor und Pollux, die Söhne von Zeus und Leda, formen, eine Version aus graviertem Metall der *Unsterblichkeit von Castor und Pollux* des Objektbuches *Zehn Rezepte zur Unsterblichkeit*.

In der dritten Vitrine wird ein hyperkubisches Kreuz gezeigt, das aus einer mechanischen Struktur aus Spiegeln mit einem Christus im Inneren besteht und bewegliche Gelenke hat. Außerdem eine Reproduktion des *Corpus hipercubicus*, ein Ölgemälde aus dem Jahr 1954, das im Metropolitan Museum in New York ausgestellt wird, eine umgekehrte klassische Gipsfigur ohne Kopf und ein kleines hyperkubisches Kreuz aus Olivenholz. Anschließend stößt man auf ein Glasfenster von Francis Gruber (1912-1948), das Dalí im Museum montieren ließ, als er bereits im Torre Galatea wohnte. Wenn man dem Flur links folgt, gelangt man in einen kleinen Raum, wo vier Plastiken der Op-Art ausgestellt werden, die auf zeichnungen von Dalí montiert sind. Besonders auffallend ist die Figur der Jungfrau mit Kind, die optische Illusionen hervorrufen soll. Dieser Raum wird durch ein riesiges Ölgemälde aus den Siebzigerjahren vervollständigt, das auf das Werk *Der Frühling* von Botticelli anspielt, mit Licht, das sich durch das Laubwerk filtert und der Projektion einer auffallenden, chromatischen Verteilung auf die Figur. Wenn man den Weg fortsetzt, kann man die Lithographien Dalís aus der Serie „Mythologien" und einige der Illustrationen zu *Das Leben ist ein Traum* von Calderon de la Barca betrachten.

Im Eingangsbereich dieser Etage befindet sich die Treppe, über die man in die beiden oberen Stockwerke gelangt, und eine Vitrine, in der eine *Venus von Milo mit Schubladen* ausgestellt ist, eine Reproduktion des Originals aus Gips (1936), das Dalí entworfen und Marcel Duchamp geschaffen hatte. Es handelt sich um eine Kopie, die aus einer Auflage aus dem Jahr 1964 stammt, patinierte Bronze aus Gips. In einem Interview im Jahr 1970 in„La Actualidad Española" erklärte Dalí: „Die Venus von Milo stellt eine Welt von äußerer Schwellung dar, der ich anfüge, was das Christentum und Freud hinzugefügt haben. In den platonischen Körper führe ich Schubladen und Fächer mit Elementen aus dem Unterbewussten ein, Schuldgefühle und seelische Vervollkommnung, vertikal und horizontal Glaube, Hoffnung und Nächstenliebe, und vor allem Surrealismus".

Retrospektive Frauenbüste (gegen 1974), Kopie des Werkes aus dem Jahr 1933, das im gleichen Jahr in der Galerie Pierre Colle in Paris ausgestellt wurde. →

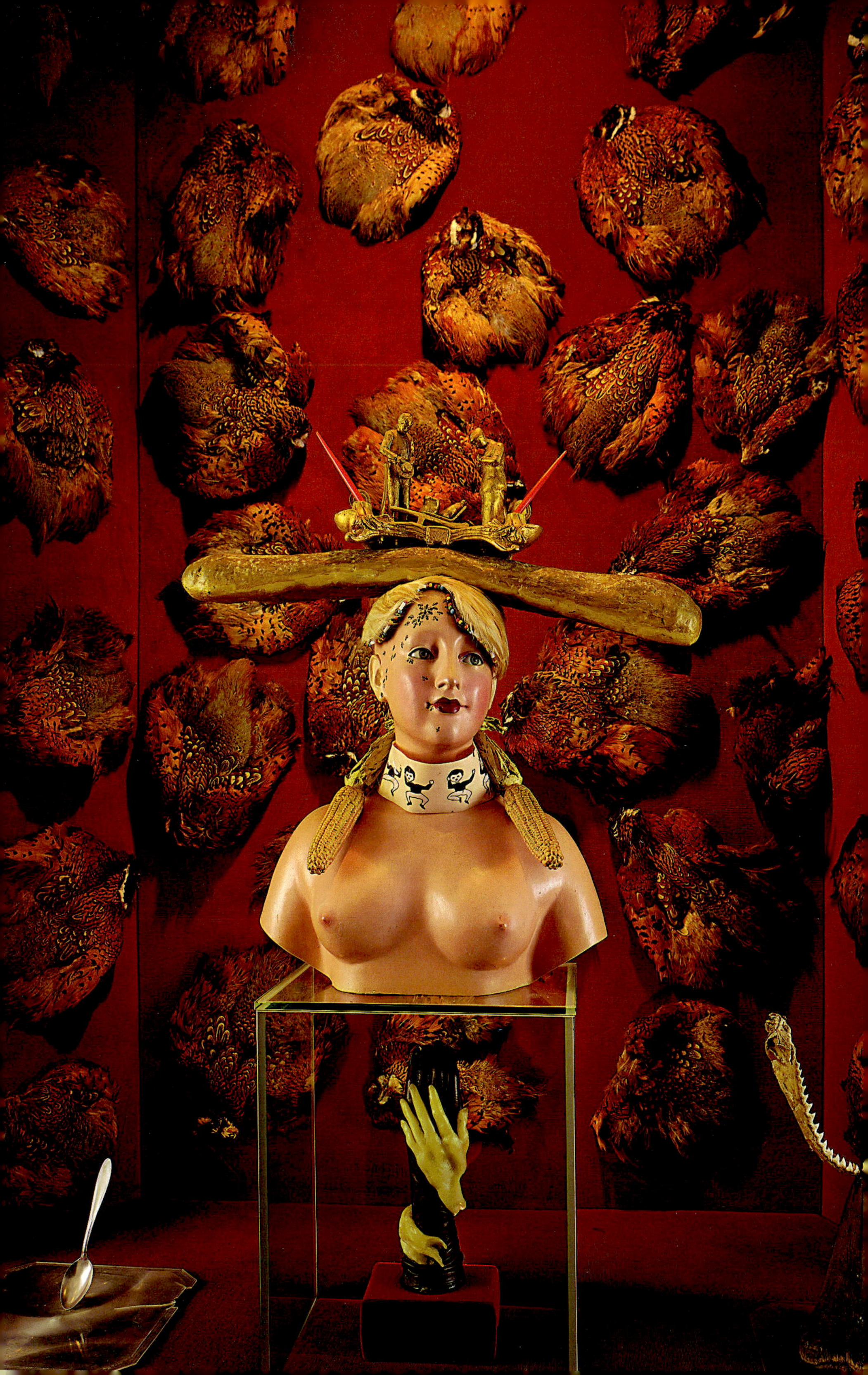

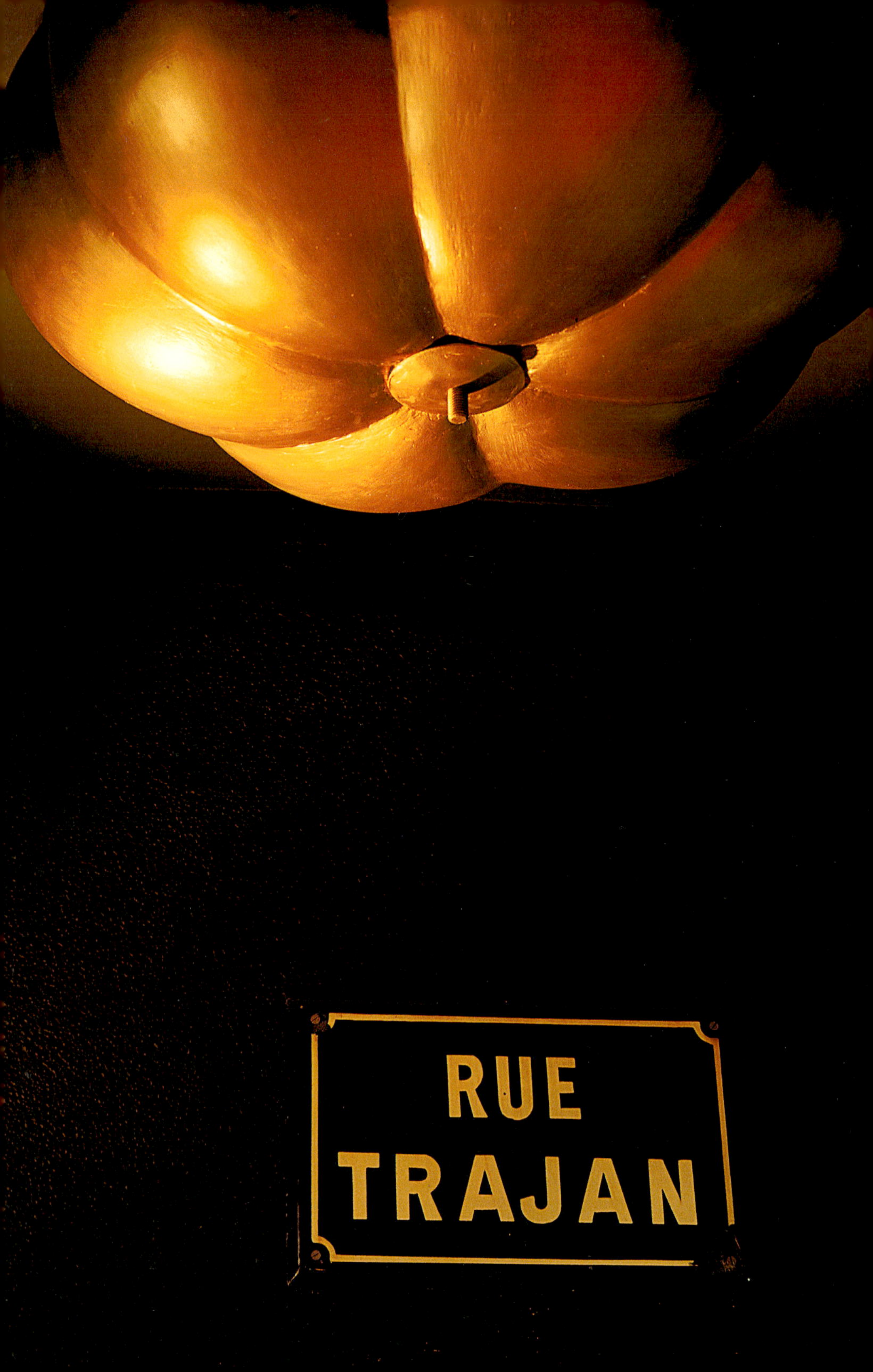
RUE
TRAJAN

Auf der Treppe wird der Besucher mit rhythmischer Präsenz von zwölf Stichen aus der Serie „Carceri d'invenzioni" begleitet, die als Die Gefängnisse bekannt sind und von dem italienischen Architekten und Graveur Giambattista Piranesi aus dem 18. Jh. stammen. Es handelt sich um eine Faksimile-Ausgabe der Nationalbibliothek von Paris. Dalí war besonders an den phantastischen Ausstattungen und dem Manierismus dieser Stiche interessiert, die einen synkopierten, labyrinthischen und verwirrenden Raum beschreiben. Die Wände der Gefängnisse von Piranesi erinnerten Dalí an das Theater-Museum vor seiner Restaurierung. Dalí eiferte so Leonardo da Vinci und Piero de Cossimo nach, da beide empfahlen, die Unregelmäßigkeiten der Wände zu betrachten, da sie manchmal der Inspiration dienten.

Im Zentrum der Spirale der Treppe befinden sich, die zentralen Lampen überziehend, Verkleidungen aus dem Hause Dior, als Pierre Cardin noch bei diesem Unternehmen arbeitete. Dalí und Gala benutzten sie auf dem Kostümball, den Carlos de Beistegui in seinem Palast Labia in Venedig veranstaltete. Eine Fotografie dieses Balls ist am Anfang der Treppe zu sehen, vor dem *Adler* von Valls. Diese Kostüme spielen auch auf die spanisch inspirierte Bühnenkunst an, wie zum Beispiel der Dreispitz mit seinen Figuren, die mit *Dreispitz*, Totenschädel und sorgfältig verknüpfter Bekleidung verhüllt sind.

Auf einem der Treppenabsätze, nach der zweiten Etage und der antropomorphen Zugangsöffnung befindet sich eine Figur, die *in situ* geschaffen wurde, auf Porexpan mit Gips mit einem einzigen Umriss. Sie trägt eine Maske, eine Muschel und hält eine zerbrochene Säule mit Drappierungen. Wenn man den Weg zum Saal der Meisterwerke fortsetzt, stößt man auf einen versilberten Kopf, der denen von Castor und Pollux in seinem Haus in Portlligat gleicht und der ebenfalls auf eine Oberfläche aus schwarzem Porexpan montiert ist. Schließlich gelangt man zu einem großen Ölgemälde, *Kybernetische Odaliske* (1978), das auf einem anaglyphischen Schema von Bela Julesz basiert. Julesz war ein amerikanischen Wissenschaftler ungarischer Abstammung, ein Spezialist in der Wahrnehmung der dritten Dimension. Dieses Werk gehört zu der Gruppe von Werken, die Dalí während seiner letzten optischen Untersuchungen schuf.

ZWEITER UND DRITTER STOCK

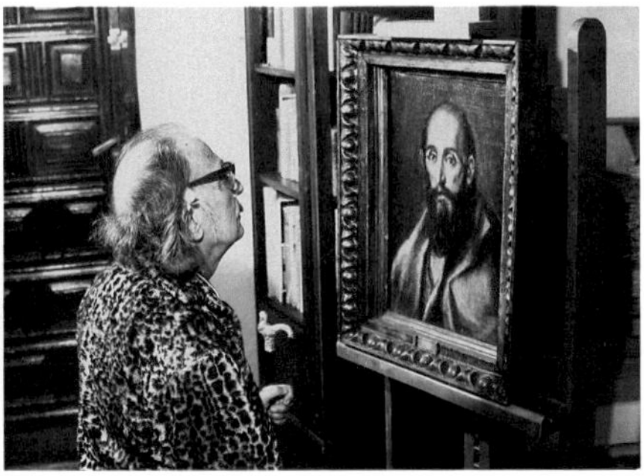

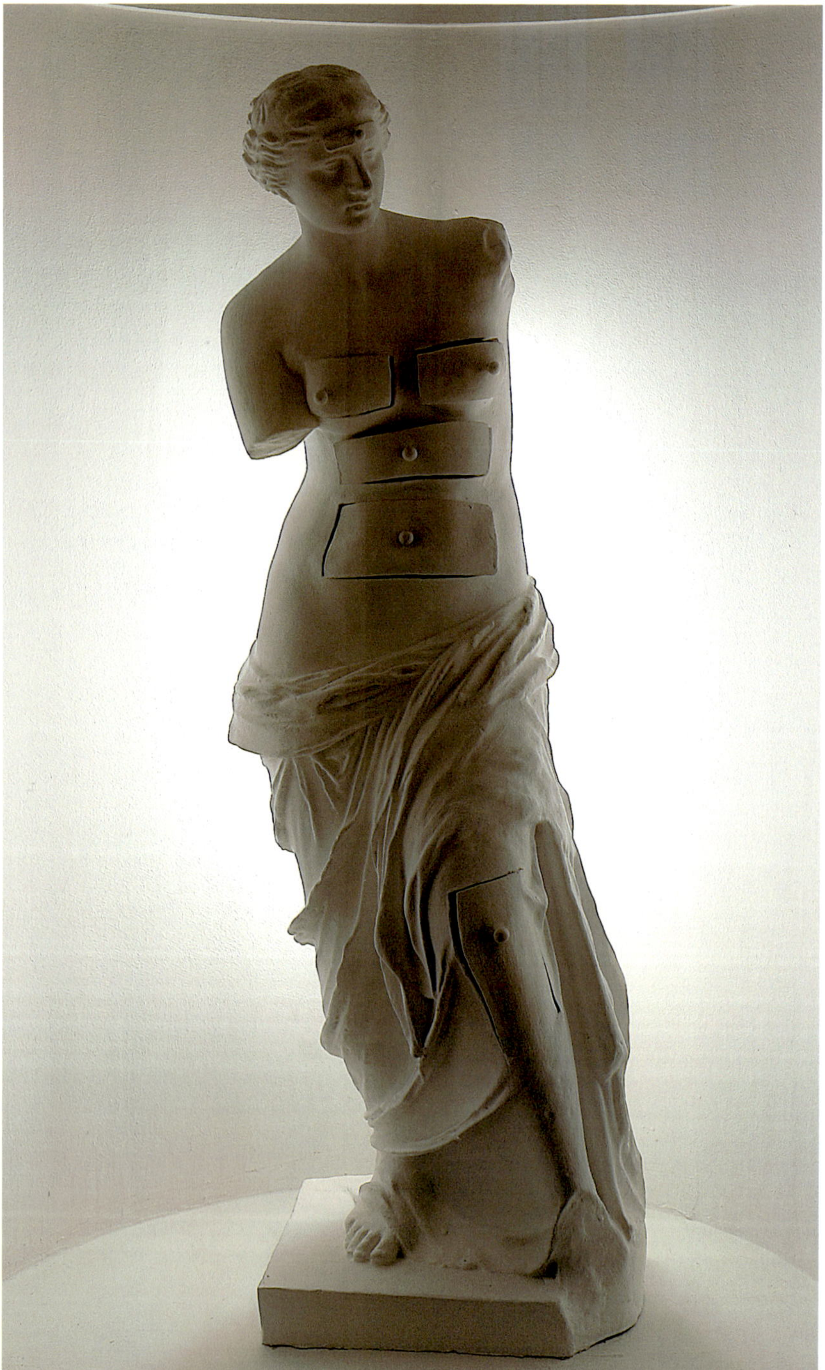

Die Venus von Milo mit Schubladen, 1964.
Von Dalí für Dior entworfene Verkleidungen, 1951. →

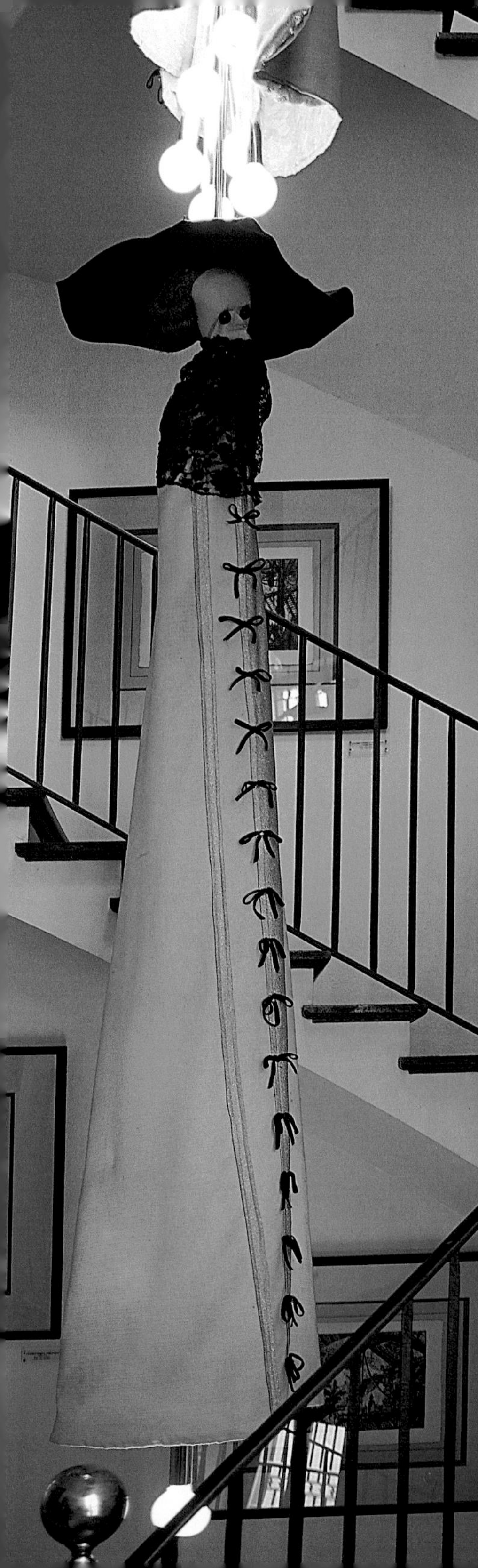
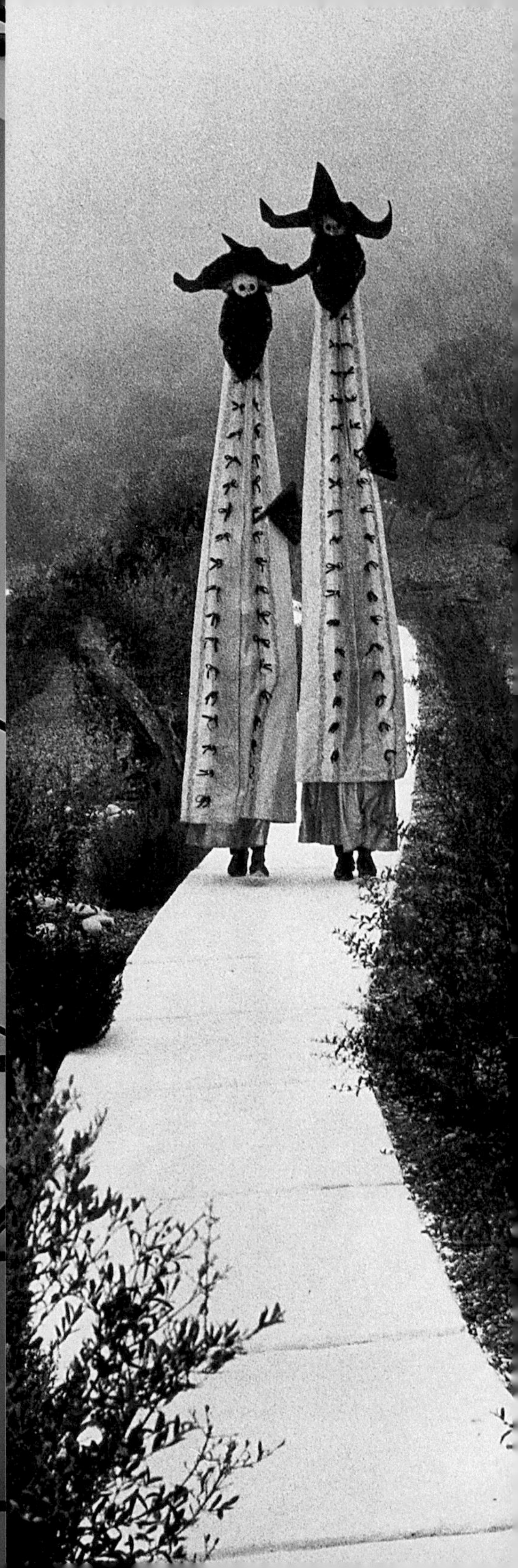

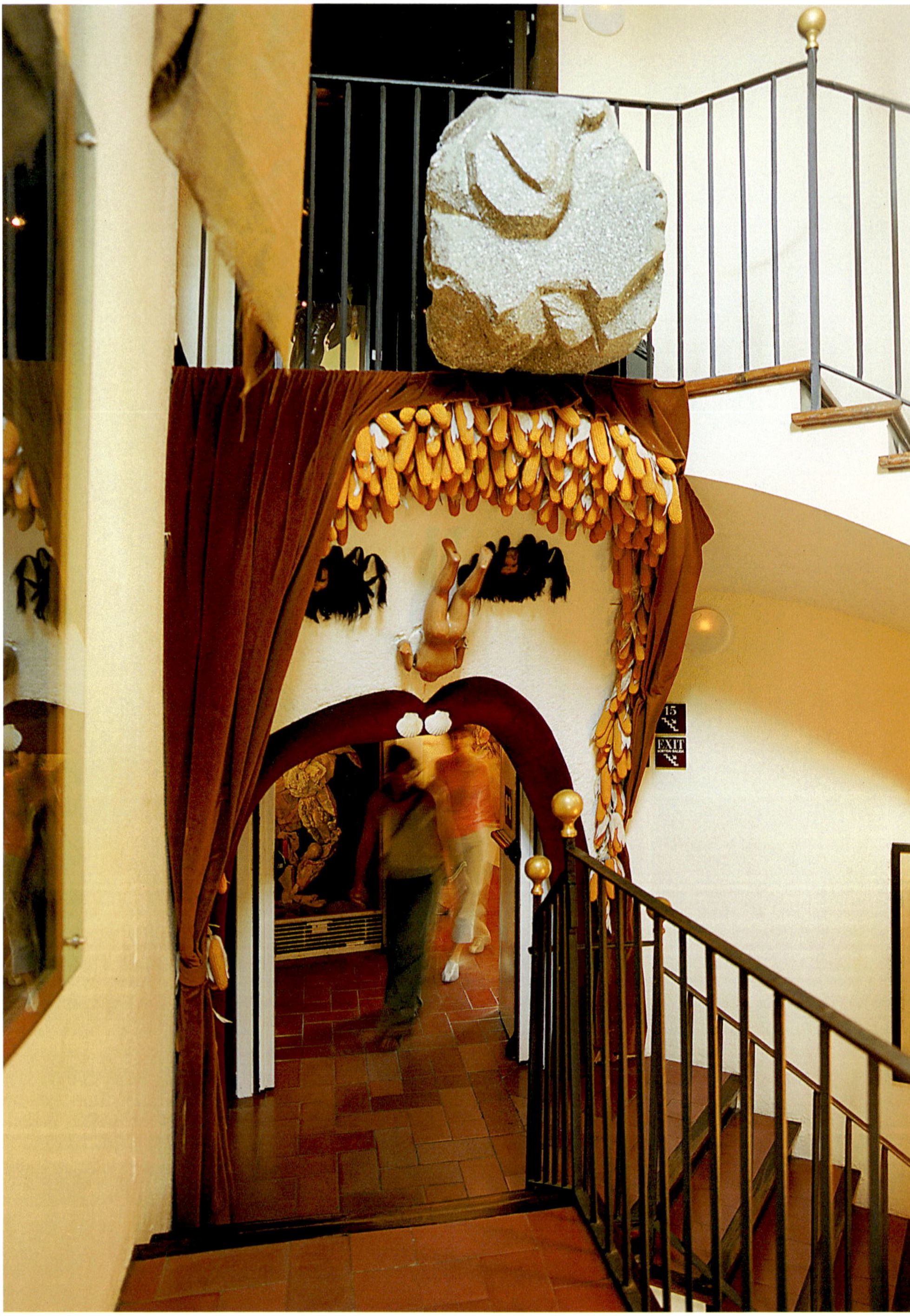

Anthropomorphes Antlitz am Zugang zum Antoni Pitxot-Saal.

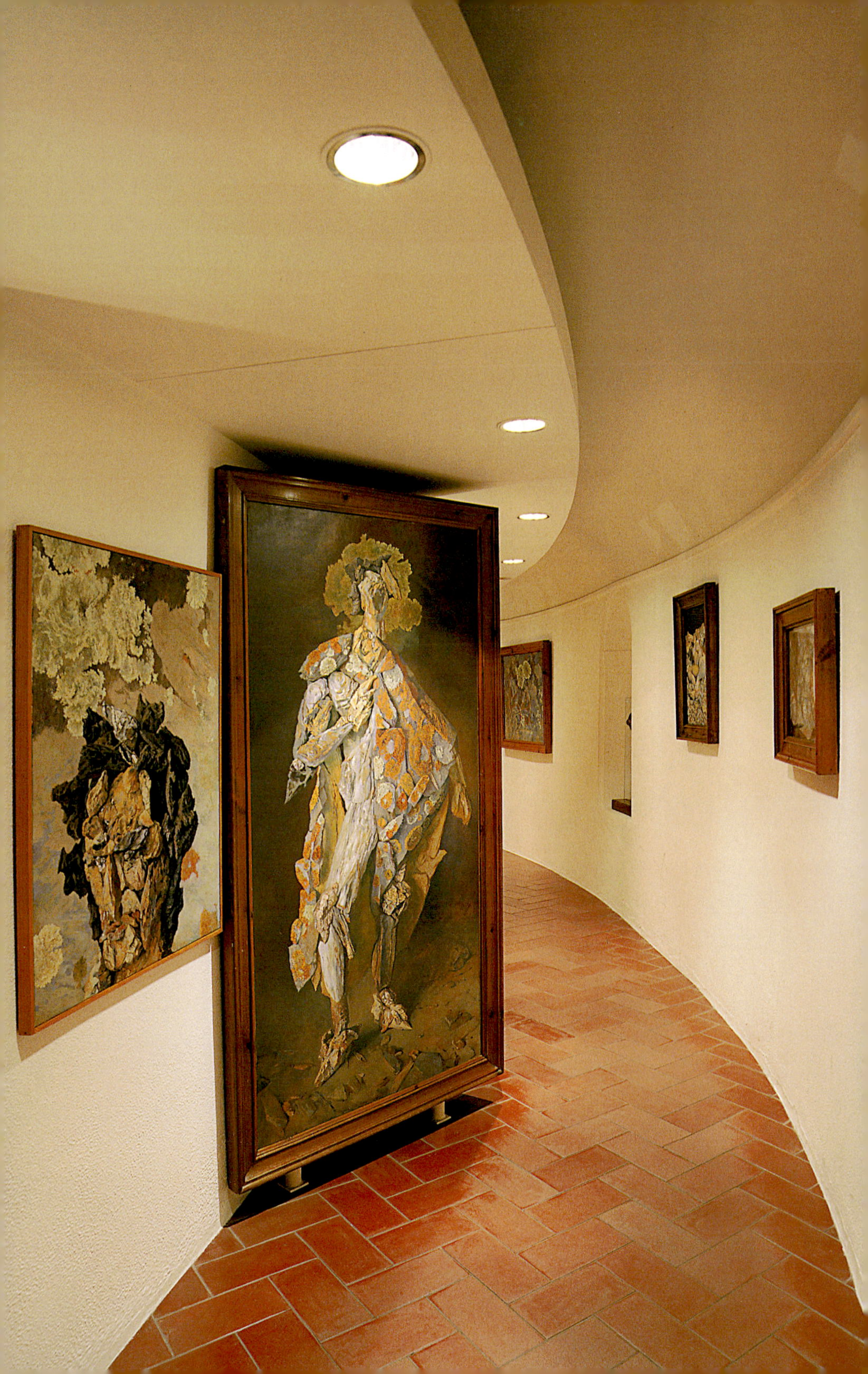

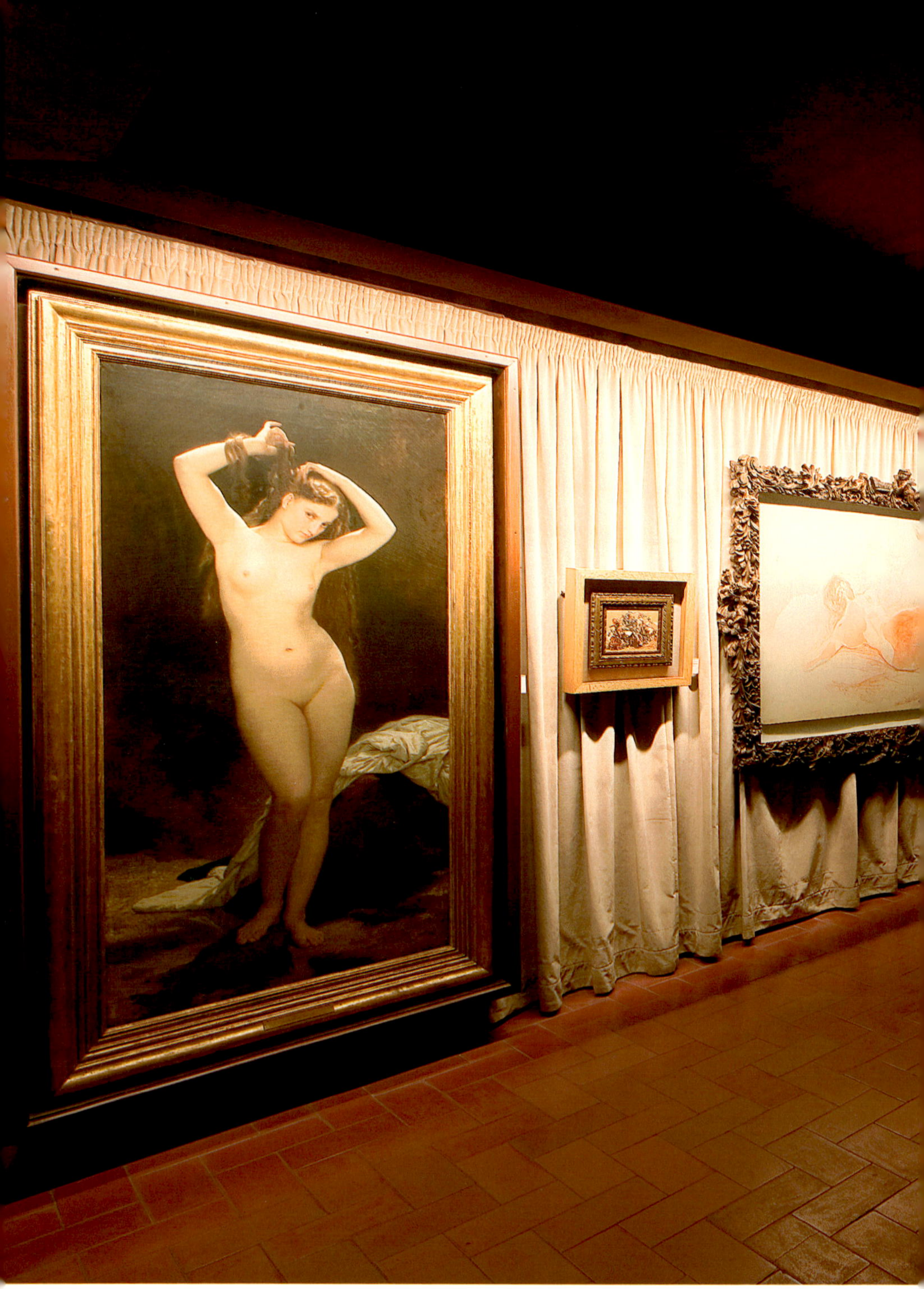

Saal der Meisterwerke mit dem *Weiblichen* Akt von Bouguereau im Vordergrund.

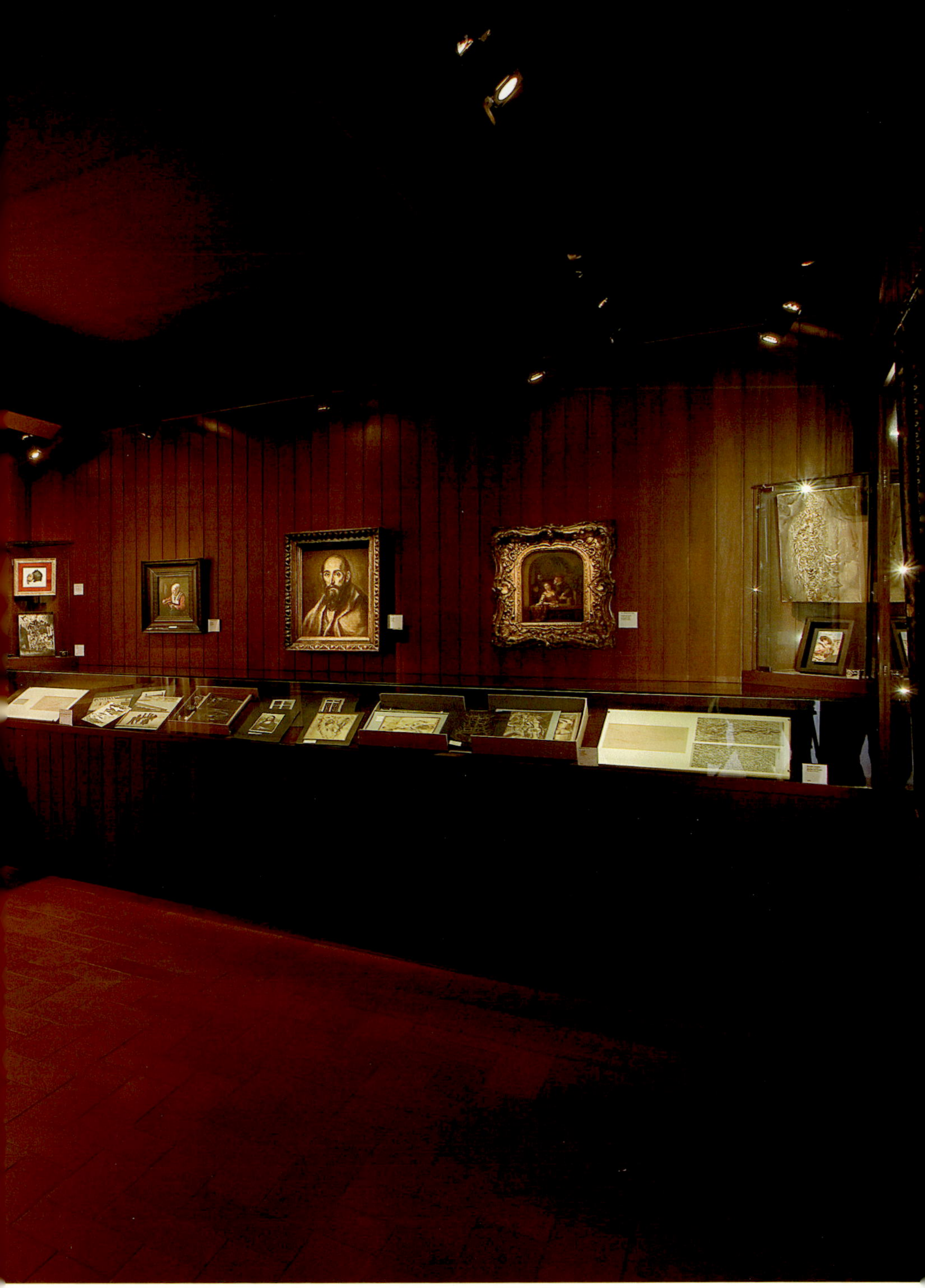

Im dritten Stock liegt dann der Saal der Meisterwerke, in dem die Arbeiten absichtlich nicht-chronologisch angeordnet sind. Hier werden einige Werke verschiedener Epochen und Künstler ausgestellt, die Dalí über die Jahre gesammelt hatte. Auch einige seiner Werke hängen hier, die Dalí selbst als „zeitlose Meisterwerke“ bezeichnet hatte. All diese Werke zusammen lassen ein Spiel aus ästhetischen und intellektuellen Wahrnehmungen entstehen, die dem Besucher das kreative Genie Dalís näher bringen, aus dem auch das Theater-Museum selbst entstanden ist.

Hier hängt ein Ölgemälde von El Greco (1542-1614), *San Pablo*, an dessen Seiten zwei Werke von Gerard Dou (1613-1675), *Der Besuch des Arztes* und *Die Spinnerin*, das auch unter dem Titel *Bildnis von Rembrands Mutter* bekannt ist. Sie sind, so Dalí „zwei mögliche stereoskopische Erfahrungen", da er diesen holländischen Maler, einen Schüler von Rembrandt, als einen Pionier in dieser Art von Experimenten betrachtete. Über das erste Werk sagte Dalí, dass man, wenn man eine genaue Analyse des Werkes durchführen würde, im Inneren des Kolbens, den der Arzt betrachtet, einen möglichen Totenkopf sehen könnte, ein Symbol des Todes. Zwei kleinformatige Gemälde ziehen ebenfalls die Aufmerksamkeit auf sich: *Bildnis von Napoleon* und *Studie von Soldaten*. Es handelt sich um Beispiele der Art *pompier* des akademischen Malers Ernest Meissonier (1815-1891), den Dalí aufgrund seiner Leidenschaft für die Genauigkeit und das wahrheitsliebende Detail bewunderte, und den er als Meister manuellen Farbfotografie bezeichnete. Außerdem wird ein Werk von Adolphe William Bouguereau (1825-1905) ausgestellt, *Weiblicher Akt*; zwei von Marià Fortuny (1838-1874), *Der Bildersammler* und *Das Gericht der Alhambra*. Wie Dalí sagte, bestätigte Fortuny, dass es sich bei dem zweiten Gemälde um eines seiner liebsten handelte. Desweiteren sieht man zwei Werke von Modest Urgell (1839-1919), *Friedhof*, feierlich, ein Ausdruck von Einsamkeit, und *Ohne Titel*, eine nächtliche Gasse, die für Dalí eines der besten Werke dieses Malers war. Auch ein Exemplar des bekannten *Boîte en valise* von Marcel Duchamp (1887-1968) wird hier ausgestellt. Duchamp war ein dadaistischer Künstler und Freund Dalís. Duchamp ist im Museum sehr oft zu finden, sogar in seinen Ursprüngen, denn man kann das Theater-Museum auch als ein großes *Ready made* betrachten. Im *Boîte en valise*, einer Art aufklappbaren Katalogs, der Reproduktionen von Kunstwerken enthält und Gala und Salvador Dalí gewidmet war, und den Dalí geöffnet in einer Vitrine mit einer anscheinenden Unordnung ausstellen wollte, befindet ein besonders auffallendes Bild, das der *Mona Lisa* mit Schnurrbart, mit der die Fantasie anregenden Inschrift L.H.O.O.Q. Der Maler aus Figueres erklärte zu diesem Werk, dass

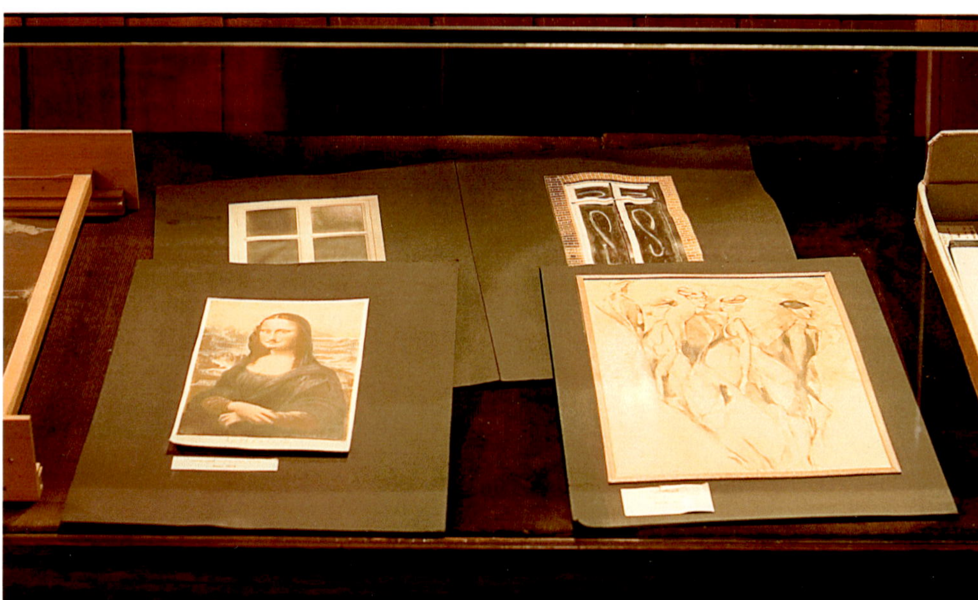

Boîte en valise (1958) von Marcel Duchamp.

er einen „ultraintellektuellen Angriff durch den Dadaismus“ erlitten hatte. Marcel Duchamp zeichnete 1919 einen Schnurrbart und ein Spitzbart auf eine Reproduktion der *Mona Lisa* und darunter schrieb er die berühmte Inschrift L.H.O.O.Q. (sie hat einen heißen Hintern).

Unter diesen „zeitlosen Meisterwerken“ von Salvador Dalí wird das unvollendete Ölgemälde *Automatischer Beginn eines Bildnisses von Gala* (1932) ausgestellt, eine minuziöse Analyse des Gesichtes vonGala, des gleichen Gesichtes, das in der Zeichnung *Paranoische Metamorphose von Galas Gesicht* (1932) **[C16]** erscheint, oder *Porträt von Gala mit zwei Lammrippchen im Gleichgewicht auf ihrer Schulter* (1933) **[C17]**, ein Ölgemälde, das laut Dalí zwei Dinge zusammenbringt, die er mag: die Lammrippchen und Gala. Dalí erklärte in seinem Text *New York salutes me*: „An jenen hellen Herbstabenden in Portlligat pflegte ich zwei gebratene Lammrippchen im Gleichgewicht auf Galas Schultern zu legen und die Bewegung der kleinen Schatten zu beobachten, die diese Rippchen auf dem Fleisch der Frau hervorriefen, die ich liebe. Dabei ging die Sonne unter und so war es, dass ich schließlich Bilder erzielte, die klar und wünschenswert genug waren, um sie in New York auszustellen“.

Zwei Ölgemälde aus der mystisch-nuklearen Epoche des Malers im Jahr 1956 begleiten die vorher beschriebenen, *Der Jäger* und *Heilige, von drei Pi-Mesonen umgeben*. Das letzte Bild war von der Wissenschaft und genauer gesagt von der Nuklearenergie und dem Pi-Ion inspiriert. Hier wird auch *Dalí von hinten, Gala von hinten malend, die von sechs virtuellen, sich vorübergehend in sechs echten Spiegeln widerspiegelnden Hornhäuten verewigt wird* (1972-73) **[C44]** gezeigt. In der ersten Etage werden zwei weitere Versionen mit gleichem Titel gezeigt, die eine stereoskopische Einheit bilden. Desweiteren sieht man eine Zeichnung, die ganz deutlich auf Velazquez *Im Spiegel der Venus* anspielt, *Vorläufige Studie von Gala zu dem Bild „Hunderttausend virtuelle Jungfrauen spiegeln sich in einer noch nicht bestimmten Zahl von echten Spiegeln“* (1974). Und schließlich befindet sich in diesem Raum das Ölgemälde mit dem Titel *Kopie einer Rubenskopie nach Leonardo* (1979), ein Nachsinnen über Formen und Gesten, die typisch für Leonardo sind und Dalí faszinierten. Laut Dalí war es sehr schwierig, in dieser Komposition einer Schlacht zu entscheiden, wer wen tötete. Wenn man den Saal der Meisterwerke verlässt, gelangt man zu einem Gang auf der linken Seite, auf dem man das Theaterparkett umgeht. Dalí weihte diesen Gang ein und stattete ihn mit einem Straßenschild einer Straße in Cannes aus, Rue Trajan, eine Hommage an den römischen Kaiser, der nach Ansicht des Malers durch die Eroberung

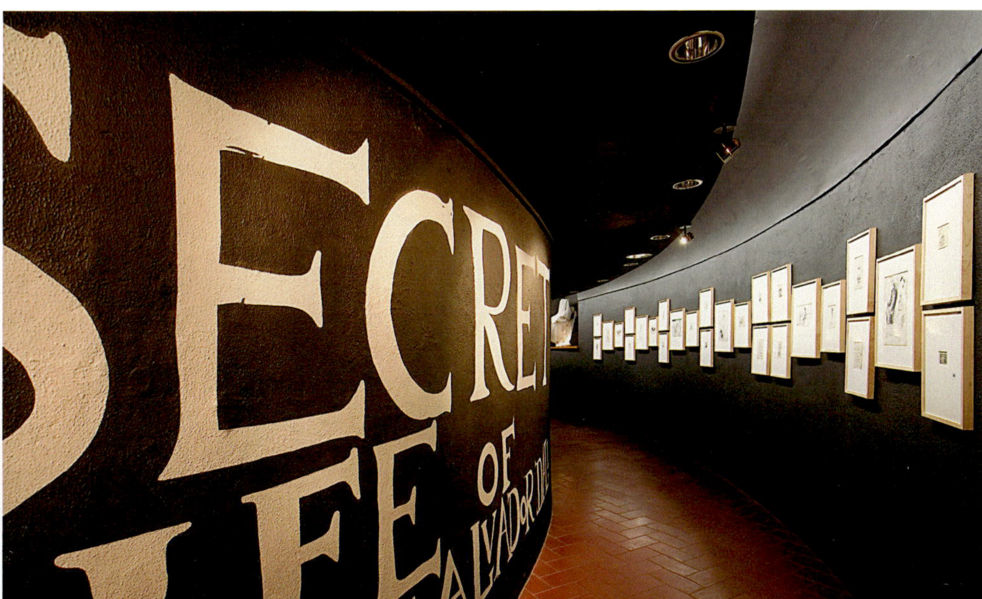

Blick auf den Flur, wo die Zeichnungen aus *Das geheime Leben des Salvador Dalí* ausgestellt werden.

von Dacia Europa befruchtete. Dieser Platz ist sicherlich eine neue Anspielung der Art, wie sie auch auf der Internationalen Surrealismusausstellung im Jahr 1938 in Form von Straßennamen zu finden waren. Anschließend sieht man eine schwarz gemalte Gipsreproduktion des *Sklaven* von Michelangelo mit einem Reiterharnisch, die den Eingang einer Galerie bewacht, die ebenfalls ganz schwarz ist. Hier wurden verschiedene Ausstellungen veranstaltet. Seit dem Jahr 2004 werden hier jedoch nur noch die wundervollen Zeichnungen ausgestellt, die Dalí zu seiner Autobiographie *Das geheime Leben des Salvador Dalí* angefertigt hatte und in denen die wichtigsten Elemente des Lebens und Werkes Dalís zu erkennen sind. Außerdem wird deutlich, dass die Zeichnung dem Künstler nicht nur als reine Illustration, sondern auch als ein unentbehrliches Werkzeug diente, um seine Memoiren zu erzählen und zu zeigen, wie Dalí sich durch seine Lebenseinstellung, für die eine aktive und anhaltende Suche grundlegend war, an die Ideale der Tradition und der Renaissance annäherte.

Wieder im Flur auf der linken Seite wird das erste Fenster durch die Silhouette einer Person geprägt, die in dem Ölgemälde *Paar, die Köpfe voller Wolken* (1936) auftaucht. Dieses Werk befindet sich im Museum Boijmans Van Beuningen in Rotterdam. Diese Installation verwandelt das gewünschte Bild in Wirklichkeit, da man vom Eingang zum Flur aus innerhalb der Silhouette die Wolken und die Ausstellung des Theater-Museums betrachten kann.

Auf der rechten Seite des Flurs befindet sich in einer Nische *Die Fliege*, eine einzigartige Skulptur aus Eisen, die mit einem Moskitonetz umwickelt ist, was sie verblüffend und ungenau wirken lässt. Am Ende der Galerie kann man vom Fenster aus einen Teil der Ausstellung des Museums betrachten. Es handelt sich um einen der Lieblingsaussichtspunkte Dalís. Von hier aus sieht man die Säcke, die an die Internationale Surrealismusausstellung 1938 in Paris erinnern, inspiriert von einer Installation von Marcel Duchamp, die mit dem Titel „Plafond chargé de 1.200 sacs à carbon" angekündigt wurde. Ebenso sieht man die Gipsskulptur des Dr. Anglès, die eine alte Frau darstellt, die in einem Schaukelstuhl döst, eine Kopie des Werkes *Nymphen und Satyre* von Bourguereau, und eine Art Hängematte aus anthopomorphischem Gips, eine Art Skelett, die sich einst im Haus des Malers in Portlligat befand. Laut Dalí war der Blick auf die Bühne von den Fenstern aus einer der höchsten Genüsse, die man im Theater-Museum erleben durfte.

Wenn man wieder in die zweite Etage hinuntergeht, gelangt man in den Antoni Pitxot Saal. Dalí und Antoni Pitxot verband eine sehr alte Freundschaft, denn bereits ihre Familien waren befreundet. Der Maler wünschte, dass die Ausstellung „Pitxot" gleichzeitig mit seinem Theater-Museum eingeweiht

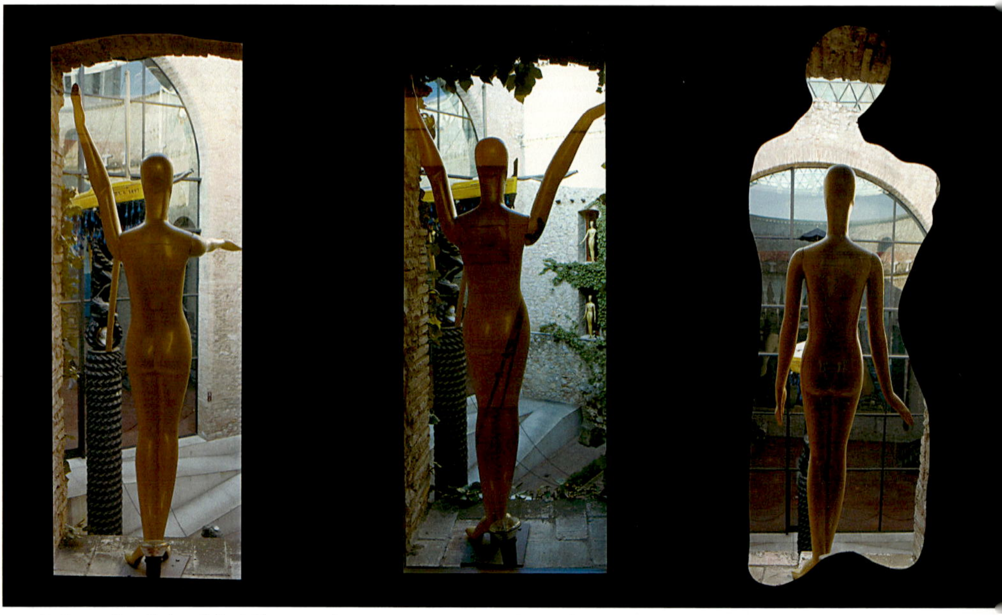

Laut Dalí war der Blick auf die Bühne von den Fenstern aus einer der größten Genüsse, die man im Theater-Museum hat.

würde und dass sie permanent im zweiten Stock zu sehen sein sollte. In diesem Raum befinden sich Ölgemälde und einige Zeichnungen von Pichot aus der Zeit zwischen 1972 und 1989. Beide hatten, wenn auch dreißig Jahre dazwischen lagen, den gleichen Zeichenlehrer: Juan Núñez Fernández.

Der Eingang zum Saal wird von einem riesigen, anthopomorphen Antlitz gebildet. Dies war ein Wunsch Dalís und das Werk wurde von beiden Künstlern zusammen geschaffen. In den Augen befinden sich Puppenmädchen, die Nase bildet eine Puppe ohne Kopf, die Haare bestehen aus Maiskolben und ein riesiger Stein befindet sich über dem Kopf.

Wenn man das Vorzimmer betritt, sieht man auf der linken Seite das Ölgemälde *Mnemosyne*, Mutter der Musen, die den Besucher mit einer Geste zum Eintreten auffordert. Gegenüber hängen zwei *Selbstporträts* mit mineralischen Texturen, die nach einer getreuen Betrachtung einer anamorphischen Installation aus Steinen entstanden und Anspielungen auf Arcimboldo enthalten. Außerdem gibt es eine stehende Figur aus Steinen und Flechten, die den Heiligen Georg darstellt. Das beeindruckende Ölgemälde *Allegorie der Erinnerung* **[C55]** hängt genau hinten im linken Gang der zweiten Etage. Die drei Figuren, die die Allegorie der Erinnerung formen, können mit einer Passage in dem Llibre de la contemplació [*Buch der Betrachtung*] von Ramon Llull in Beziehung gesetzt werden, der die drei Kräfte der Seele so beschreibt: „die Erste erinnert sich, was die Zweite versteht und die Dritte möchte. Die Zweite versteht, was die Erste erinnert und die Dritte möchte. Die Dritte möchte, was die Erste erinnert und die Zweite versteht". Das ist der ikonographische Schlüssel, der in diesen drei Figuren dargestellt ist: Erinnerung, Verstehen und Willen. Am anderen Ende des Flures auf der rechten Seite befindet sich ein kleiner, rot tapezierter Raum, in dem die wichtigsten Arbeiten des Künstlers ausgestellt werden, so zum Beispiel *Der Tag und die Nacht*, das die Grotte der Erinnerung darstellt, an deren Eingang *Mnemosyne* steht. Das Licht ist draußen, und darunter befinden sich die Nacht, die Dunkelheit und eine Reihe mineralischer, weiblicher Figuren. Im gleichen Gang befinden sich Kombinationen zu dem Werk *Der Sturm* von dem venezianischen Maler Giorgione. Es handelt sich um Ölgemälde, die Pitxot nach Anweisung Dalís und zahlreichen Unterhaltungen beider über die Rätselhaftigkeit dieses Renaissancemalers schuf.

Dalí erklärte anlässlich der Einweihung des Museums in der Zeitung *Diario de Barcelona*: „...Pitxot stellt die fanatische Liebe, den Fetischismus der Felsen von Cap de Creus dar, die er mit einer Art Hyperrrealismus und totalem Fetischismus reproduziert". So muss man die Kompositionen von Antoni Pitxot auch betrachten.

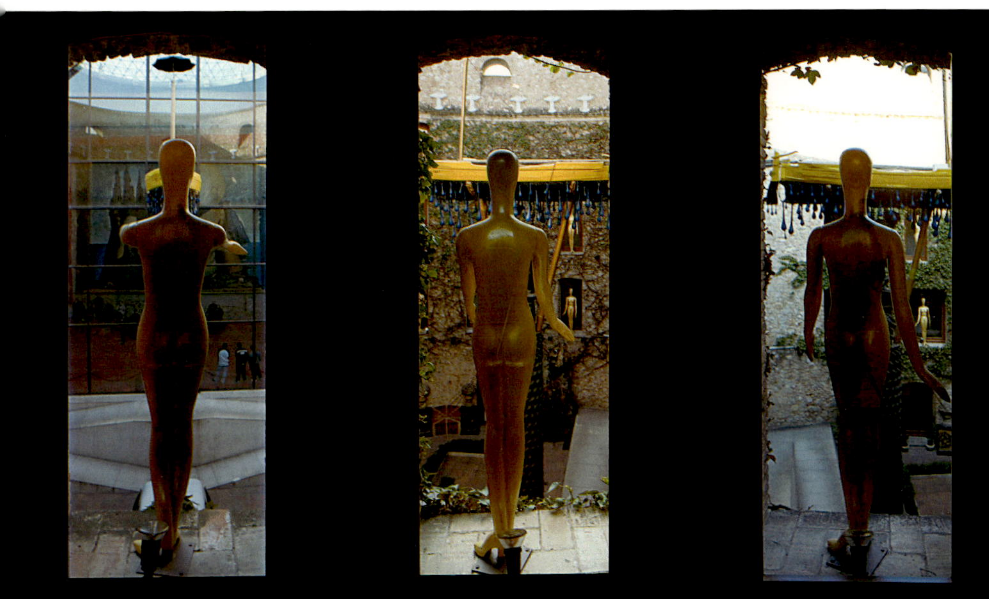

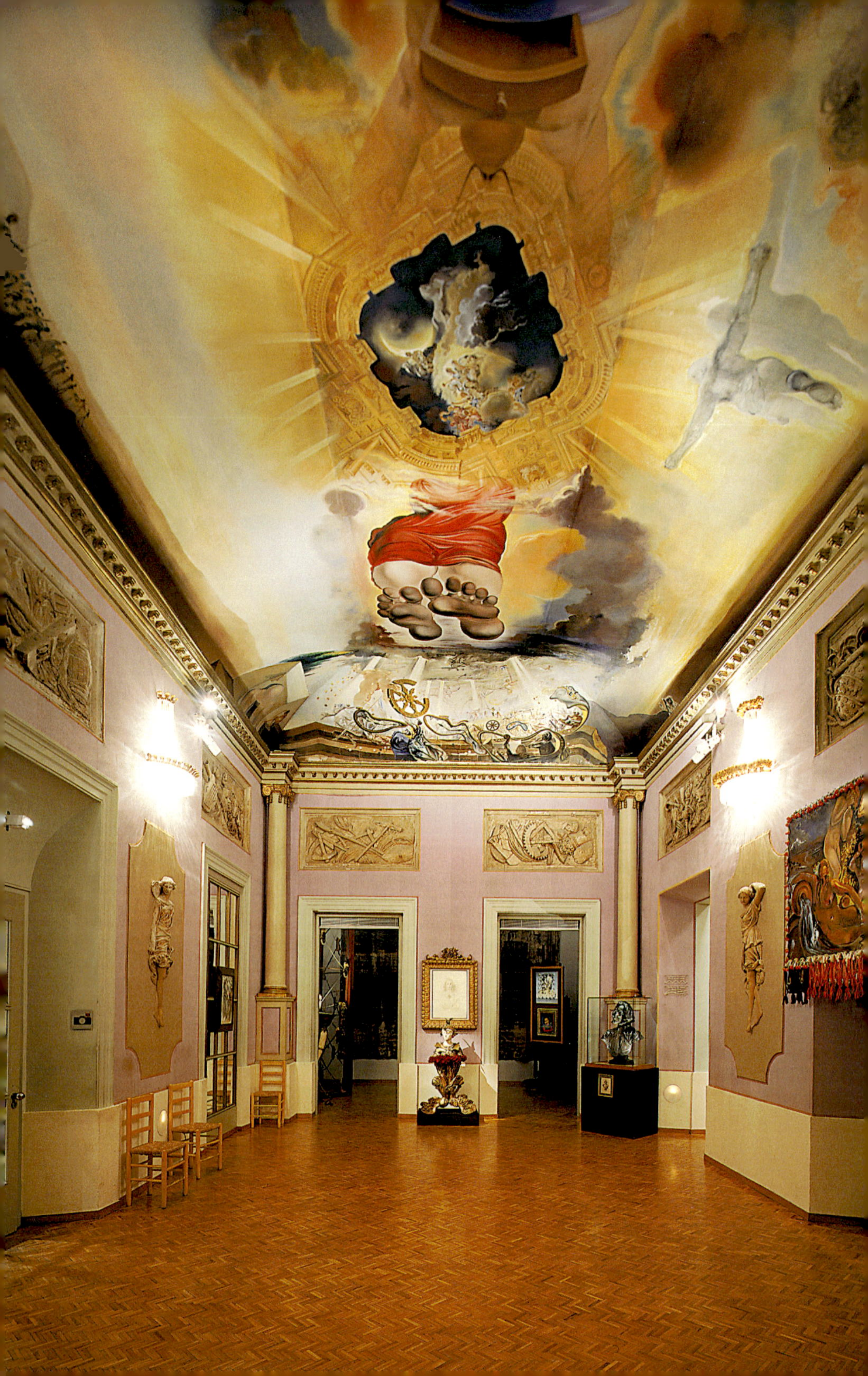

Salvador Dalí fühlte sich von diesem Ort besonders angezogen, da er hier im Jahr 1919 zum ersten Mal, im Alter von nur vierzehn Jahren, seine Werke ausstellte. Dies geschah in einer Sammelausstellung zusammen mit zwei anderen Malern aus Figueres, Josep Bonaterra Gras und Josep Monturiol Puig. Dalí wurde damals von der örtlichen Presse sehr gelobt.

Dieser Saal wird von einem riesigen Deckengemälde beherrscht, dem er auch seinen Namen verdankt. Dalí erklärte, dass es sich um ein paradoxes Werk handelte, da man, wenn man nach oben schaut, Wolken, den Himmel und hängende Figuren sieht. In Wirklichkeit handelt es sich jedoch um einen theatralischen Effekt, da man statt des Himmels die Erde und statt der Erde das Meer sieht, dargestellt durch die göttliche Form der Bucht von Roses. Und er fügte hinzu, dass man im Zentrum der Sonne ein Loch mit der tiefen Nacht sehen konnte, und dass aus dem tiefen, menschlichen Unterbewusstsein der dunklen Nacht von dem Heiligen Johannes vom Kreuz das U-Boot von Narcís Monturiol auftaucht, das von dem Drehflügelflugzeug von La Cierva gesehen wird, ein anderer Erfinder eines mystischen Apparates.

DER WINDPALAST

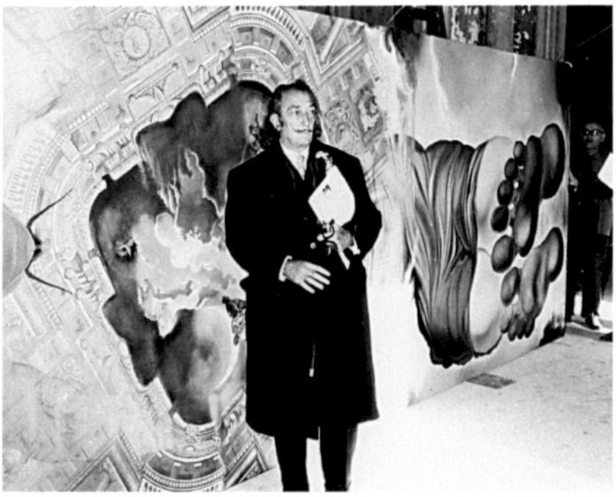

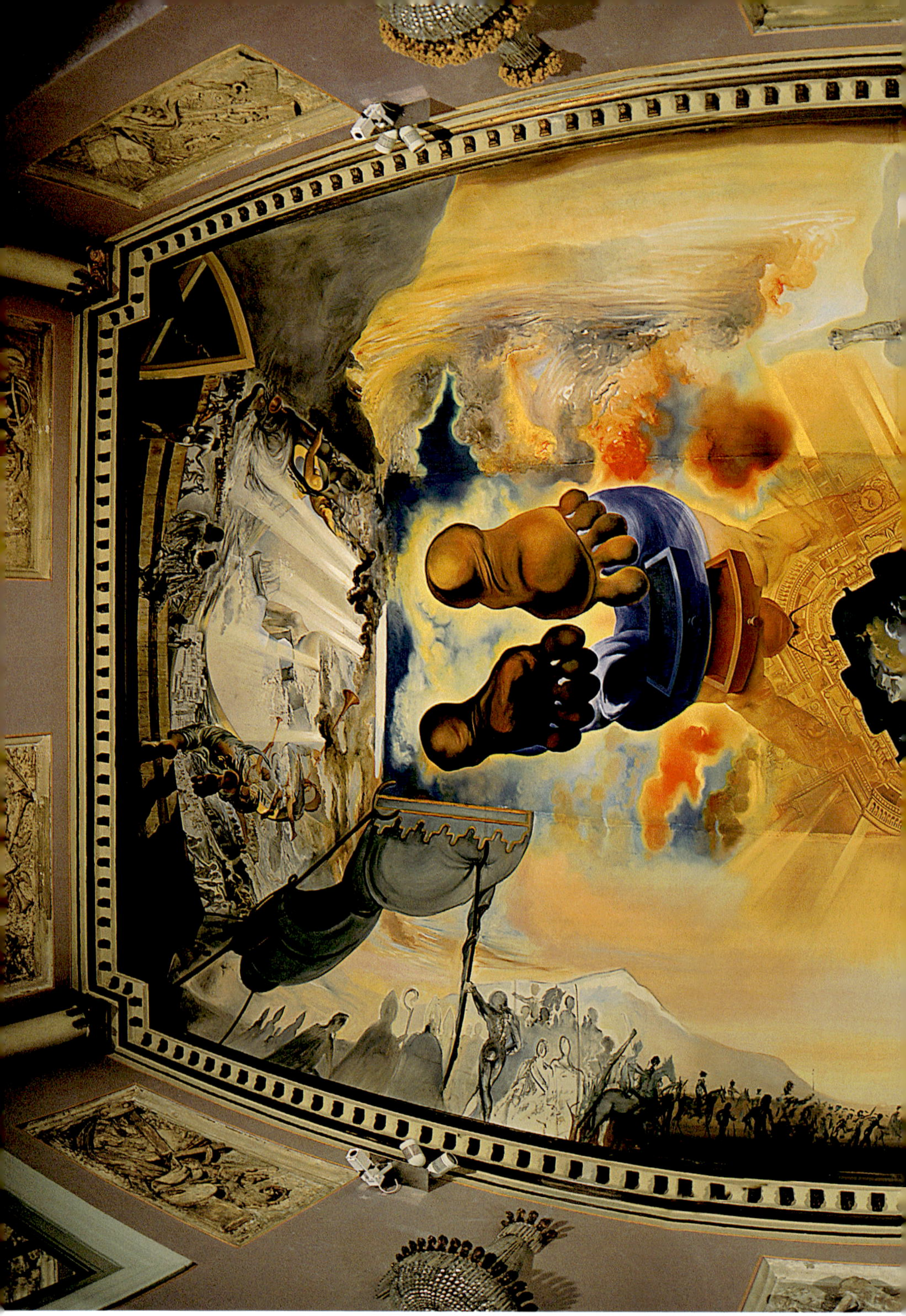

Beeindruckende bemalte Decke: *Der Windpalast*.

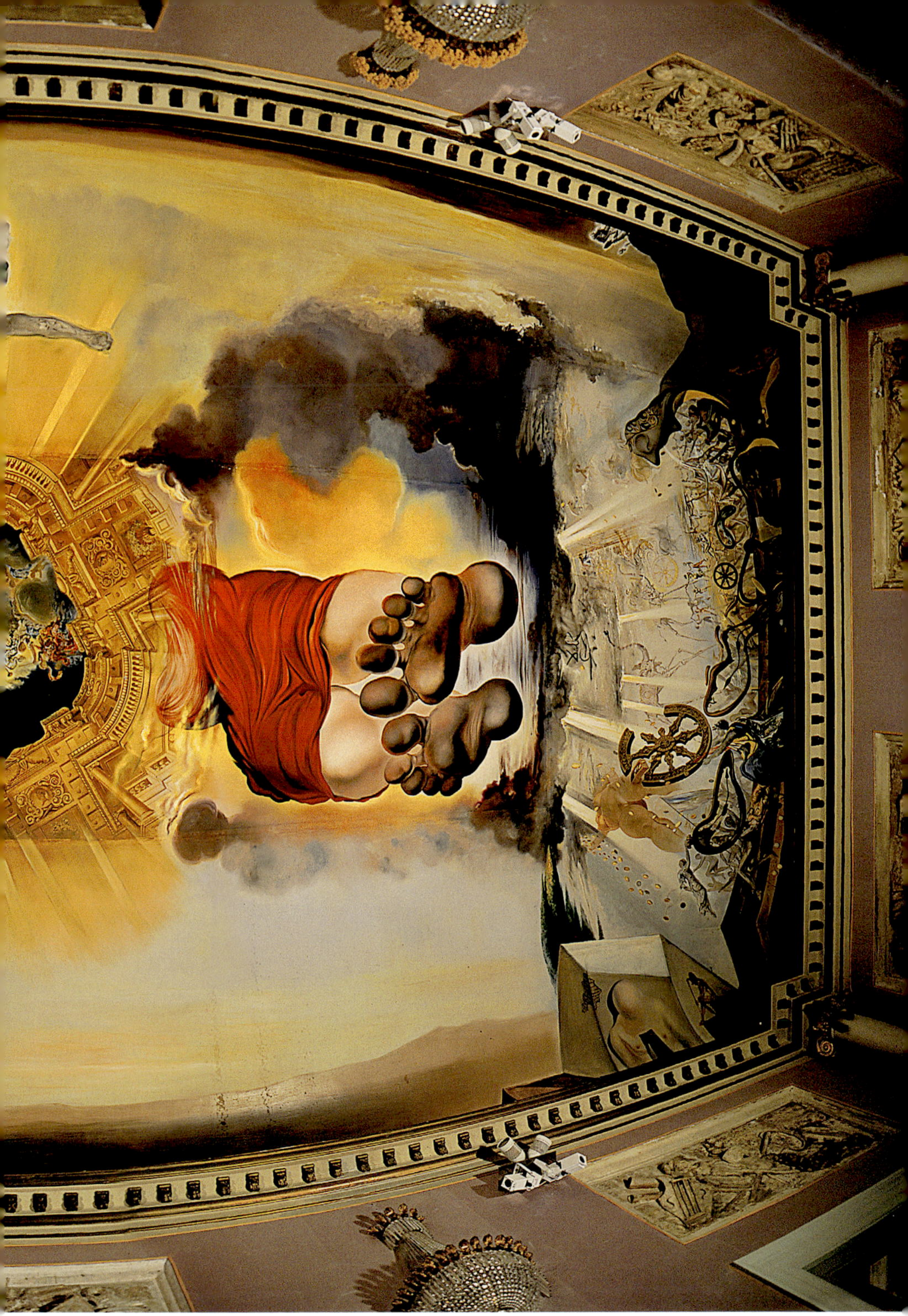

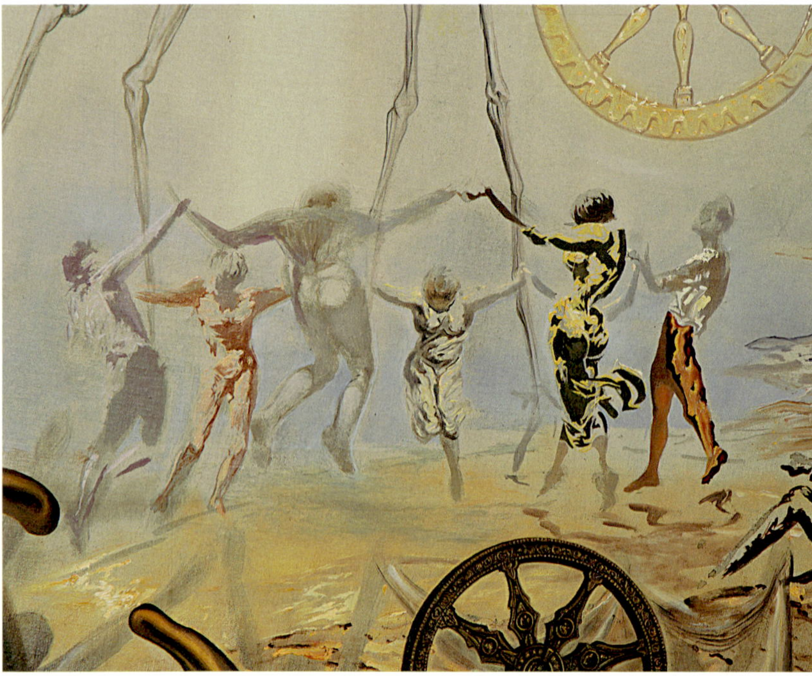

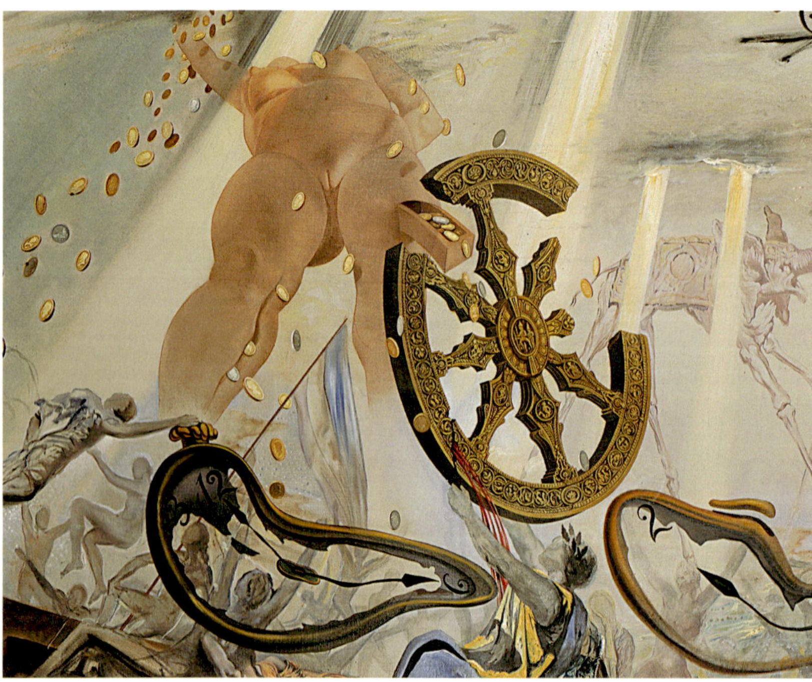

Decke des *Windpalastes*, mit einem sehr bezeichnendem Element aus der Ikonographie Dalís.

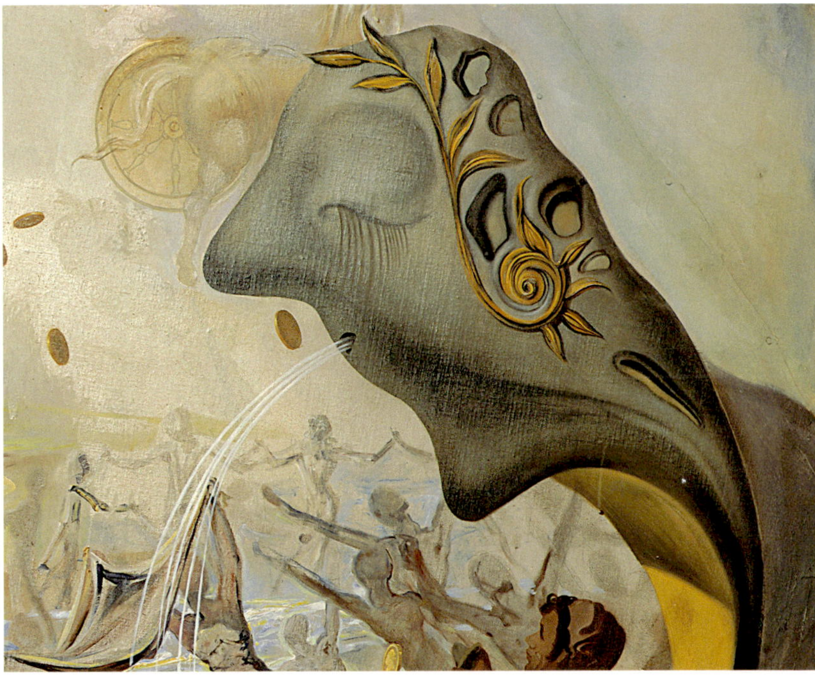

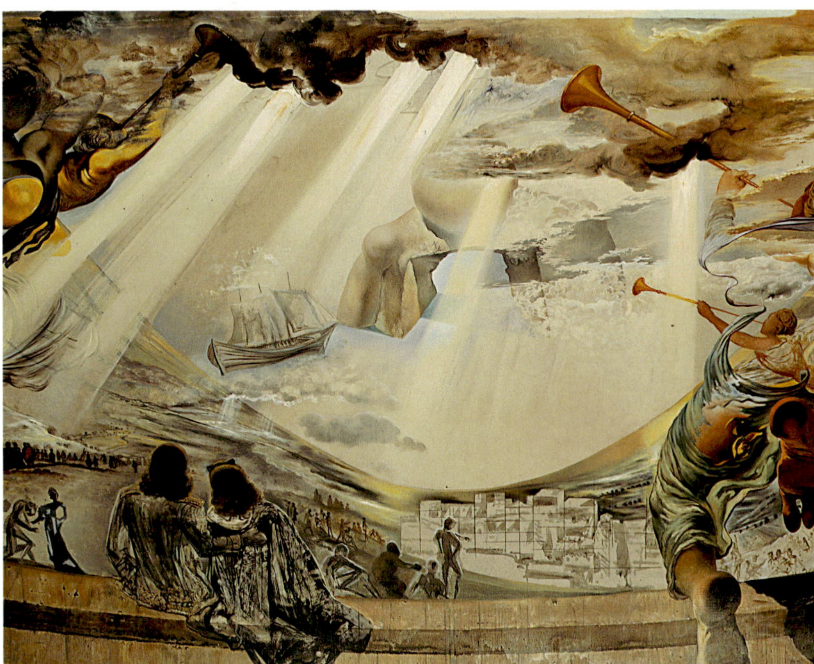

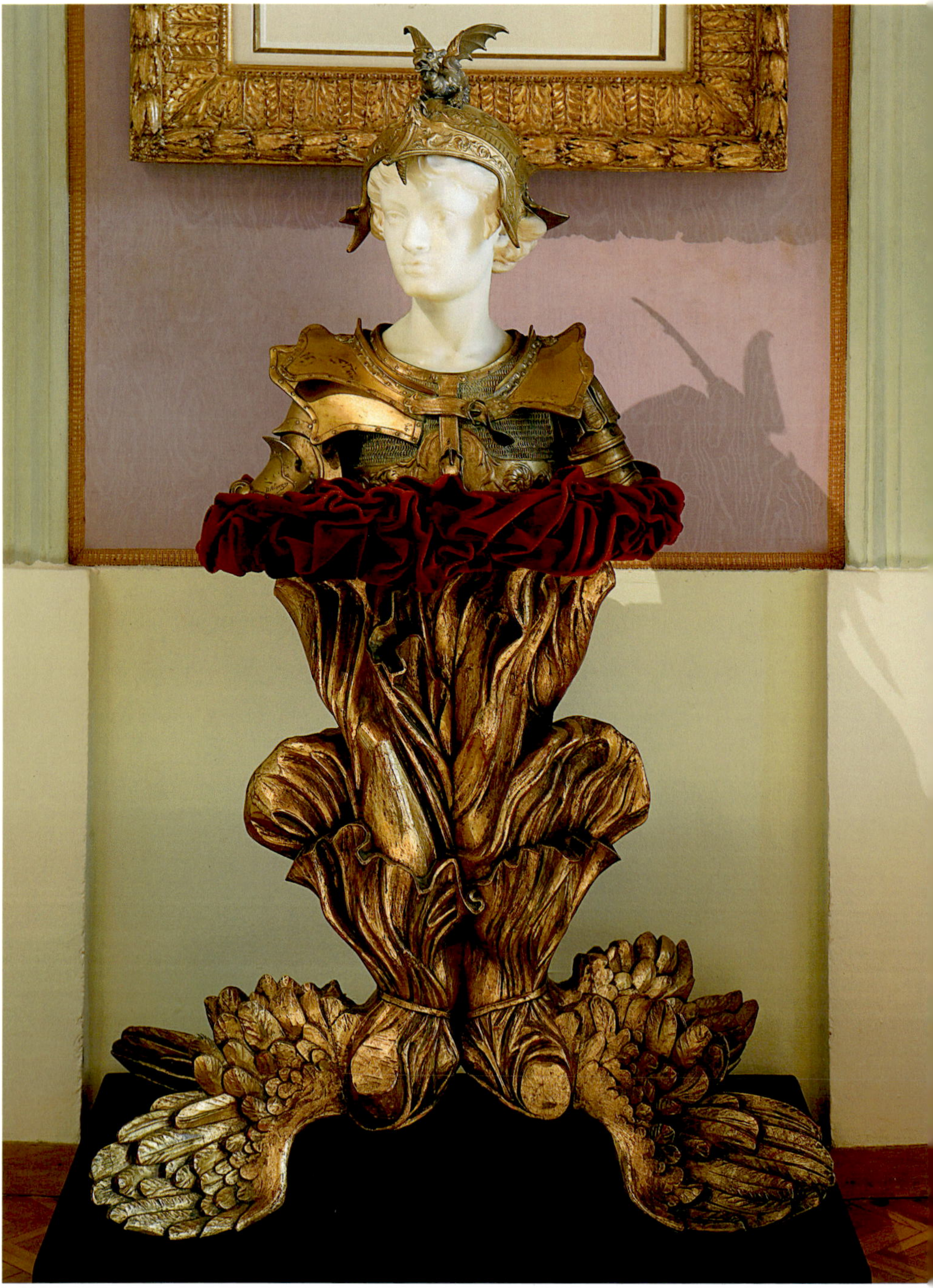

Alexandrinischer Krieger von D'Alonso, mit einem Sockel, der aus zwei umgekehrten Niken aus Samothrake besteht.

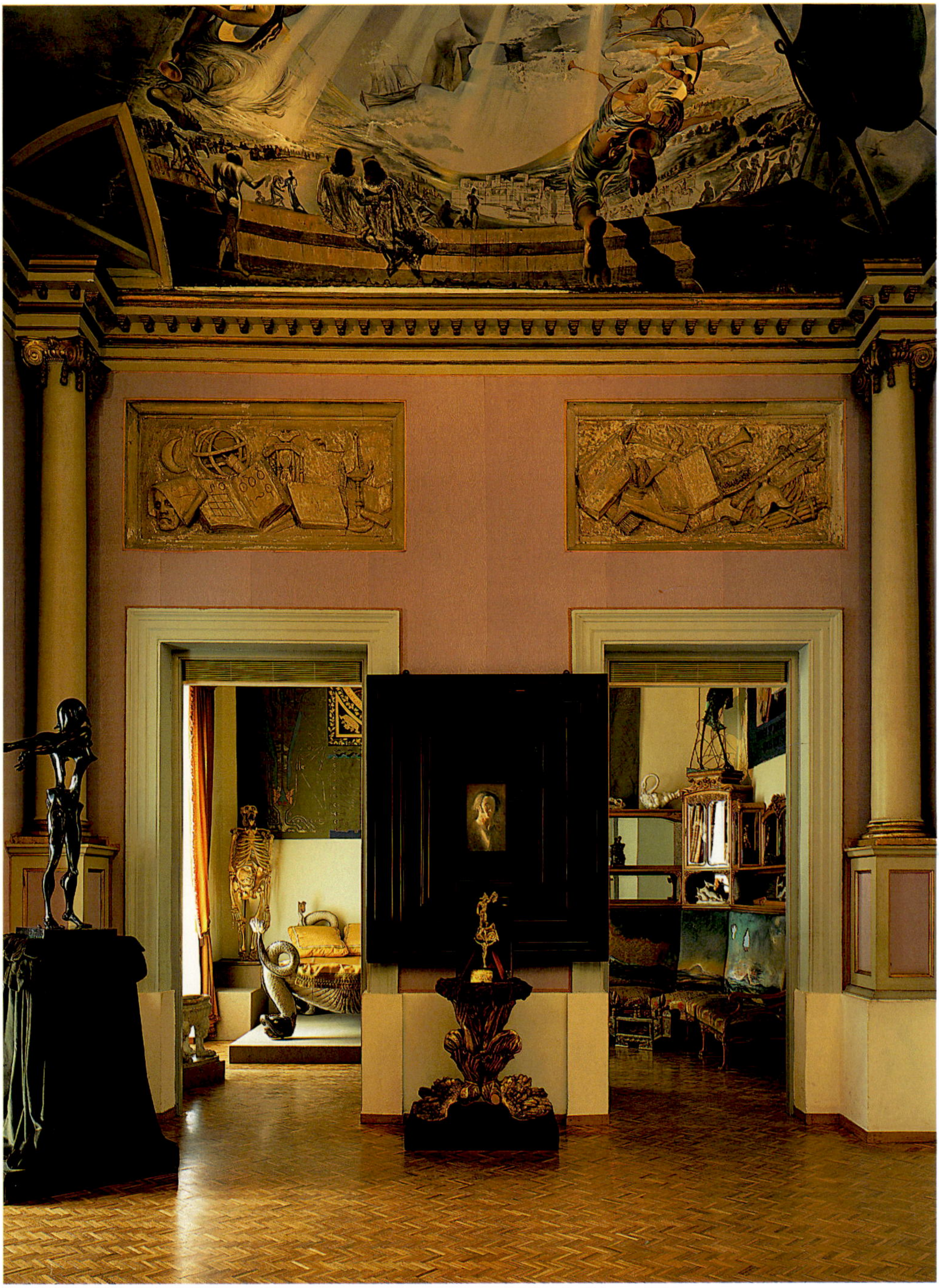

Das *Selbstporträt* beherrscht diesen Teil.

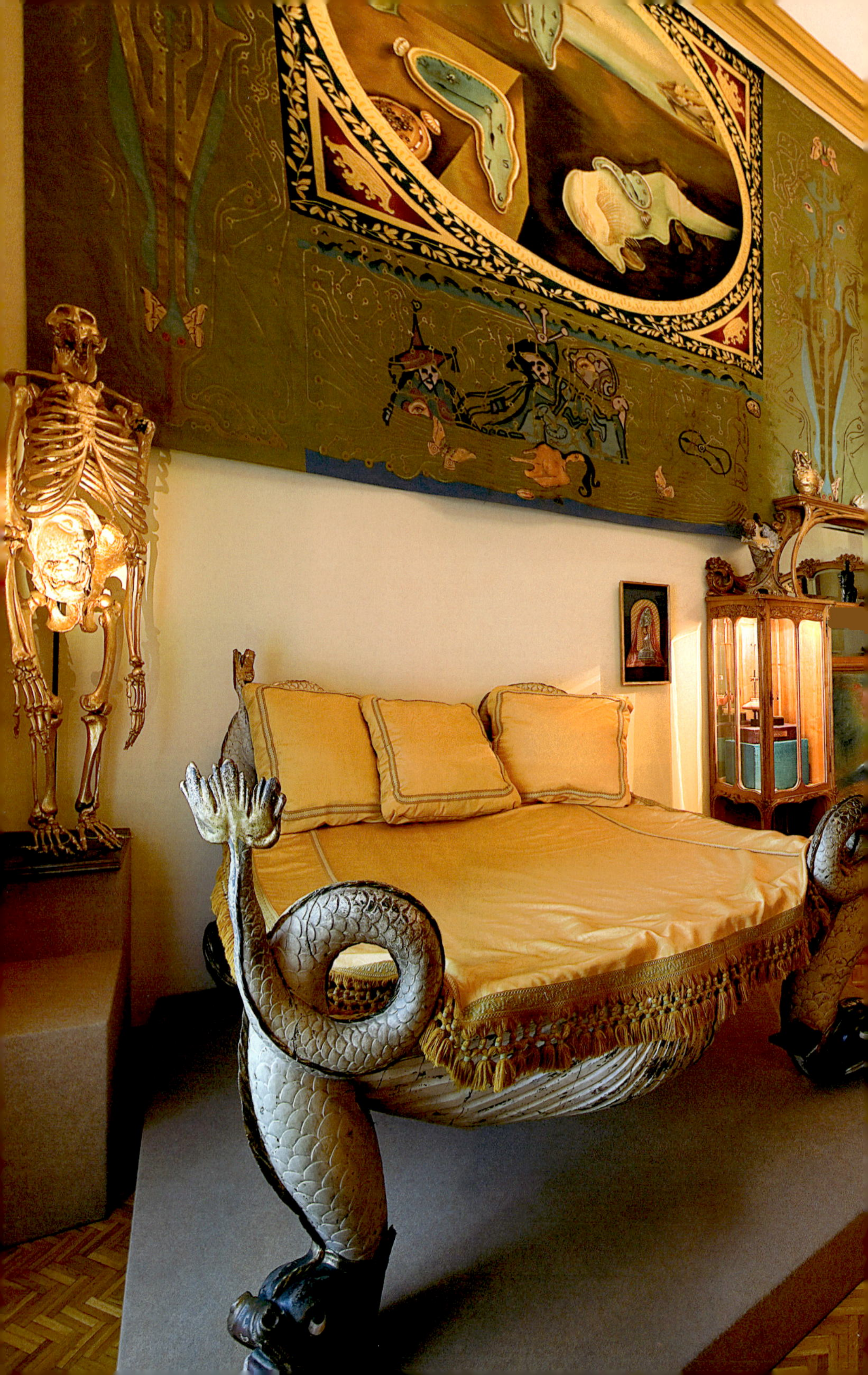

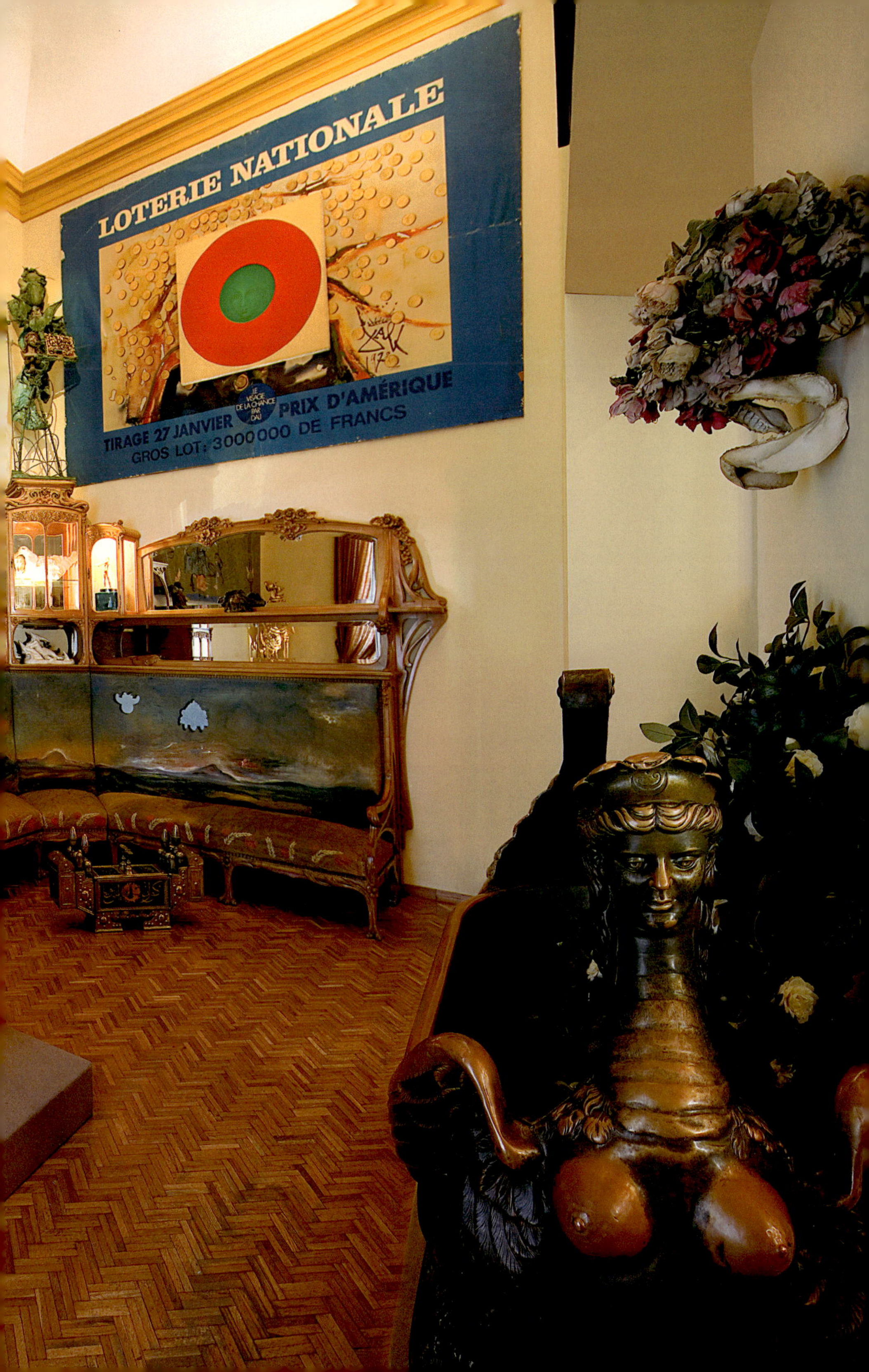
LOTERIE NATIONALE
LE VISAGE DE LA CHANCE PAR DALI
PRIX D'AMÉRIQUE
TIRAGE 27 JANVIER
GROS LOT: 3000000 DE FRANCS

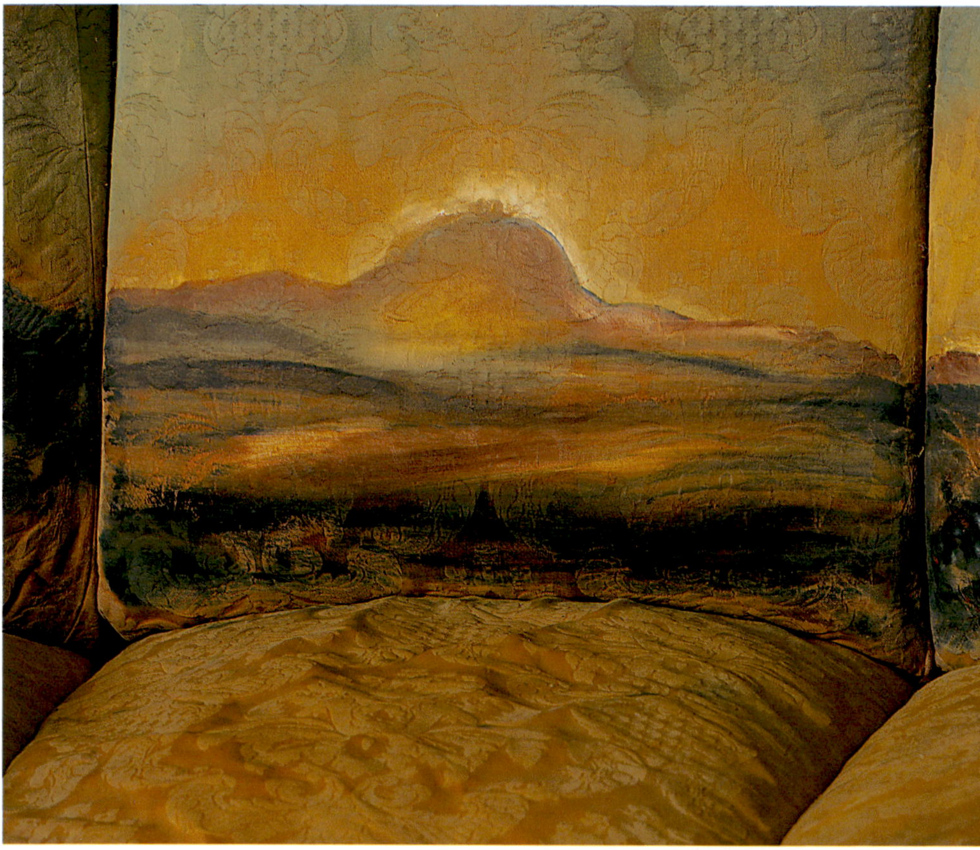

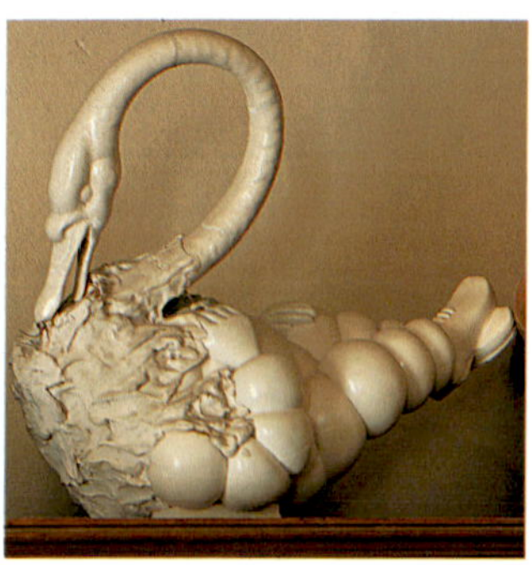

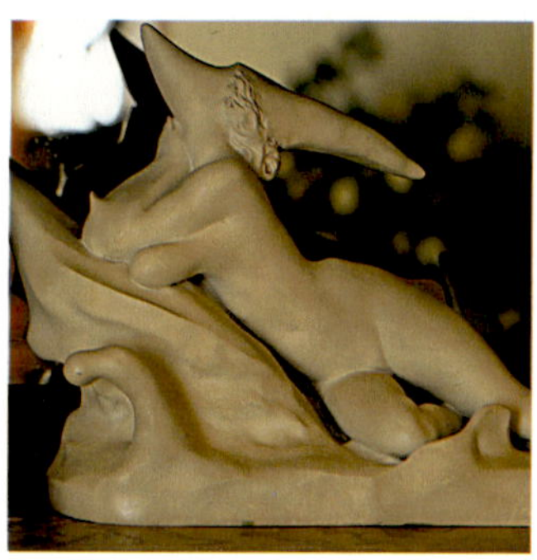

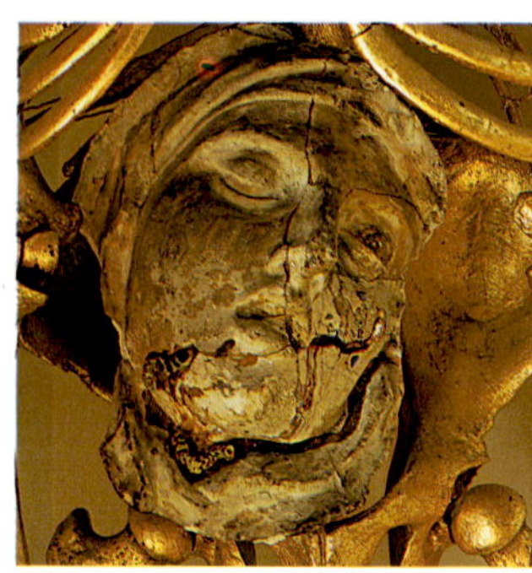

Rückenlehne der modernistischen Sofa-Anrichte, die von Dalí bemalt wurde und verschiedene Skulpturen aus diesem Bereich, das Schlafzimmer.

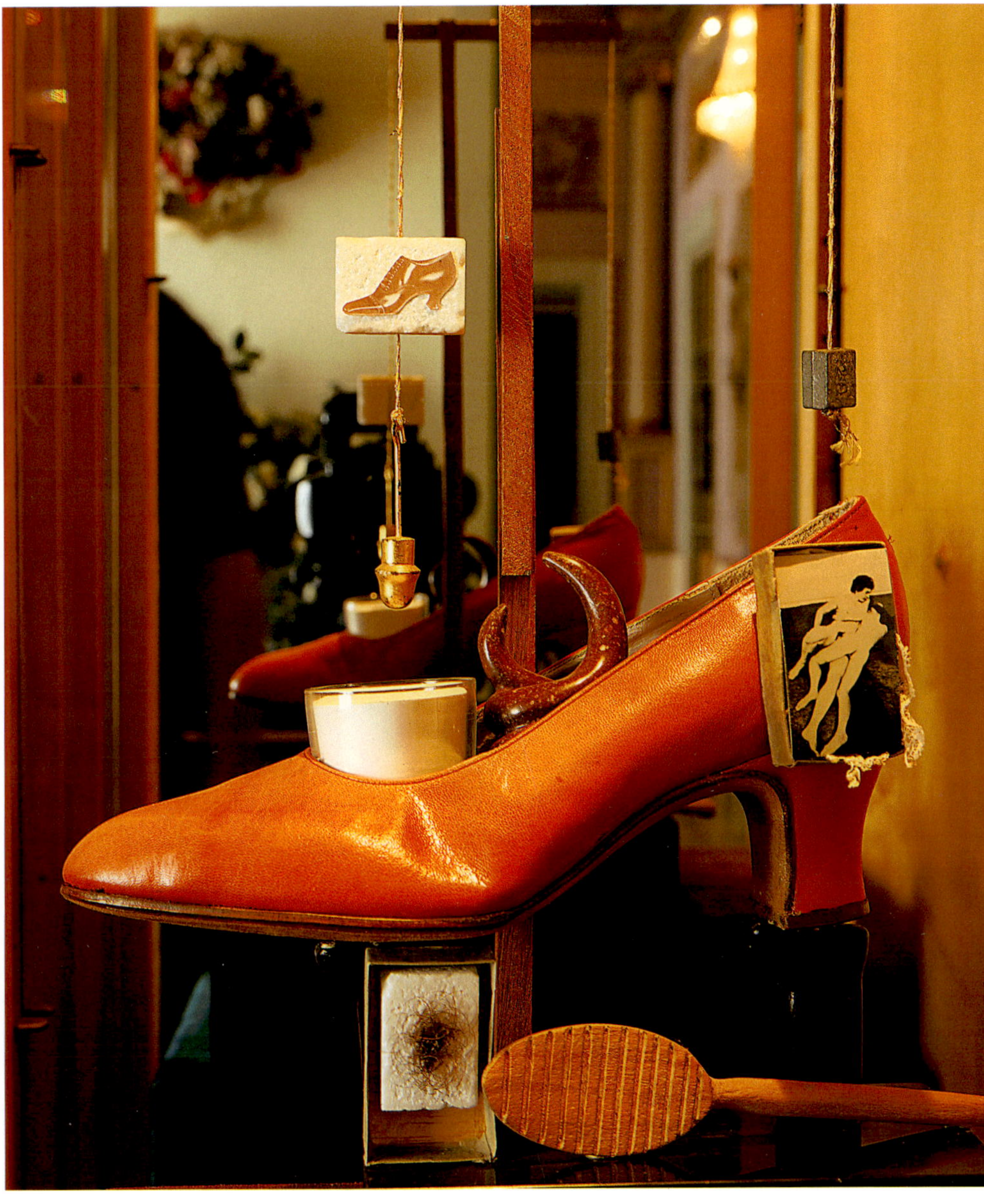

Surrealistisches Objekt mit symbolischer Funktion, 1931, 1974 rekonstruiert.

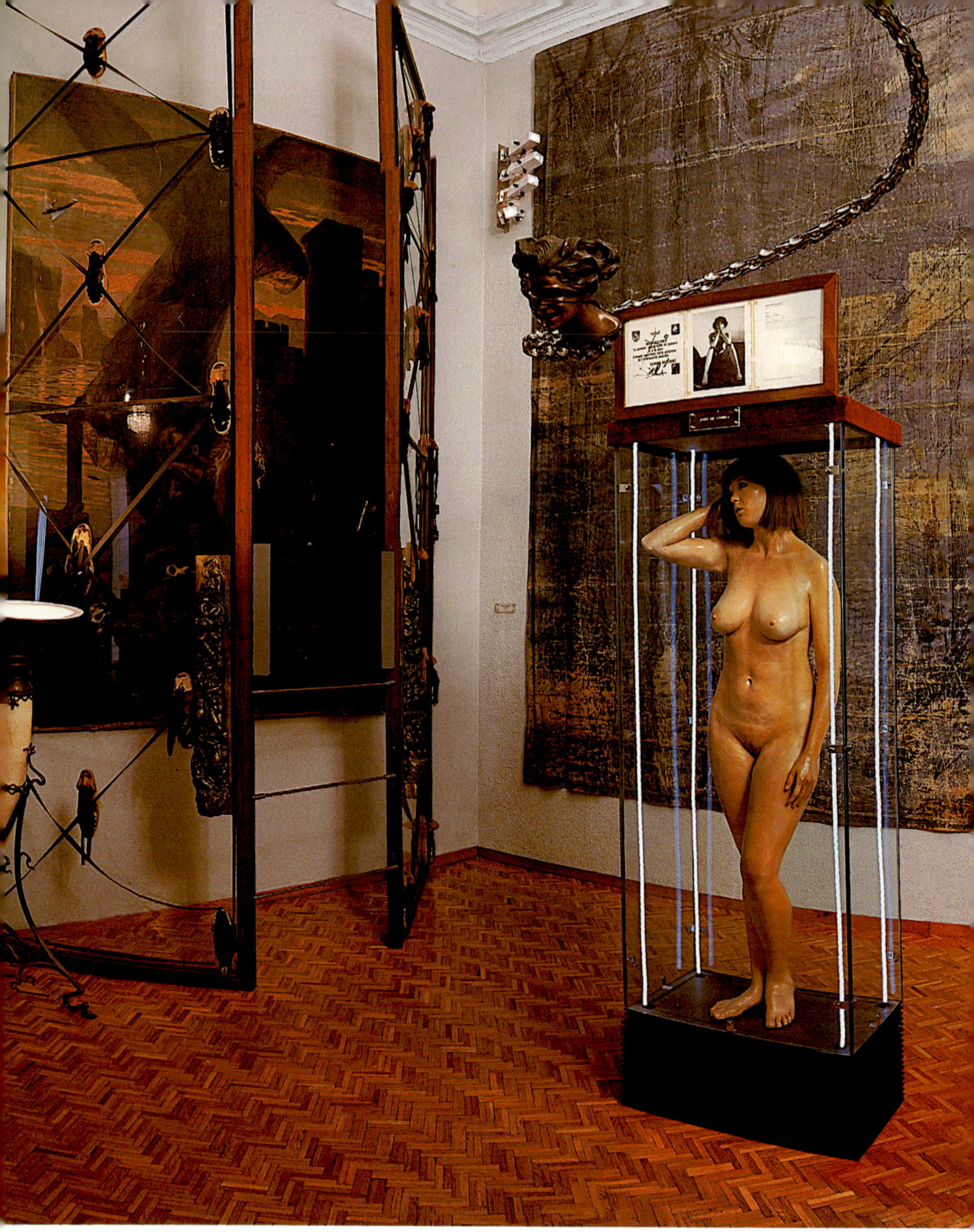

Die Werkstatt auf einer Seite des *Windpalastes*. Dieser Raum ist der ewigen Weiblichkeit gewidmet.

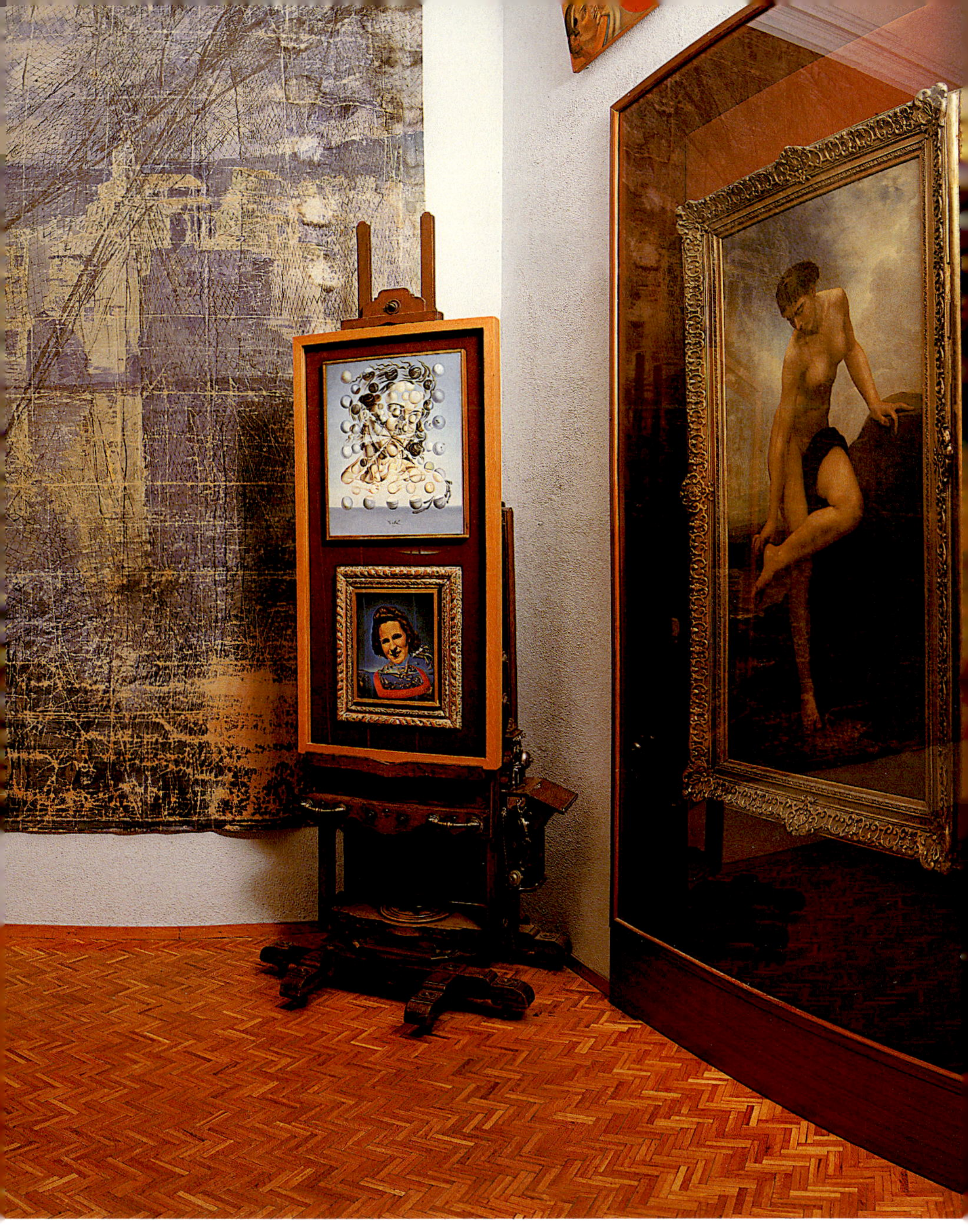

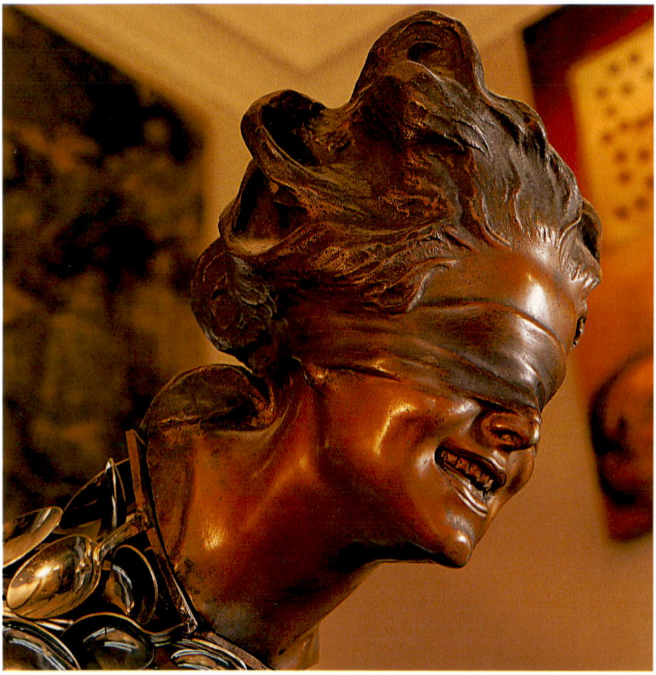

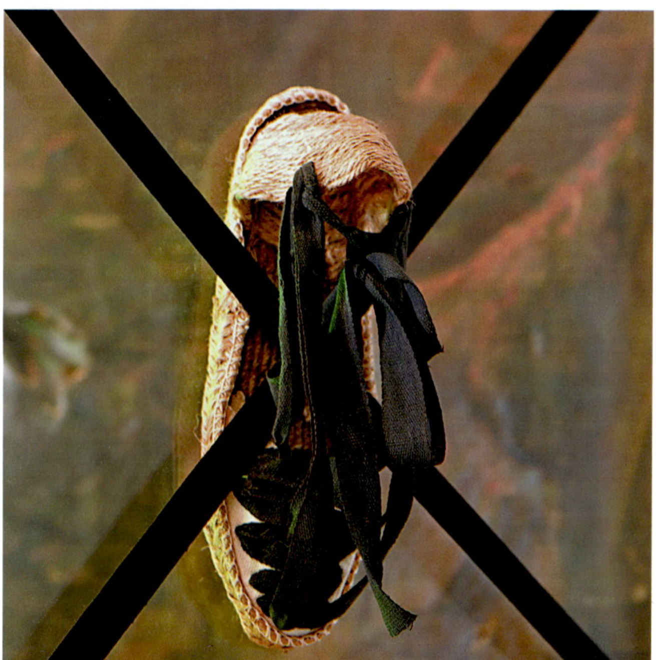

Zwei Nahaufnahmen von einigen Elementen aus der Werkstatt.

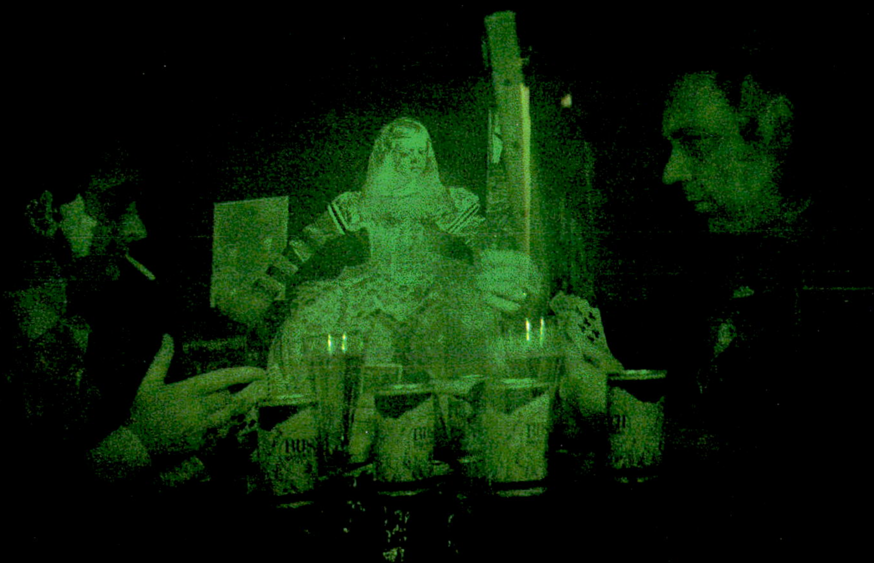

Wenn man wieder in das Vorzimmer der ersten Etage geht, sieht man links zwei Lithographien aus der Serie „Das Leben ist ein Traum", Illustrationen zu dem Buch von Pedro Calderón de la Barca,eine Kalt nadel technik, und ein Porträt von Picasso aus dem Jahr 1970 mit dem Titel *Moi aussi j'ai connu l'empereur*. Dann trifft man auf die Zugangstür zu dem Raum, der den Namen Windpalast trägt, der Ruhesaal des ehemaligen Stadttheaters von Figueres. Der Name stammt von dem katalanischen Dichter Joan Maragall, der die Region L'Empordà mit dem Namen „Windpalast" taufte, da dort so oft der typische, starke Nordwind Tramontana weht. Der Maler sagte, dass dieser Raum seine Wohnung darstellt: rechts das Schlafzimmer, links das Atelier und in der Mitte das Wohnzimmer mit seinen Werken.

Besonders auffallend ist die Decke, die mit 5 verschiedenen Leinwänden dekoriert ist, die Dalí in seinem Atelier in Portlligat bemalte und dann nach dem Anbringen an der Decke vor Ort fertigstellte. Dazu wurde eigens ein Gerüst gebaut. In der Mitte sehen wir eine perspektivische Zeichnung von Gala und Dalí, zwei Riesen, und wie in seinen ersten surrealistischen Zeichnungen ist der Künstler eine Art Schrank mit offenen, umgedrehten Schubladen, die ihren bereichernden Inhalt nach unten strömen lassen: einen sowohl spirituellen als auch materiellen Goldregen über Figueras, L'Empordà und natürlich auch über die Betrachter. Auf der rechten Seite tauchen Gala und Dalí wieder auf, im Stile des Werkes *Einschiffung nach Kythera* von Watteau, eines seiner vier Fetische, und sie betrachten das Schiff des Ende ihres Weges. Dalí pflegte zu sagen, dass die Komposition der Bilder im Werk des französischen Malers in Form einer filmischen Sequenz die Matrize für *Akt, eine Treppe herabsteigend* von Marcel Duchamp sei, ein anderes Bild in Sequenzen, mit einer Gleichzeitigkeit und Auflösung der Formen. Auf der linken Seite findet man einen guten Teil der Vorstellungswelt Dalís: Die Figur aus dem Hintergrund von *Labyrinth*, die goldenen Münzen, die auf den mythischen Goldregen von Danae anspielen, die Räder des Ramon Llull —Dalí nannte sich einen Mystiker und sagte, dass die Mystiker eine Leidenschaft für Gold hatten, ebenso wie Ramon Llull— die Elefanten mit Insektengliedmaßen, die weichen Uhren, das weiche Antlitz des Großen Masturbators... Ebenso ist an der Decke ein Christus ohne Kreuz von hinten zu sehen, die Silhouette seines Freundes, des Fotografen Melitó Casals „Meli" und weiß skizzierte Figuren, die eine Vorwegnahme der heutigen Könige von Spanien sind.

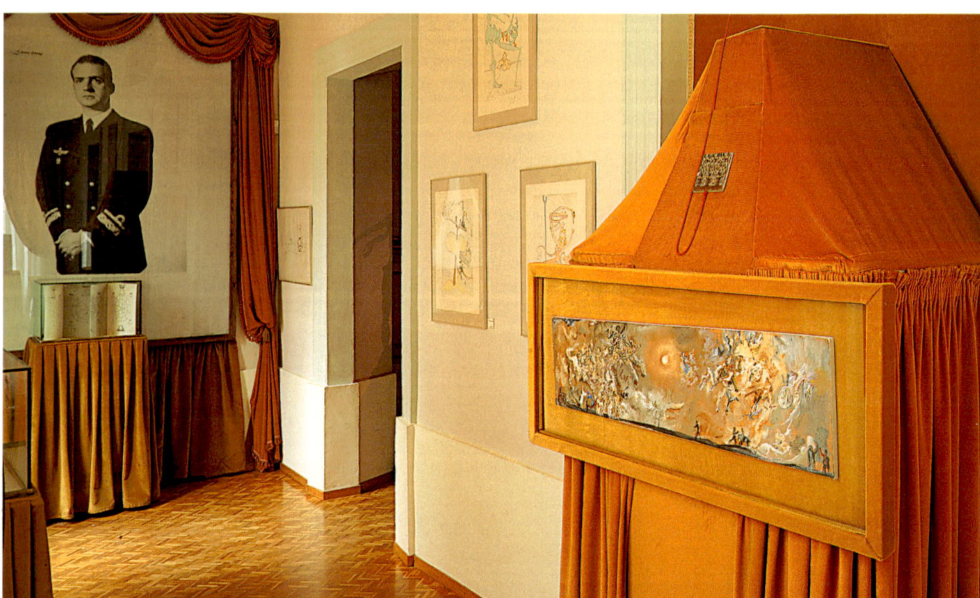

Galerie im *Windpalast*.

Bevor man das Schlafzimmer betritt, sieht man ein kleines *Selbstporträt* aus der Jugend des Künstlers (um 1919) in einem prachtvollen Rahmen, den er selber ausgesucht hatte. Darunter befindet sich eine Installation mit zwei skulpturellen Schmuckstücken, die Dalí entworfen hatte, *Perseus schlägt das Haupt der Medusa ab* und einem Gekreuzigten ohne Kreuz; ein Ölgemälde auf einer Tafel, fast eine Miniatur, das den Titel *Der Weg von Púbol* (um 1970) trägt und ein Sockel, der aus zwei Figuren der *Nike aus Samothrake* besteht, die miteinander vereint und umgekehrt herum angebracht sind.

Von hier aus gelangt man in das Schlafzimmer, in dem vor allem das muschelförmige Bett auffällt, das aus dem legendären Pariser Bordell Le Chabanais stammt und das, wie es scheint, der Castiglioni gehörte, eine der Favoritinnen Napoleons III. Neben dem Bett steht eine Skulptur aus einem vergoldeten Gorillaskelett mit einer Reproduktion im Inneren des Kopfes der *Verzückung der Heiligen Therese* (1645-1652), eine Skulptur von Bernini, die sich in der Kirche Santa Maria della Vittoria in Rom befindet und für die sich auch einige der Surrealisten interessierten, vor allem Georges Bataille. Um diese Kreation zu verstehen, muss man einige Auszüge aus dem *Mystischen Manifest* lesen, das Dalí 1951 schrieb: „Ziel des Mystizismus ist die mystische Verzückung. Zur Verzückung gelangt man über den Weg der Vervollkommnung der Heiligen Teresa von Ávila oder durch die sukzessive Durchdringung in Moradas oder die Seelenburg“. Später fügte er noch hinzu: „Ästhetisch muss sich der mystische Künstler durch strenge Selbstanalyse des strengsten, architektonischsten, pythagoreischsten und erschöpfendsten aller „mystischen Träume“ bilden, durch die tägliche Analyse dieser mystischen Träume, in einer Seele aus Haut und Skelett (die Knochen außen, das feinste Fleisch innen), wie die Seele, die Unamuno Kastilien zuschreibt, wo das Fleisch der Seele bis zum Himmel wachsen kann. Die mystische Verzückung ist „superfröhlich“, explosiv, desintegrierend, supersonisch, wellenförmig und korpuskular, ultragallertartig, da das ästhetische Aufblühen das größte paradiesische Glück ist, das das menschliche Wesen auf der Erde erfahren kann“.

Auf der anderen Seite des Bettes befindet sich ein Werk, das eine Jungfrau mit Kind mit Op-Art Effekten darstellt, und eine Vitrine, das *Surrealistische Objekt mit symbolischer Funktion* (1931), das 1974 rekonstruiert wurde. Dalí bezeichnete es in dem Artikel „Objets surréalistes“ Objekte, den er im

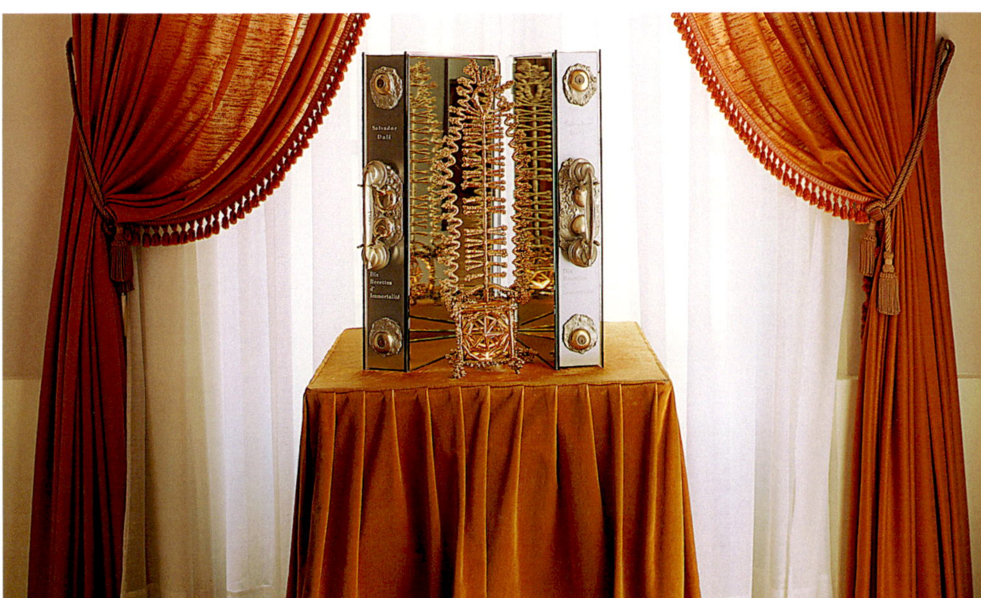

Zehn Rezepte zur Unsterblichkeit, 1973.

Dezember 1931 in der Zeitschrift *Surréalisme au service de la Révolution* veröffentlichte, als „Objekt mit symbolischer Funktion (automatischer Ursprung)" und beschreibt es wie folgt: „Ein Frauenschuh, in dem ein Glas lauwarme Milch steht, im Zentrum einer Paste mit fügsamer Form, mit der Farbe von Exkrementen. Der Mechanismus besteht darin, einen Klumpen Zucker hineinzutauchen, auf den das Bild eines Schuhs gemalt wurde, um die Auflösung des Zuckers zu beobachten, und so auch die des Bildes des Schuhs in der Milch. Verschiedene Zutaten (Schamhaare, die an dem Zuckerklumpen kleben, eine kleine, erotische Fotografie) vervollständigen dieses Objekt, das von einer Schachtel Zucker als Ersatz und einem besonderen Löffel begleitet wird, mit dem man Klümpchen aus dem Schuh entfernen kann."

Die Metallbadewanne, in der Dalí ein paar Interviews gegeben hatte, stammt ebenfalls aus dem gleichen Bordell. Die zoomorphen Beine des Bidets aus Marmor und des Bettes ziehen die Blicke auf sich, ebenso eine türkische Schuhputzer-Bank. Dem Bett gegenüber befindet sich ein Werk von Dalí, auf das bereits vorher hingewiesen wurde und das, wie Dalí sagte, dem Betrachter ein Gefühl von Wohlbefinden und Lächeln vermittelt.

Über dem Bett hängt ein Wandteppich mit einer Reproduktion des Werkes *Das Beharren der Erinnerung* (1931), das im Museum für Moderne Kunst in New York gezeigt wird. Auf diesem Bild sind die bekannten weichen Uhren des Künstlers zu sehen, die so oft interpretiert wurden. In seiner Autobiographie *Das geheime Leben des Salvador Dalí* beschreibt er die Reaktion von Gala, als sie dieses Ölgemälde zum ersten Mal betrachtete: „Ich beobachtete Galas Gesicht und sah darin den unverwechselbaren Ausdruck von Wundern und Überraschung. Das überzeugte mich von der Wirksamkeit meines neuen Bildes, da Gala sich nie irrt, wenn es um die Echtheit eines Rätsels zu beurteilen gilt. Ich fragte sie:

– Glaubst Du, dass Du in drei Jahren dieses Bild vergessen haben wirst?

– Ich werde es nie vergessen, nachdem ich es einmal gesehen habe".

Auf der rechten Seite befindet sich die modernistische Sofa-Anrichte. Auf die Rückenlehne des Sofas malte Dalí die Landschaft des L'Empordà. Im Mittelteil des Möbelstücks stehen verschiedene Skulpturen, unter anderen das *Bibendum* von Michelin mit einem Möwenkopf oder das *Bibendum* mit einem Schwanenhals und Kopf, eine *Hommage an Newton*. dieses Mal in kleinem Format; eine rekonstruierte Porzellanversion aus dem Jahr 1973 von seinem *Hysterischen und Aerodynamischen weiblichen Akt* (1934), die *Mutterschaft* und ein modernistischer Krug mit Leda und dem Schwan. Ebenso ist auffallend ist eine Figur mit einem eingesetzten Christuskopf im Zentrum und einer Leiterplatte. Über der Sofa-Anrichte hängt das Plakat, das Dalí für die französische Nationallotterie 1972 schuf, über dem er das Ölgemälde *das Antlidz des Glücks*, das auch den Namen *Rad des Raimundo Lulio* trägt, anbrachte. In dem grünen Kreis kann man tatsächlich das Antlitz der Fortuna erkennen kann, wobei die ergänzende Wirkung der Farbe Rot einen beruhigenden, optischen Eindruck hinterlässt.

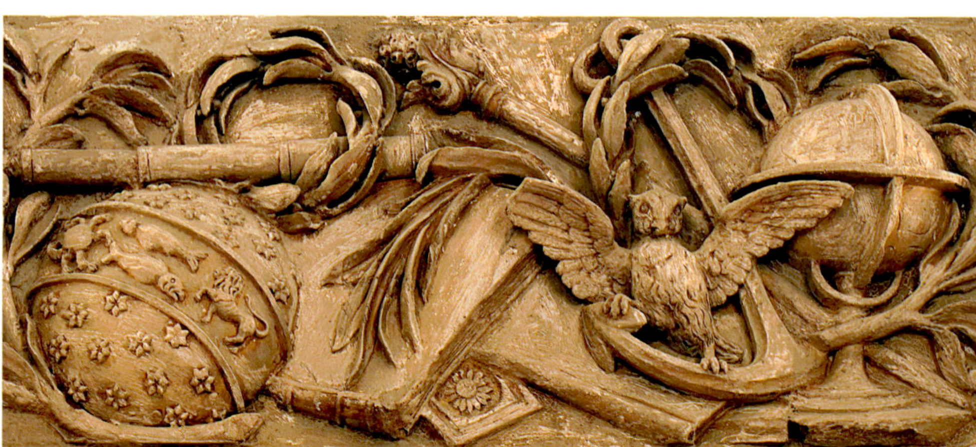

Basreliefe der Dekoration des alten Stadttheaters.

Nach Verlassen des *Schlafzimmers* sieht man auf der rechten Seite die große Bronzestatue *Hommage an Newton* und man gelangt auf die Galerie der Hauptfassade des Gebäudes, die den Namen *Zehn Rezepte zur Unsterblichkeit* trägt. Die Unsterblichkeit ist, so der Künstler, das Endziel jeder Suche des Alchemisten. Wenn man diese Galerie betritt, sieht man eine große Fotografie auf Leinwand von dem damaligen Prinzen von Asturias, Juan Carlos, die als Grundlage für das Porträt diente, die der Maler vom König von Spanien machte. Daneben befinden sich die Stiche für das Buch *Zehn Rezepte zur Unsterblichkeit* (1973), zwei davon werden in stereoskopischen Format präsentiert. Am Ende des Saales befindet sich eine Installation mit zwei Hüllen der Luxusausgabe des Buches, darauf schrieb Dalí *Unsterblichkeit des genetischen Imperialismus*. In diesem Buch redete er von den zwei Themen, die ihn zu jener Zeit am meisten interessierten:

„Heute zeigen uns die letzten Entdeckungen der Wissenschaft, dass die Gesetze Gottes die des Erbes sind, das in der Desoxyribonukleinsäure, ADN, enthalten ist, und dass die Ribonukleinsäure, die ARN, nichts anderes als ein Bote ist, der dafür zuständig ist, den genetischen Code zu übertragen, der das *legi intimus* der beiden Säuren ist und so die Skala von Jacob de Crick und Watson entstehen lässt. In der Skala von Jakob ist jede Stufe ein ADN Absatz und die Engel gehen über die ARN die Stufen hoch und runter. Die molekulare Intimität jeder Stufe ist eine einzigartige Blume des Stammbaums Jesse, dem alle anderen Abstammungen entspringen. Der Jessebaum, Blüte der „Hiparxiología", der Wissenschaft von der Existenz eines Francesc Pujols, Rezept für die Unsterblichkeit Velazquez. Nachdem dies gesagt wurde, kann man nur dem berühmten Salvador Dalí das Wort überlassen, der ein für alle Male erklärt hatte, wie der Kaiser Trajan aus Sevilla Europa befruchtete, als er Dacia eroberte und es so möglich machte, dass sich Generationen auf kaiserliche Weise, *in aeternum*, von den Känguruhs unterschieden".

Auf der linken Wand werden Lithographien aus der Serie „Hommage an Quevedo" ausgestellt, die sich mit dem Basrelief der Büste des Schriftstellers verknüpfen. Sie gehörte zur Dekoration des ehemaligen Theaters. Darunter hing Dalí eines seiner eigenen Ölgemälde, Öl auf Sperrholz (1980), *Die denkende Maschine*, eine Anhäufung von Bildern, Formen und Eindrücken, über die Dalí einen Chip montierte, aus dem eine rote Schnur heraushängt, der bis zur Büste reicht. Das ist eine ganz besondere Hommage an Quevedo, der der erste war, der sagte, dass der Mensch nichts anderes als eine denkende Maschine sei, eine Beschreibung, die auch von Dalí selbst stammen könnte.

Beim Verlassen der Galerie sieht man eine Vitrine mit der *Ohne titel. Büste von Velazquez, die sich in drei miteinander plaudernden Gestalten verwandelt* (1974) **[C46]**, mit einem auffallenden Bild der *Meninas* auf der Stirn von Velazquez. Zwischen den beiden Zugangstüren zum Atelier, wo sich laut Dalí das Wissenschaftliche mit dem Künstlerischen mischt, steht ein alexandrinischer Krieger aus Marmor und vergoldeter Bronze von D'Alonso, der sich auf einen Sockel stützt, der wiederum aus zwei umgekehrten Niken aus Samothrake besteht. Darüber hängt die wundervolle Zeichnung *Studie zur „Galarina"* (1943) **[C28]**,

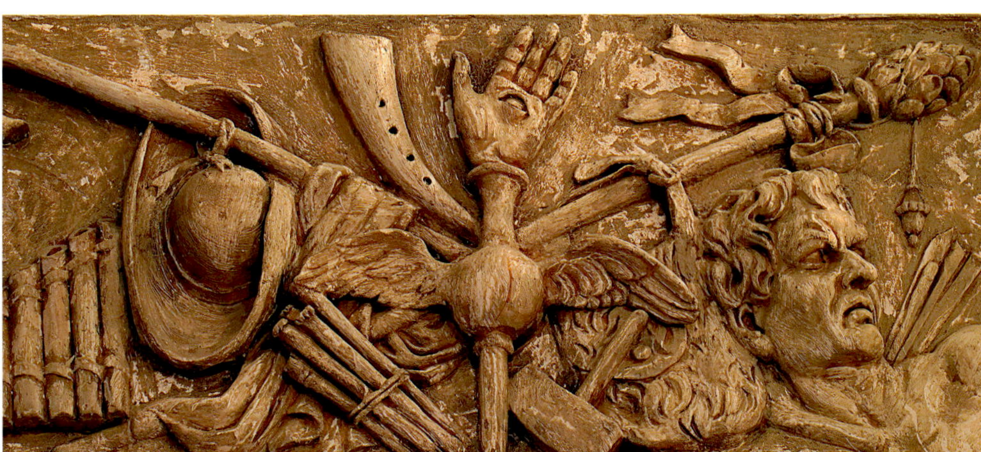

auf die Dalí das bezeichnende Zitat von Ingres schrieb: „Die Zeichnung ist die Rechtschaffenheit der Kunst". Außerdem fügte er ein eigenes Zitat hinzu: „Jede Linie einer Zeichnung sollte eine geodätische sein". Dieses Werk ist ein ausgezeichnetes Beispiel für Dalís großes, zeichnerisches Talent. Dazu sollte man noch einen Auszug aus dem Vorwort zur der Ausstellung „Dalí" in der Galerie Knoedler in New York 1943 hinzufügen, als der Künstler erklärte:

„Bei der Zeichnung hat sich mein gesamter Ehrgeiz darauf beschränkt, die Tradition der alten Meister wiederzuentdecken. (...) Da die Technik ihre höchste Stufe an Erfahrung und Vervollkommnung in der Renaissance erreichte, ist es besonders offensichtlich, dass man in unserer Zeit der totalen Dekadenz der Ausdrucksmittel unweigerlich zurückkehren muss, wenn man sich entwickeln will. Vor uns schon strebte Ingres sein ganzes Leben lang danach, zu Raphael zurückzukehren. Ebenso folgt Picasso den Schritten Ingres mit gewissenhafter Sachlichkeit. Ein von Raphael aus Urbino skizzierter Fuß, ein von Leonardo da Vinci gezeichnetes Gesicht oder Blatt sind und bleiben zweifelsohne immer das außergewöhnlichste und seltsamste Wunder, das durch die Einfühlsamkeit und Intelligenz des Menschen geschaffen wurde".

Wenn man das Atelier betritt, sieht man eine studie zu *Dem Halluzinogenen Torero* (um 1968-70), in dem man deutlich das doppelte Bild mit dem Gesicht des Toreros erkennen kann. Daneben der Weibliche Akt von William Adolphe Bouguereau, der als akademischer Maler der Art *pompier* betrachtet wurde, ebenso wie Meissonier, den Dalí immer verteidigte. Darüber das Ölgemälde *Die goldene Ziege der Burg Quermançó* (1979), das auf einer Legende des Ortes basiert und in dem Dalí die optische Illusion der Goldmünzen zeigt. In einer Ecke stehen ein Ständer mit einem Telefon, der Meissonier gehört hatte, und zwei Porträts von Gala: *Sphärische Galatea* (1952) **[C35]** und *Abbild von Gala mit rhinozerotischen Symptomen* (1954) aus seiner mystisch-nuklearen Epoche. Der Künstler zeigt in diesem Raum das ewig Weibliche, dargestellt in dem Antlitz Galas, dem Akademismus von Bouguereau und dem Hyperrealismus eines Akts aus Polyester von John de Andrea, der sich mitten im Raum befindet. Über dieser Skulptur befindet sich eine Art Lampe mit einem modernistischen Kopf der Göttin Fortuna, die mit verbundenen Augen in Serpentinen aus Löffeln von der Decke hängt und so den ganzen Raum beherrscht.

Die Wand im Hintergrund wird von einem Wandteppich bedeckt, der im Lauf der Zeit gealtert ist und eine nächtliche Ansicht einer Stadt am Meer, in diesem Fall Cadaqués darstellt, Werk des katalanischen Malers Eliseu Meifrèn. Daneben deutet eine Installation ein offenes Fenster an, das das Hologramm *Holos, Holos, Velazques, Gabor!* (um 1972-73) **[C45]** umrahmt. In diesem Werk vereinte Dalí die fortschrittlichsten Techniken der Wissenschaft mit der traditionellen Kunst und stellt den

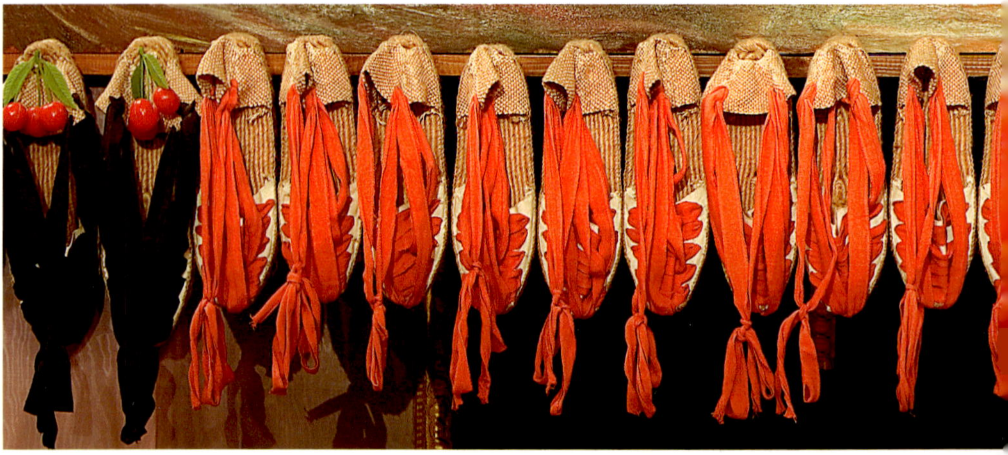

Espadrilles mit Schnüren rahmen die *Allegorie des Frühlings*, 1978.

Traum von Velazquez *Las Meninas* mit der dritten Dimension dar. Die Installation besteht aus einem großen, romantischen Ölgemälde eines unbekannten Malers und zwei offenen Türen mit geometrischer Form, die von Espadrilleschnüren und einigen Türbeschlägen mit Relief geformt werden. Daneben befindet sich eine modernistische Lampe von Hector Guimard und ein Bleistift von Dalí mit Akten und Pferdeskizzen aus dem Jahr 1972.

Wenn man diesen Raum verlässt und sich wiederum unter der bemalten Decke des Windpalastes befindet, sieht man zwei *Sfumatos* aus dem Jahr 1972, eine Technik, die von Leonardo begonnen wurde. Das erste stellt das Antlitz Christi und das zweite einen weiblichen Torso dar. An der anderen Wand werden in einer Vitrine das Gewand und der Degen ausgestellt, die er für sich entworfen hatte, als er zum assoziierten ausländischen Mitglied der Akademie der Schönen Künste des Institut Français ernannt wurde. Bei dieser Veranstaltung hielt er die Rede: Gala, Velazquez und das goldene Vlies. Außerdem enthält die Vitrine das Ölgemälde *Die Allegorie des Frühlings* (1978).

Wenn man diesen Raum verlässt, stößt man auf eine weitere Vitrine auf der linken Seite, die dem *Angelus* von Millet gewidmet ist. In ihr befindet sich eine Reproduktion des Ölgemäldes des französischen Malers und einige Exemplare des Buches *Das tragische Mythos des Angelus von Millet: paranoisch-kritische Interpretation*. Dalí schrieb diesen Text, in dem er den Mechanismus des paranoischen Phänomens unter surrealistischen Gesichtspunkten erklärte, im Jahr 1933. Allerdings sagte er, dass er ihn verlor und erst dreißig Jahre später veröffentlichte. Eine der anderen Interpretationen Dalís des Werkes von Millet in diesem Werk lautete, dass es sich bei dem Gemälde um die Darstellung der Beerdigung des Sohnes handelt. Um dies zu beweisen, bat Dalí darum, das Bild, das sich damals im Louvre befand, röntgen zu lassen, und tatsächlich befand sich auf dem Boden zwischen dem Paar ein kleiner Sarg, den der Maler übermalt hatte.

Anschließend gelangt man in den Saal Die Poesie Amerikas, in dem das bekannte Ölgemälde mit dem gleichen Namen ausgestellt ist, das der Künstler während seines Aufenthalts in den Vereinigten Staaten zwischen 1940 und 1948 malte. Dalí gab ihm später noch einen zweiten Titel: *„Die kosmischen Athleten“* (1943) **[C27]**. Normalerweise wird auch das Ölgemälde *Porträt von Laurence Olivier in der Rolle Richard, des III*: (1955) hier ausgestellt, ebenso wie eine wundervolle Zeichnung aus dem Jahr 1974 *Engel beim Betrachten der Ordination eines Heiligen*. Im Anschluss an diesen Saal im Flur befinden sich Lithographien aus der Serie *Mythologien* und *Das Leben ist ein Traum*. Links davon sieht man eine von den Brotstücken, die sich auch an der Fassade des Torre Galatea befinden, gerahmte Tür. Dies war die Tür, die einst den Torre Gorgot, heute Galatea, mit den Logen des Theaters verband.

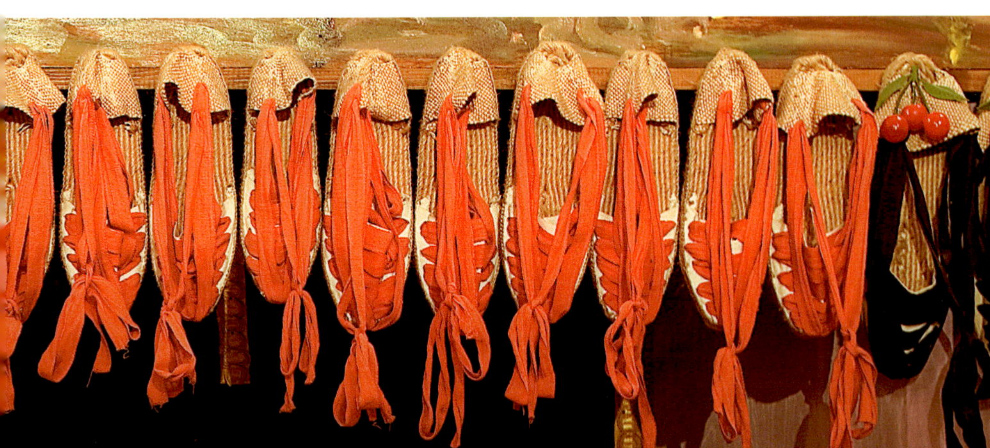

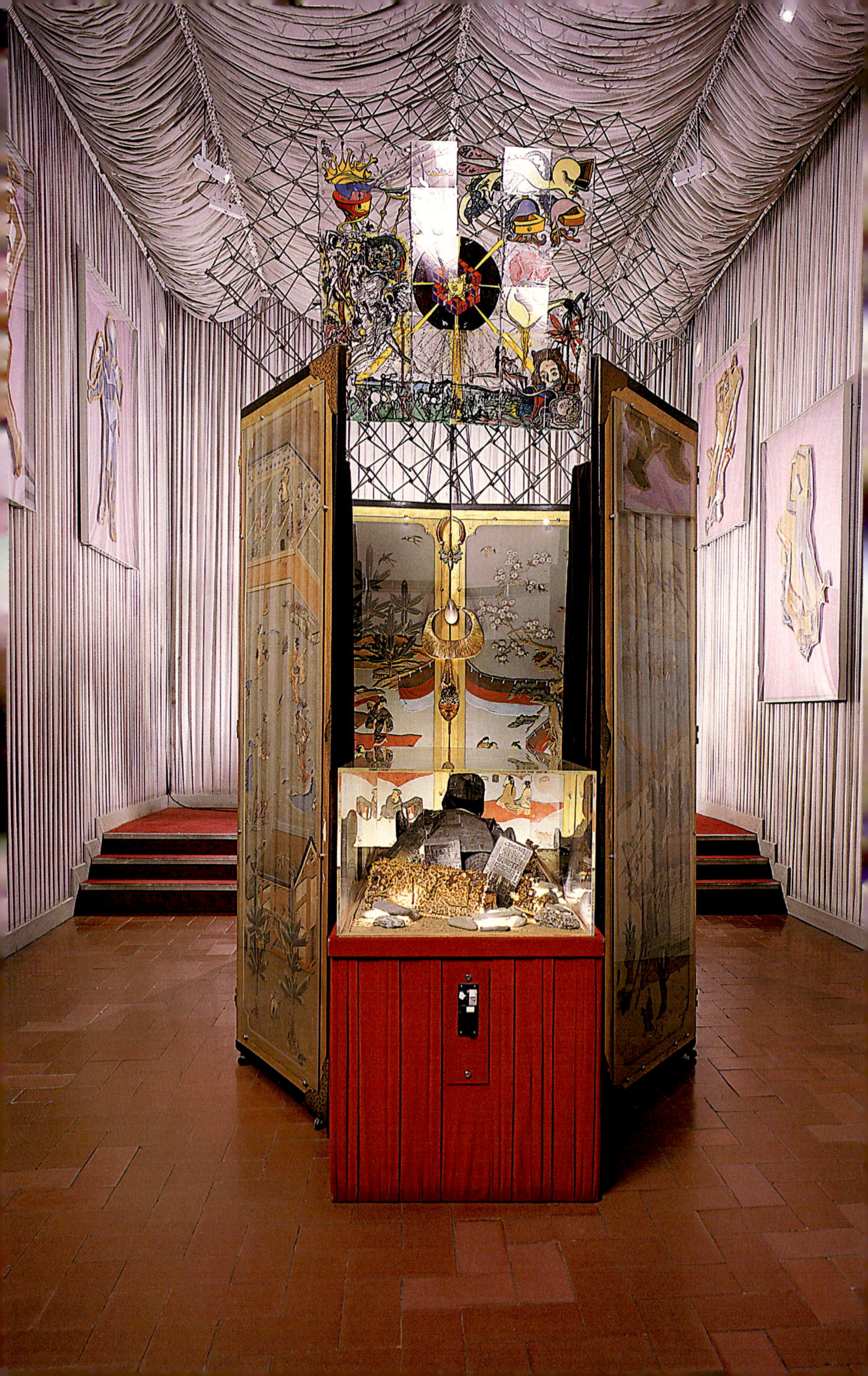

Bevor man in den letzten Teil des Museums am letzten Abschnitt des Rundweges gelangt, kommt man durch einen Raum, der dem Monotheismus gewidmet ist. Hier befindet sich eine Luxusausgabe des Buches *Moses und der Monotheismus* (1974) von Sigmund Freud mit Illustrationen von Dalí. Außerdem steht hier eine Nachbildung des *Moses* von Michelangelo, ein Werk des Bildhauers Frederic Marès, mit einer Krake und einem Nashorn darüber. Diese Gruppe hatte für Dalí die Bedeutung Monotheismus. In einem der oberen Bögen sieht man eine Figur, die den Heiligen Sebastian darstellt, ihr gegenüber eine Silhouette von Freud. Im Saal fällt dem Besucher vor allem eine große, bewegliche Installation im Zentrum, die große Dunkelheit und die Struktur des Rundtempels von Bramante mit den von Dalí entworfenen Schmuckstücken im Inneren auf.

Wenn man den Weg fortsetzt, gelangt man in den Torre Galatea, eine Erweiterung des Museums. Dieser Gebäudeteil ist nüchterner gehalten und entspricht eher dem Aussehen eines herkömmlichen Museums. Hier befinden sich der Raum der optischen Illusionen – Dalí war von Kindheit an von allem fasziniert, was mit dem Gesichtssinn zu tun hatte –, die Anschaffungen der Stiftung Gala-Salvador Dalí und die letzten Werke des Künstlers. Man kann das letzte Gemälde des Künstlers betrachten, *Ohne Titel. Schwalbenschwanz und Violoncello (Serie der Katastrophen)* (1983) **[C54]**, das den Besucher des Museums verabschiedet und bis zu den Treppen am Ausgang begleitet.

TORRE GALATEA

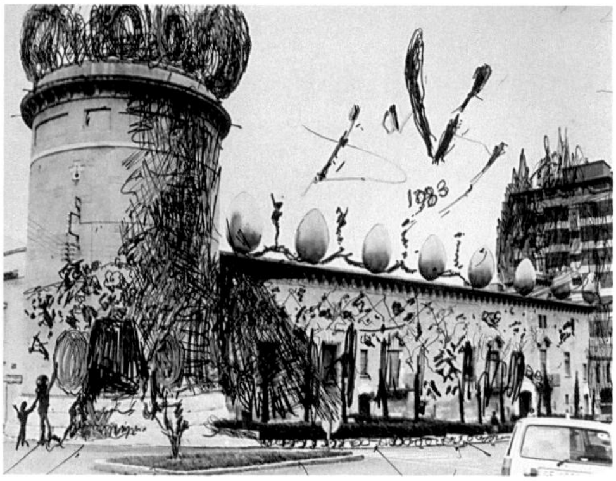

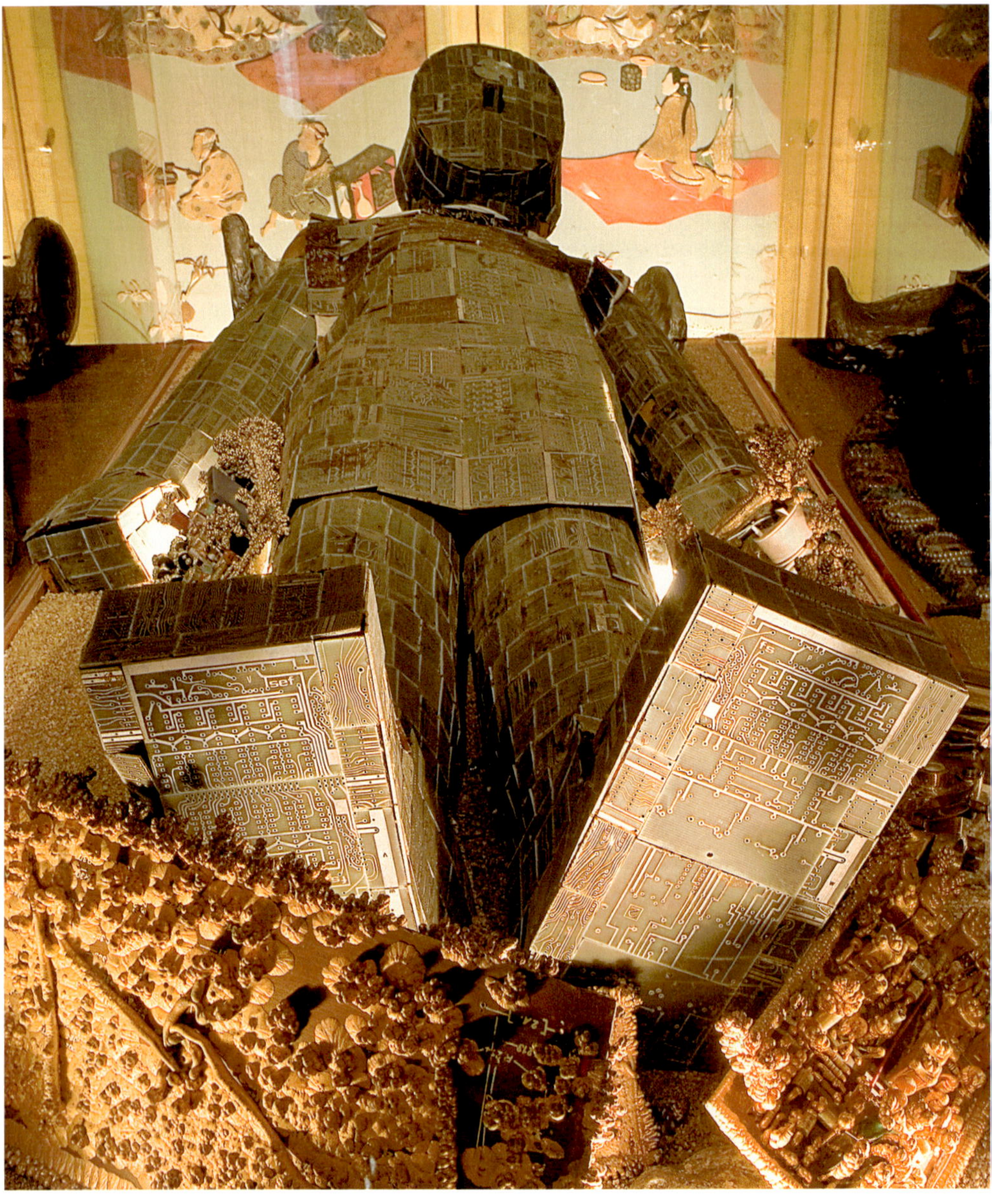

Cybernetische Prinzessin aus Leiterplatten, umgeben von einer mit Seide und orientalischen Motiven verkleideten spanischen Wand.

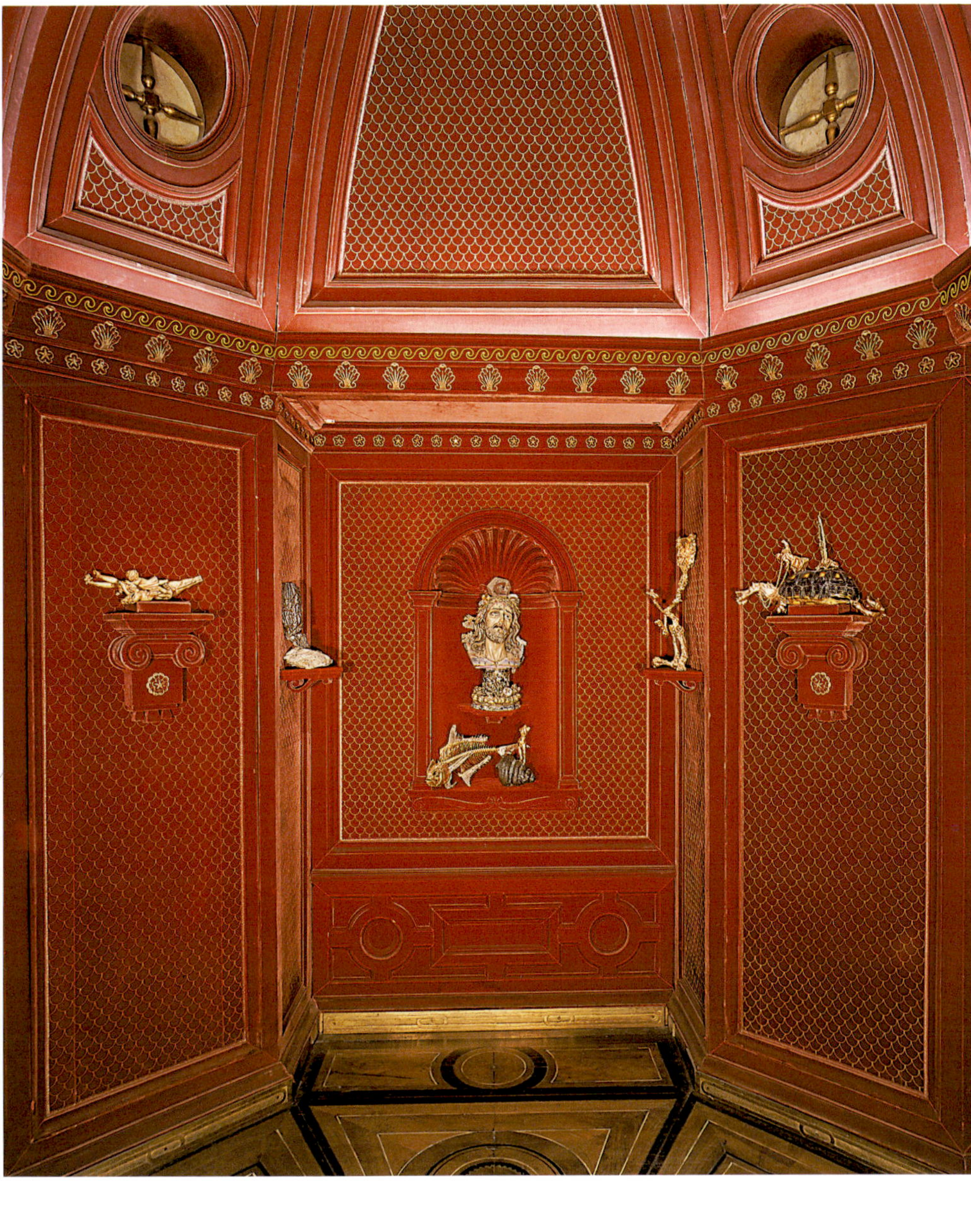

Nachbildung des *Rundtempels von Bramante*, in der von Dalí entworfene Schmuckstücke aus den Siebzigerjahren ausgestellt werden.

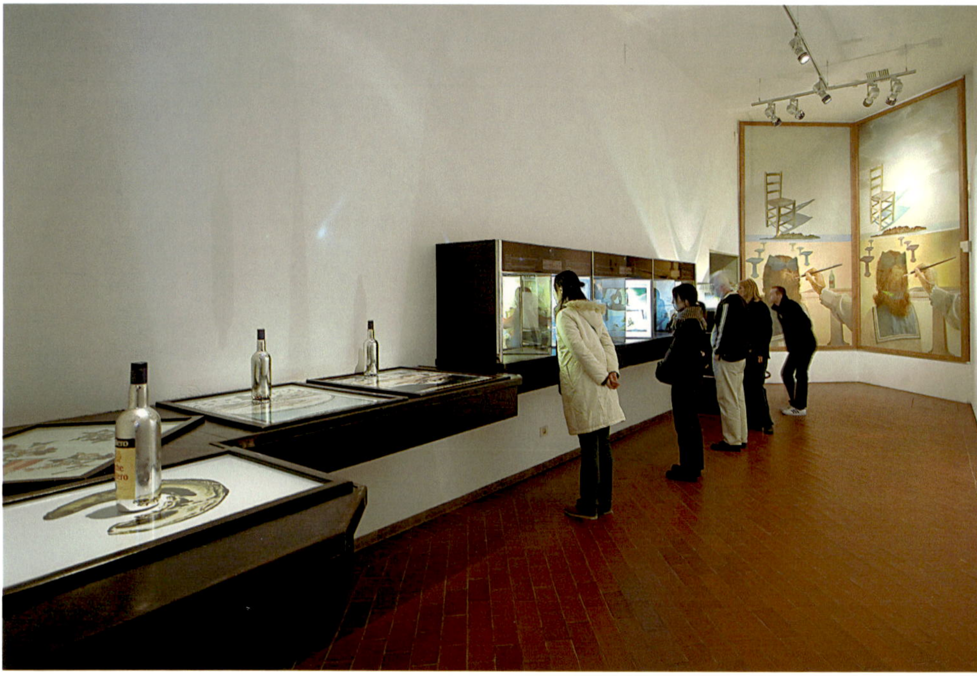

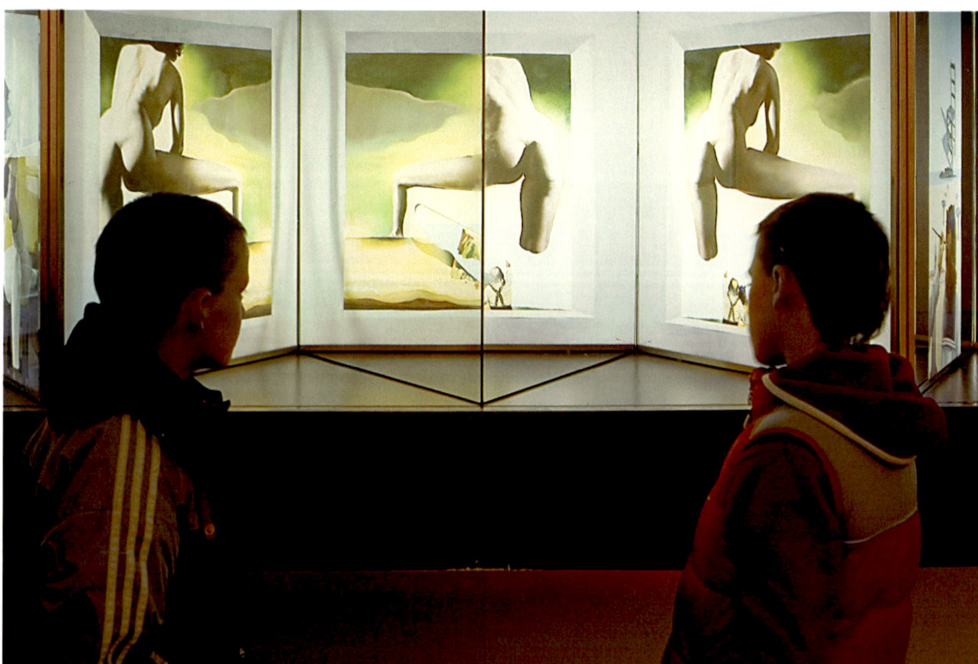

Loggia mit optischen Spielereien: Stereoskopien, Anamorphoten und Hologramme.

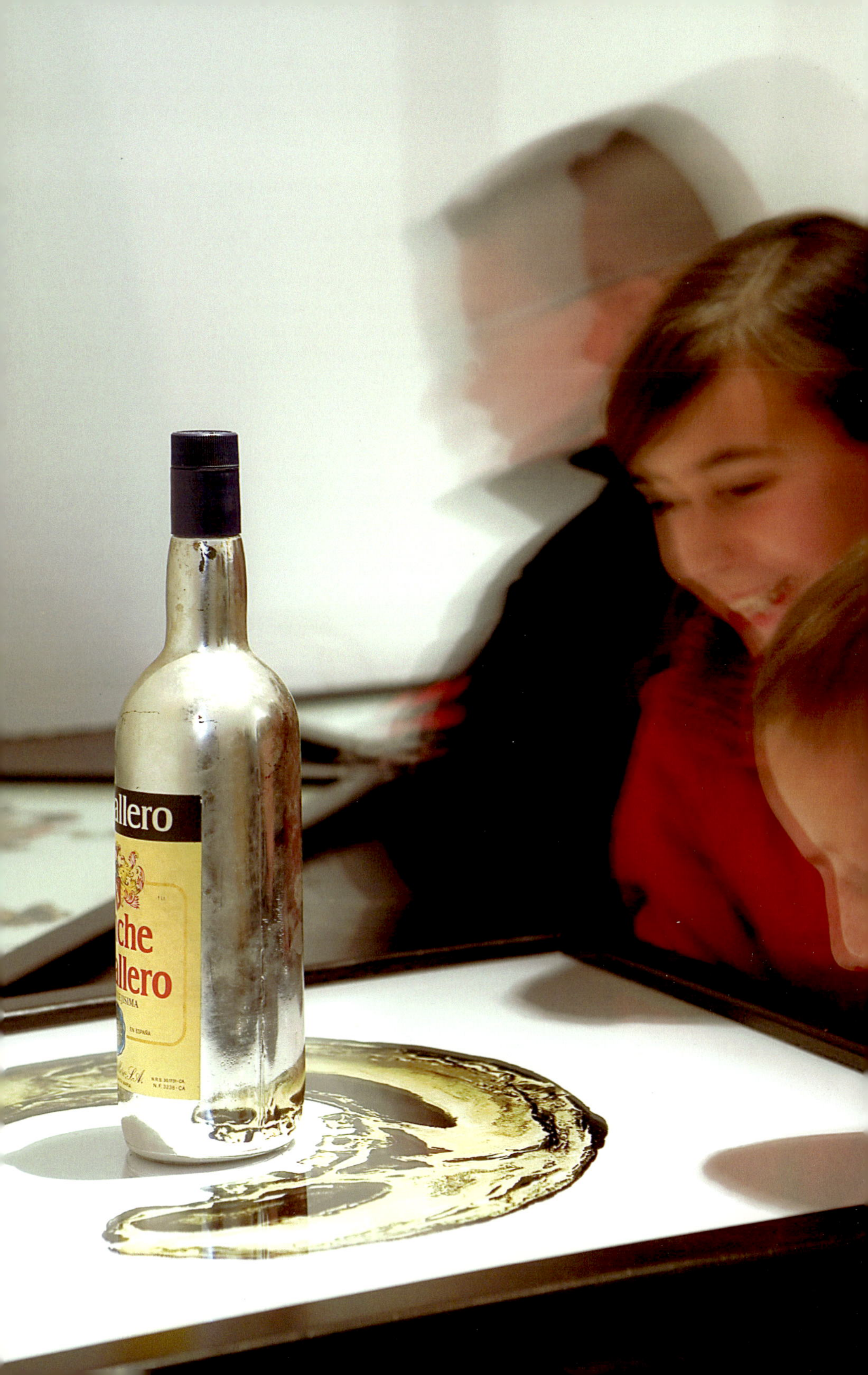
allero
che
allero

Dalí wünschte, dass der Rundtempel von Bramante geheimnisvoll wirken sollte, deshalb vermied er das Tageslicht und bedeckte die Fenster mit einem Stoff, der kein Licht von draußen einfallen lässt. In der Mitte befindet sich eine beeindruckende Installation mit einem großen, aufklappbaren Fenster, die wieder in Zusammenarbeit zwischen Dalí und dem Architekten Pérez Piñero entstanden ist. Wie bereits erwähnt, handelt es sich um eine verkleinertes Modell des Fensters, das aus 36 Quadraten aus Metacrylat besteht, das basierend auf dem *Discurso de la forma cúbica* [*Diskurs über die Würfelform*] von Juan de Herrera, dem Erbauer des Escorials und ausgearbeitet auf Grundlage eines Werkes von Dalí, das Theaterparkett von der Bühne trennen und gleichzeitig das Museum in eine „heilige cybernetische Kapelle" verwandeln sollte. Zu Füßen der Vitrine mit dem Namen *Cybernetische Prinzessin* befindet sich eine Grabplatte mit gedruckten Schaltungen, die die Jadeplatten mit Gelenken der Prinzessin Tu Wan aus dem 2. Jh. vor Christus nachahmen, die 1968 in der archäologischen Ausgrabungsstätte Ling-Tuong in der chinesischen Provinz Shan-si entdeckt wurden. Die Prinzessin ist von einer mit Seide und orientalischen Motiven tapezierten spanischen Wand umgeben. An den Wänden hängen die Originale der Figuren von Michelangelo, die sich unter der Kuppel befanden.

Im Hintergrund befindet sich eine Nachbildung des Rundtempels von Bramante, gestiftet von dem chilenischen Multimillionär Arturo López-Wilshaw, das Original ist in Rom. Dalí nannte diesen Raum „Sala-Toilette von Arturo López". Der Boden ist mit Marketerie bedeckt und ein Glas ersetzt die Vorderwand. In diesem mit Samt verkleideten Rundtempel werden die Schmuckstücke ausgestellt, die Dalí in den Siebzigerjahren entworfen hatte. So befindet sich hier der *Christus von Limpias* (um 1970), eine Collage aus Amethysten auf einer bunten Holzschnitzerei mit einem Gemälde der Landschaft des L'Empordà von Dalí auf der Rückseite der Büste; *Kosmischer Elefant* (um 1970), *Die Madonna von Portlligat* (um 1979), *Der Heilige Narziss* (1974) und *Der Kaiser Trajan zu Pferd* (1974).

Von hier aus gelangt man in den Saal Loggia des Torre Galatea, der voller optischer und stereoskopischer Spiele ist. Für Dalí hatten diese Forschungen in der Welt der optischen Illusionen immer ein philosophisches Ziel, die Definition von nicht greifbaren Bildern, die die Zeit ausmachen. Sein Wunsch war es, den Träumen, den Wünschen, den Ängsten und den Beklemmungen eine Substanz zu geben. Er wollte den Phantomen, die den modernen Menschen umgeben, eine Präsenz verleihen.

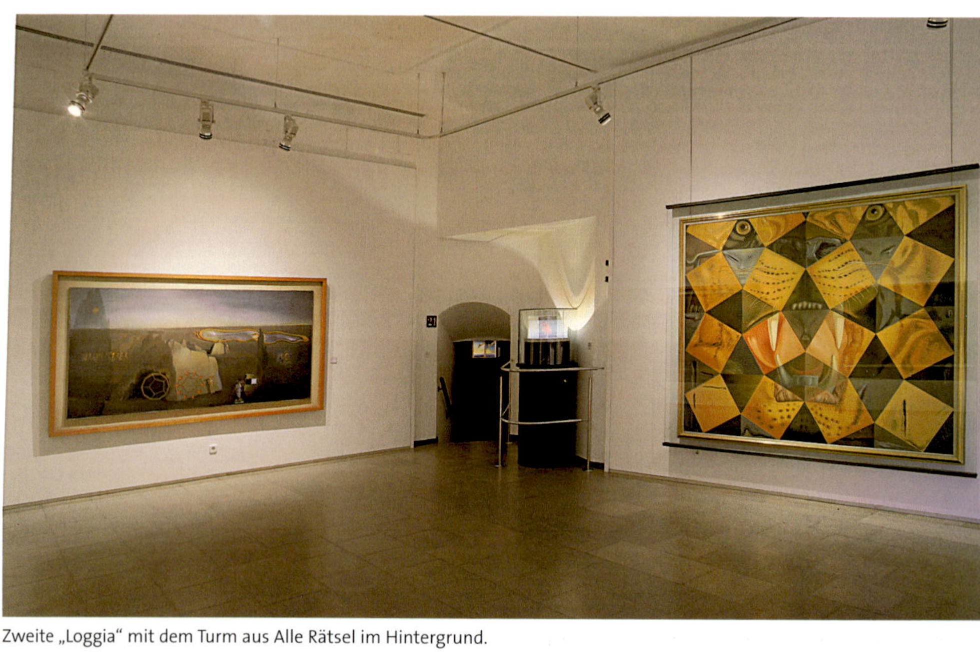

Zweite „Loggia" mit dem Turm aus Alle Rätsel im Hintergrund.

Dalí fühlte sich von Kindheit an von den Effekten angezogen, die mit dem Gesichtssinn zu tun haben. Um eine besondere Wahrnehmung der Sinne zu verursachen, kombinierte und veränderte er die künstlerische Technik mit der modernsten Technologie und Wissenschaft seiner Zeit. Er stellte mittels verschiedener Methoden und Systeme wie dem doppelten Bild, der Anamorphose, der Stereoskopie, der Holographie, der Fotografie und dem Kino —immer mit der wissenschaftlichen Entwicklung Schritt haltend— die äußere Wirklichkeit und gleichzeitig die innere dar, die mit der des Betrachters übereinstimmen kann oder nicht, aber immer eine Reihe von Assoziationen hervorruft, mit denen er in den Gedankengang des Malers eintauchen kann.

Dalí wollte der Ordnung und den Begrenzungen, die durch die Regeln des optischen Experimentes entstehen, ausweichen und arbeitete deshalb in den Sechzigerjahren mit der Stereoskopie, einem absolut mechanischem Verfahren in der Optik der Wahrnehmung der dritten Dimension. In *Zehn Rezepte zur Unsterblichkeit* schrieb er: „Die Stereoskopie macht die Geometrie unsterblich und erkennt sie an, da wir durch sie die dritte Dimension der Kugel besitzen".

In diesem Saal hängen stereoskopischen Montagen mit Fotografien der Ölgemälde *Der Stuhl* (1975), *Dalí lüftet die Haut des Mittelmeeres, um Gala die Geburt der Venus zu zeigen* (1978), das im gleichen Jahr im GuggenheimMuseum in New York gezeigt und von dem Maler als hyperstereoskopisches Werk nach einem Modell von Roger L. de Montebello bezeichnet wurde, und *Der Fuß Galas* (um 1975-76) und auch die Originalgemälde, jeweils zwei.

Ebenso interessant ist das zylindrische Hologramm mit 360° Dalí *Gala malend* und im nächsten Raum das *Alice Cooper gewidmete Hologramm*. Dalí war der erste Künstler, der ein holographisches Experiment ausschließlich dazu durchführte, um eine künstlerische Ausdrucksform zu finden, und dazu arbeitete er mit dem Nobelpreisträger in Physik Dennis Gabor zusammen.

Wieder im vorherigen Raum werden vier Anamorphosen gezeigt, vier Lithographien mit den Bildern eines Harlequins (*Harlequin*, 1972), eines weiblichen Aktes (*Weiblicher Akt*, 1972), eines Reiters mit Standarte (*Der Ritter*, 1972) und eines Schädels (*Der Schädel*, 1972). Sie werden auf einer zylindrischen, reflektierenden Oberfläche, bei der es sich um eine Punschflasche handelt, sichtbar gemacht. Dalí hatte mit großem Interesse das Werk von Jurgis Baltrusaitis, *Anamorphoses ou Perpectives curieuses* (1955)

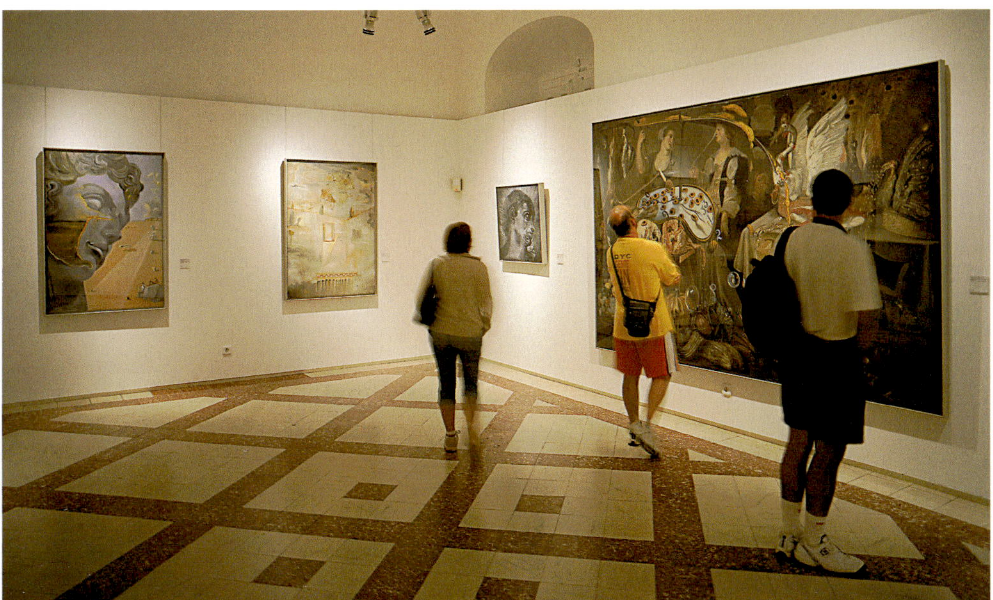

Saal des „Quan cau, cau", mit Werken aus der letzten Schaffensperiode.

gelesen, wo bereits im Vorwort folgendes steht: „Die Perspektive wird im allgemeinen in der Kunstgeschichte als ein Faktor des Realismus betrachtet, der die dritte Dimension wiederherstellt. Die Anamorphose (...) dreht ihre Elemente und ihre Prinzipien um, statt einer Reduktion auf die sichtbaren Begrenzungen handelt es sich um eine Projektion von Formen außerhalb dieser und um eine Verschiebung, so dass sie sich berichtigen, wenn man sie von einem bestimmten Punkt aus sieht. Das System stellt eine technische Kuriosität dar, aber es enthält die Poetik der Abstraktion, einen kraftvollen Mechanismus der optischen Illusion und eine Philosophie der künstlichen Wirklichkeit.

In diesem zweiten Saal, dem der optischen Illusionen, sind andere stereoskopische Werke und Ölgemälde wie *Hommage an Meissionier* (1965), ein Beispiel für *Action Painting* mit der Erscheinung Napoleons, eine neue Bezugnahme auf den französischen Maler; *Sonnenaufgang, Mittag, Sonnenuntergang und Abenddämmerung* (1979) **[C48]** und das für den Maler bezeichnende Werk *Die Suche nach der vierten Dimension* (1979) ausgestellt.

Unter den Neuerwerbungen der Stiftung fallen viele Werke aus den Dreißigerjahren auf: *Gestald und Draperie in einer Landschaft* (1934) **[C18]**, *Eklipse und vegetale Osmose* (1934), *Surrealistische Komposition mit unsichtbaren Gestalten* (1936) **[C21]** und *Mittlere heidnische Landschaft* (1937) **[C22]**. Rechts befindet sich ein kleiner Raum, der zur ehemaligen Verteidigungsanlage der Stadtmauern gehörte und „Turm aller Rätsel" genannt wurde. Hier wird die Spieldose von *Babalouo* ausgestellt mit ihren mit Ölfarben bemalten Glaspaneelen, die auf dem gleichnamigen Drehbuch basieren, das Dalí nie umsetzte.

Man gelangt in eine zweite Loggia, in der rechts das Werbeplakat für den Stierkampf hängt, das im Rahmen der Hommage an Dalí am 12. August 1961 entstand, die Figueres dem Künstler gewidmet hatte, mit einer Collage einer Zeichnung, die er selbst für die Speisekarte des Festessens, mit dem diese Veranstaltung abgeschlossen wurde, angefertigt hatte. In einem weiteren Saal befindet sich rechts ein Ölgemälde aus dem Jahr 1974 *Dalí beim Schreiben seiner Tragödie*, das Dalí als Schriftsteller zeigt. Oft hatte Dalí gesagt, dass er ein besserer Schriftsteller als Maler sein. Auf diesem Bild schrieb er sicherlich eines seiner letzten Werke, die Tragödie *Märtyr*.

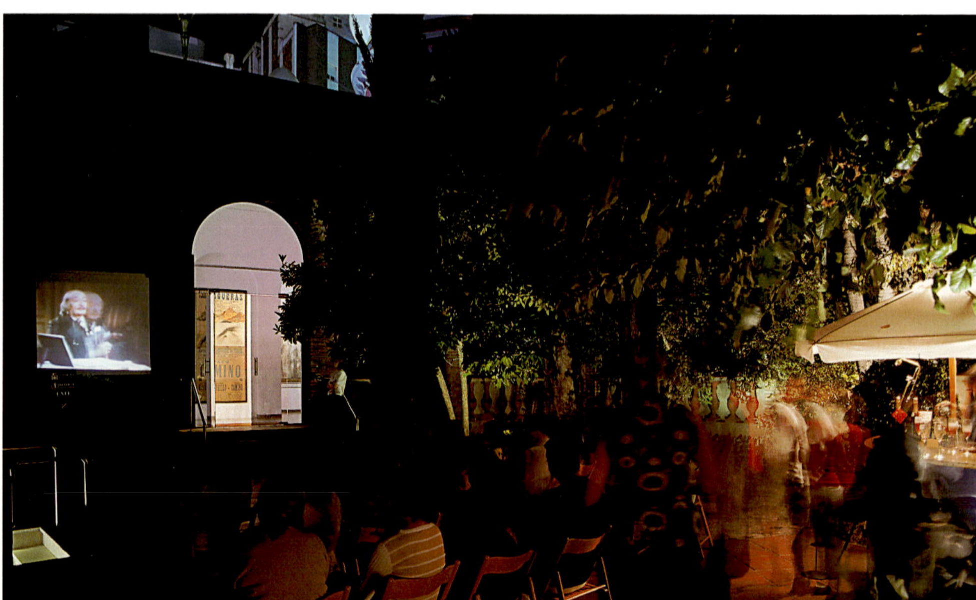

Projektionen im Hof der Torre Galatea in einer Augustnacht.

In dem Saal „Quan cau, cau..." befinden sich ein flämisches Ölgemälde, das Dalí in den Jahren 1972 und 1973 übermalt hatte, und Werke aus seiner letzten Schaffensphase wie *Merkur und Argos* (1981), in dem er die mythologische Geschichte aufgreift, die bereits Velazquez dargestellt hatte. Das Werk bezieht sich auf den Tod oder den Verlust des Lebens und das, was damit im persönlichen Umfeld von Velazquez gleichgesetzt war, der dieses mythologische Thema aufgriff, um sein letztes Werk zu schaffen. Dalí war von diesem Mythos fasziniert, in dem Merkur Argos mit seiner Musik einschläfert, um ihm den Ochsen und das Leben zu rauben. Ebenso befinden sich hier *Die drei Rätsel Galas* (1982) mit dem Profil der Aphrodite von Knidos horizontal und mit zwei sitzenden Figuren, die den Verlauf der Zeit repräsentieren, und das Ölgemälde *Ohne Titel. Schwalbenschwanz und Violoncello (Serie der Katastrophen)* (1983) **[C54]**, in dem er die *Katastrophentheorie* des Mathematikers René Thom anwendete. Thom war ein Freund Dalís, mit dem er Kenntnisse austauschte. Andere Wissenschaftler, mit denen Dalí Kontakt pflegte, waren Severo Ochoa, Ylya Prigogine und Frank Salvan, mit dem er Aspekte der ersten fotografischen Aufnahmen in Relief des Goldatoms auf einer Oberfläche aus Silizium behandelte. Diese Bilder wurden mittels eines elektronischen Mikroskopes mit Tunneleffekt erzielt, und laut Dalí stellten sie die Krümmungen der Säulen Berninis dar.

Hinter diesem Ölgemälde führt eine Treppe zum Ausgang, wo man auf der rechten Seite in den Raum „Dalí. Schmuckstücke" gelangt oder durch die Glastür in den Hof des Torre Galatea treten kann, von dem aus man den Glockenturm der Kirche Sant Pere und die Mauern des Museums sieht. In Augustnächten wird das Museum nachts geöffnet und in diesem Hof werden Filmausschnitte gezeigt, in denen Dalí zu sehen ist.

In der Zeit bis zu seinem Tode, als er in dem Torre Galatea wohnte, beobachtete er oft von dem Fenster seines Zimmers aus die Formen, die die Sonne im Laufe des Tages über den Mauern des Museums schuf. Dies war in seinen letzten Tagen das einzige Schauspiel, das er als der Betrachtung würdig ansah, und er bat darum, dass die Anordnung und Gestalt der Mauern nie geändert werden würde. Diesen Wunsch respektierte man.

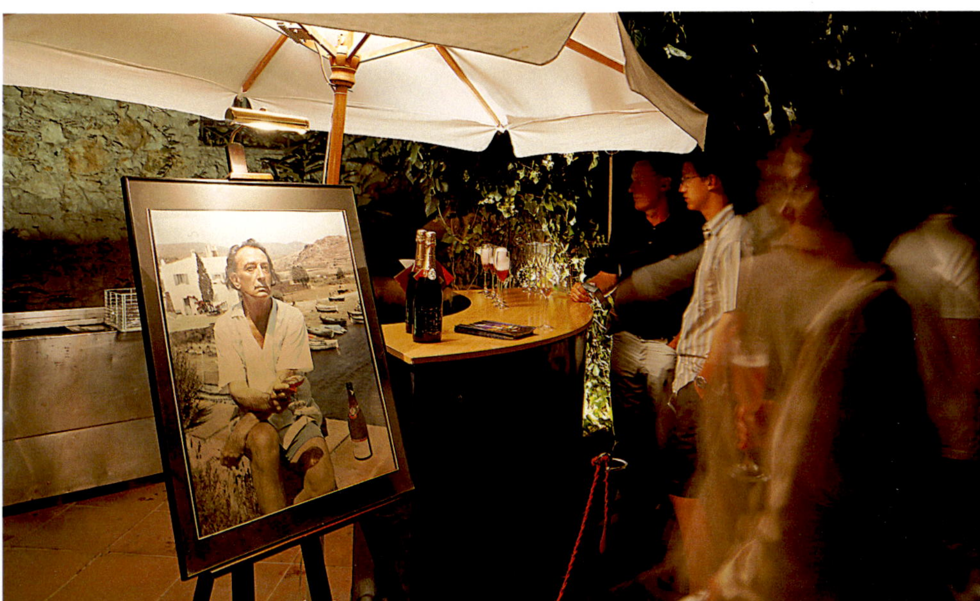

Beim Trinken eines Glases Cava de Peralada im Hof des Torre Galatea.

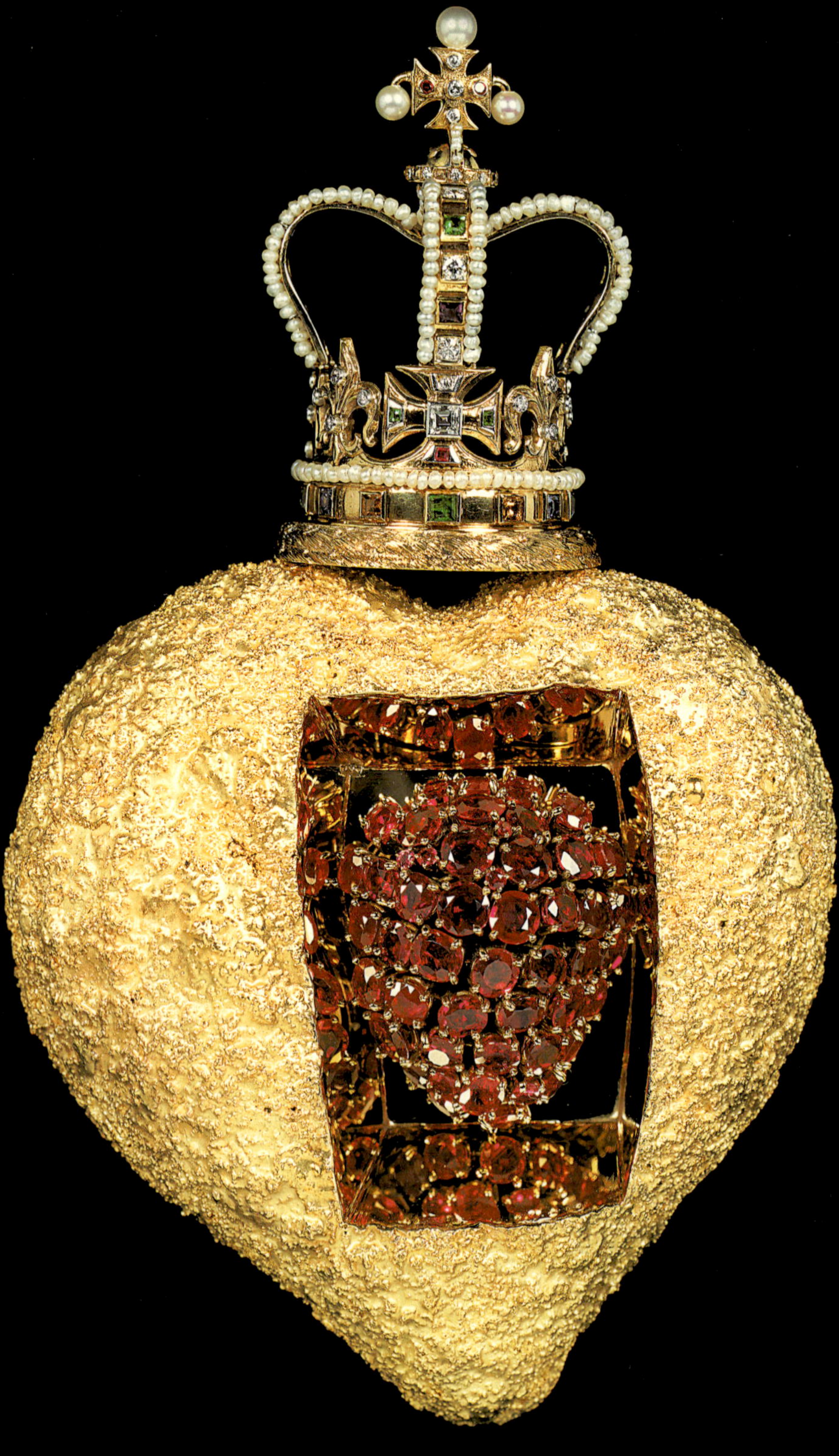

Die Stiftung Gala-Salvador Dalí erwarb im Jahr 1999 die Sammlung von Schmuckstücken, die Dalí entworfen hatte und die zu der amerikanischen Sammlung Owen Cheatham gehörten. Man beschloss, sie in dem Raum auszustellen, wo sich einst die Fonda Condal befand später ein Antiquitätenhändler und der dann zu den „neuen Sälen" des Theater-Museums wurde. Oscar Tusquets hatte diesen Saal gestaltet. In dem dunklen Raum werden die Schmuckstücke und die wundervoll gezeichneten Entwürfe dazu ausgestellt, die schon zu Lebzeiten Dalís im August und September 1973 ausgestellt wurden, ein Jahr vor der Einweihung des Theater-Museums Dalí. Der Maler schrieb 1959: „Die Schmuckstücke (...) wurden geschaffen, um den Blick zu erfreuen, den Geist zu rühmen, die Phantasie zu wecken und Überzeugungen auszudrücken. Ohne Publikum und ohne Betrachter erfüllen diese Schmuckstücke nicht die Funktion, die ihnen zugedacht war. Der Betrachter wird somit am Ende zum Künstler. Seine Sichtweise, sein Herz und sein Geist verschmelzen und erfassen im größten oder im kleinsten Maße die Absicht des Erschaffers und verleihen ihnen Leben".

SCHMUCKSTÜCKE

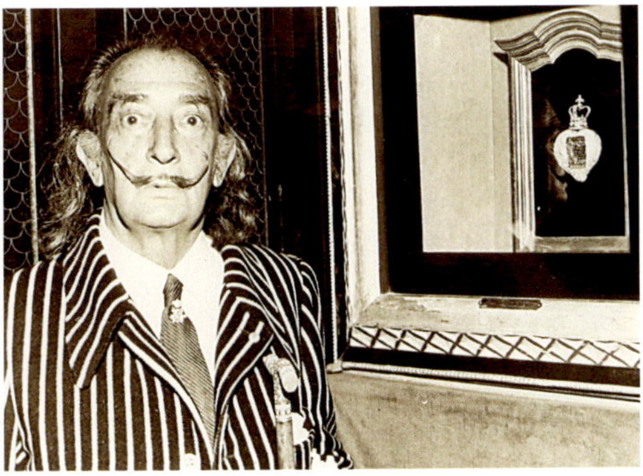

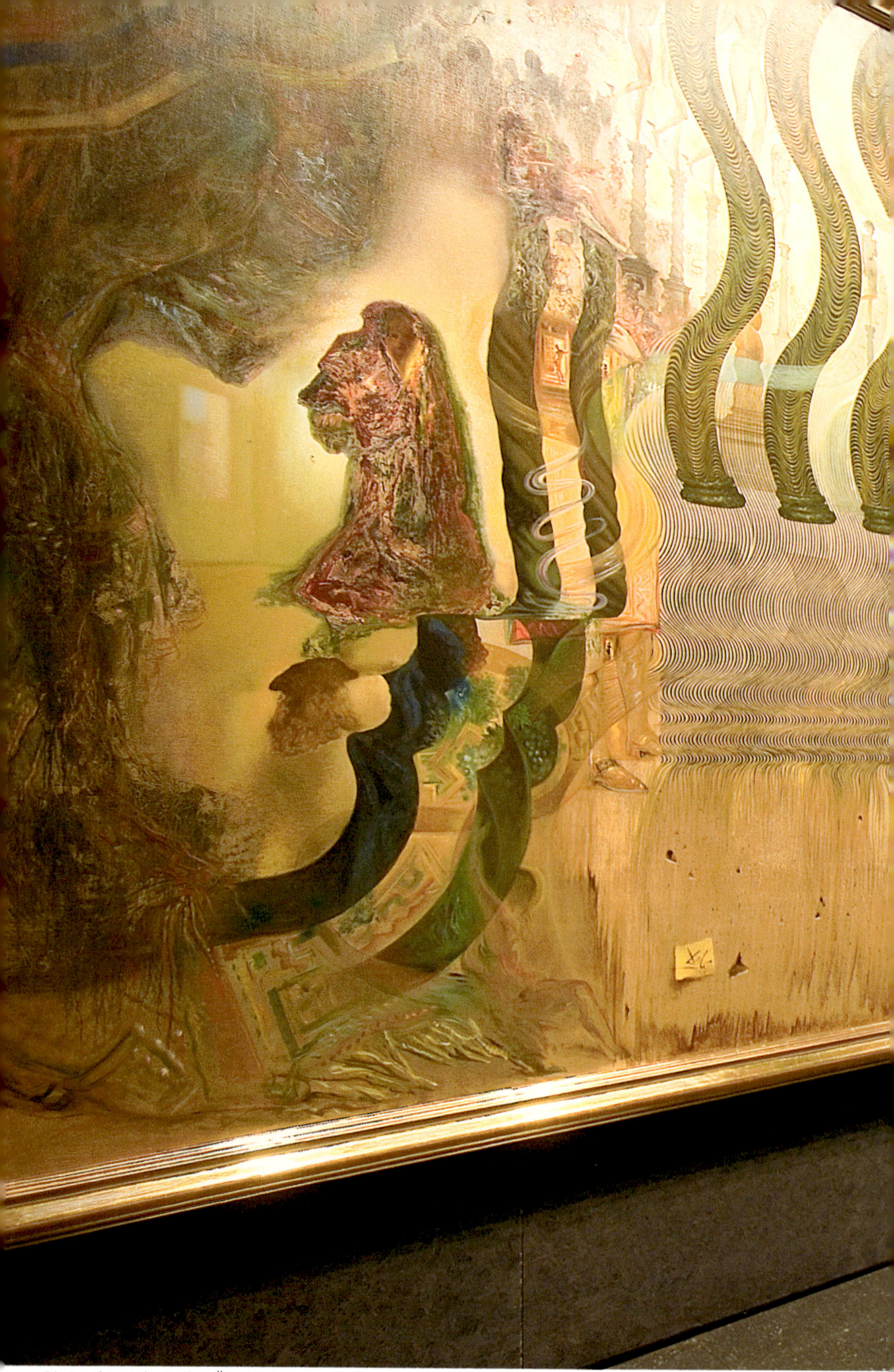

Die Apotheose des Dollars, Öl auf Leinwand, 1965.

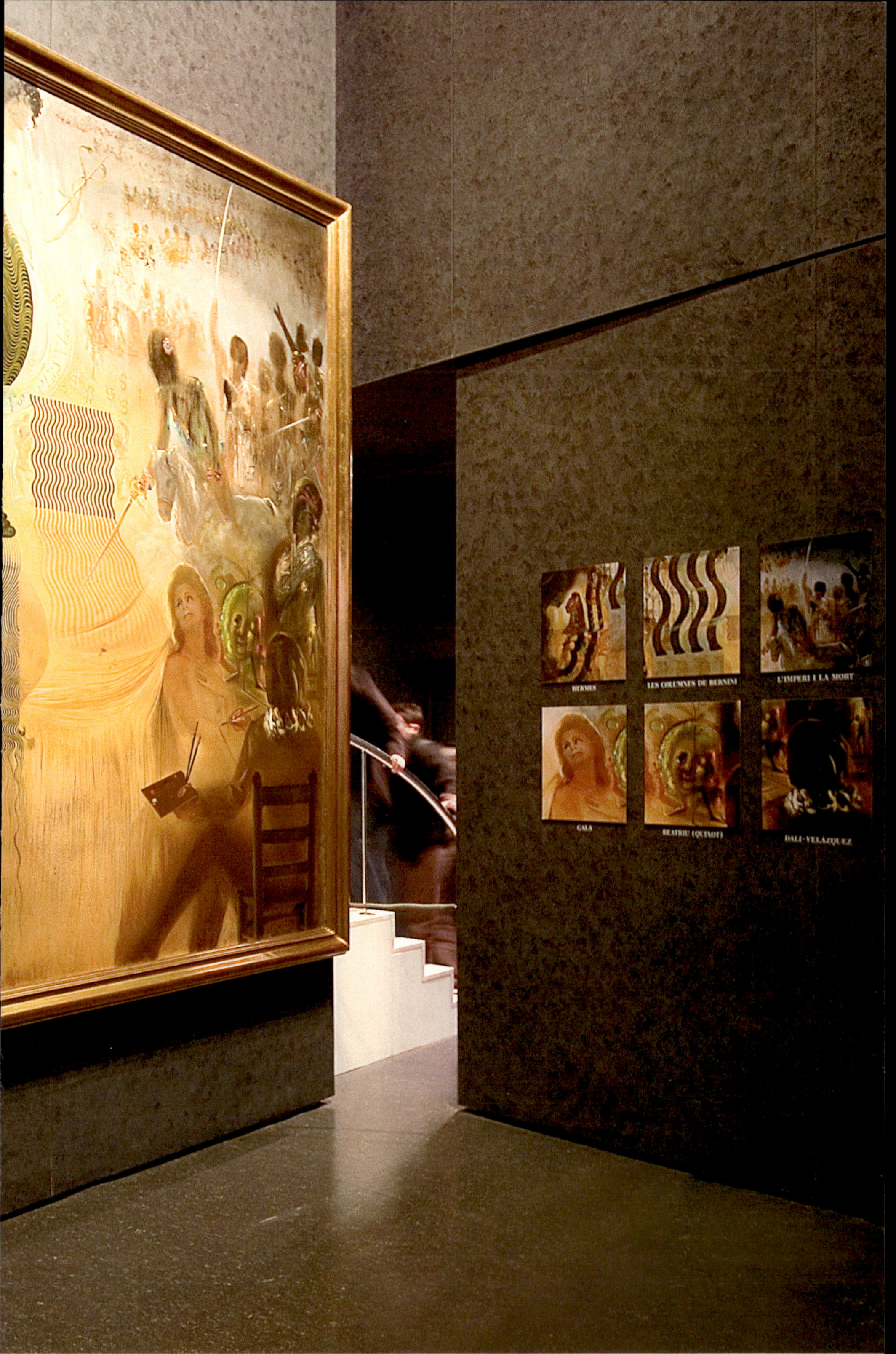
HERMES
LES COLUMNES DE BERNINI
L'IMPERI I LA MORT
GALA
BEATRIU
DALI-VELÁZQUEZ

Hinten im Saal in der ersten Etage am Eingang zu dem Komplex und in der Nähe der Treppe mit Spiegeln, die zur zweiten Etage führt, hängt das Ölgemälde aus dem Jahr 1965 *Die Apotheose des Dollars* **[C40]**, eine Zusammenfassung der bedeutungsvollsten Bilder, Trends, Mythen und Obsessionen, die Dalí sein Leben lang begleiteten. Links das Profil des Hermes von Praxiteles, mit der Figur von Goethe im Schatten der Nase und dem Porträt von Vermeer van Delft im Mundwinkel, Marcel Duchamp, der als Ludwig, der XIV. dargestellt wird, mit einem Lautenspieler von Watteau auf dem Kopf, rechts erscheint ein Dalí-Velazquez beim Malen Galas, an deren Seite die Beatrice von Dante erscheint, die ein doppeltes Bild eines knieenden Don Quijote ist. Darüber die Heere Napoleons, und auf der anderen Seite die Soldaten der Schlacht bei Tetuan. All diese Bilder strukturieren sich rund um die gewundenden Säulen des Baldachins von Bernini in der Peterskirche von Rom.

Die Schmuckstücke bilden eine zusammenhängende und originale Sammlung, die von dem Schmuckatelier Alemany und Ertman in New York geschaffen wurden. Dalí erklärte: „Ich entwerfe, erfinde, stelle mir vor, wie die großen Künstler der Renaissance Rubens und Durero, und wenn es zur Ausführung kommt, lege ich mein Entwürfe in die Hände der Geschicklichkeit der besten Kunsthandwerker, die ich dabei überwache, wie ich es, bis auf wenige Ausnahmen, immer zu tun pflegte."

Die ersten Schmuckstücke entstanden in seiner surrealistischen Phase, die nächsten in der mystisch-nuklearen Epoche und die letzten beinhalten mechanische Bewegungen. Von der weichen Uhr aus *Das Beharren der Erinnerung* (1949) bis zum dem Kreuz *Das Licht Christi* (1953) und dem mechanischen *Das Königliche Herz* (1953) **[C36]**, das schlägt.

Diese Werke verbinden die Geschicklichkeit meisterhafter Kunsthandwerker mit den Künsten der Bildhauerei und Malerei. Großteils sind es keine Schmuckstücke, die man tragen kann, und die Edelsteine werden als bildliche Elemente benutzt. Manchmal malte Dalí aber auch direkt auf den Stein. Das ist der Fall bei *Der Engel der Ewigkeit*, der das Schmuckstück *Die Trauben der Unsterblichkeit* (1970) beherrscht, *Pax vobiscum* (1968), *Daphne* (1967) und *Das Kreuz des Engels* (1960), alles Schmuckstücke mit unvergleichlicher Schönheit.

Die Symbolik Dalís ist in größerem oder kleineren Maße auch immer in seinen Schmuckstücken zu finden. Die Brosche mit dem Namen *Das Beharren der Erinnerung*, die deutlich das bekannte Gemälde aus

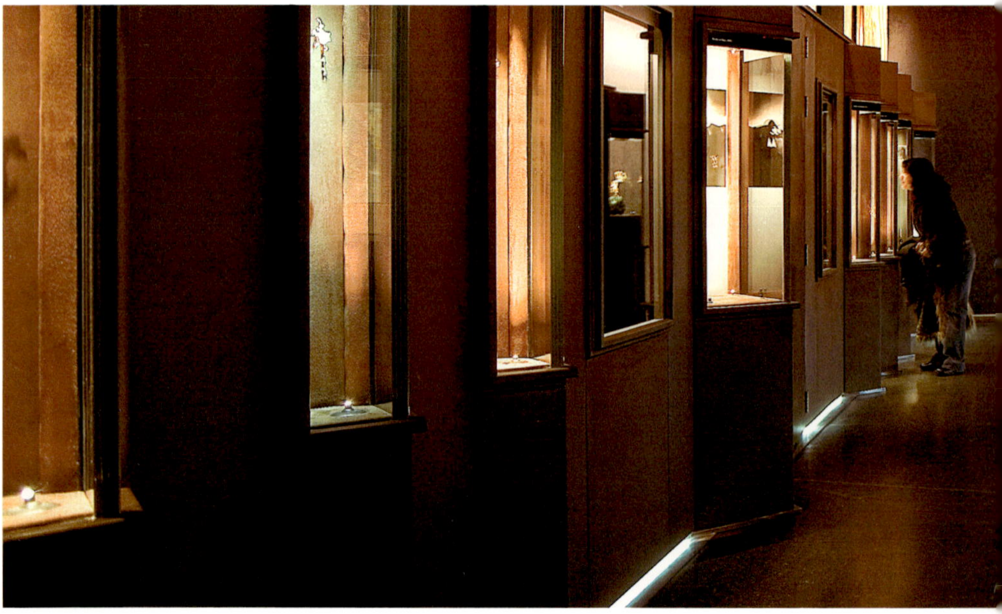

Saal "Dalí Schuckstücke".

dem Jahr 1931 nachbildet, ist das offensichtlichste Beispiel dafür. Diese Uhr, der man so viele Bedeutungen beimessen kann, ist eine Konstante in seinem gesamten Schaffen. Der Verlauf des Lebens ist auch in *Auge der Zeit* (1949) zu erkennen, ein Auge, das auf andere Weise und in Zusammenarbeit mit Luis Buñuel bereits in dem Film *Der andalusische Hund* (1929) verewigt wurde, und Jahre später, 1945, in dem Hitchcock-Film *Ich kämpfe um Dich (Spellbound)*. Das Symbol des Telefons, *Telefonische Ohrringe* (1949) erscheint auch oft in seinen Werken. Hier bezog sich Dalí auf die technischen Fortschritte, die Geschwindigkeit der modernen Kommunikation und die Gefahr der sofortigen Veränderung des Denkens. Die religiöse Thematik, die vor allem durch das Kreuz dargestellt wird, ist in den Schmuckstücken sehr stark zu finden. Ebenso bezieht er sich auf das Ballett, z. B. mit dem Schmuckstück *Der Schwanensee* (1959) oder auf seine Leidenschaft für visuelle Effekte, die man an dem Kollier *Der Baum des Lebens* (1949) erkennt, in dem das doppelte Bild in Form eines weiblichen Antlitzes sichtbar wird. Auch mythologische Bezüge fehlen nicht, *Daphne und Apoll* (1953), oder Bezüge auf die Weltliteratur, *Ophelia* (1953), auf die Renaissance, Cellini und natürlich auch auf Paolo Uccello, *Der Kelch des Lebens* (1965) **[C41]**, auf den Wunsch nach Unsterblichkeit, auf die Welt der Pflanzen und Minerale und auf seine antropomorphen Manifestationen, auf die poetisch-volkstümliche Welt, *Rubinlippen* (1949) oder auf die Gegenwart, die technischen und wissenschaftlichen Fortschritte, *Der räumliche Elefant* (1961).

Schließlich gibt es auch indirekte Bezüge. In den Skizzen, die er für den Pavillon Der Traum der Venus schuf, den er 1939 zur Weltmesse in New York vorstellte, zeigte er bereits Sirenen und weibliche Gestalten, die Originalkolliers aus Austern trugen. Auf dem Ölgemälde *Galarina* (1945)**[C32]**, das im Schatzsaal ausgestellt wird, zeigt er Gala mit einem wundervollen Armband von Fabergé, das er meisterhaft und sehr detailgetreu malte, und das er auch als symbolische Schlange in dem Gemälde *Die Ursünde* (1941) benutzte. In einer früheren Zeichnung, *Studie zur „Galarina"* (1943) **[C28]**, die im Windpalast hängt, stellte Dalí sehr detailgetreu den Anhänger dar, den Gala trug. Und gleichzeitig malte er 1945 das *Porträt der Mrs. Isabel Styler-Tas*, die eine Brosche mit einer Person im Zentrum trägt, aus der ein Baum wächst, und an der sich unten Perlen befinden. Wenn man das Schmuckstück *Daphne* (1967) betrachtet, erinnert man sich an dieses Porträt, die Idee der Perle oder des Steines, im Raum hängend, die man in dem Gemälde *Die Madonna von Portlligat* (1950) sieht, und mit Piero della Francesca selbst assoziieren Kann.

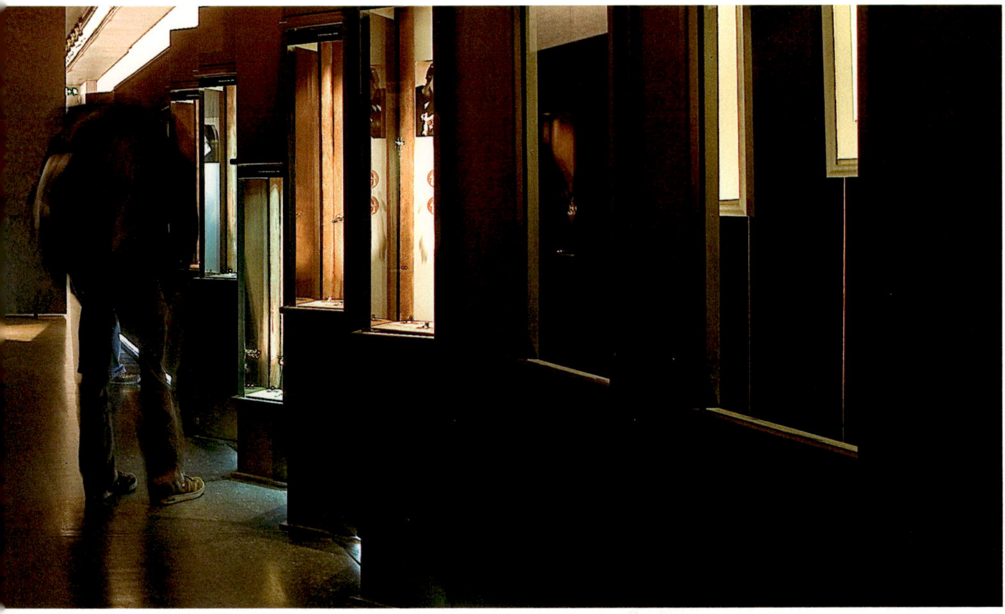

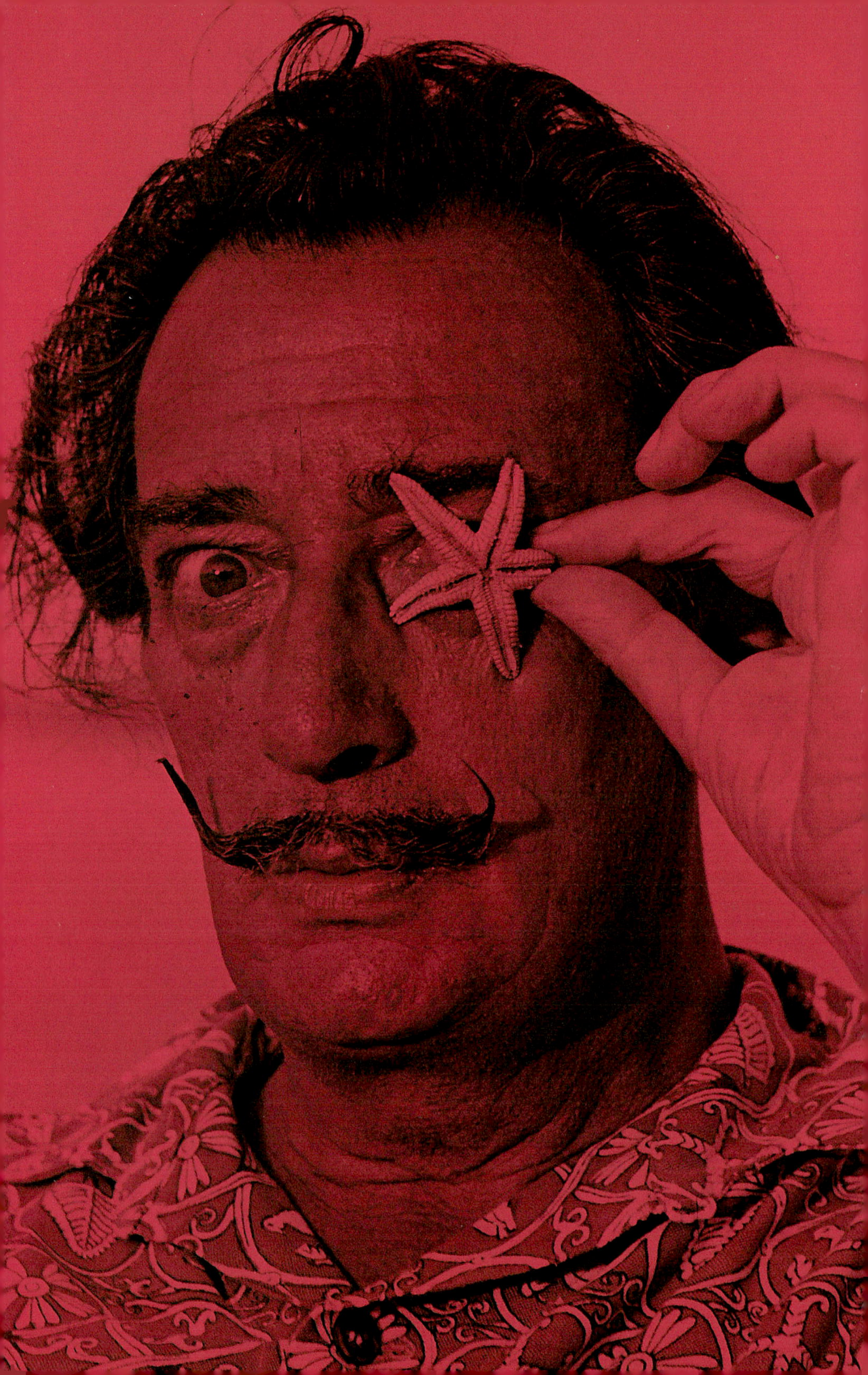

Wir stellen in chronologischer Ordnung eine Auswahl der bedeutendsten Werke des Theater-Museums Dalí dar, mit einer kurzen Besprechung jedes Werkes und Angabe des Raumes, wo es normalerweise ausgestellt wird. Der Ausstellungsort Kann sich gegebenenfalls ändern.

[C]

KATALOG

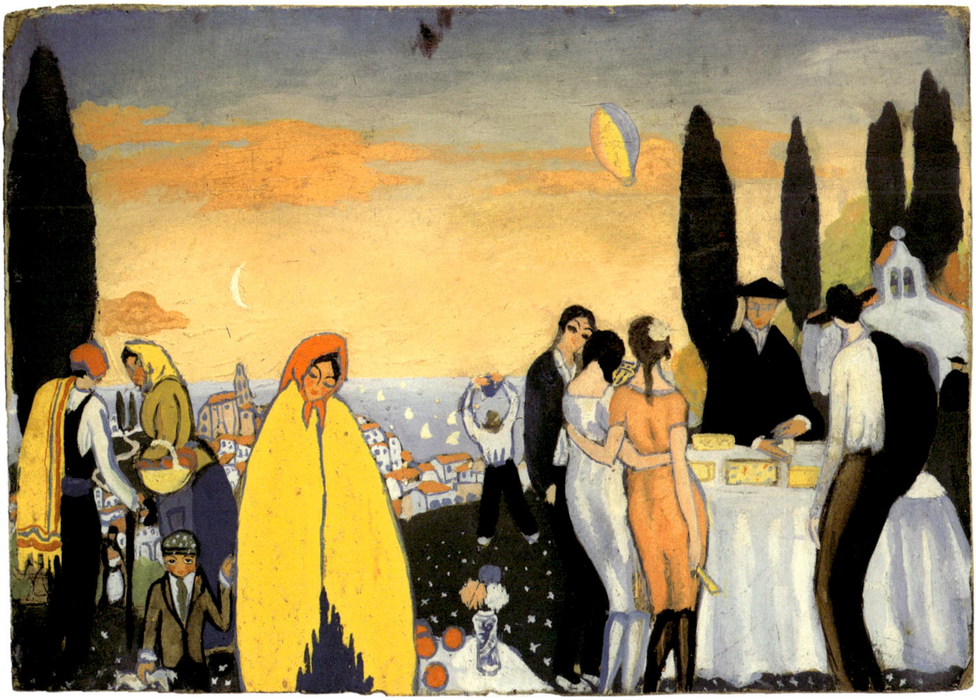

[C1]

WALLFAHRTSFEST AN DER KAPELLE, um 1921.
Tempera / Karton (52 x 75 cm)
Saal 5 Saal der Fischmärkte

Temperagemälde aus einer Epoche Dalís, in der er viele Landschaften, Porträts und Selbstporträts malte. Es handelt sich um eines seiner Erstlingswerke, das vom katalanischen Noucentisme inspiriert war, ganz besonders von den Werken von Xavier Nogués und Ramon Pitxot. Dargestellt wird ein Fest an der Wallfahrtskapelle Sant Sebastià, das am 20. Januar gefeiert wird, wenn die Menschen aus Cadaqués ihre Wallfahrt zu dieser Kirche machen. Die Ästhetik dieses Werkes ist sehr eng mit dem Katalanismus und dem Kostumbrismus verbunden, die auch in den ausdrucksvollen katalanischen Heiligenfiguren aus Keramik zu finden sind, besonders auf Kacheln. Auf der Rückseite sehen Sie das Temperagemälde *Volksfest Santa Creu in Figueres*, das ungefähr aus dem Jahr 1922 stammt.

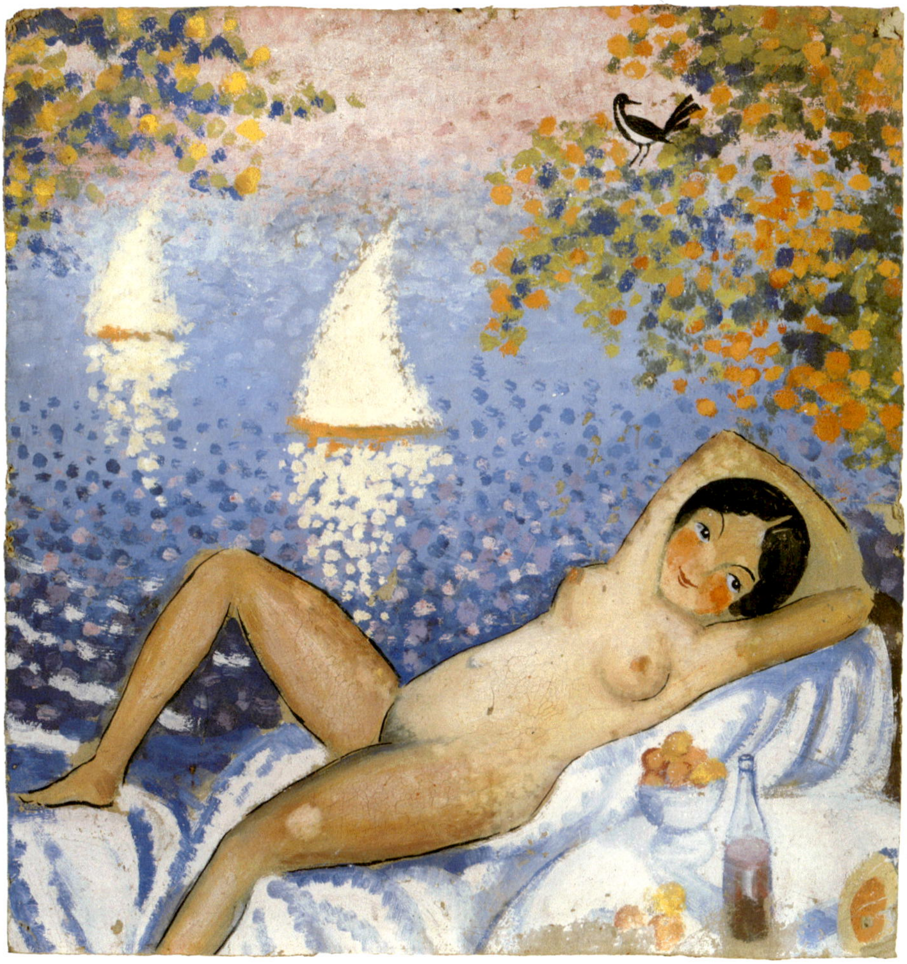

[C2]

DIE LÄCHELNDE VENUS, um 1921.

Tempera / Karton (51,50 x 50,30 cm)

Saal 5 Saal der Fischmärkte

Dalí stellte dieses Werk vom 16. bis zum 31. Januar 1922 in der Galerie Dalmau in Barcelona innerhalb einer „studentischen Ausstellung und Wettbewerbs" aus, der von der katalanischen Studentenvereinigung organisiert wurde. Die Kritik der damaligen Zeit verglich das Werk mit Giorgiones *Schlafender Venus*. Es könnte sich auch um eine Version Dalís von Luxus, *Ruhe und Wollust*, ein Werkes von Matisse handeln. Dalí benutzte eine pointillistische Technik, die in dieser Epoche sehr beliebt war, und die er in den Arbeiten von Ramon Pitxot in dem Landhaus El Molí de la Torre, das die Familie Pitxot in der Nähe von Figueres besaß, gesehen hatte. Dalí versah das Gemälde mit ironischen Anmerkungen wie der Elster und dem Lächeln der Venus.

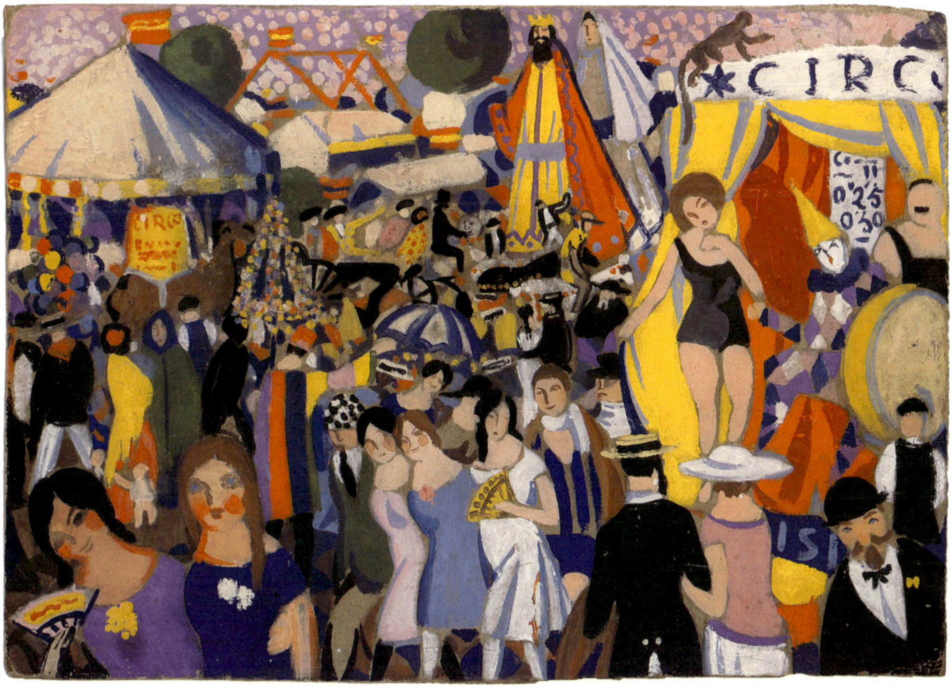

[C3]

VOLKSFEST SANTA CREU IN FIGUERES, um 1922.
Tempera / Karton (52 x 75 cm)
Saal 5 Saal der Fischmärkte

Ein sehr farbenfrohes Werk, eine Darstellung des Stadtfestes von Figueres, das an den Tagen um den 3. Mai jedes Jahres gefeiert wird, das Fest Santa Creu. Besonders interessant sind die vielen, für diese Festtage typischen Personen: der Stierkämpfer, der in einer Kutsche aus der Arena zurückkehrt, der Fußballspieler, noch im Trikot, der vom Fußballplatz zurückkehrt, Figuren aus dem Zirkus, die Karussells, die Giganten, und im Hintergrund, die bunte Menschenmenge. Im unteren rechten Winkel sieht man das Gesicht einer Person, die laut Dalí aus dem Nachbarland zu diesem Fest kam. In *Ein Tagebuch: 1919-1920 Meine intimsten Eindrücke und Erinnerungen* beschrieb Dalí diese Festtage besonders schön: „Es ist etwas mit einem ganz ausgesucht hellenischem Geschmack". Er spricht von „hellen und belebten" Tagen, und von der Stimmung, die so gut in diesem Gemälde zum Ausdruck kommt.

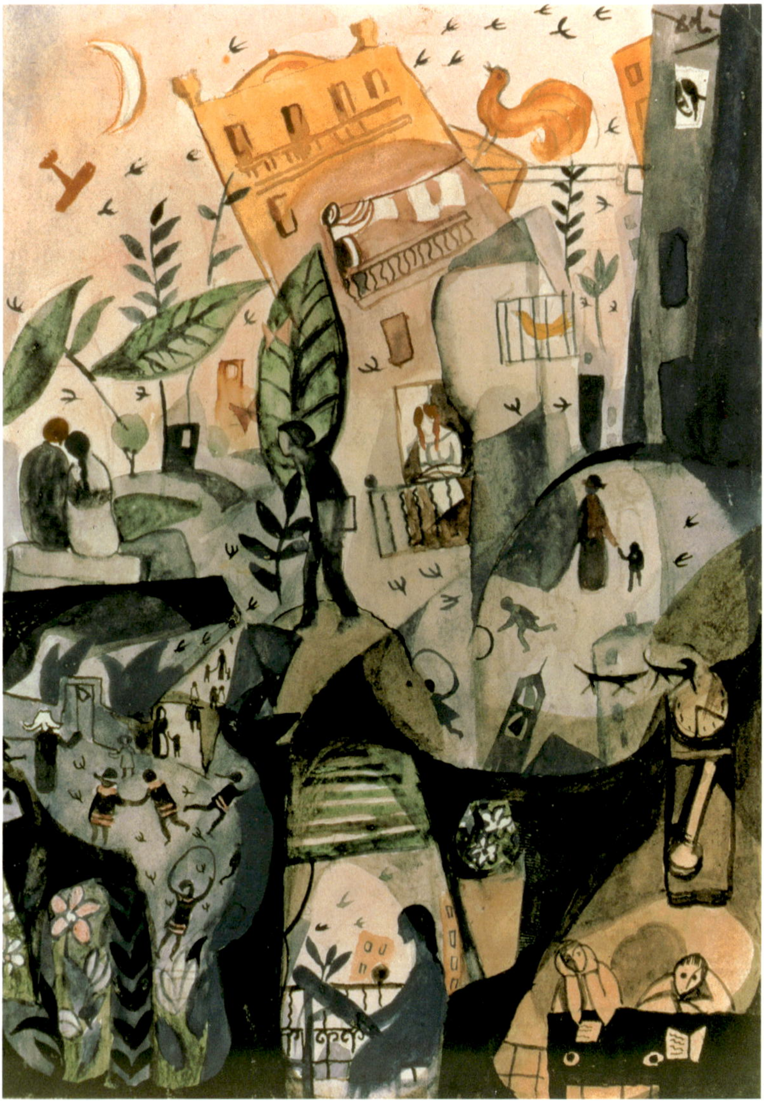

[C4]

DIE ERSTEN FRÜHLINGSTAGE, um 1922-23.

Chinatinte und Gouache / Papier (20,80 x 15 cm)

Saal 5 Saal der Fischmärkte

1922 wohnte Dalí in dem Studentenheim von Madrid. Dieser Aufenthalt sollte seine persönliche und künstlerische Laufbahn stark prägen. Er schloss dort Freundschaft mit Federico García Lorca, Luis Buñuel und Pepín Bello. Zu jener Zeit arbeitete er an einer Reihe von Werken, die Szenen aus dem Nachtleben Madrids darstellten. An diesen Werken lässt sich der Einfluss des Malers Rafael Barradas erkennen. Dieses Werk ist eine lyrische Interpretation von alltäglichen Szenen in Figueres, der Stadt, in der er geboren wurde, und bringt uns seine letzten Erinnerungen, voller Gefühle und Eindrücke, nah. Die Person, die dies alles erlebt, er selbst, befindet sich im Zentrum, umgeben von verschiedenen Szenen. Da sind die Verliebten auf der Parkbank, die Frau, die die Wäsche aufhängt, der krähende Hahn, die Uhr, der unerbittliche Verlauf der Zeit, die Studenten, die klöppelnde Frau, Kinder, die im Hof spielen, das Flugzeug, der Mond und die Vögel.

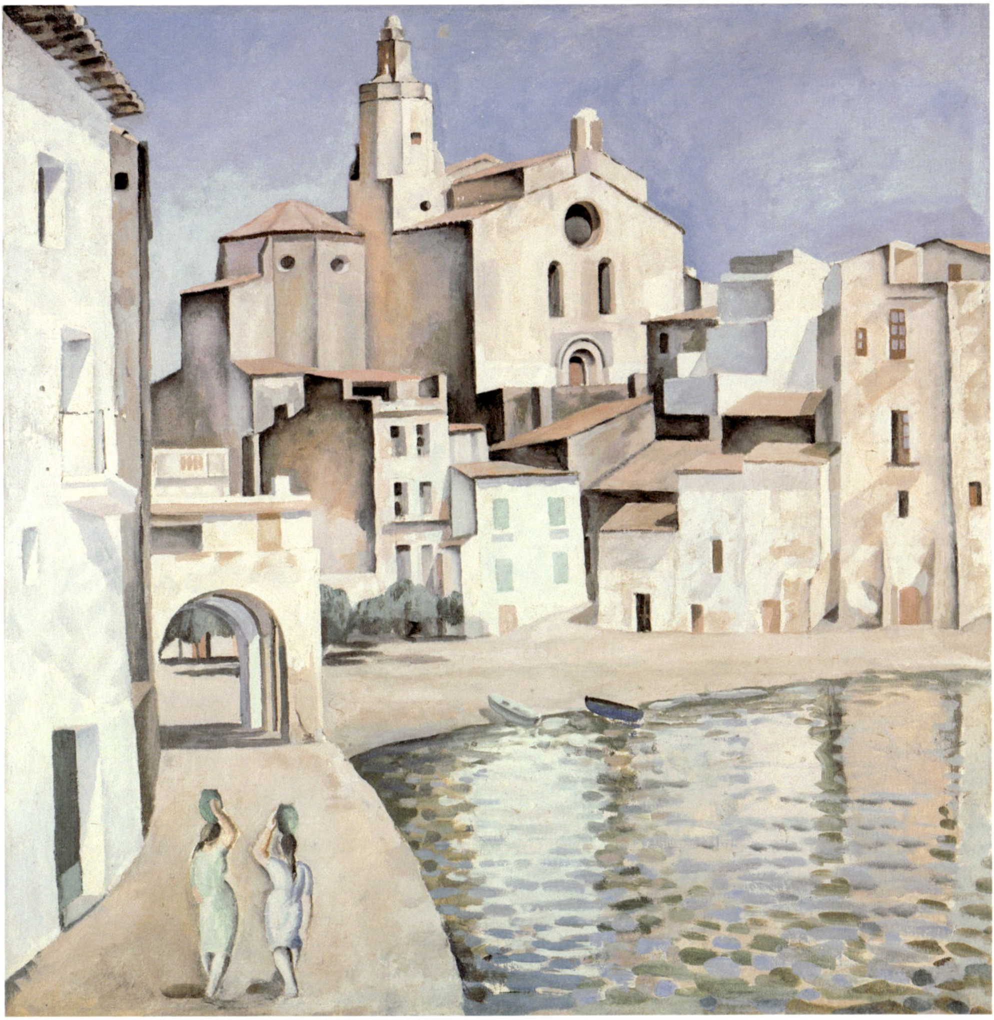

[C5]
PORT ALGUER, um 1923.
Öl / Leinwand (100,50 x 100,50 cm)
Saal 4 Schatzsaal

Ein im Freien gemaltes Bild. Es handelt sich um eine strukturalistische Ansicht von Cadaqués. Das Meer mit seinen Reflexen besteht aus einer Reihe impressionistischer Pinselstriche. Die beiden weiblichen Figuren sind typische Frauen aus Cadaqués mit dem grünen Krug auf dem Kopf. Diese Stilmischung zeigt uns das Werk eines Künstlers, der intensiv nach neuen Wegen und kreativen Mitteln sucht. Das *Ölgemälde Puristisches Stillleben* (1924) stammt aus der gleichen Epoche und zeigt deutlich den Einfluss von Juan Gris. Beide stellten oft in dem Schatzsaal aus, einer dem anderen gegenüber, so dass man erkennen konnte, dass beide ihre Struktur auf der Fensterrose der Kirche von Cadaqués und den kubischen Formen des Gebäudes aufbauten. Dalís Formen jedoch lassen ein Experimentieren in Richtung Purismus erkennen.

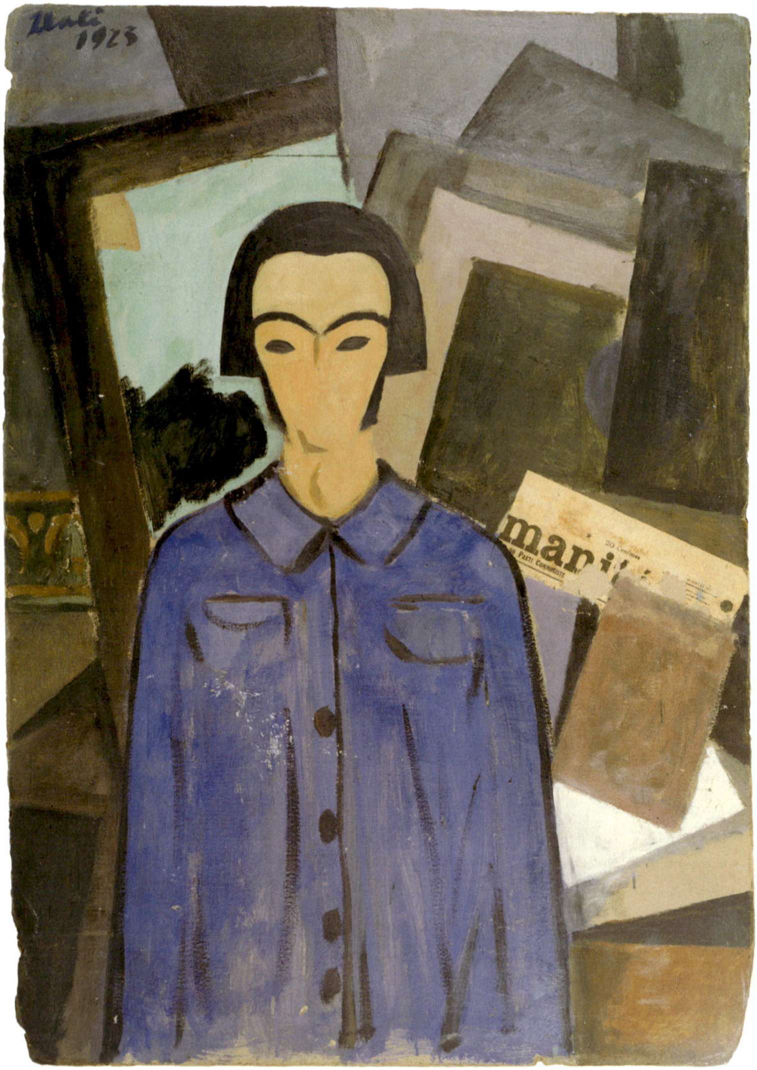

[C6]

SELBSTBILDNIS MIT *L'HUMANITÉ*, 1923.

Tempera, Öl und Collage / Karton (105 x 75 cm)

Saal 5 Saal der Fischmärkte

Dalí stellte sich selbst in den Kleidern eines Arbeiters dar und zeigte seine rebellische und provokante Haltung anhand eines Ausschnitt aus der kommunistischen Zeitung *L'Humanité*, der seine offenkundige Bewunderung für die Idee der Revolution zu bestätigen scheint. So zeigte er sich, den Künstler, zu einem bestimmten historischen und ideologischen Zeitpunkt. Das Ölgemälde stammt aus dem Jahr 1923, aber die Collage aus der Zeitung, die auf dem Karton aufgebracht wurde, vom 24. Juli 1928. Das Werk ist von Rafael Barradas beeinflusst, dessen Werke er im Ateneillo von L'Hospitalet sah. Deutlich wird dies an den geometrischen Strukturen der Bilder im Hintergrund der Werkstatt, an der Zeitung selbst wie auch an der schematischen Definition der Züge des Selbstporträts. In dieser Periode malte Dalí oft Selbstporträts und schuf mit diesen Werken eine Art Zusammenfassung seiner selbst anhand einiger stark unterstrichenen Züge wie Augenbrauen, Augen und Koteletten.

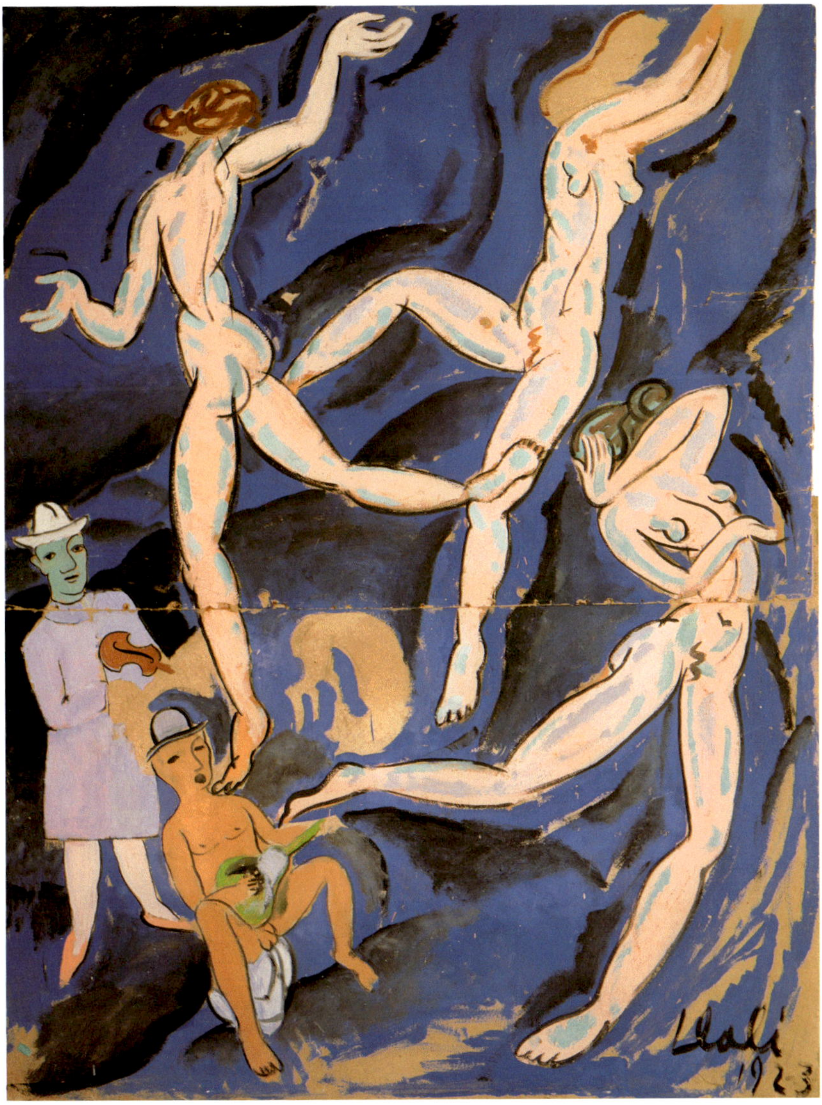

[C7]

SATIRISCHE KOMPOSITION, 1923.

Öl / Karton (138 x 105 cm)

Saal 5 Saal der Fischmärkte

Eine Komposition, die deutlich von Matisse inspiriert ist und völlig mit dessen Werk *Der Tanz* übereinstimmt. Ebenso deutlich werden Figuren mit satirischem Geist hinzugefügt, in der unteren, linken Ecke des Ölgemäldes zu erkennen, die auf die volkstümliche Ästhetik der Keramik zurückzuführen sind. Dalí erinnert an die volkstümliche, russische Ikonographie, die vor allem von Marc Chagall dargestellt wurde.

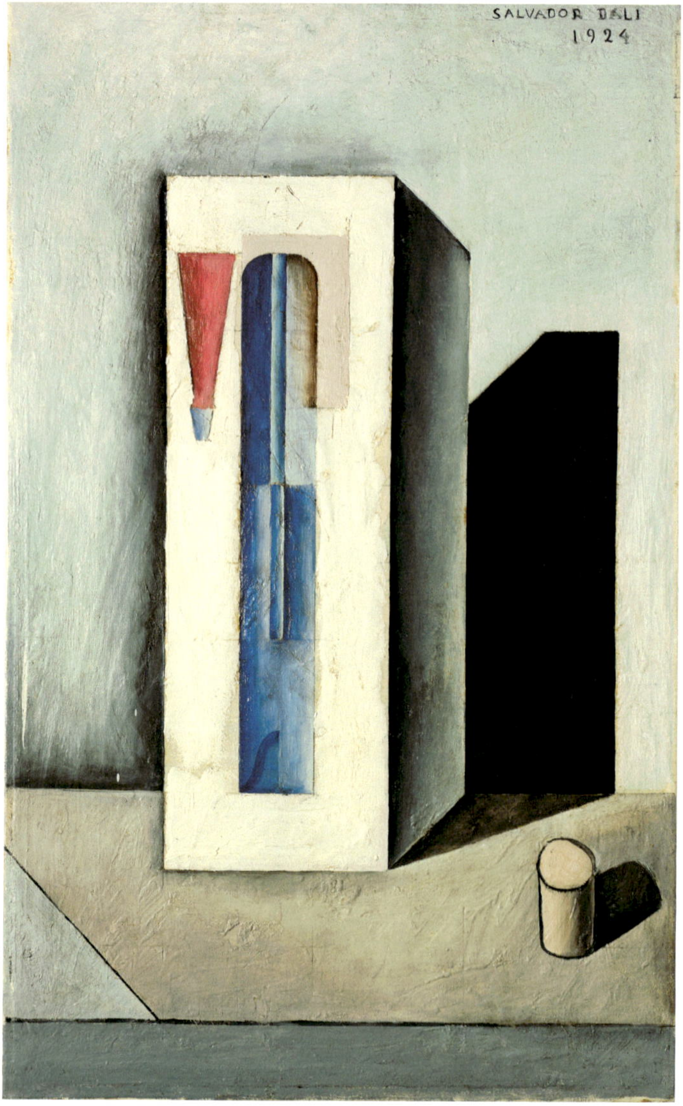

[C8]

SODA-SIPHON UND RUMFLASCHE (KUBISTISCHES GEMÄLDE), 1924.
Öl / Leinwand (80,50 x 50 cm)
Saal 4 Schatzsaal

Dieses Ölgemälde auf halbem Wege zwischen den kubistischen Strömungen jener Zeit und den Werken der italienischen Metaphysiker, der „Scuola Metafisica", die er in der Zeitschrift *Valori Plastici* gesehen hatte, wurde 1925 auf zwei wichtigen Ausstellungen gezeigt, zunächst in der Primera Exposición de la Sociedad de Artistas Ibéricos (Erste Ausstellung der Gesellschaft Iberischer Künstler) im Ausstellungspalast des Retiro in Madrid und in seiner ersten Einzelausstellung in der Galerie Dalmau in Barcelona. Im gleichen Jahr schrieb er folgende Worte an Federico García Lorca: „Ich arbeite an Studien, in denen ich die Atmosphäre, oder besser gesagt, den Aufbau der Leere nachempfinden will. Ich glaube, dass die Formbarkeit der Löcher sehr interessant ist, aber sich noch niemand damit befasst hat, da diese Formbarkeit sich fast immer aus der der festen Körper ergibt".

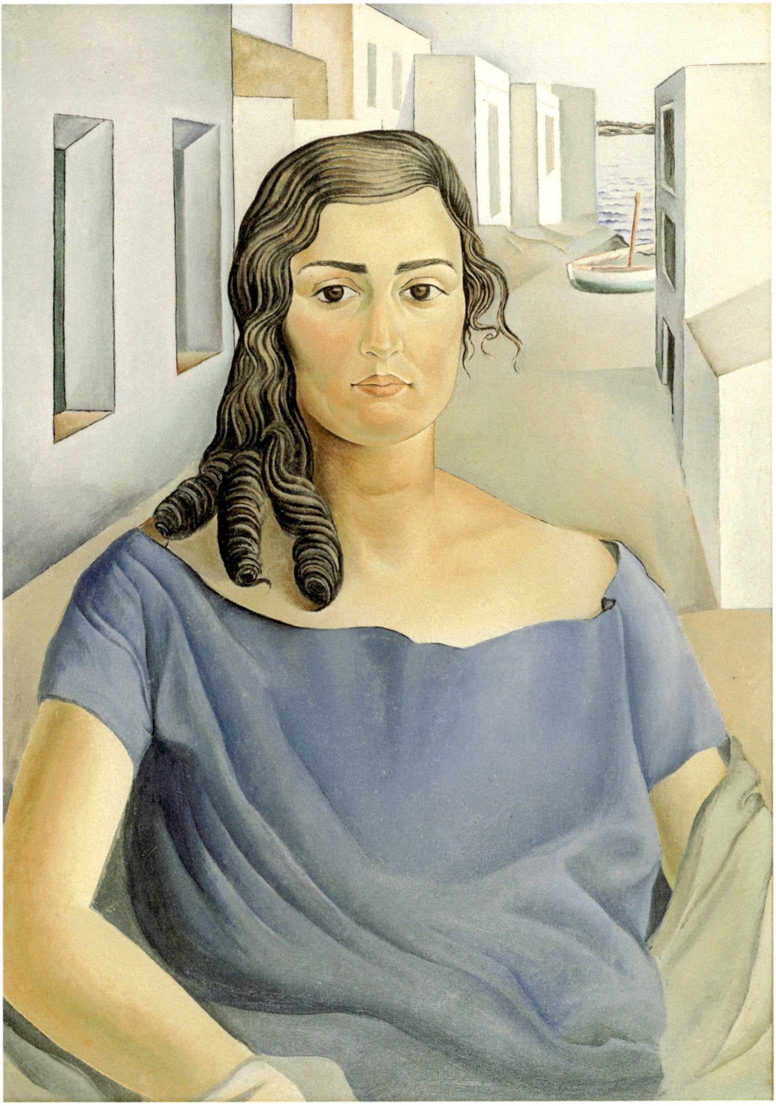

[C9]

BILDNIS MEINER SCHWESTER, 1925.
Öl / Leinwand (92 x 65 cm)
Saal 5 Saal der Fischmärkte

Dieses Ölbild wurde ebenfalls während seiner ersten Einzelausstellung in der Galerie Dalmau in Barcelona vom 14. bis zum 27. November 1925 gezeigt. Es handelt sich um ein Porträt von Anna Maria, der Schwester des Künstlers, die in den Zwanzigerjahren sein Modell war. Dieses Ölgemälde ist ein gutes Beispiel für den futuristischen Einfluss, der Dalí in dieser Zeit so stark in seinen Bann geschlagen hatte, insbesondere die Werke von Carrà, aber auch die von Künstlern wie De Chirico und Boccioni. Die Landschaft, die die Figur umgibt, Cadaqués, wird eher symbolisch als realistisch dargestellt und spiegelt erneut den ästhetischen Einfluss wieder, den die Zeitschrift *Valori Plastici* und deren Umkreis auf den Künstler ausübten.

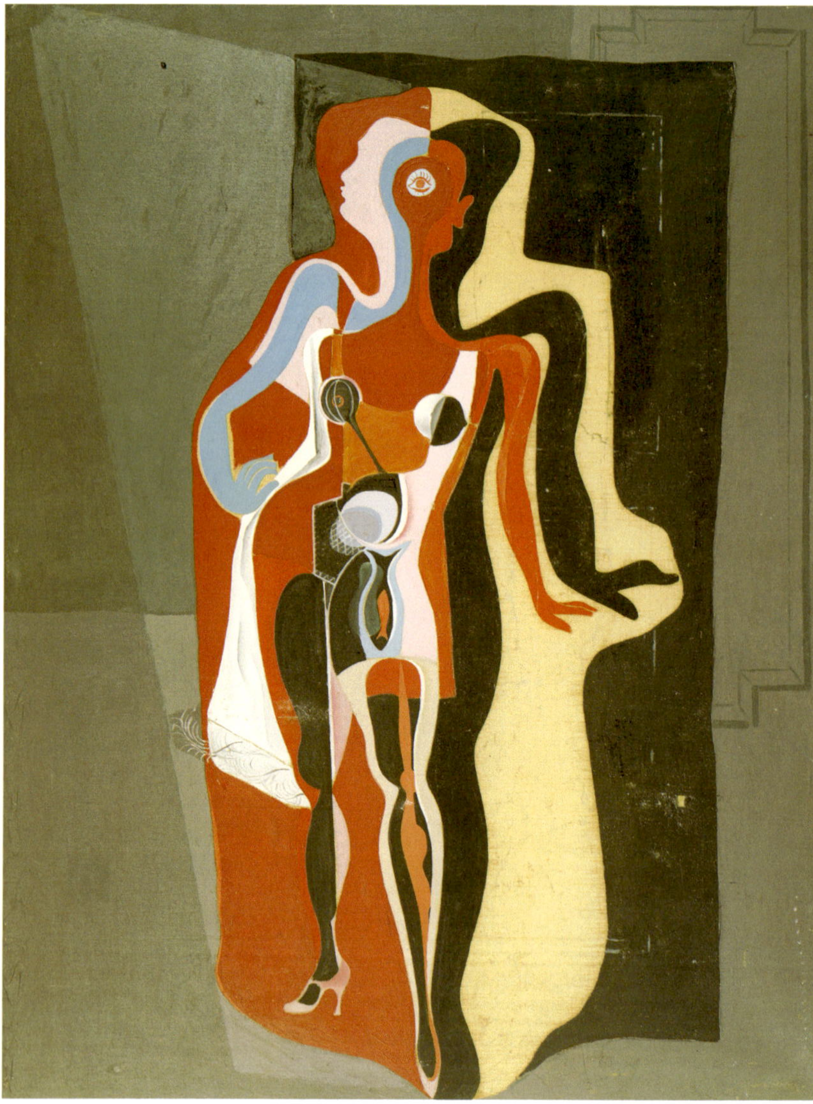

[C10]

MANNEQUIN AUS BARCELONA, 1926.
Öl / Leinwand (198 x 148 cm)
Saal 5 Saal der Fischmärkte

Dieses Werk wurde in der Ausstellung des katalanischen, malerischen Modernismus in Gegenüberstellung zu einer Auswahl von Werken von ausländischen Avantgardekünstlern gezeigt, die zwischen dem 16. Oktober und 6. November 1926 in der Galerie Dalmau in Barcelona stattfand. Sebastià Gasch schrieb in dem Vorwort zu der Ausstellung: „Die moderne Malerei ist nichts anderes als die gleiche Malerei, die es in allen Epochen der Kunstgeschichte gab; die gleiche Malerei, aber ohne all diese nicht künstlerischen Besorgnisse, die sie manchmal verunstalteten und fast immer prostituierten". Wir können die dreifache Silhouette des Kopfes mit den die Phantasie anregenden und beschreibenden Schatten erkennen. Die Puppe besteht aus verschiedenen symbolischen Formen und Elementen wie dem Auge, dem Halbmond, dem Fisch mit seiner sexuellen Symbolik und dem Strumpfband.

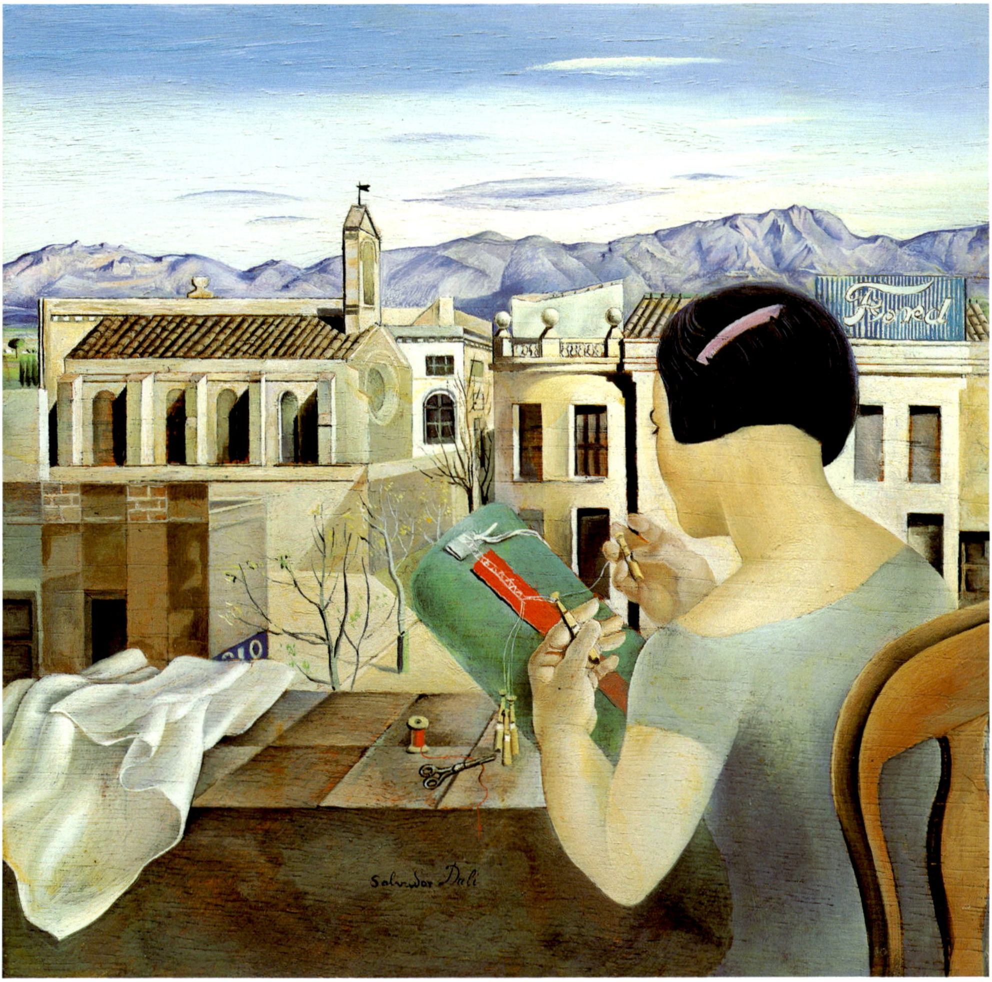

[C11]

MÄDCHEN VON FIGUERES, um 1926.

Öl / Holz (20,80 x 21,50 cm)

Saal 4 Schatzsaal

Dieses Ölgemälde wurde in seiner zweiten Einzelausstellung zwischen dem 31. Dezember 1926 und dem 14. Januar 1927 in der Galerie Dalmau in Barcelona gezeigt, die dem Thema seiner ersten Parisreise im April 1926 gewidmet war, als er die Werkstatt von Picasso besuchte, den er als einen Meister betrachtete. Aufgrund der realistisch genauen Darstellung der Landschaft im Gegensatz zu der erfundenen Gestalt, die man zu dem weiblichen Stereotyp der Mode und Werbung der damaligen Epoche in Beziehung setzt, wirkt das Werk sehr beunruhigend. Auffallend ist eine Anzeige des Autowerkes Ford. In seinen letzten Jahren in Figueres, in Torre Galatea, äußerte der Maler beharrlich seinen Wunsch, dieses Ölgemälde wieder zu erlangen, um es im Theater-Museum auszustellen. Schließlich konnte es erworben werden und es wird im Sala gezeigt.

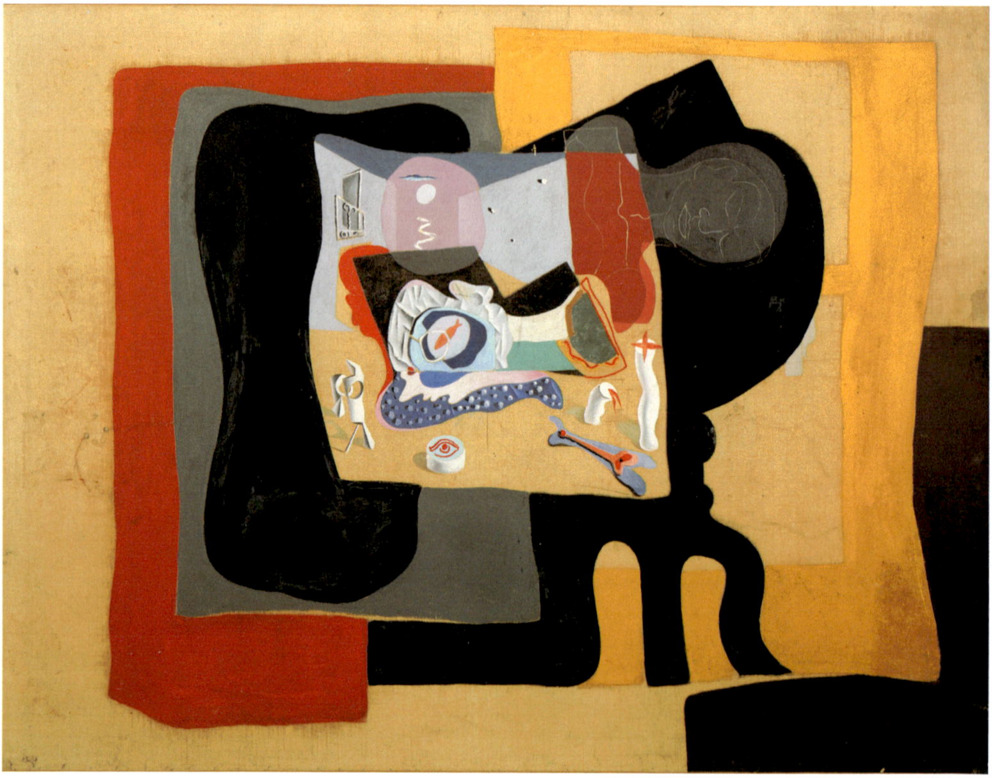

[C12]

STILLLEBEN BEI MALVENFARBENEM MONDSCHEIN, 1926.
Öl / Leinwand (148 x 199 cm)
Saal 4 Schatzsaal

Es wurde während der zweiten Einzelausstellung Dalís zwischen dem 31. Dezember 1926 und dem 14. Januar 1927 in der Galerie Dalmau in Barcelona gezeigt. Auch dieses Werk ist deutlich von Picasso beeinflusst und Dalí selbst betrachtet es als eine Vorkomposition zu seinen berühmten weichen Uhren. Wenn man es mit dem vorhergehenden Ölgemälde *Mädchen von Figueres* vergleicht, zeigt es deutlich den Schritt von einem Realismus mit phantasievollen Beiträgen zu einer größeren Freiheit, in der sowohl der Einfluss Picassos als auch die literarische und plastische Phantasiewelt von Federico García Lorca zu erkennen sind. Die Idee des nicht körperlichen Kopfes ist von dem Werk Picassos *Atelier mit Gipskopf* aus dem Jahr 1925 beeinflusst.

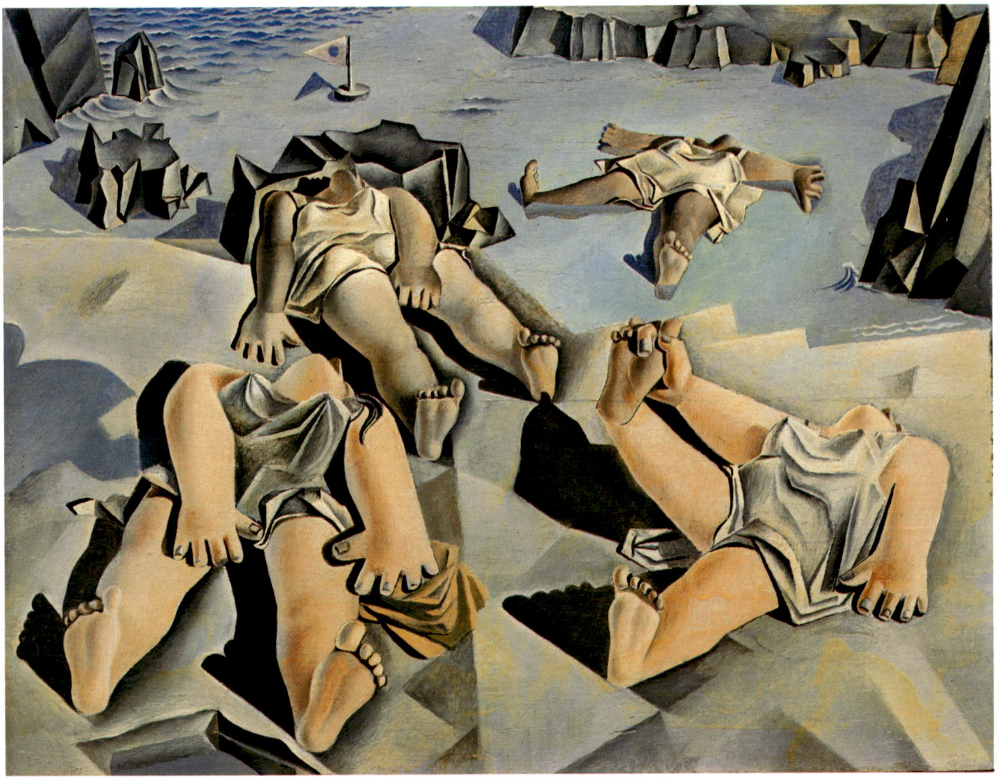

[C13]

SCHLAFENDE FRAUEN AM. STRAND IM SAND LIEGENDE GESTALTEN, 1926.
Öl / Holz (20,70 x 27,30 cm)
Saal 4 Schatzsaal

Dieses Werk wurde in der zweiten Einzelausstellung Dalís in der Galerie Dalmau zwischen dem 31. Dezember 1926 und dem 14. Januar 1927 in Barcelona gezeigt. Das Werk entstand sicherlich nach dem Besuch Dalís in Picassos Atelier in Paris. Der Eindruck, den dieser Besuch in Dalí hinterließ und der Ausschluss aus der Akademie der Schönen Künste San Fernando in Madrid, der im gleichen Jahr erfolgte, führten zu einem Richtungswechsel im Werk des Künstlers und zum Einschlagen innovativer, ästhetischer Wege. Ein strukturiertes, geometrisches und ausgefeiltes Werk, das deutlich unter dem Einfluss von Juan Gris und Georges Seurat steht. Die Figuren sind fest, körperhaft, vegetativ und völlig in die Felsen integriert. Dalí bezeichnete diese weiblichen gebückten Figuren auf mürrische Weise als „Korkstücke“, und wollte sie so als statische Elemente aus Kork definieren, die über die Erde zerstreut sind.

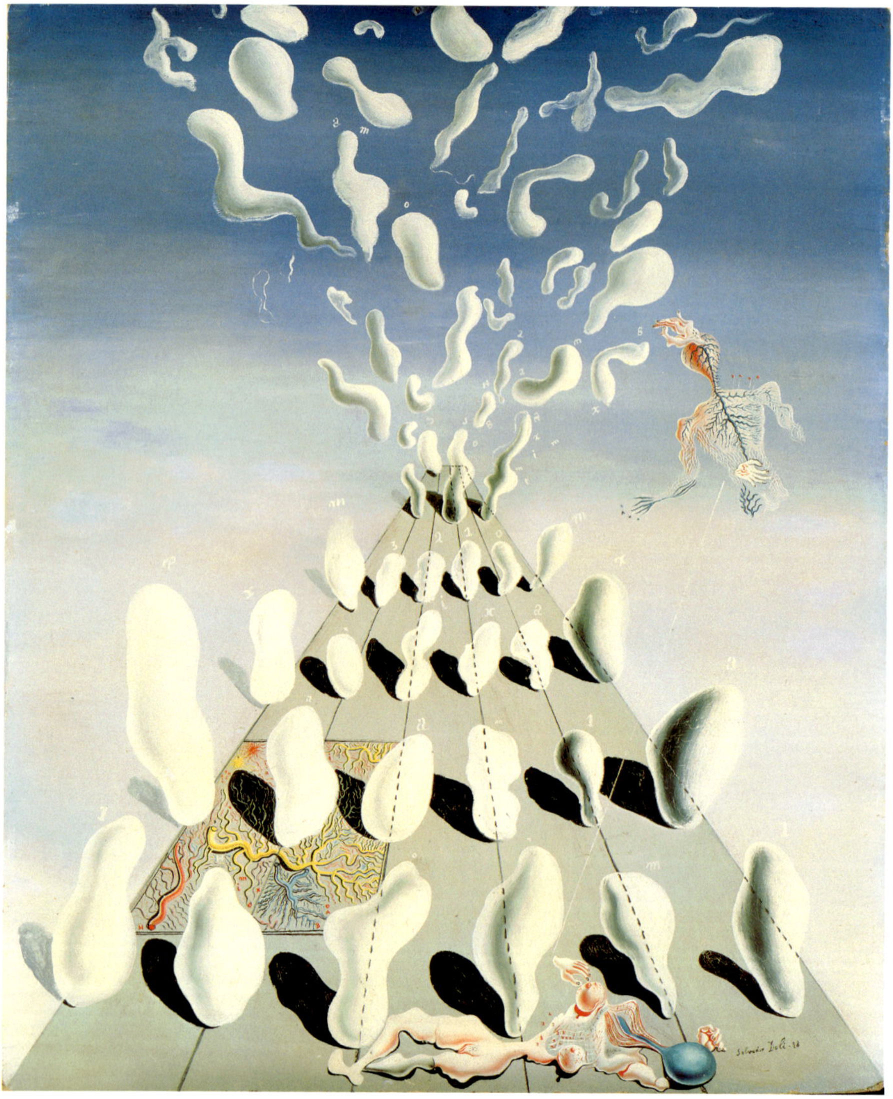

[C14]

EINWEIHUNGS-GÄNSEHAUT, 1928.

Öl / Karton (76 x 63,20 cm)

Saal 4 Schatzsaal

Dieses Werk, das die großen Gemälde Dalís in den Dreißigerjahren vorweg nimmt, zeigte Dalí André Breton und der Gruppe der Surrealisten. Man spürt noch etwas von Yves Tanguy, sowohl in der Art und Weise, wie der Raum konstruiert wurde als auch in den weißen weichen Formen, die auf dem Ölgemälde schweben. Es sind die Teilchenformen einer hypnagogischen Vision, die die arithmetische Starrheit einer Zahlenreihe kombiniert, und so den dominierenden Romantizismus ihrer Ursprünge der anfänglichen Unterwerfung unter starre Normen gegenüberstellt, die er in der Zeitschrift *L'Esprit Nouveau* von Ozenfant und Jeanneret (Le Corbusier) erlernte. Dalí möchte einen Wert zuweisen und das nicht Greifbare nummerieren.

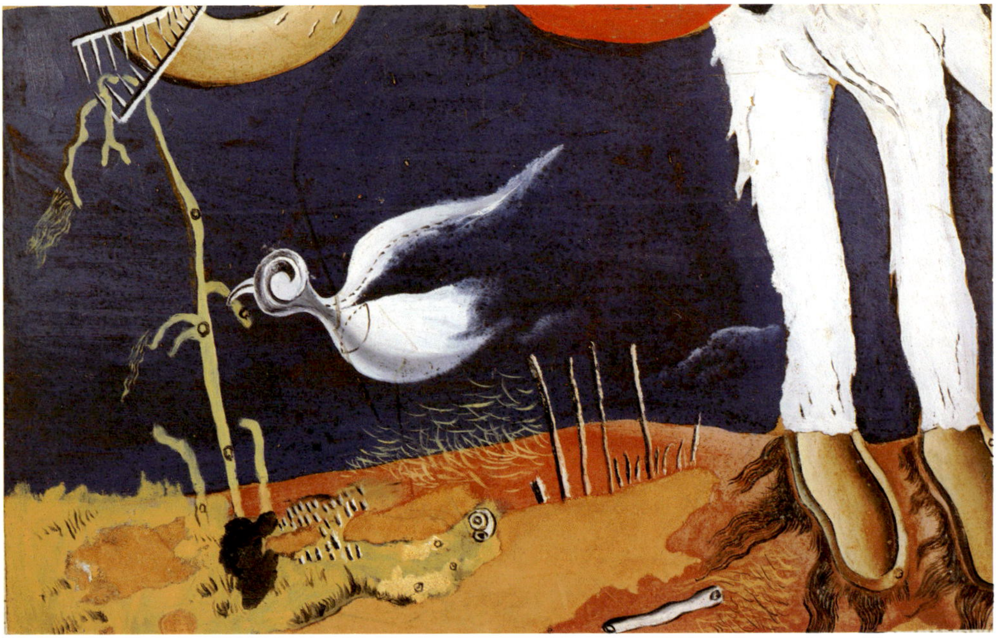

[C15]

VOGELKADAVER. um 1928.
Mischtechnik / Karton (35 x 57 cm)
Saal 5 Saal der Fischmärkte

Ein klares Beispiel für Dalís erste Schritte in der surrealistischen Welt mit Überschneidungen mit Joan Miró. Diese Ästhetik hatte in den Werken der Gruppe *Dau al Set* in Form von Monstren, doppelten Bildern und Verwandlungen tiefe Spuren hinterlassen. Das waren Augenblicke, in denen Dalí absolut und frei mit der Welt des Unbewussten experimentierte, mit der Benutzung von Elementen, die in der Welt der Kunst die Vorwegnahme der Collage mit Sand und anderen Materialien bedeutete. Sebastià Gasch drückte dies in *L'Amic de les Arts* [Der Freund der Künste] aus: „Eine Verfahrensweise, die völlig von denen entfernt ist, die bis heute von den Malern benutzt wurden, fast auf den Antipoden gelegen. Ein rein NICHT MALERISCHES Verfahren. Und wir befinden uns hier vor der berühmten Ermordung der Kunst". Schnecken, Fossilien, Objekte mit phallischer Bedeutung gehören zu einem verfaulten Universum aus Vögeln, Gestirnen und Trugbildern, die aus der Erde herausquellen, mit hervorgehobenen Spuren im Vordergrund.

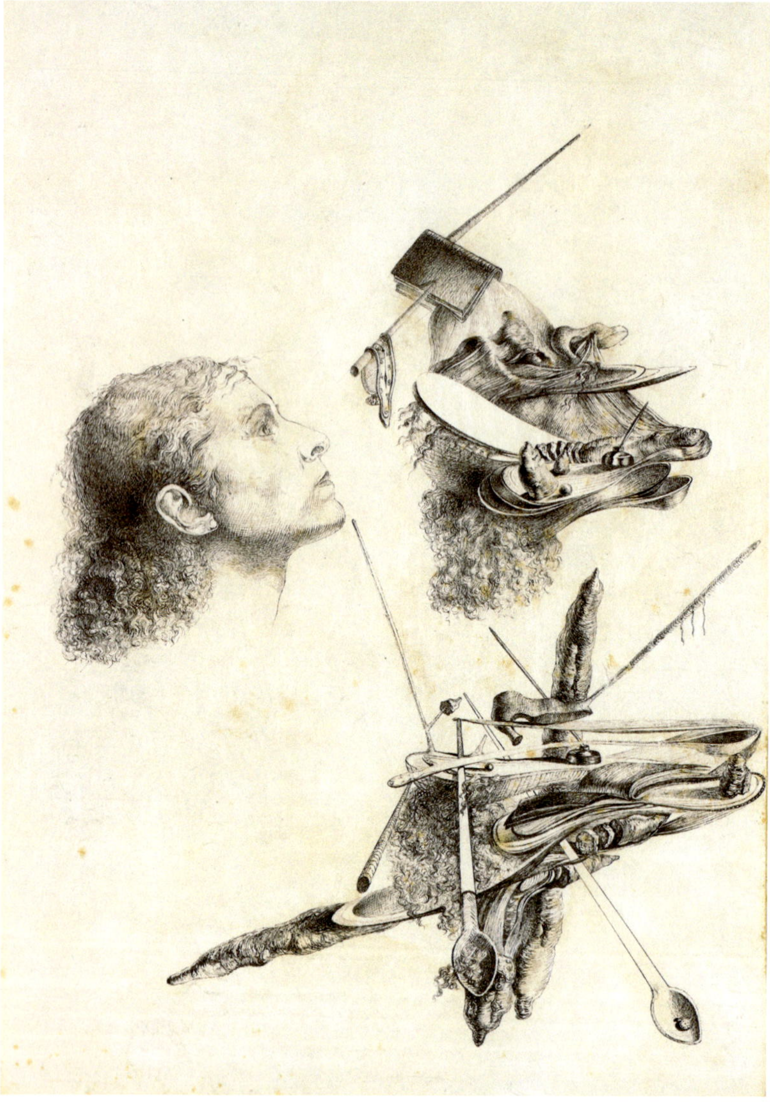

[C16]

PARANOISCHE METAMORPHOSE VON GALAS GESICHT, 1932.

Bleistift und Tinte / Papier (29 x 21 cm)

Saal 20 Saal der optischen Illusionen

Der Künstler stellte dieses Werk in der Ausstellung „Salvador Dalí“ vor, die zwischen dem 26. Mai und dem 17. Juni 1932 in der Galerie Pierre Colle in Paris stattfand. Das Vorwort zum Katalog ist ein Gedicht von Paul Éluard mit dem Titel „Salvador Dalí“. Es handelt sich um das erste minuziöse Porträt, das er von Gala anfertigte, die er 1929 kennen gelernt hatte. Der Maler wandte bei diesem Werk die paranoisch-kritische Methode an, und entdeckte im Antlitz Galas verschiedene assoziative Beziehungen, die er auf die rechte Seite des Gemäldes übertrug, das Brot, die Zypresse, die Tintenfässer, die weiche Uhr, den Schuh, den Löffel, die weichen Formen, usw. Diese Elemente stellen eine Art ikonographische Konstellation dar, anhand derer man auf internationaler Ebene sein Werk identifizieren kann. Wir können diese Zeichnung mit der Ikonographie assoziieren, die er in einer Reihe von Stichen benutzte, mit denen er im Jahr 1934 *Les chants de Maldoror* des Grafen von Lautréamont illustrierte.

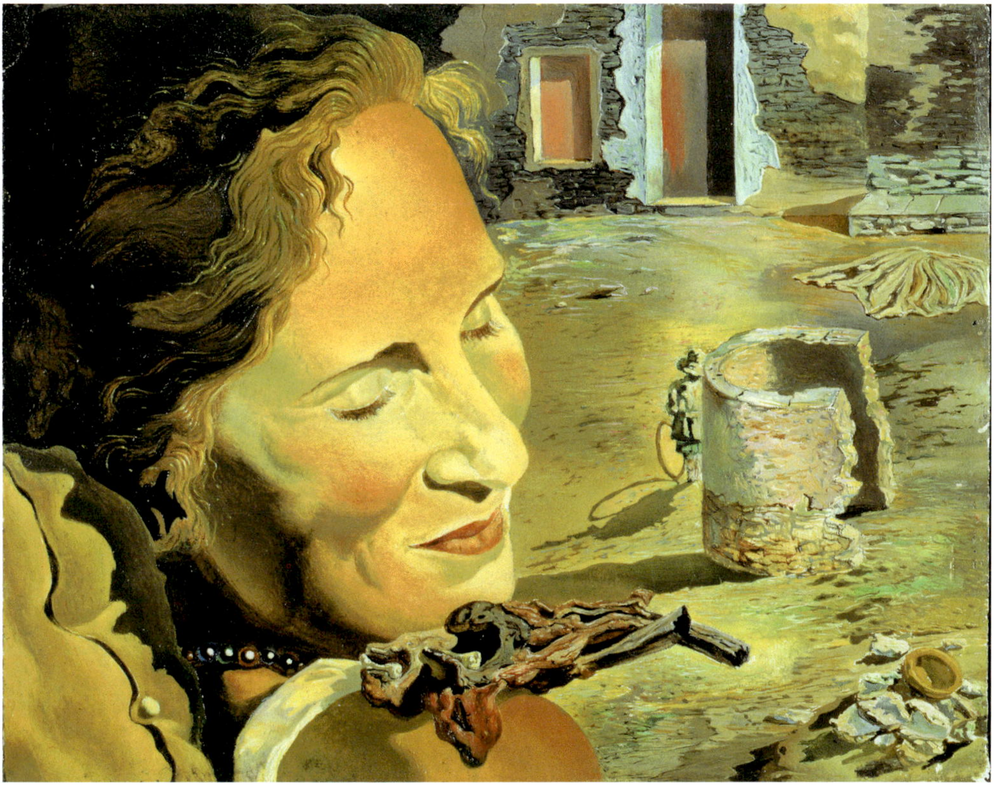

[C17]

BILDNIS VON GALA MIT ZWEI LAMMKOTELETTS IM GLEICHGEWICHT AUF IHRER SCHULTER, 1933. Öl / Tafel (6,80 x 8,80 cm)

Saal 14 Saal der Meisterwerke

Dalí erklärte in *Das geheime Leben* etwas über dieses phantastische und winzige Porträt: „Als wir in Portlligat waren, malte ich ein Porträt von Gala mit zwei rohen Koteletts auf ihrer Schulter. Das bedeutete, wie ich später erfuhr, dass ich statt *sie* zu verspeisen beschlossen hatte, zwei rohe Koteletts zu verspeisen. Die Koteletts waren tatsächlich die Sühneopfer des gescheiterten Opfers —wie das Lamm des Abrahams oder der Apfel von Wilhelm Tell—. (...) Meine essbaren, intestinalen und verdaulichen Darstellungen in jener Zeit nahmen einen immer beharrlicheren Charakter an. Ich wollte alles essen und beabsichtigte den Bau einer großen Tafel ganz aus harten Eiern, damit ich sie essen konnte“.

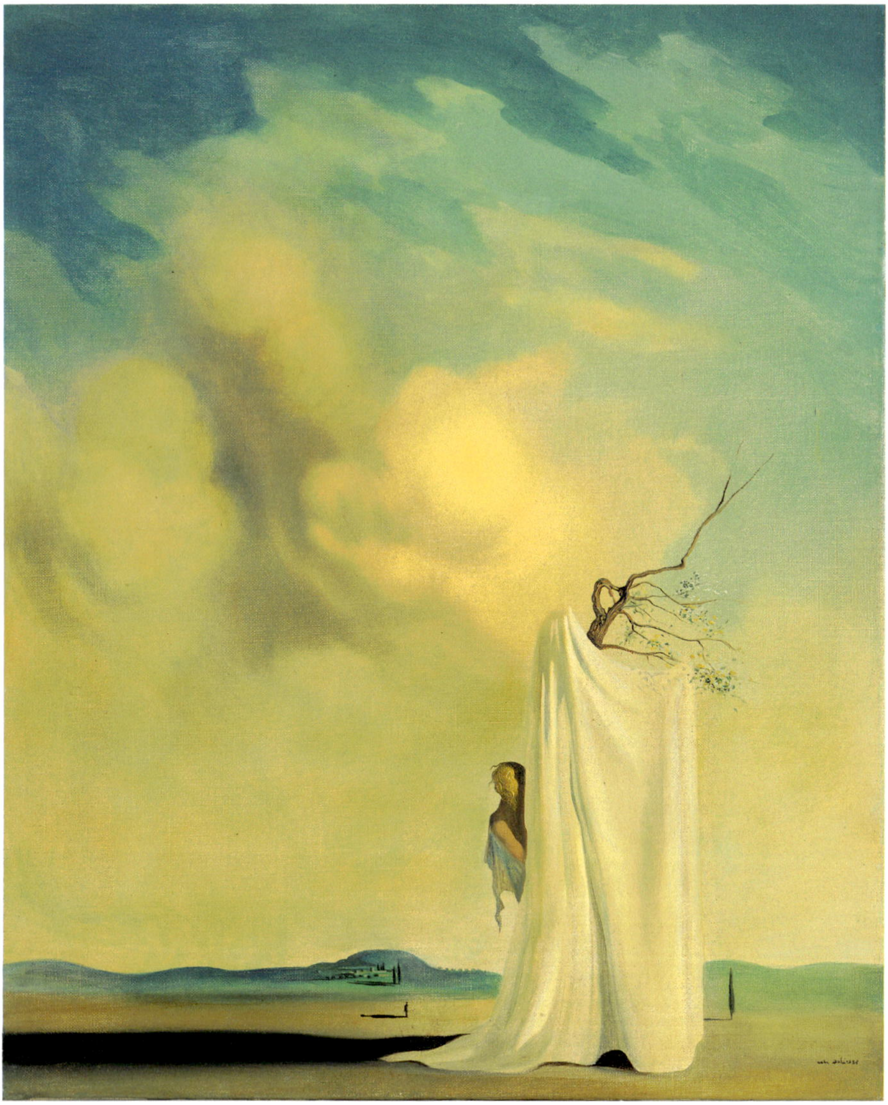

[C18]

GESTALT UND DRAPERIE IN EINER LANDSCHAFT, 1934.

Öl / Leinwand (55,70 x 46 cm)

Saal 20 Saal der optischen Illusionen

Die Idee für dieses geisterhafte Leintuch scheint auf eine Fotografie zurückzugehen, die Dalí 1932 in Portlligat machte und auf der Gala und René Crevel halb verborgen hinter einem Leintuch zu sehen sind. Die Figuren, die ganz oder teilweise von Wäsche verdeckt sind, tauchen in einigen Werken dieser Epoche auf. Die volumetrische Beklemmung wird durch eine Wolke inmitten dem Gemäldes deutlich, die zu der Tiefe der Landschaft und der Einsamkeit der Figur im Gegensatz steht. 1934 veröffentlichte Dalí den Artikel „Les nouvelles couleurs du sex-appeal spectral" in der Ausgabe 5 der Zeitschrift *Minotaure*, in den er sagte: „Der Geist materialisiert sich mittels des „Trugbildes des Volumens". Das Trugbild des Volumens ist die Verpackung. Die Verpackung verbirgt, beschützt, verwandelt, stiftet an, verlockt und bietet eine trügerische Vorstellung von Volumen an. Sie verursacht Zwiespalt im Bezug auf das Volumen und man muss ihm misstrauen".

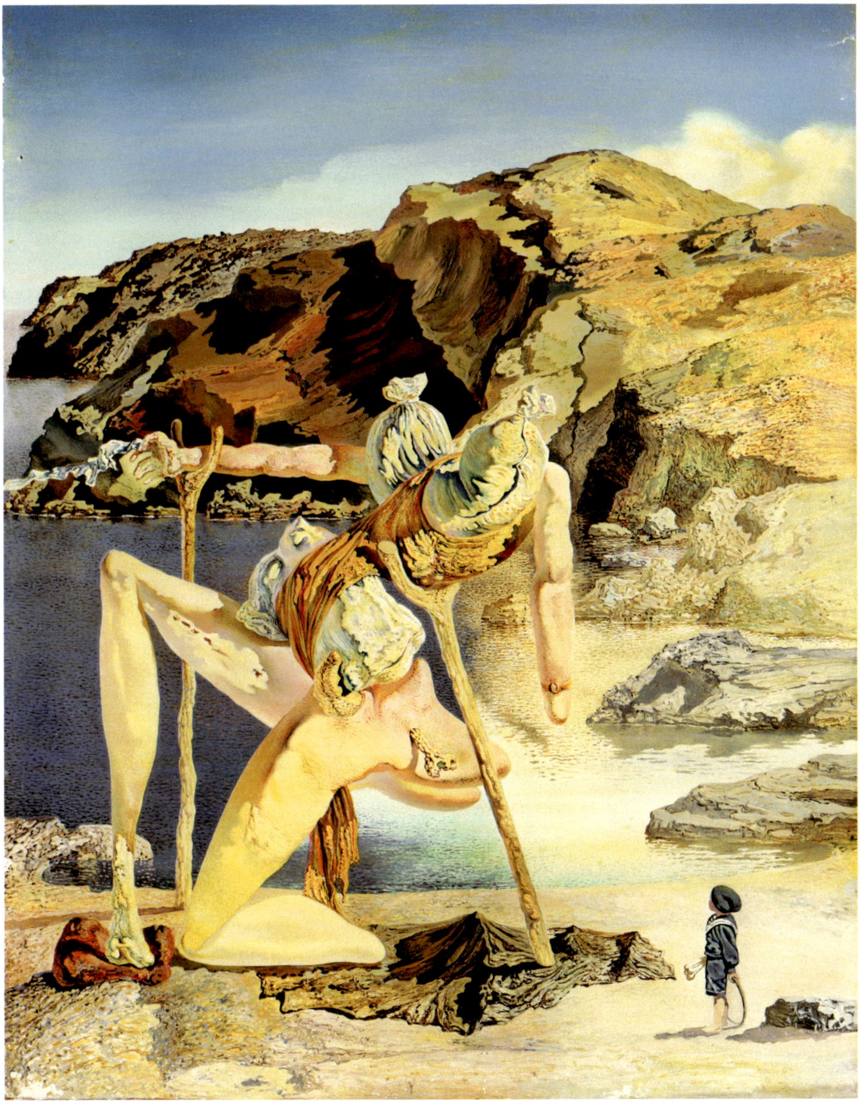

[C19]

DAS GESPENST DES SEX-APPEAL, 1934.
Öl / Tafel (17,90 x 13,90 cm)
Saal 4 Schatzsaal

Dalí zeigte dieses Ölgemälde 1934 in der Galerie Jacques Bonjean in Paris und später in der Galerie Julien Levy in New York, und fügte in beide Kataloge dieses Textfragment ein: „Bunter Schnappschuss, surrealistische Bilder des Unterbewusstseins, extravagant, paranoisch, hypnagogisch, außerhalb der Malerei, phänomenal, übermäßig, superfein usw. – Bilder der konkreten Irrationalität...". Unten rechts sehen wir Dalí als Kind in Seemannskleidung, der ein riesiges weiches und gleichzeitig hartes Monstrum betrachtet, das für den Künstler die Sexualität symbolisierte. Die ganze Szene wird von einem hyperrealistischen Cap de Creus umrahmt. Dieses Werk ist die konkrete Definition eines schwer zu fassenden Gefühls: Das Monstrum der Sexualität, so genau wie die Landschaft seiner Kindheit, die Felsen von Cap de Creus. Man muss auf die eindrucksvolle Präsenz der Krücken hinweisen, ein Symbol, das laut Dalí den Tod und die Auferstehung darstellt.

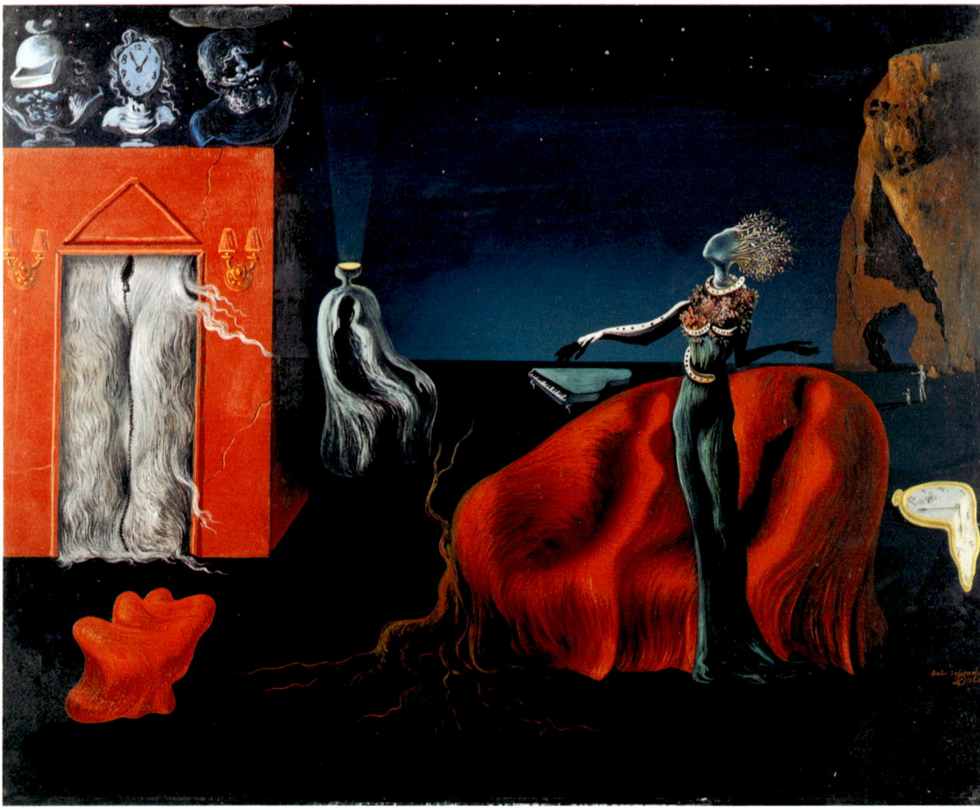

[C20]

EIGENARTEN, um 1935.

Öl und Collage / Plafond (40,50 x 50 cm)

Saal 4 Schatzsaal

Ein sehr symbolisches und ikonographisches Werk, voller verblüffender Assoziationen und Elemente inmitten einer Nachtlandschaft. Es tauchen typische Elemente aus der Phantasiewelt Dalís auf, die weiche Uhr, die Felsen von Cap de Creus—Cadaqués—, die weichen Formen, Personen mit offenen Schubladen in der Stirn, der Brotlaib und das Klavier. Auch auf den Anthromorphismus der haarigen Gardine muss hingewiesen werden. Dalí wendet in diesem Werk seinen Grundsatz an, laut dessen eine Anhäufung von anscheinend unzusammenhängenden Ideen dazu führt, dass Harmonie entsteht. Die zentrale Figur scheint von einer Theaterbühne oder aus einem Ballett zu stammen. Auf ihrer linken Seite befindet sich ein mächtiges geologisches Element, und auf der rechten Seite ein merkwürdiges, kubisches Gebäude und ein anthropomorpher Stuhl.

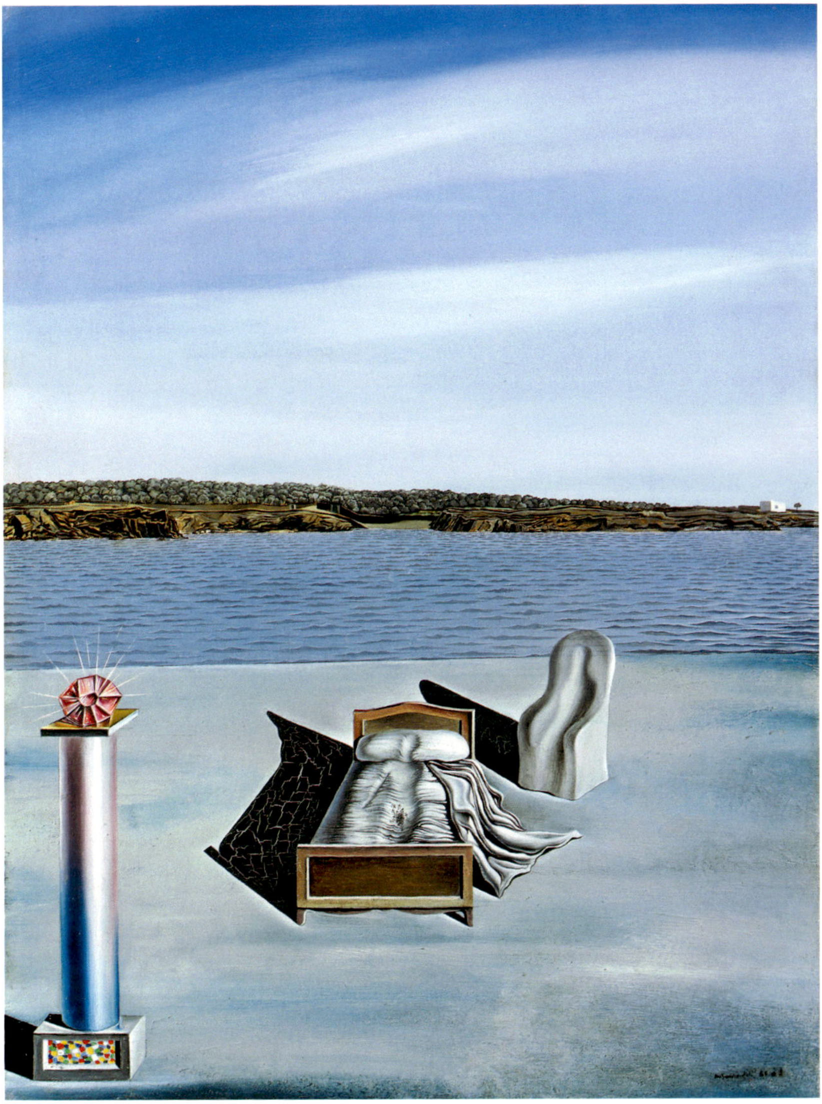

[C21]

SURREALISTISCHE KOMPOSITION MIT UNSICHTBAREN GESTALTEN, um 1936.

Öl / Karton (60,90 x 45,80 cm)

Saal 20 Saal der optischen Illusionen

Dieses in zwei zehn Jahre auseinander liegenden Phasen geschaffene Werk ist dicht mit Symbolen besetzt. Dalí begann das Ölgemälde 1926 und zeigte uns die beeindruckende Landschaft vor seinem Haus in Llaner de Cadaqués: das Meer, die Bucht, die Ostküste als Horizont und Trennungslinie des Bildes, das sich in zwei sehr unterschiedliche Hälften teilt. Als Dalí die untere Hälfte des Werkes komplett neugestaltete, ersetzte er die Felsenlandschaft und die Badende durch einen weißen, wie eine Bühne wirkenden Streifen, auf den er sicherlich seine Abwesenheit platziert, sein Ego, dargestellt durch einen vielfarbigen Ständer und ein Rubinherz, wie er es bereits in den beiden Werken aus dem Jahr 1929 *Der unsichtbare Mann* und *Die ersten Tage im Frühling* gezeigt hatte. Man muss die abwesenden Figuren betonen, sowohl auf dem Stuhl als auch in dem Bett, und die Anwesenheit der Ameisen.

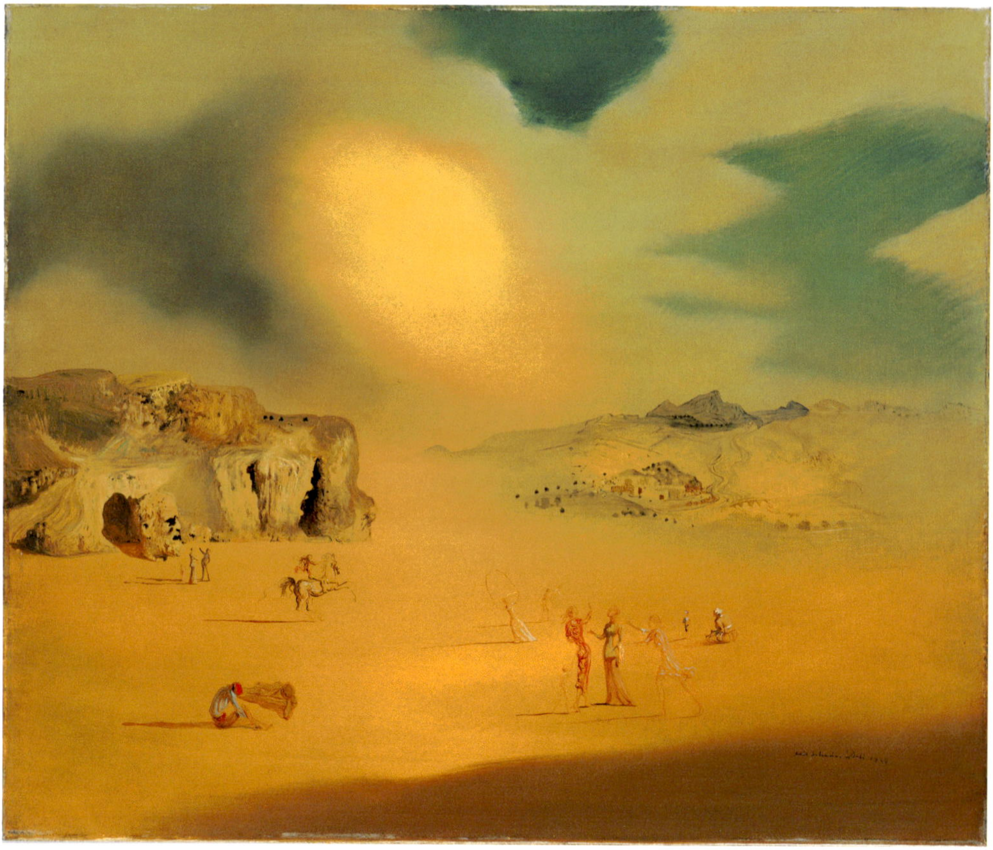

[C22]

MITTLERE HEIDNISCHE LANDSCHAFT, 1937.

Öl / Leinwand (38,40 x 46,40 cm)

Saal 20 Saal der optischen Illusionen

Dieses Ölgemälde entstand während eines Italienaufenthalts unter dem Einfluss und in Anwesenheit von Freud, die in den antropomorphen Felsen zu erkennen ist. Das sagte Dalí später im Jahr 1958 auch in seinem *Anti-Matter Manifesto*: „Während meiner surrealistischen Periode wollte ich die Ikonographie der inneren Welt schaffen, der Welt des Wundervollen, meines Vaters Freud, und ich habe dies erreicht". In diesem Werk stellt Dalí die Transformationen der Felsen dar, einige mit Anthropomorphismen. Auf der linken Seite im Vordergrund sieht man einen Bauern, der hermetisch in seine eigenen Ideen eingeschlossen ist. Dalí malt das Konzept der Idee, die aus dem Kopf des Bauern entspringt. Im Hintergrund sind einige Figuren zusehen, darunter ein Dandy, sicherlich ein Selbstporträt. Wie es in seinen Phantasielandschaften üblich ist, schwebt eine geheimnisvolle Wolke mit volumetrischer Form über dieser Szene.

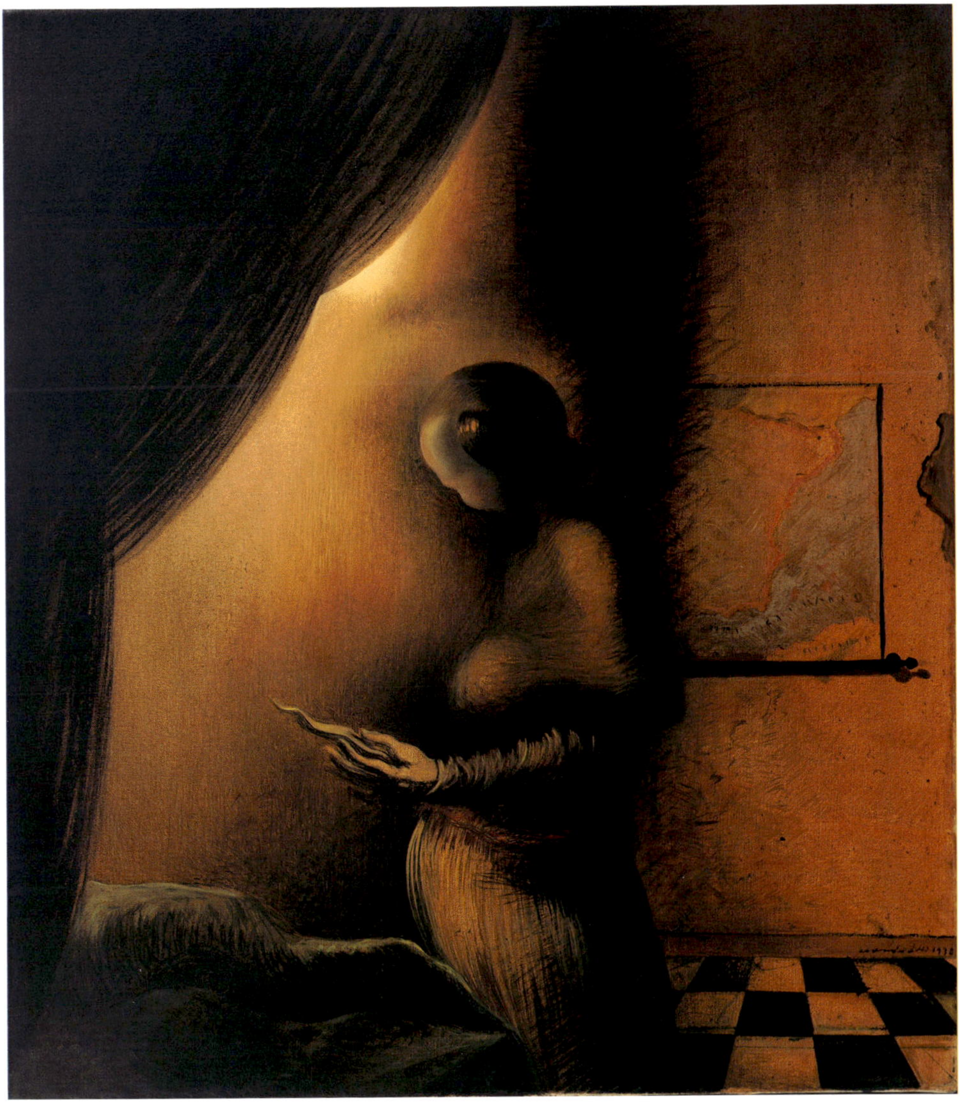

[C23]

DAS BILD VERSCHWINDET, 1938.

Öl / Leinwand (56,30 x 50,50 cm)

Saal 5 Saal der Fischmärkte

Dalí zeigte dieses Gemälde in der Ausstellung „Salvador Dalí“, die 1939 in der Galerie Julien Levy in New York organisiert wurde. Es handelt sich um eines seiner berühmten doppelten Bilder, die er mithilfe seiner paranoisch-kritischen Methode malte. Auf dem Gemälde kann man zunächst eine weibliche Figur betrachten, die in einem Raum mit einer Karte im Hintergrund einen Brief liest. Das Bild erinnert sehr stark an das bekannte Werk *Briefleserin am offenen Fenster* von Vermeer, und gleichzeitig akzeptiert unsere Wahrnehmung es auch einfach, ein Porträt von Velazquez zu erkennen. Mit dieser doppelten Auflösung bringt Dalí zwei der seiner Meinung nach bedeutendsten Persönlichkeiten der Kunst in diesem Gemälde unter, Vermeer van Delft und Velazquez.

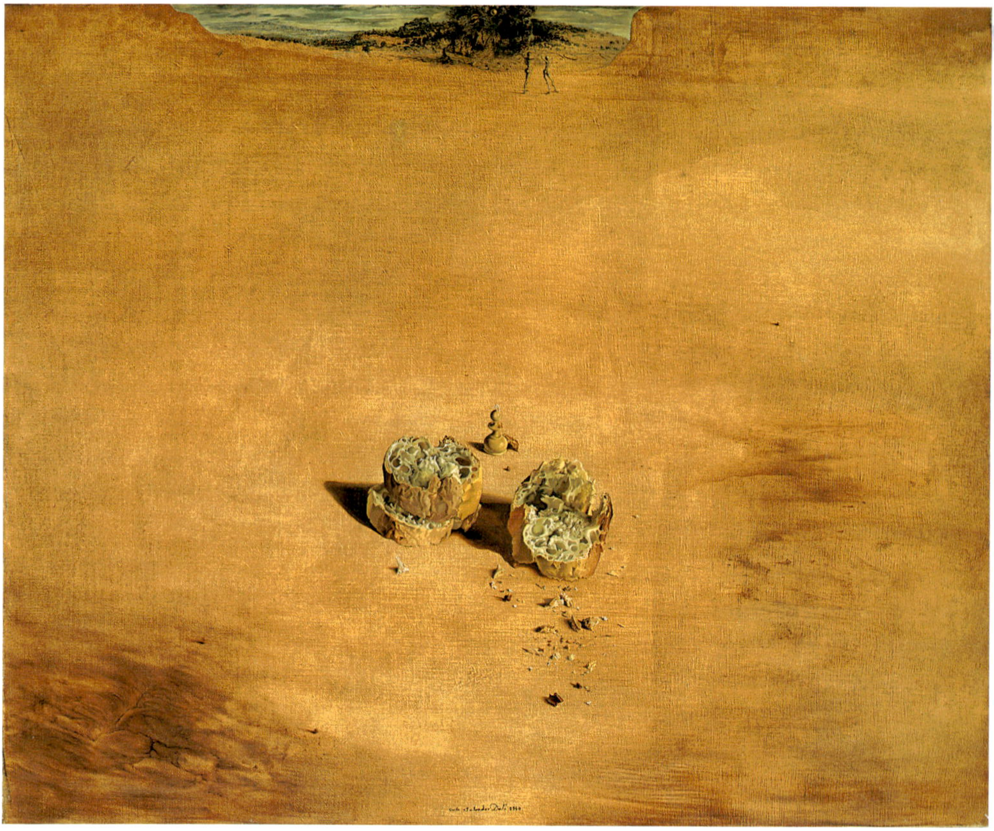

[C24]

ZWEI STÜCK BROT DRÜCKEN DAS GEFÜHL DER LIEBE AUS, 1940.

Öl / Leinwand (81,30 x 100,30 cm)

Sala 19 Loggia: Optische und stereoskopische Spiele

Dalí malte dieses Ölgemälde im Frühjahr 1940 in Arcachon, in der Nähe von Bordeaux und stellte es im darauffolgenden Jahr in der Galerie Julien Levy in New York aus. Im Vorwort zum Katalog *The Last Scandal of Salvador Dalí* hieß es: „In diesen chaotischen Zeiten der Verwirrung, der Niederlage und der wachsenden Entmutigung (...) fand Dalí selbst, was ich noch einmal wiederholen möchte, zu der außergewöhnlichen Einstellung zu seinem Schicksal. ZU EINEM KLASSIKER WERDEN! So als ob er sich selbst gesagt hätte: „Jetzt oder nie". Der rätselhafte und hyperrealistische Bauer eines Schachspiels, der auf diesem Gemälde zu sehen ist, ist eine Hommage an den Künstler und Freund Marcel Duchamp, der zu jener Zeit bei den Dalís weilte und jeden Abend mit Gala Schach zu spielen pflegte. Dalí hatte ein Modell für ein Stillleben entworfen, in das durch Zufall ein Bauer des Schachs fiel, und der Künstler wollte diese Komposition beibehalten. Die Brotstücke erinnern an die symbolischen und realistischen Stillleben der Epoche von Sánchez Cotán oder Zurbarán.

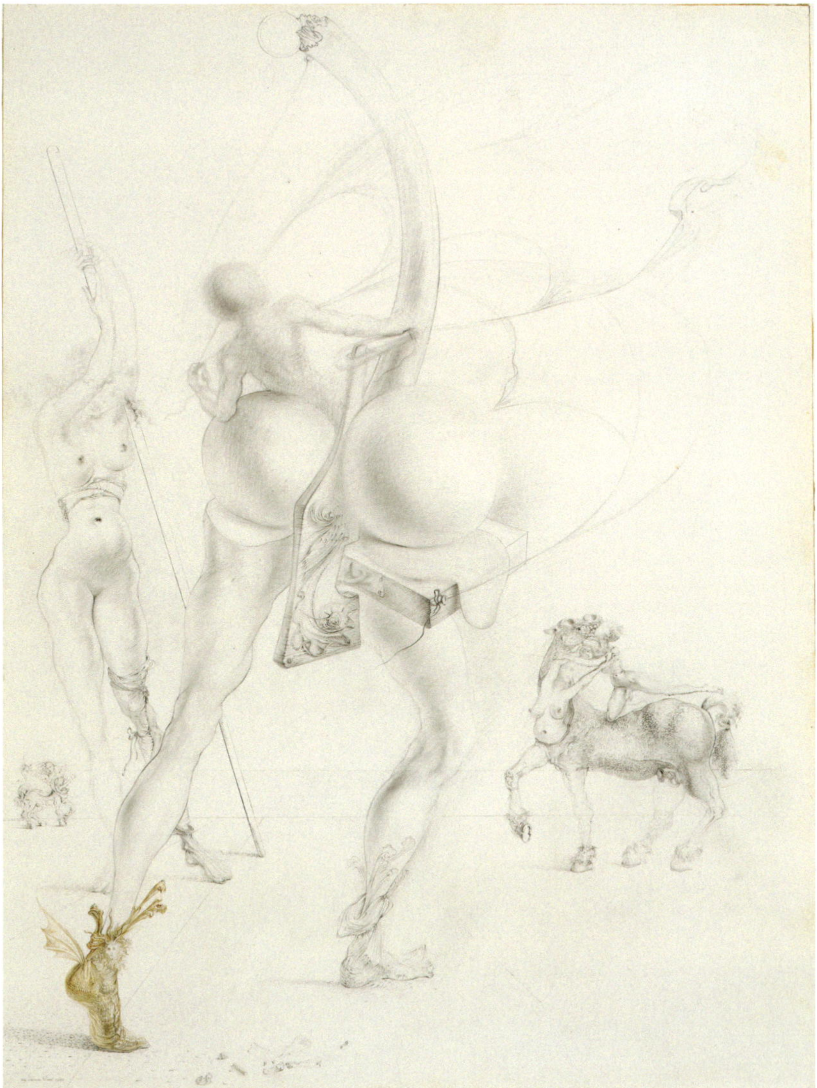

[C25]

ZENTAUR, 1940.

Bleistift und Gouache / Papier (77 x 56 cm)

Saal 16 „Die Poesie Amerikas"

In manchen Zeichnungen, die mit der Absicht eines definitiven Werkes geschaffen wurden, so als ob es sich um Leonardo da Vinci handelte, können wir Dalís technische Meisterschaft in der Kunst bewundern. Dalí widmete dem geflügelten Schuh der Figur in Form von Schmuck besondere Aufmerksamkeit. Sie erinnern an die von ihm entworfenen Schmuckstücke. Seine Zeichnung erinnert an Leonardo da Vinci und teilweise auch an Benvenuto Cellini. Diese Zeichnung diente als Modell für die Gravur der Kristallschale *Der Traum des Nautilus*. Die zentrale Figur ist gleichzeitig ein Schiff, das mit vollen Segeln vom Wind getrieben wird. Zwei große Kugeln ziehen die Aufmerksamkeit auf sich, Beine in Bewegung. Die beiden Zentauren tragen jeder gestikulierende Personen auf der Kruppe. Links sieht man eine weibliche Gestalt, die sich auf eine Stange stützt und die Haltung einer Angelika oder vielleicht des Heiligen Sebastians hat.

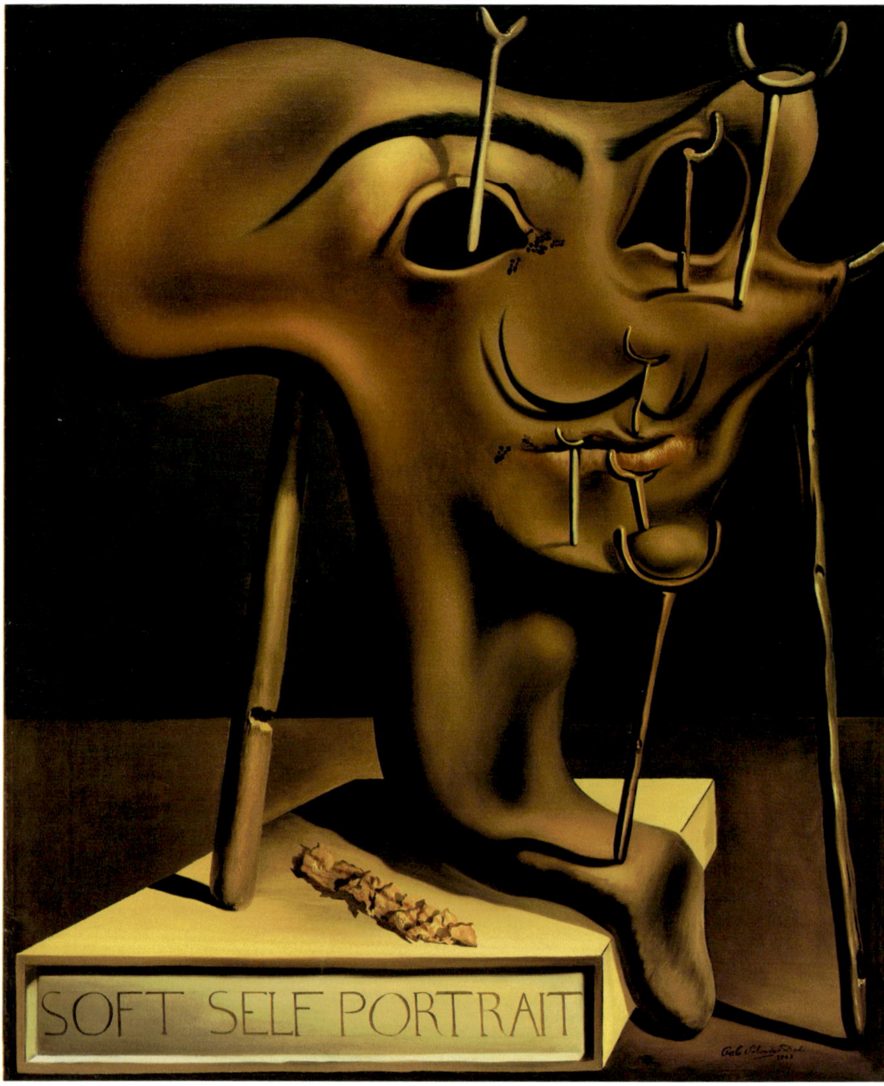

[C26]

WEICHES SELBSTBILDNIS MIT GEBRATENEM SPECK, 1941.
Öl / Leinwand (61 x 51 cm)
Saal 5 Saal der Fischmärkte

Ein ironisches, gespenstisches Gemälde, auf dem ein amorphes, weiches Gesicht erscheint, das von Krücken gehalten wird und von Dalí als sein Selbstbildnis betrachtet wird. Eine Inschrift auf einem Sockel zeigt den Titel des Werkes, darauf ein Stück gebratener Speck, Symbol der organischen Materie und des Alltäglichen beim Frühstück im Hotel Saint Regis in New York. Dalí erinnerte sich stets an die hängende Haut, auf der sich Michelangelo in der Sixtinischen kapelle im Vatikan ein Selbstbildnis schuf und er sagte, dass man die meiste Konsistenz in unserer Darstellung nicht im Geist oder in der Lebenskraft finde, sondern in der Haut selbst.

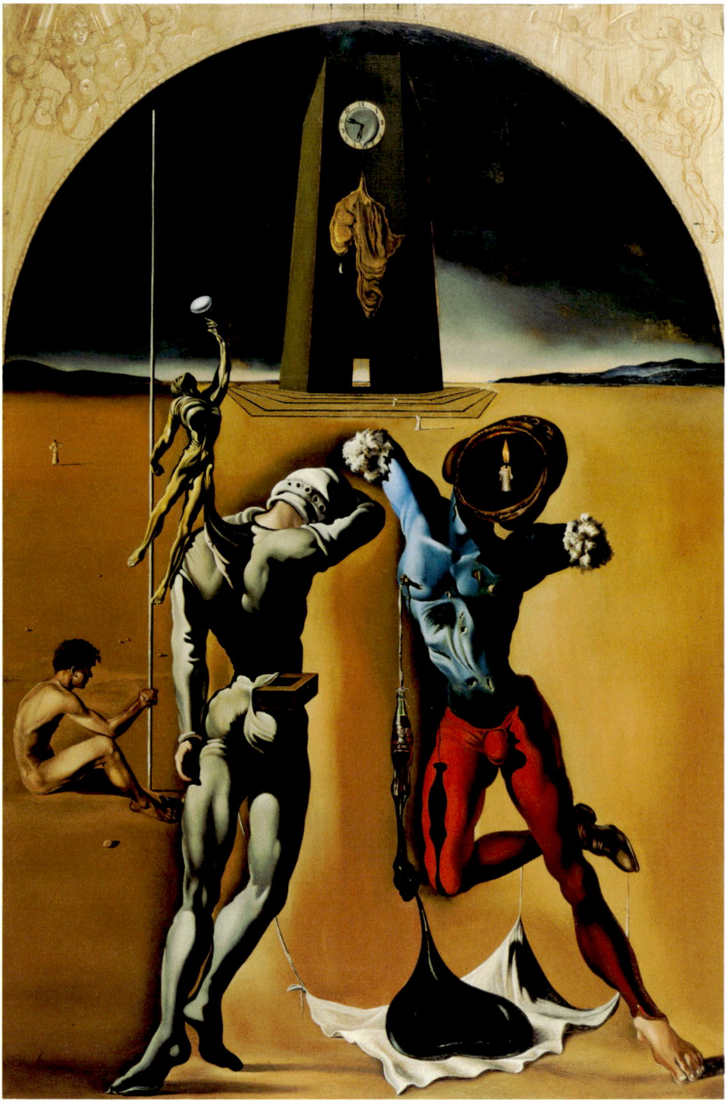

[C27]

DIE POESIE AMERIKAS, 1943.
Umgetauft auf den Titel DIE KOSMICHEN ATHLETEN. Öl / Leinwand (116 x 79 cm)
Saal 16 „Die Poesie Amerikas"

Dalí malte dieses Ölgemälde 1943 in den Vereinigten Staaten, in Monterrey, Kalifornien. Die Landschaft ist eine Mischung aus der des L'Empordà und Cap de Creus und den großen Wüsten Amerikas. Im Hintergrund sieht man die Haut Afrikas auf dem Turm der Zeit mit einer Uhr, die die Stunde anzeigt. Zwischen den Athleten —amerikanische Rugbyspieler— befindet sich eine symbolische, vertikale Coca-Cola-Flasche, in der sich wie ein Zyste ein schwarzes Telefon befindet, aus dem ein großer, schwarzer Fleck ausläuft, der auf den weißen Stoff fällt, den die Athleten halten. Der schwarze Fleck wurde schon auf verschiedene Weisen interpretiert, eine mögliche Interpretation ist es, dass damit das Rassenproblem in Amerika dargestellt wird. Dieses Werk, das in Dalís amerikanischer Etappe entstand, nahm die neuen kulturellen Haltungen des 20. Jahrhunderts vorweg, insbesondere der Pop-Art.

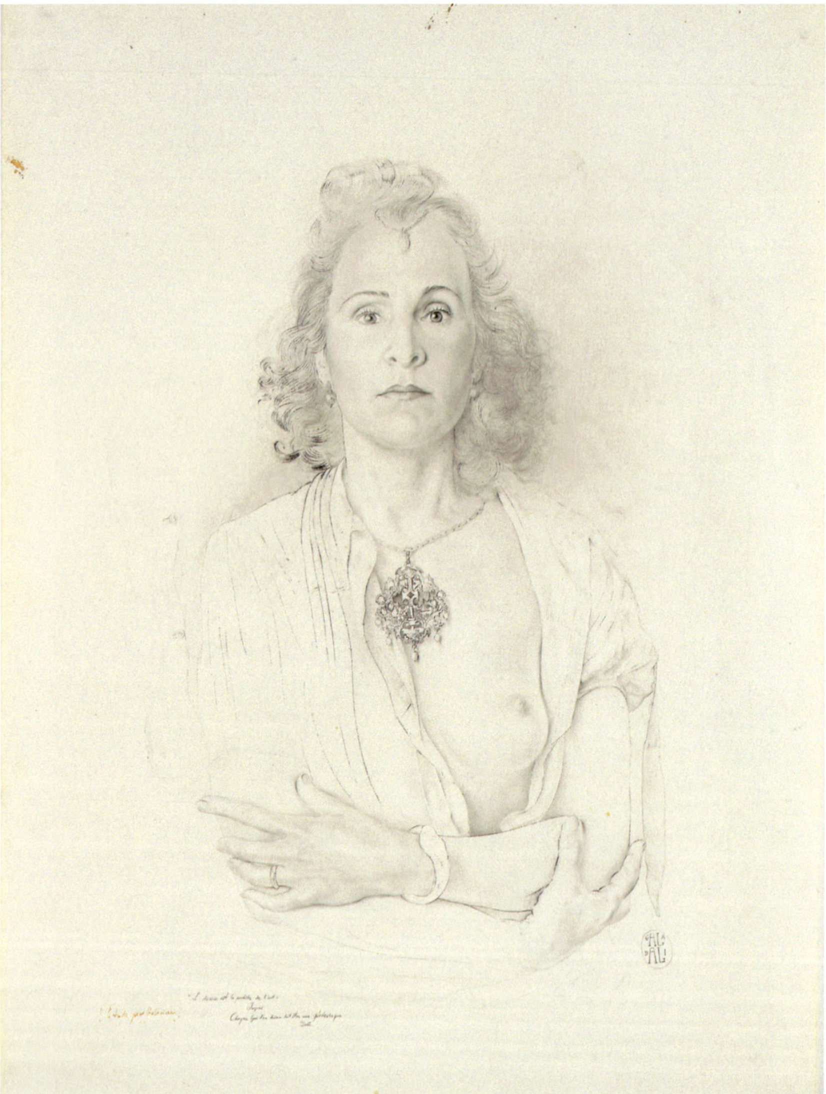

[C28]

STUDIE ZU „GALARINA", 1943.

Bleistift / Papier (72,30 x 53,70 cm)

Saal 15 „Windpalast"

Der Zeichner Dalí war ein großer Bewunderer Ingres, von dem er ein Zitat in die gleiche Zeichnung kopiert: „Die Zeichnung ist die Integrität der Kunst" – und ebenso bewunderte er die großen Meister der Renaissance wie Michelangelo, Raffael oder Leonardo. Der Künstler zitiert sich aus selbst: „Jede Linie der Zeichnung sollte eine Geodäsie sein," und trägt sich so in diese Tradition ein. Auffallend ist das Schmuckstück, das Gala trägt und das mit großer Genauigkeit und Schönheit dargestellt ist. Es handelt sich um eine sehr präzise Zeichnung. Dalí dominierte diese Kunst und ließ uns daran teilhaben.

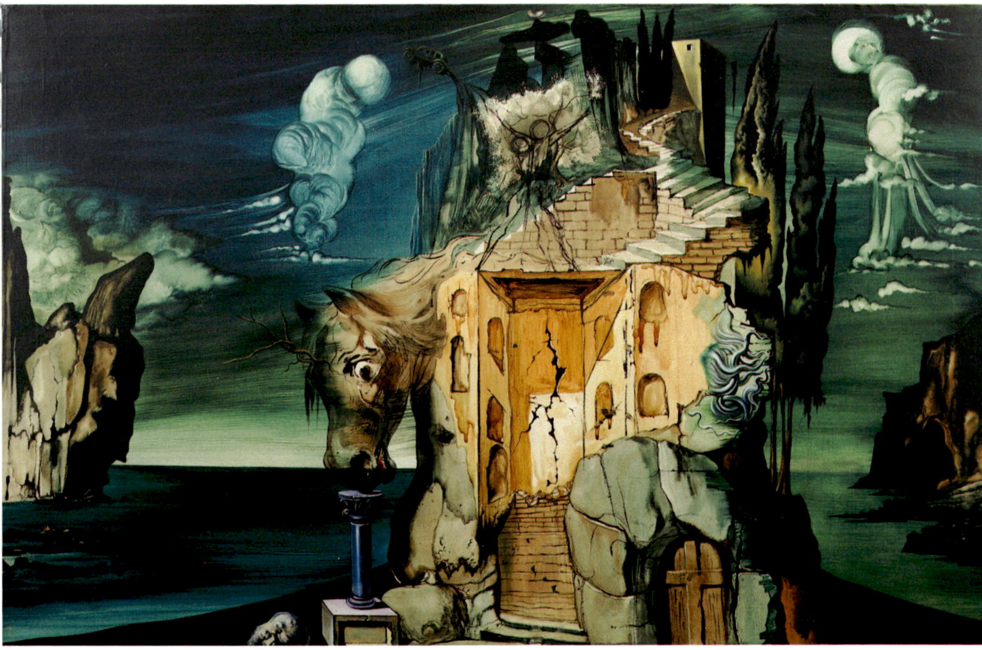

[C29]

STUDIE FÜR DEN HINTERGRUND ZU WAHNSINNIGER TRISTAN (II. AKT), 1944.
Öl / Leinwand (60 x 96 cm)
Saal 5 Saal der Fischmärkte

Dieses Werk ist, wie es nicht anders sein konnte, sehr großartig und erinnert an Wagner. Dalí war ein sehr vielseitiger Künstler und er schuf mehrere Bühnenbilder für das Theater und Ballett. Er schrieb das Libretto und entwarf den Vorhang, die Dekoration und die Garderobe für dieses Ballett mit einer Choreographie von Léonide Massine, das am 15. Dezember 1944 in New York aufgeführt wurde. Die Handlung Dalís ist von den musikalischen Themen in *Tristan und Isolde* von Wagner inspiriert. Es handelt sich um „das erste paranoische Ballett, das auf dem Mythos der ewigen Liebe bis zum Tod basiert". Der mittlere Teil Werkes bezieht sich ganz klar auf die *Toteninsel* von Böcklin, mit den beiden Felsformen der Landschaft und dem Himmel. Die beiden Wolken spielen auf die Figuren auf dem *Angelus* von Millet an.

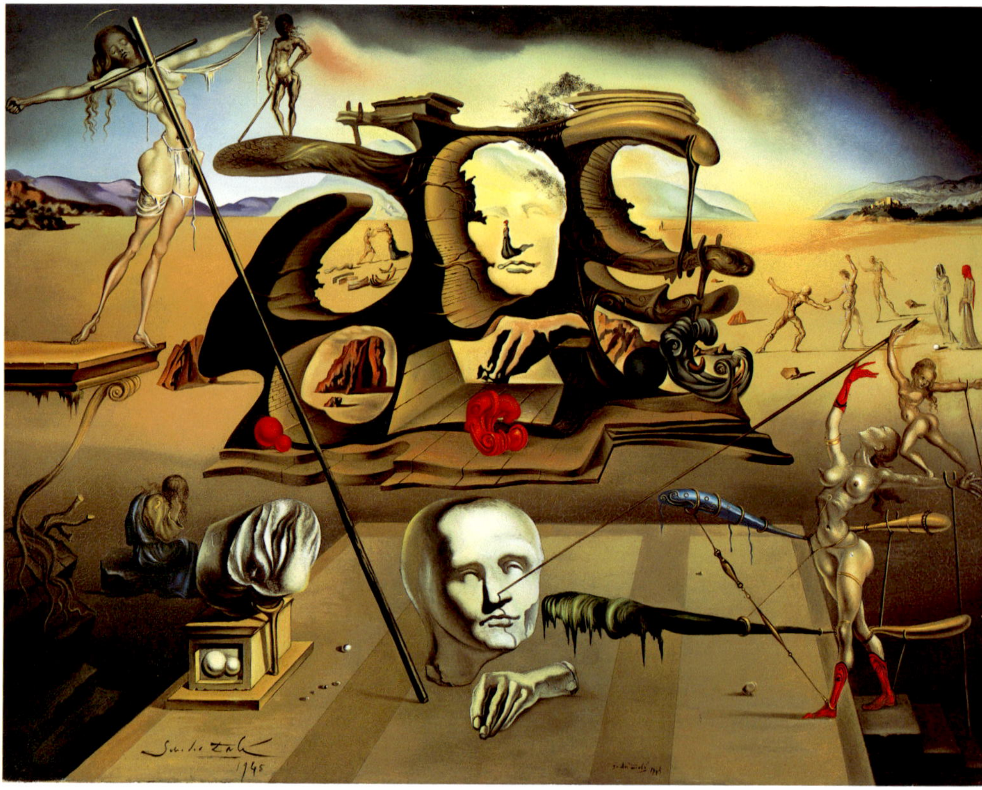

[C30]

NAPOLEONS NASE, VERWANDELT IN EINE SCHWANGERE, DIE MELANCHOLISCH SEINEN SCHATTEN ZWISCHEN ORIGINALRUINEN SPAZIERENFÜHRT, 1945. Öl / Leinwand (51 x 65'50 cm)
Saal 4 Schatzsaal

Dalí selbst schrieb im Ausstellungskatalog der Galerie Bignou in New York über dieses Bild, das in der Ausstellung vom 20. November bis zum 29. Dezember 1945 gezeigt wurde, dass er es in drei Wochen gemalt und jeden Tag daran zwei Stunden gearbeitet hätte. Er fügte hinzu, dass der Titel das Gemälde vollständig erkläre. Es handelt sich um ein sehr genau gemaltes, absolut strukturiertes Ölgemälde mit perfekt geometrischen Formen. Ein üppiges Gemälde voller Abstufungen und ikonographischen Referenzen: Napoleon, Architektur, doppelte Bilder, Krücken, l'Empordà... Und absolut theatralisch. Es ist ein surrealistisches Werk im Stil Dalís, mit weiten und trostlosen Räumen und Freudschen, fast akademischen Symbolen.

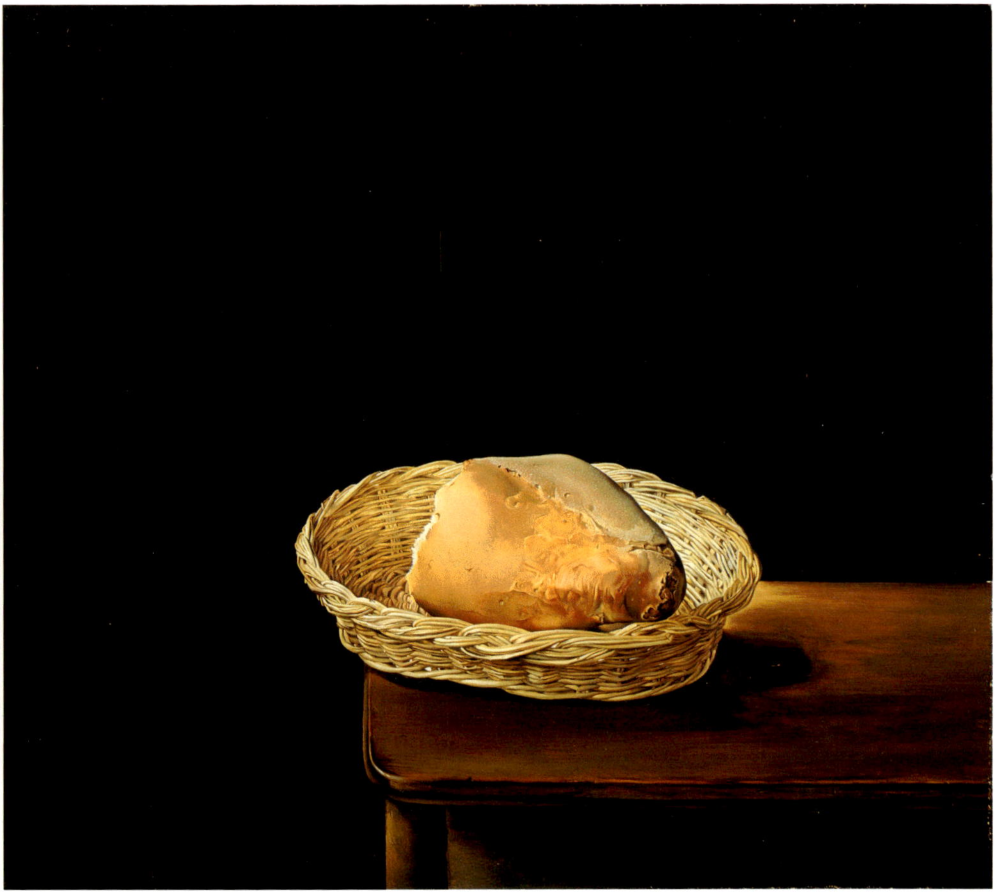

[C31]

DER BROTKORB, 1945.

Öl / Leinwand (34,70 x 43,50 cm)

Saal 4 Schatzsaal

Dalí zeigte dieses Gemälde während der Ausstellung „Recent Paintings by Salvador Dalí", in der Galerie Bignou in New York vom 20. November bis zum 29. Dezember 1945. Über dieses Werk schrieb er im Katalog: „Ich habe an diesem Bild zwei Monate lang gemalt, jeden Tag vier Stunden. In jener Zeit geschahen die überraschendsten und sensationellsten Ereignisse der zeitgenössischen Geschichte. Dieses Werk wurde einen Tag vor Kriegsende fertig gestellt. Das Brot war eines der ältesten Themen des Fetischismus und der Besessenheiten meines Werkes, dem ich immer sehr treu geblieben bin. Vor neunzehn Jahren malte ich das gleiche Thema. Wenn man beide Werke genau vergleicht, kann man die ganze Geschichte der Malerei erkennen, angefangen bei dem linearen Reiz des Primitivismus bis hin zum stereoskopen Hyperästhetizismus. Dieses typische, realistische Werk hat meine Phantasie am meisten zufrieden gestellt. Wir befinden uns vor einem Gemälde, über das niemand sagen kann: das totale Rätsel!".

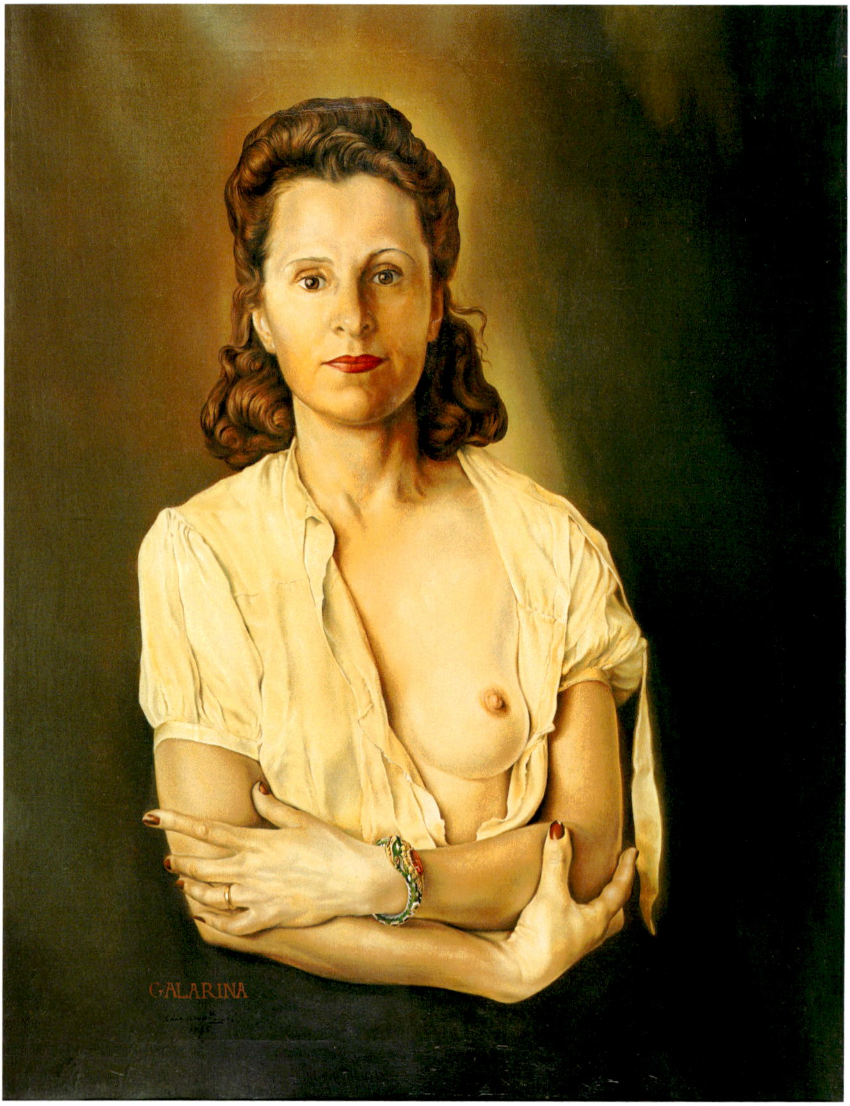

[C32]

GALARINA, 1945.
Öl / Leinwand (64,10 x 50,20 cm)
Saal 4 Schatzsaal

Im Katalog der Ausstellung der Galerie Bignou in New York, die vom 20. November bis zum 29. Dezember 1945 stattfand, schrieb Dalí: „Dieses Werk, das ich 1944 begonnen hatte, beendete ich in sechs Monaten und arbeitete jeden Tag drei Stunden daran. Ich nannte es *Galarina*, weil Gala für mich ist, was Fornarina für Raffael war. Und ohne jeglichen Vorsatz haben wir es hier wieder...das Brot! Eine strenge und scharfsinnige Analyse zeigt, dass die gekreuzten Arme Galas den Verflechtungen des Brotkorbes gleichen, und ihre Brust einer Brotkruste. Ich habe Gala bereits mit zwei Lammkoteletts auf ihrer Schulter gezeichnet, um meinen unterbewussten Wunsch auszudrücken, sie zu verschlingen. Das war die Zeit der Vorstellungskraft in ihrem reinsten Zustand. Heute, da Gala in die heraldische Hierarchie meines Adels aufgestiegen ist, wurde sie zu meinem Brotkorb".

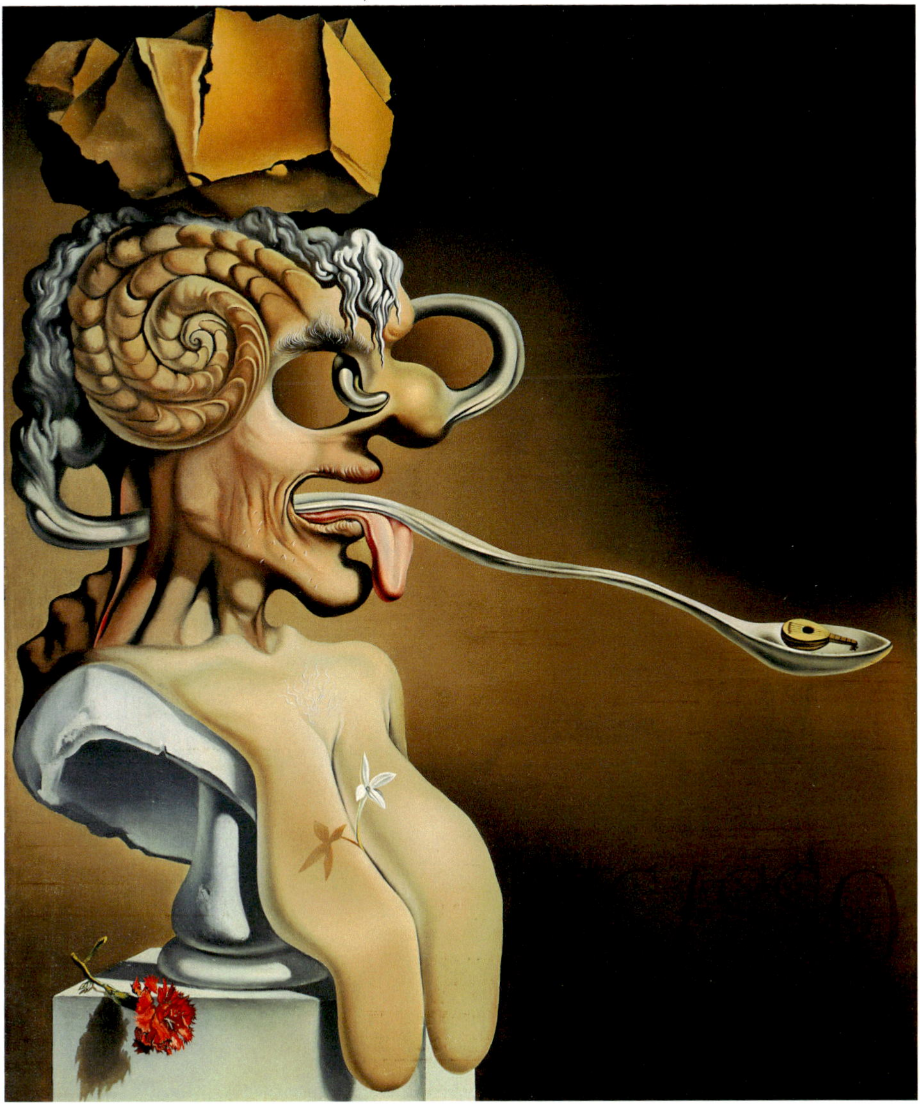

[C33]

BILDNIS VON PABLO PICASSO IM 21. JH. (EINS AUS EINER SERIE VON BILDNISSEN VON GENIES: HOMER, DALÍ, FREUD, CHRISTOPH KOLUMBUS, WILHELM TELL USW.), 1947. Öl / Leinwand (65,50 x 56 cm)
Saal 5 Saal der Fischmärkte

Ein allegorisches Porträt von Picasso, das Dalí in seiner amerikanischen Etappe malte und zum ersten Mal zwischen dem 25. November 1947 und dem 31. Januar 1948 in der Galerie Bignou in New York zeigte. Dalís Wunsch war es, dass dieses Bild in die Dauerausstellung des Theater-Museums Dalí in Figueres aufgenommen werden sollte und er beschloss, es in dem Saal der Fischmärkte vor seinem *Weichen Selbstbildnis* aus dem Jahr 1941 aufzuhängen. Dalí bezeichnete Picasso als ein Genie. In dem Werk *Moi aussi j'ai connu l'Empereur* bezeichnete er ihn als einen Kaiser und zeigte ihn mit Lorbeer gekrönt, und er situierte ihn in das 21. Jahrhundert, sowohl im Titel als auch auf der Leinwand, wo die entsprechenden römischen Zahlen zu sehen sind. Die Nelke, das Ziegengehörn und die Mandoline beziehen sich auf Werte wie den Intellektualismus, die Verherrlichung der Hässlichkeit oder die Sentimentalität, die im Werk des Künstlers aus Malaga zu finden sind.

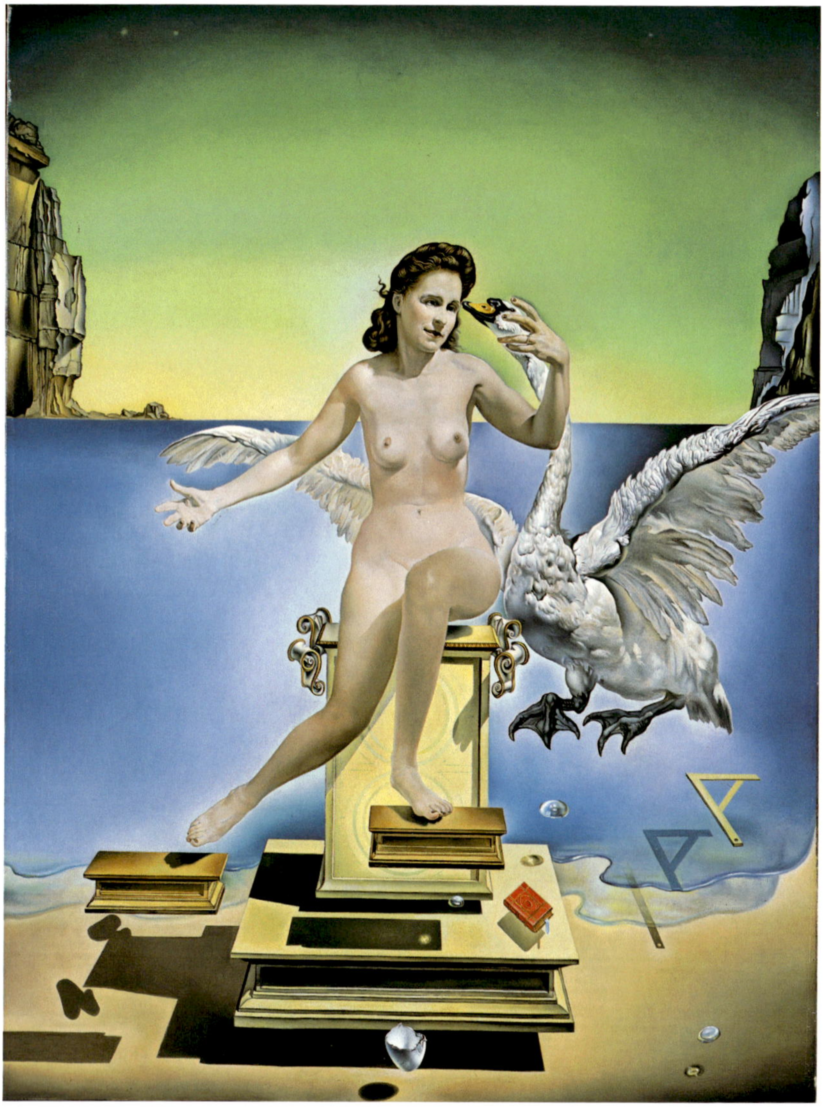

[C34]

LEDA ATOMICA, 1949.

Öl / Leinwand (61 x 46 cm)

Saal 4 Schatzsaal

Im Katalog zur Ausstellung in der Galerie Bignou in New York vom 25. November 1947 bis zum 3. Januar 1948 kündigte Dalí an, dass er beschlossen hatte, seine ersten Meisterwerke zu beginnen. Er fügte hinzu, dass er dieses Werk ausstellte, während er noch daran arbeitete, so dass die an der Technik Interessierten die Entwicklung beobachten könnten. Gleichzeitig veröffentlichte er sein Buch *Fünfzig magische Geheimnisse*. Wieder einmal stehen wir vor einem Werk voller mythologischer Anspielungen. Das Werk ist nach der „divina proportione, der Lehre vom goldenen Schnitt" des Fra Luca Paccioli entstanden. Ebenso findet man Anspielungen auf den Mathematiker Matila Ghyka. Im Gegensatz zu dem, was seine Zeitgenossen glaubten, nämlich, dass die Mathematik die künstlerische Äußerung „ablenkt", war Dalí der Ansicht, dass sich jedes Kunstwerk mit Wesen auf Komposition und Berechnung stützen müsste. Beachten Sie, dass alle Elemente schwerelos dargestellt sind.

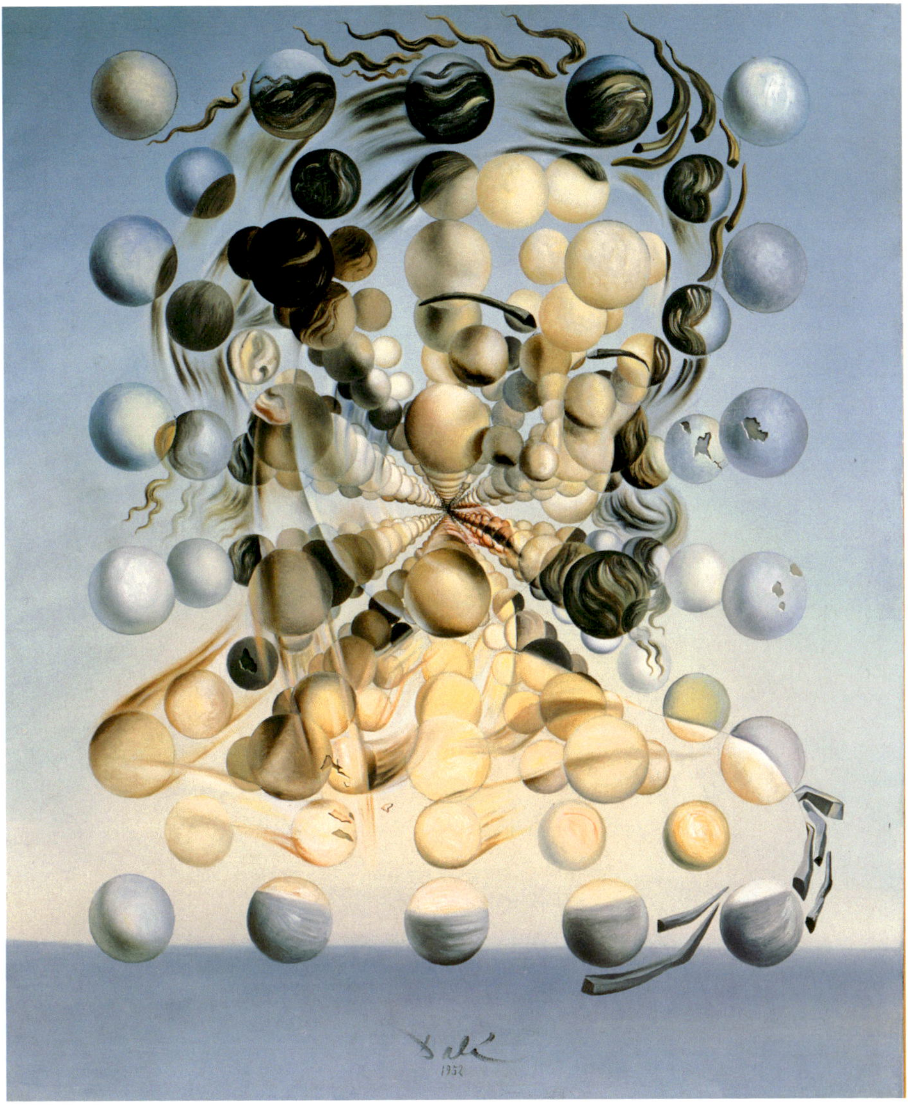

[C35]

SPHÄRISCHE GALATEA, 1952.
Öl / Leinwand (65 x 54 cm)
Saal 15 „Windpalast“

Das bekannteste Werk Dalís während seiner Phase des nuklearen Mystizismus. Dalí begeisterte sich in jener Zeit für die Wissenschaft und die Theorie des Atomzerfalls. Das Antlitz Galas besteht aus einer unzusammenhängenden, zerlegten Szene, die dicht mit Kugeln besetzt ist, die auf der Achse der Leinwand eine außerordentliche, dreidimensionale Perspektive annehmen. Dalí erklärte in seinem *Anti-Matter Manifesto*: „Heutzutage hat die äußere Welt, die der Physik, die der Psychologie überschritten. Mein Vater ist heute der Doktor Heisenberg“. Es handelt sich um eine der viel sagendsten Hommagen an das Antlitz Galas, die Dalí geschaffen hat, und sein Wunsch war es, dieses Bild im Windpalast seines Theatermuseums auszustellen, auf einer Staffelei, die einst Meissonier gehörte, einem Maler, von dem sich zwei Werke in der Privatsammlung Dalís befanden.

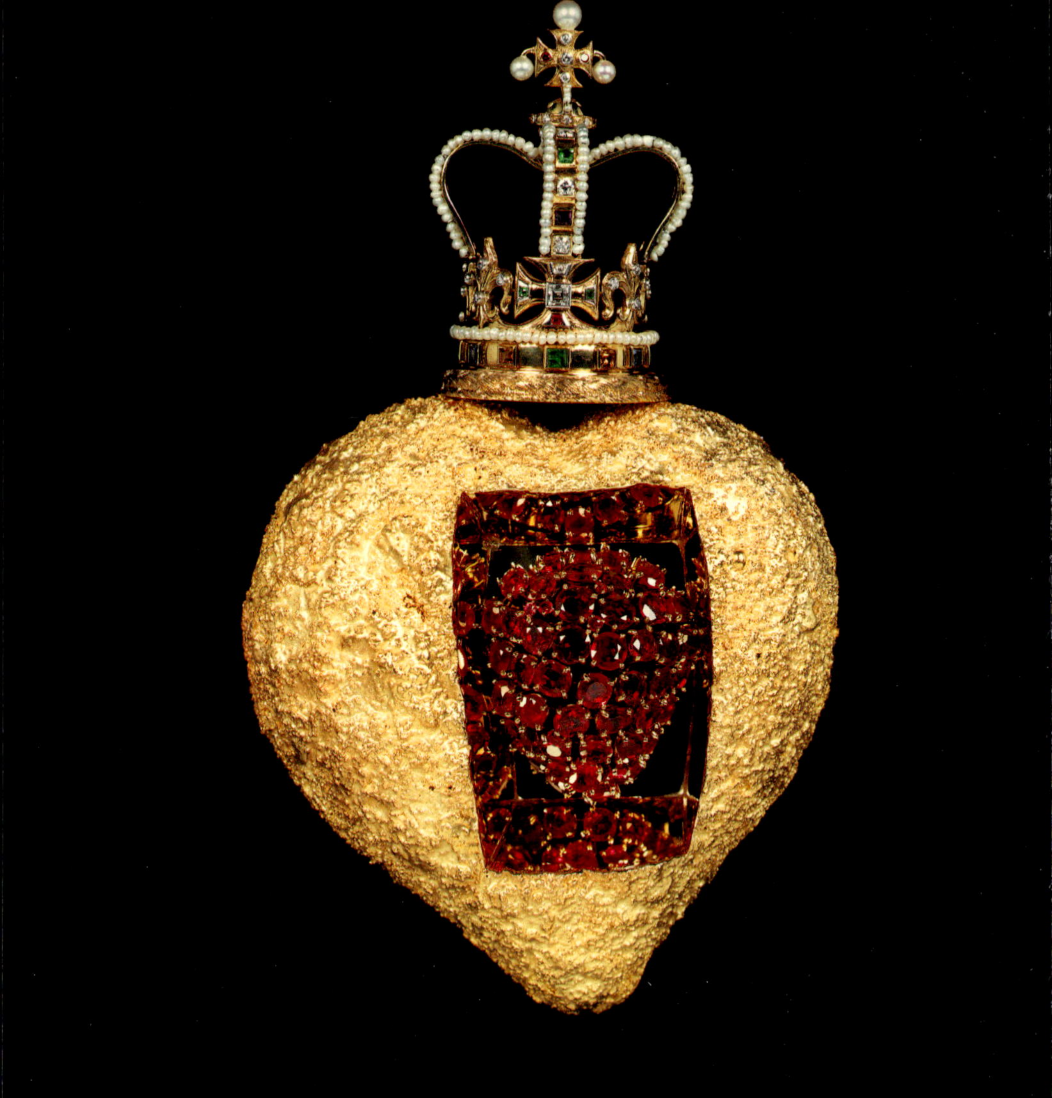

[C36]

DAS KÖNIGLICHE HERZ, 1953.

(24,50 x 12,80 x 9,50 cm)

Saal 23 Schmuckstücke

Schmuckstück, das zu der alten amerikanischen Sammlung von Owen Cheatham gehört und das im Jahr 1999 von der Stiftung Gala-Salvador Dalí erworben wurde und zu deren bekanntestem Objekt wurde. Schmuckstücke sind für Dalí nicht nur ein einfaches Ausdrucksmittel, sondern sie sind seine Kunst, seine Denkweise und seine künstlerische Entwicklung und sollen dies auch zeigen. Im Bezug auf dieses Schmuckstück schrieb er: „Die Rubine, die schlagen, stellen die Königin dar, deren Herz ständig für ihr Volk schlägt. Das Herz aus reinem Gold symbolisiert das Volk, das seine Herrscherin aufnimmt und beschützt".

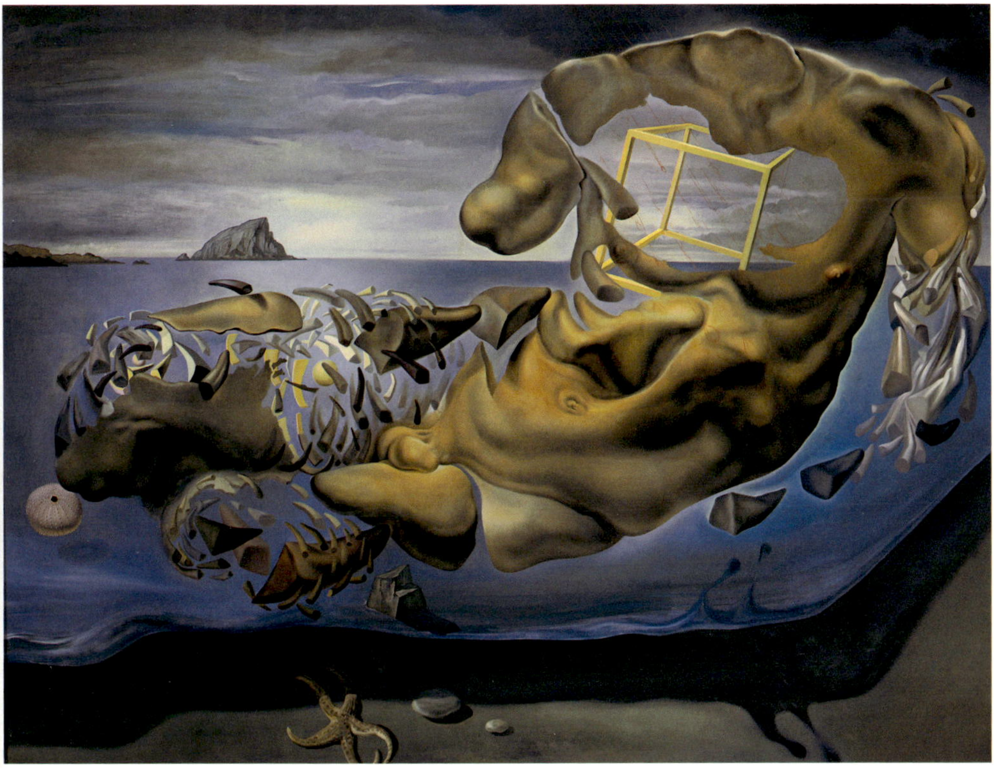

[C37]

RHINOZEROTISCHE GESTALT DES ILLISOS VON PHIDIAS, 1954.

Öl / Leinwand (101,50 x 131 cm)

Saal 5 Saal der Fischmärkte

Das zentrale Motiv dieses Ölgemäldes basiert auf den beeindruckenden Marmorskultpuren, die Phidias für den Westgiebel des Parthenon der Akropolis in Athen geschaffen hatte. Dalí begann dieses Werk im Sommer 1953 in seinem Atelier in Portlligat. Man blickt erneut auf die Landschaft von Cadaqués mit der eigentümlichen Klippe *Es Cucurucuc* am Horizont Dalí schrieb in seinem Tagebuch eines Genies: „1953 –AUGUST. Der 17. Weil ich zu übervorsichtig bin, gebe ich so wenig Farbe auf den rechten Oberschenkel, dass ich beim Versuch, mehr Farbe hinzuzugeben, das Bild beflecke (...) Das geheimste aller Geheimnisse ist, dass der berühmteste Maler der Welt, der ich bin, immer noch nicht weiß, was man tun muss, um zu malen. Dennoch bin ich ganz nahe daran es zu wissen, und plötzlich werde ich ein Bild malen, das alle vorherigen übertrifft. Ich beharre auf die Testikel des Phidias, um einen Anstoß zu bekommen. Ach, hätte ich doch keine Angst zu malen! Aber Tatsache ist es, dass ich will, dass jeder Pinselstrich das Absolute und das perfekte Bild der Testikel der Malerei erreicht, Testikel, die nicht die meinen sind“

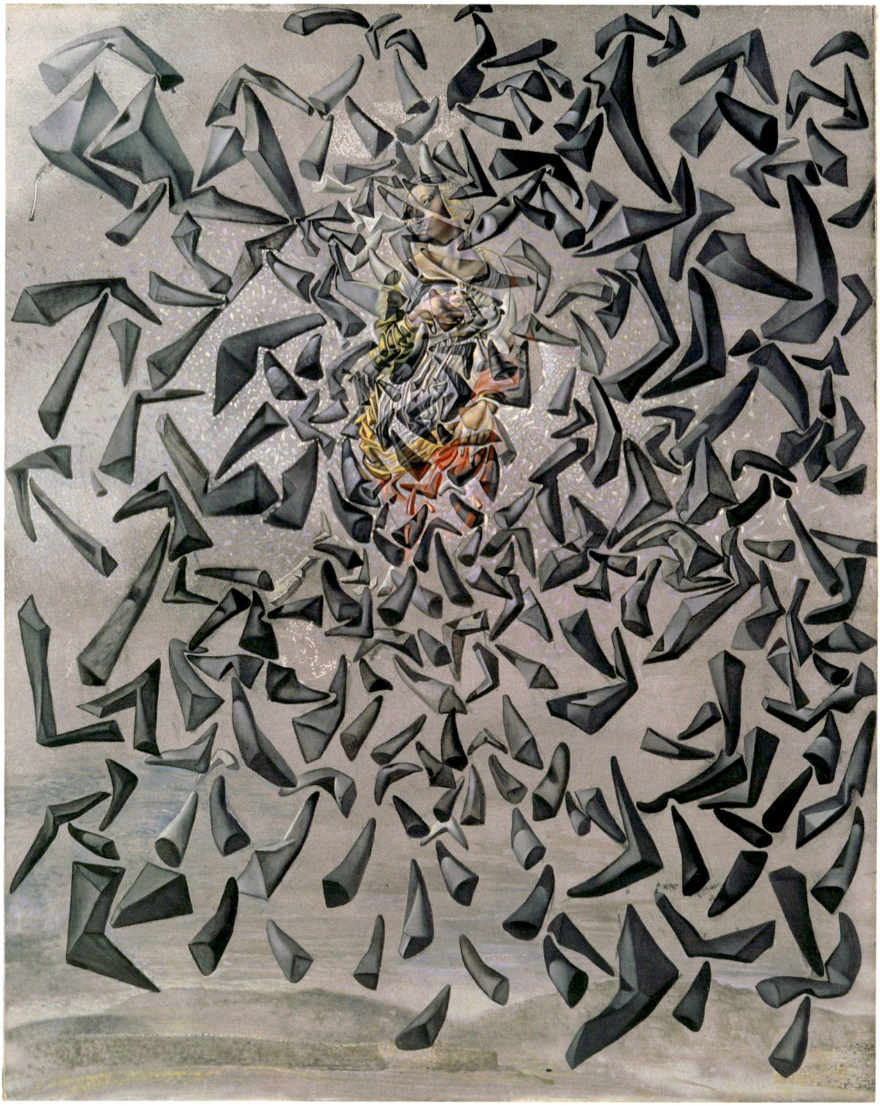

[C38]

HIMMELFAHRENDE HEILIGE CÄCILIA, 1955.

Öl / Leinwand (81,70 x 66,70 cm)

Saal 20 Saal der optischen Illusionen

Ein repräsentatives Gemälde aus seiner atomaren oder mystisch-nuklearen Epoche. Es handelt sich um eine Komposition mit einer großen Raumausdehnung, mit volumetrischen Spiralen, die einen dreidimensionalen Effekt schaffen, der auch auf anderen Bildern wie *Spärische Galatea, Abbild Galas mit rhinozerotischen Symptomen* oder *Rhinozerotische Gestalt des Illisos von Phidias* zu finden ist. Ein konzentrisches Werk, auf dem sich die Chromatik auf das Bildnis der Heiligen beschränkt, die in goldene Partikel explodiert, welche die Formen begleiten, die auf dem Horn des Nashornes basieren (ein Symbol, das in der atomaren Etappe von Dalí oft zu finden ist), und die uns die kathastrophenförmige Schreibweise der Achtzigerjahre anzukündigen scheinen.

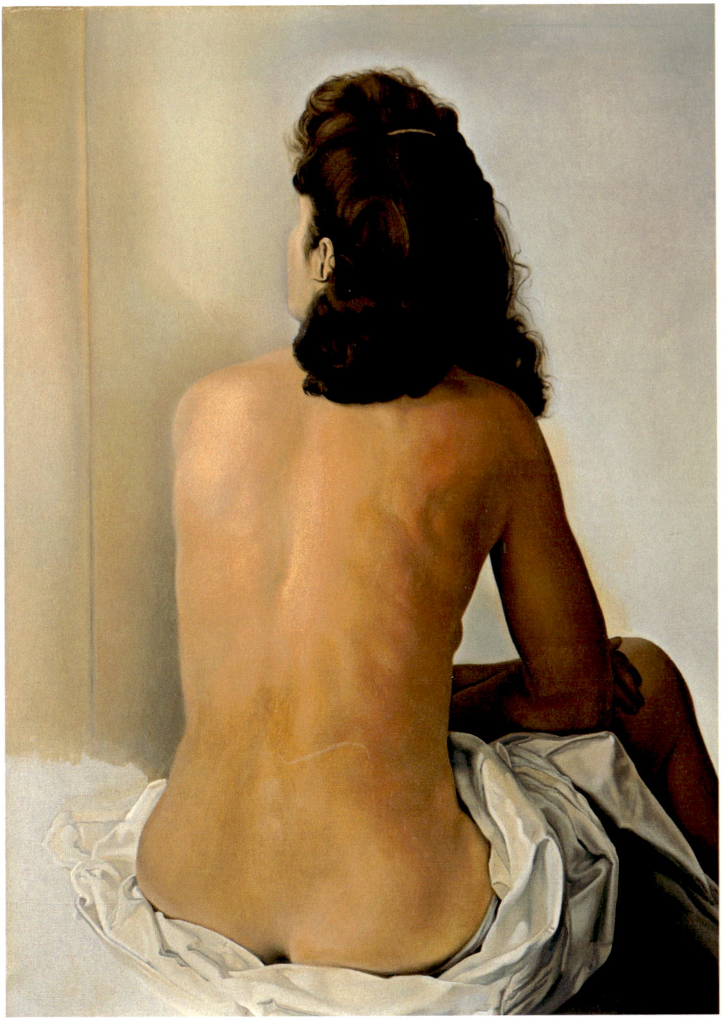

[C39]

GALA VON HINTEN, IN EINEN UNSICHTBAREN SPIEGEL BLICKEND, 1960.
Öl / Leinwand (41 x 31,30 cm)
Saal 4 Schatzsaal

Galas Oberkörper, gestützt auf ein Dreieck, das sie mit ihrem Arm und dem rechten Bein formt. Die ebenfalls geometrisierende Struktur des Stoffes verdient besondere Beachtung, denn Dalí verleiht ihm die gleiche oder sogar noch mehr Bedeutung als dem Körper der Porträtierten. Während seiner Studienzeit an der Akademie der Schönen Künste San Fernando in Madrid bewunderte Dalí insbesondere einen seiner Lehrer, den bekannten Maler Julio Romero de Torres, der ihn in der Darstellung von Faltenwurf unterrichtete. Dieses Werk ist eine neue Version seines Ölgemäldes *Meine nackte Frau beim Betrachten ihres eigenen Körpers, der sich in Treppen, drei Wirbel einer Säule, Himmel und Architektur verwandelt.*

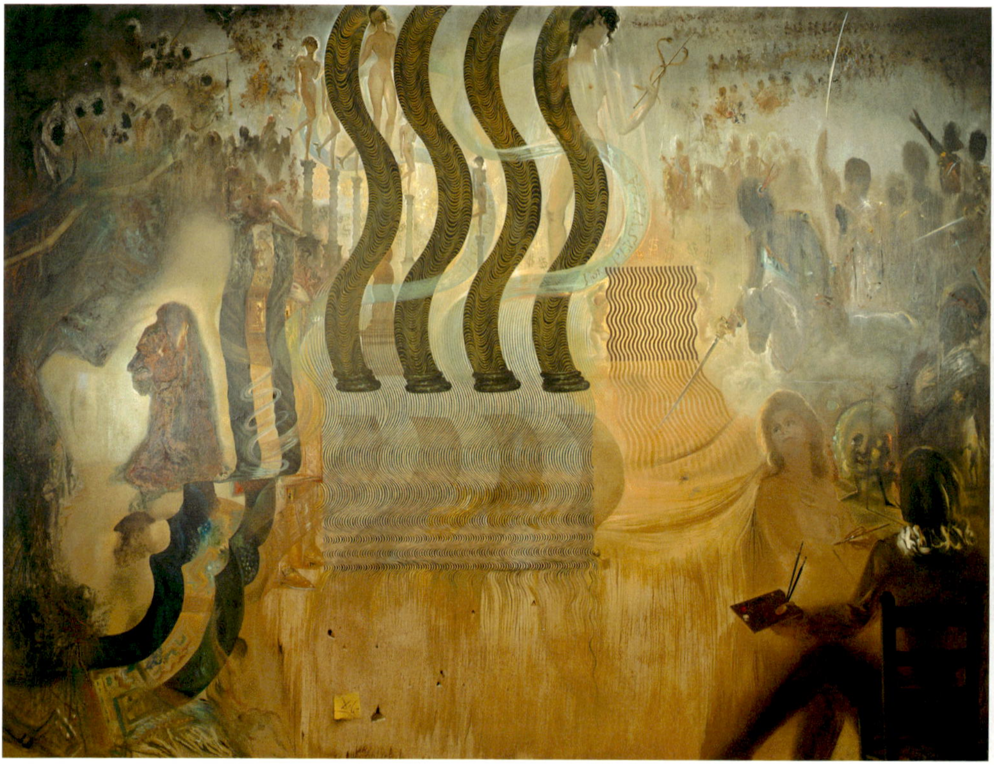

[C40]

APOTHEOSE DES DOLLARS, 1965.

Öl / Leinwand (300 x 400 cm)

Saal 23 Schmuckstücke

In diesem Gemälde hält Dalí ebenso wie im Theater-Museum alle Neigungen, Mythen und Besessenheiten fest, die ihn sein ganzes Leben lang begleitet haben. Erinnern wir an einige davon: Duchamp auf der linken Seite gekleidet als Ludwig, der XIV. mit dem Lautenspieler von Watteau über seinem Kopf. José Nieto, der Haushofmeister in *Las Meninas*, der dreimal auftaucht. Neben Duchamp-Ludwig, der XIV., das Profil des Hermes von Praxiteles, im Schatten der Nase des Profils die Figur von Goethe, und im Mundwinkel das Porträt von Vermeer van Delft. Auf der rechten Seite hat sich Dalí als Velazquez porträtiert, der dabei ist, Gala zu malen, neben der in einem doppelten Bild das Antlitz der Beatrice von Dante erscheint, die gleichzeitig Quijote auf Knien ist. Darüber befinden sich die geschlagenen Heere Napoleons, und auf der linken oberen Seite sieht man die Soldaten in der Schlacht bei Tetuan kämpfen (die einen sind Anspielungen auf Meissonier und die anderen auf Fortuny).

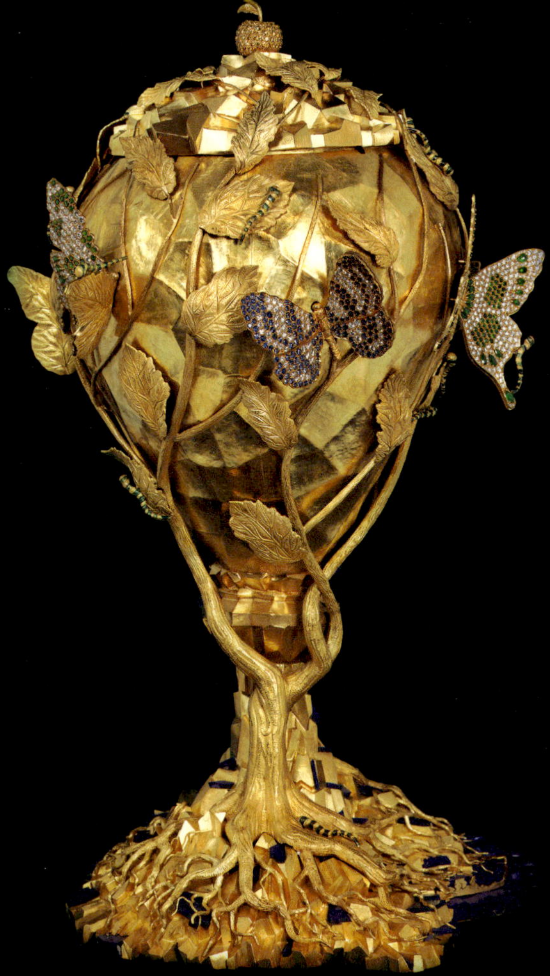

[C41]

DER KELCH DES LEBENS, 1965

(41 x 24 x 21,5 cm)

Saal 23 Schmuckstücke

Igor Cassini schrieb 1961 in der Märzausgabe von *Town & Country*, dass Dalí und Alemany & Company dabei sind, eine neue Kunstform zu schaffen: „Es handelt sich um ein Kunstwerk des elektronischen Schmucks, das den Kelch der Heiligen Therese von Avila darstellt. (...) Wenn man das Schmuckstück aktiviert, öffnen sich die goldenen Blätter, die den Kelch umgeben, und verwandeln sich in mit Edelsteinen dekorierte Schmetterlinge (...). Das ungefähr fünfundsiebzig Zentimeter große Schmuckstück stellt die Legende der Heiligen Therese dar, indem tote Blätter in lebendige Schmetterlinge verwandelt werden, und es wird zu einem Ausstellungsstück". Dalí sagte 1964 im *New York Telegram and Sun*: „Der Mensch lebt umgeben von Fäulnis. Wie ein Wurm kriecht er durch das Leben und hat dabei immer den Tod im Schlepptau. Aber dank einer göttlichen Metamorphose wie die Metamorphose des Schmetterlings verwandelt er sich in ein spirituelles Licht".

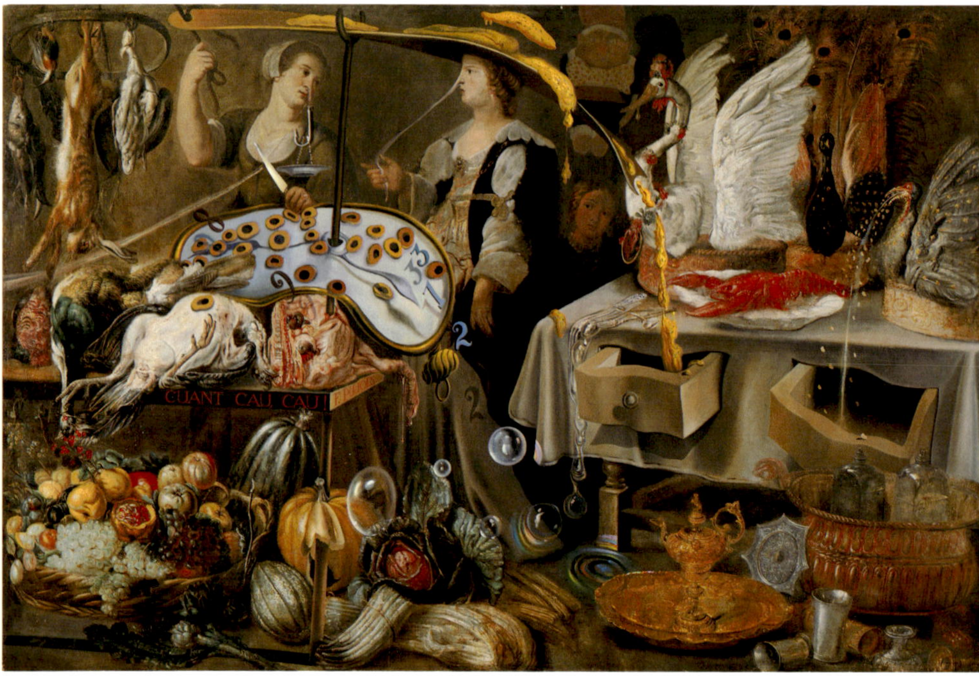

[C42]

«CUANT CAU, CAU»" [WENN ES FÄLLT, FÄLLT ES], 1972-73.
Öl / Leinwand (195 x 297 cm)
Saal 22 Saal „Wenn es fällt, fällt es..."

Stillleben im holländischen Stil, das der Künstler in Paris erwarb und umformte. Dalí sagte: „Statt einer Collage ist es ein Ölgemälde, das von mir umgestaltet wurde". Der Maler verwandelte es in eine Allegorie und Hommage an seinen Freund, den katalanischen Philosophen Francesc Pujols. Im Hintergrund kann man verschiedene Transformationen erkennen, die Dalí durchführte und dabei das Originalgemälde benutzte, um eine Dualität zu schaffen. Auffallend ist eine Collage mit einem Angelhaken, der aus einer der Figuren ragt. Auf dem Ölbild steht der Satz Pujols: „*cuant cau, cau*". Dieser Satz, der den Schlusssatz eines langen und komplexen philosophischen Textes ist, der den Künstler ganz besonders fesselte, wird zum Titel des Werkes.

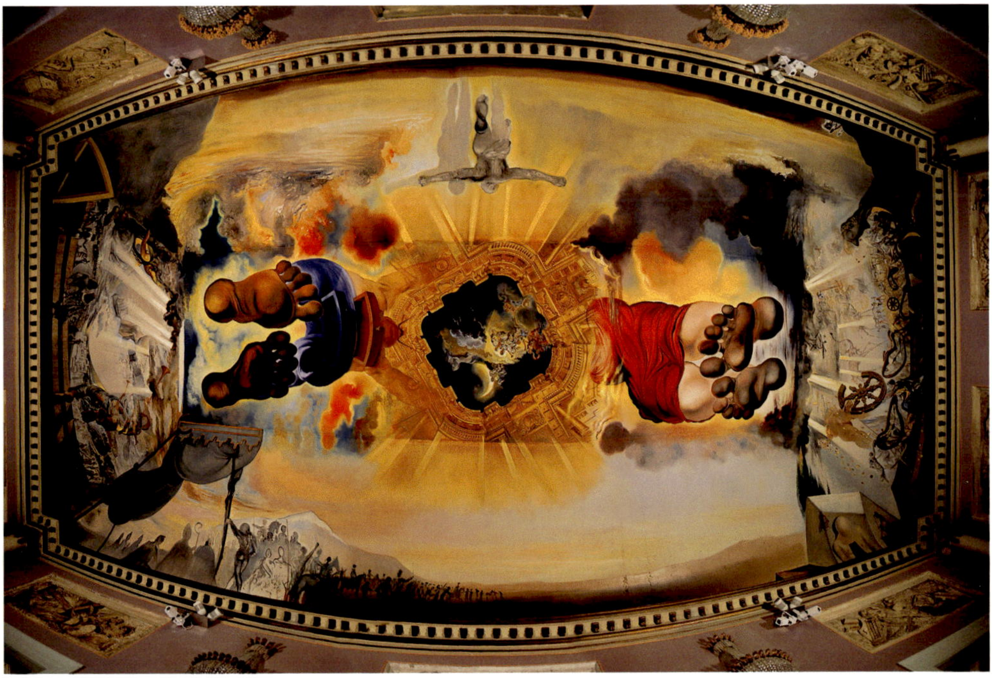

[C43]

ZENTRALE TAFEL AN DER DECKE DES WINDPALASTES, 1972-73.
Öl / Leinwand (114 x 570 cm)
Saal 15 „Windpalast“

Dieses Gemälde entstand in dem Atelier von Portlligat, und es wurde anschließend auf ein riesiges Gerüst gehoben und im Theater-Museum aufgehängt. Das Werk basiert auf einem Gedicht von Joan Maragall „El Palau del Vent“ [Der Windpalast], das von L'Empordà und dem dort herrschenden Tramuntana-Wind erzählt. Im Zentrum porträtiert sich der Künstler selbst mit Gala in einer so gezwungenen Perspektive, dass eine allegorische Argumentation mit den verschiedenen Landschaften seines Lebens entsteht. Das Werk ist eine Art idyllischer Spaziergang durch seinen Lebenstraum. Am Ende stellt er erneut Gala und sich selbst dar, beim Betrachten des Schiffes des Schicksals, das kurz vor dem Aufbruch steht. Wir können einige Abschnitte der Strecke entdecken: den Goldregen, der über den Betrachter in Form von Münzen fällt; die Anspielung auf die Räder des Raimundo Lulio; die Elefanten mit Insektengliedmaßen; die skizzierten Silhouetten der Prinzen (die heutigen Könige von Spanien). In einer Ecke sieht man auch die Silhouette seines Freundes „Meli“, des Fotografen Melitó Casals.

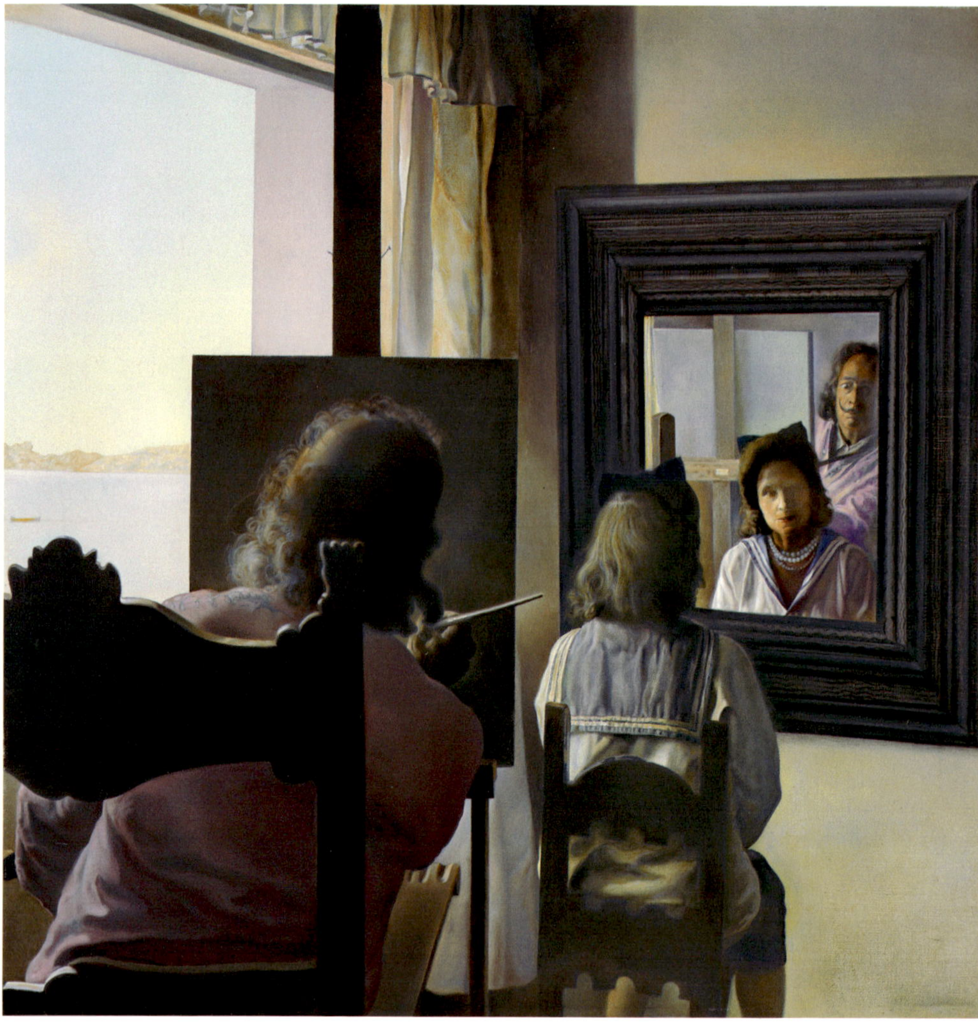

[C44]

DALÍ VON HINTEN, GALA VON HINTEN MALEND, DIE VON SECHS VIRTUELLEN, SICHVORÜBERGEHEND IN SECHS ECHTEN SPIEGELN WIDERSPIEGELNDEN HORNHÄUTEN VEREWIGT WIRD, 1972-73. Öl / Leinwand (60,50 x 60,50 cm)
Saal 14 Saal der Meisterwerke

Stereoskopisches Werk, ein Beispiel für Dalís Experimente in den Siebzigerjahren. In der Stereoskopie suchte der Künstler die dritte Dimension und die Tiefenwirkung. Wie in *Las Meninas* erscheint auch hier der Maler in seiner Schöpfung. 1975 schrieb er folgendes Gedicht:

Um mich hinter Deinen Schultern sehen zu können / Und Deine so geliebten zu malen / Betrachte ich mich in Deinem Spiegel, / Und in einem anderen, gleichen / Die Widerspiegelung unserer Abbilder. / Ich brauche einen dritten Spiegel, / Um Dich zwischen meinen vier Pupillen / Zu befestigen. / Wahrheit aus Liebe machen. / Der Mythos verankert mich mit Deinen / Acht Pupillen in einem einzigen Blick. / So bin ich Dein Sklave und Herr, / Ich verdiene die höchste Auszeichnung. / Ich bin ein Eingeschlossener in einem Käfig, / Der aus zehn Pupillen besteht, die in meinen Pinsel zusammenfließen / Drei Spiegel mit der Form eines Diamanten / Um ihn zu sehen, Geliebte und Dienerin, / Den einzigen Spiegel unserer Seele.

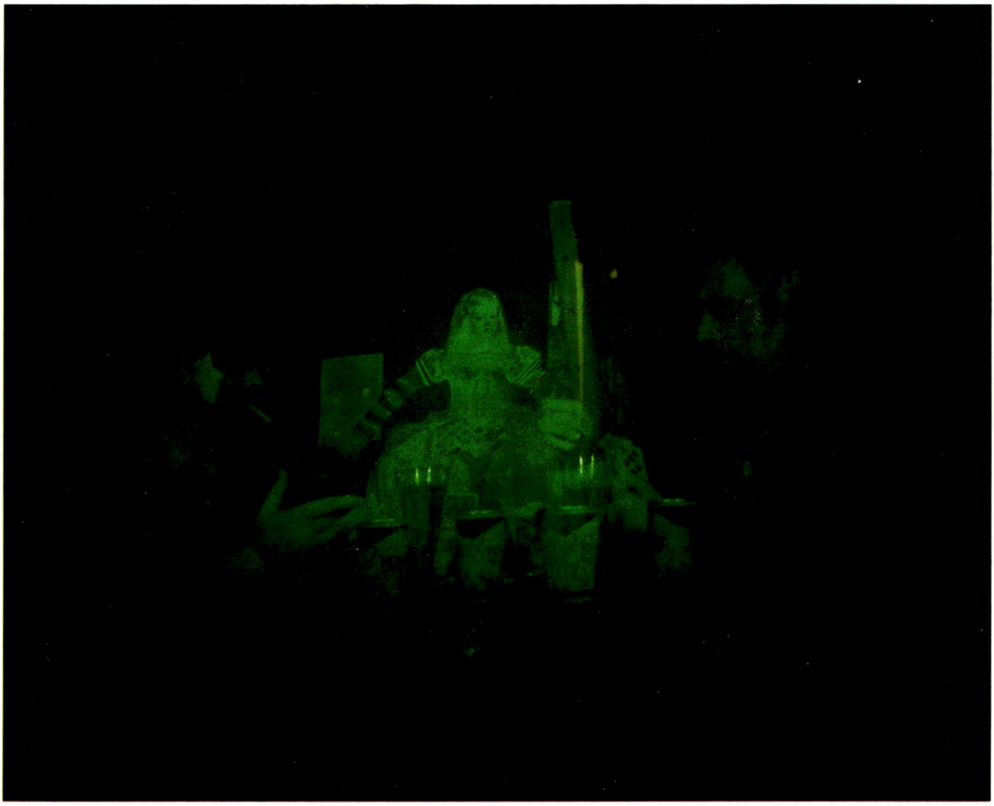

[C45]

HOLOS! HOLOS! VELAZQUEZ! GABOR!, um 1972-73.
Hologramm (42 x 57 cm)
Saal 15 „Windpalast“

Dalí zeigte dieses Hologramm in der Ausstellung *The 3rd Dimension: The 1st World Exposition of Holograms Conceived by Dalí* zwischen dem 7. April und dem 13. Mai 1972. In der Ausstellung erklärte Dalí: „Alle Künstler haben sich für die dreidimensionale Wirklichkeit interessiert, das fing schon in der Zeit von Velazquez an, und es ist in den modernen Zeiten so. Der analytische Kubismus von Picasso versuchte wieder die drei Dimensionen von Velazquez einzufangen. Jetzt wurde durch das Genie Gabors die Möglichkeit einer neuen Renaissance in der Kunst Wirklichkeit, und das verdanken wir der Holographie. Mir wurden die Türen zu einem neuen Haus der Schöpfung geöffnet“. Was konkret dieses Werk betrifft, steht folgendes im Katalog: „Kartenspieler, Biertrinker, die in *Las Meninas* von Velazquez verwandelt wurden, wo wir zum ersten Mal dank der Holographie eine flache Fläche am hinteren Teil der Leinwand sehen können und auch das, was vorne abgebildet ist“.

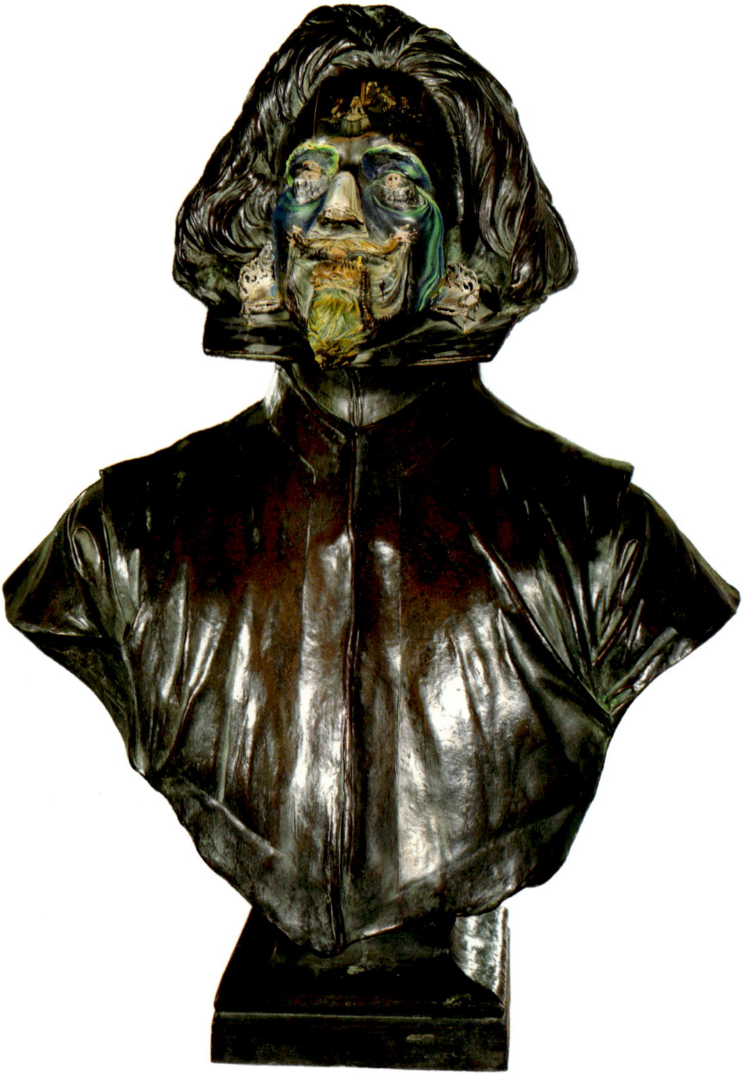

[C46]

OHNE TITEL. BÜSTE VON VELAZQUEZ, DIE SICH IN DREI MITEINANDER PLAUDERNDEN GESTALTEN VERWANDELT, 1974. Öl / Bronzeskulptur (86,50 x 64 x 39 cm)
Saal 15 „Windpalast"

In dieser Büste von Velazquez erscheinen verschiedene Figuren der Ikonographie des 17. Jh., die auf Quevedo anspielen, so die beiden Kavaliere mit ihren Halskrausen (Augen), die Nonne, die zum Gebet niederkniet (Nase), und eine Umformung des unteren Teil des Gesichtes in ein Wohnzimmer mit Sesseln und dem Boden, ein Schachbrett. Die vorrangige Wirkung des Werkes und grundlegende Annäherung an Velazquez ist das Bild der *Las Meninas*, das vor dem Maler auftaucht. Dieses Ölgemälde hatte Dalí so oft bei seinen häufigen Besuchen im Museum Prado in Madrid betrachtet.

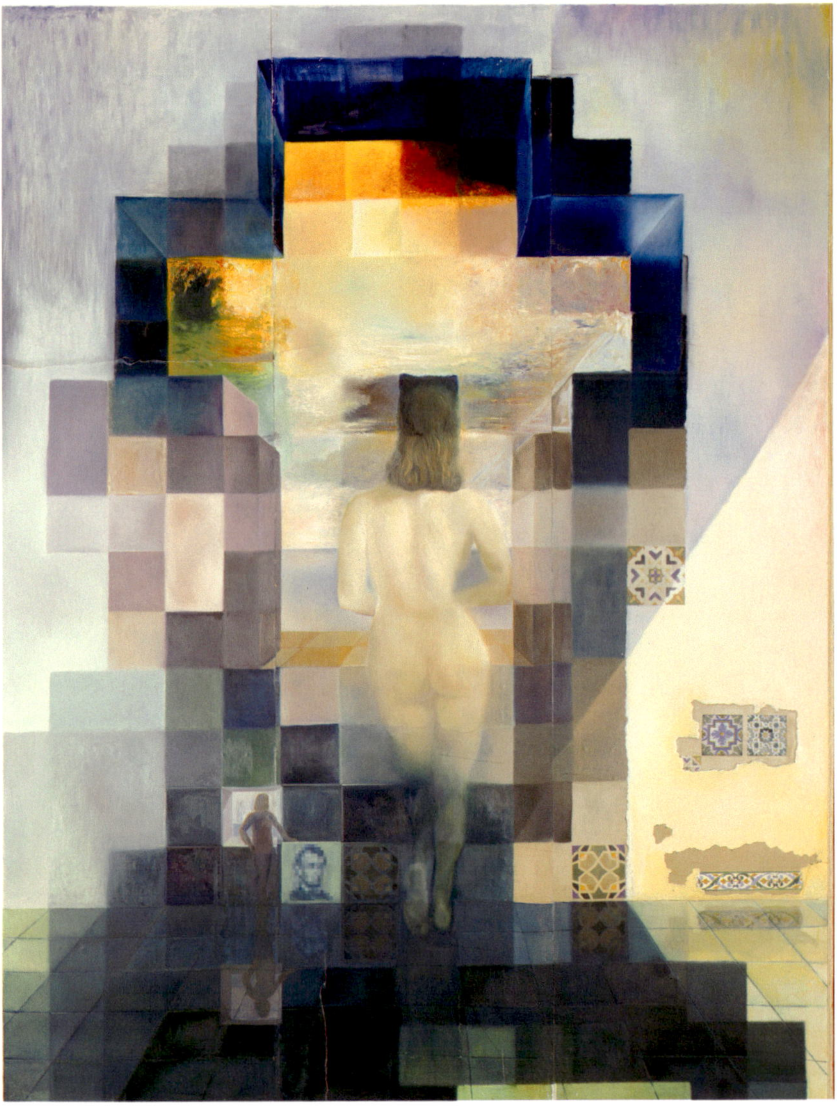

[C47]

DIE NACKTE GALA BETRACHTET DAS MEER, DAS SICH IN EINER ENTFERNUNG VON ACHTZEHN METERN IN DAS BILDNIS ABRAHAM LINCOLNS VERWANDELT, 1975. Öl / Fotografie (420 x 318 cm)
Saal 17 Flur: Montage

Dalí schuf dieses Werk als Hommage an den Maler Mark Rothko auf der Grundlage einer digitalen Interpretation des Antlitzes von Lincoln, das von dem nordamerikanischen Kybernetiker Leon D. Harmon erstellt wurde. Und wieder einmal leitet Dalí etwas Neues ein und zeigt uns das Konzept des doppelten Bildes auf eine neue Weise. Das Antlitz von Lincoln sieht man in einem kleinen Format unten links auf dem Werk, wo sich die Figur Galas in einer anderen Pose wiederholt. Im oberen Teil spielt Dalí mit einer wundervollen Dämmerung auf das bekannte Ölgemälde *Der Christus des heiligen Johannes vom Kreuz an.*

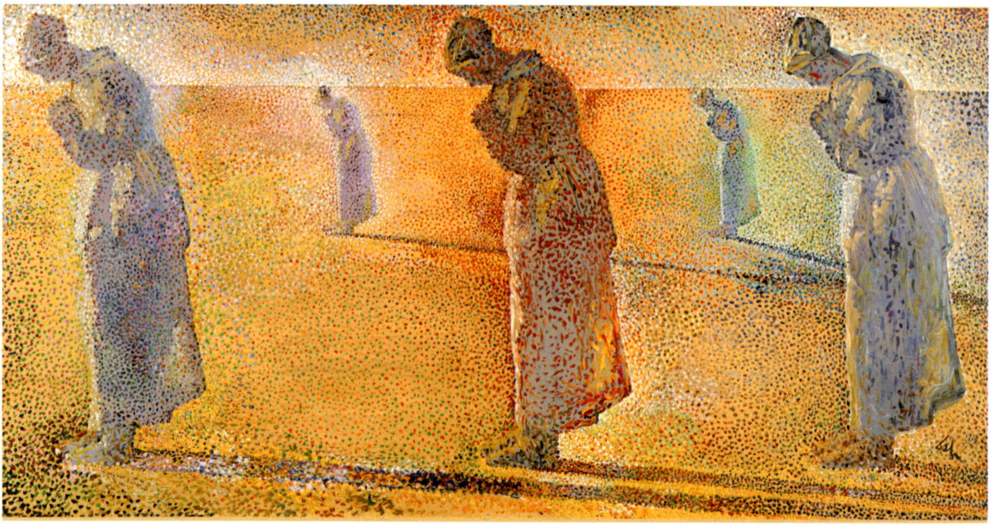

[C48]

SONNENAUFGANG, MITTAG, SONNENUNTERGANG UND ABENDDÄMMERUNG, 1979.

Öl / Sperrholz (122 x 246 cm)

Saal 20 Saal der optischen Illusionen

Dieses Ölgemälde entstand, weil das Centre Georges Pompidou den Künstler darum bat, die Werke seiner letzten Schaffensphase in einer anthologischen Ausstellung mit dem Titel „Dalí" zu zeigen, die in diesem Museum in Paris vom 18. Dezember 1979 bis zum 14. April 1980 organisiert wurde. Es handelt sich um ein Gemälde, das mit atemberaubenden Farbvibrationen auf dem Untergrund gemalt wurde, manchmal sogar direkt aus der Tube und nicht systematisch, da es Stellen gibt, die Frieden oder Stille ausdrücken, und andere eine intensive Anhäufung. Das ganze Gemälde ist perfekt mit dem Schatten im Vordergrund und leicht diagonal aufsteigend kombiniert, was die gesamte Komposition ordnet und verbindet. Dalí stellt das Vergehen der Zeit in einem einzigen Werk dar, im Stil des deutschen Künstlers Altdorfer, der den gesamten Verlauf einer Schlacht in einem einzigen Gemälde darstellte. Er zeigte den Tag mit einer hieratischen weiblichen, sich wiederholenden Figur aus dem *Angelus* von Millet.

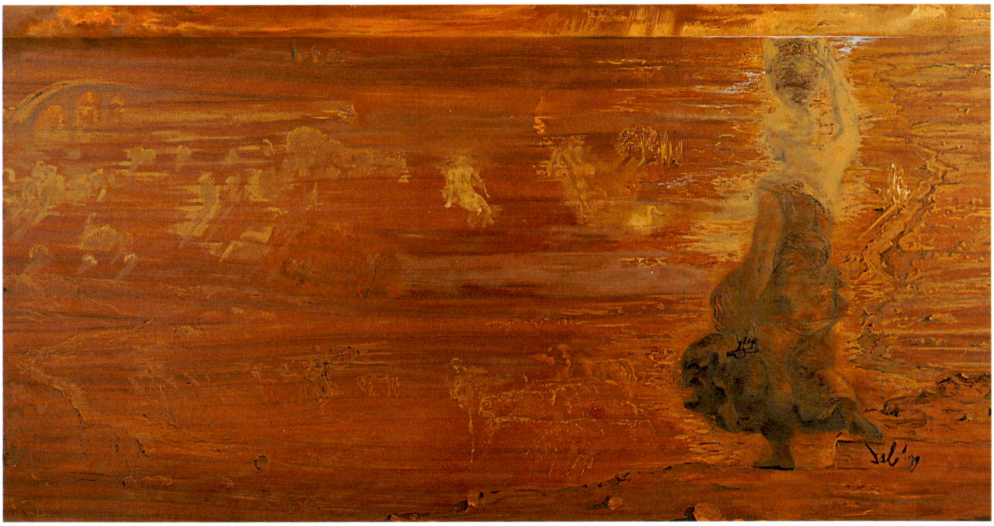

[C49]

RAFFAELISCHE HALLUZINATION, 1979.

Öl / Holz (122 x 244 cm)

Saal 20 Saal der optischen Illusionen

Wie das vorhergehende Werk wurde auch dieses Gemälde für die anthologische Ausstellung in Paris geschaffen. Es handelt sich um eines von Dalís ausdrucksvollsten Gemälden mit recht wenig Elementen. Er benutzt die Grundlage und die Tonschwingungen des Holzes mit wenig malerischen Eingriffen und beschränkt sich auf ein paar Ocker- und grüne Erdtöne, um Anspielungen zu schaffen, die es dem Betrachter ermöglichen, die Endlosigkeit der visuellen Empfindungen zu entdecken: Dorf, Fluss, Figuren, phantastische Landschaften und rechts eine raffaelische Figur, inspiriert von einem der Protagonisten des Werkes *Der Brand im Borgo* von Rafael. Es handelt sich um eine Figur, die einen Krug auf dem Kopf trägt, den Dalí dazu benutzt, um daneben die Linie des Horizontes zu zeichnen, die das ganze Werk verbindet. Ebenso ist das die einzige Stelle, an der ein intensives Blau benutzt wurde, um ein Gefühl von Wasser und gleichzeitig vom Meereshorizont zu vermitteln. Darüber wiederholt sich das Gefühl und der Eindruck von verschiedenen klimatischen Situationen: Ruhe, Frieden, Regen und große Helle.

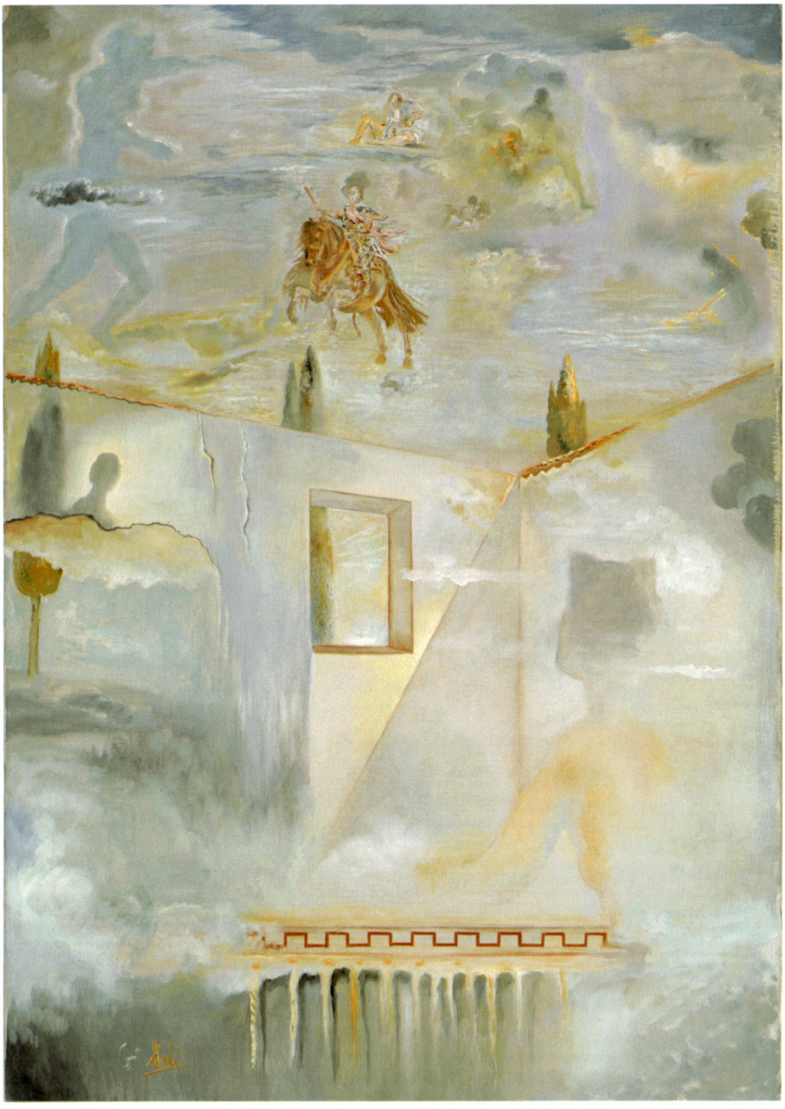

[C50]

GALA BETRACHTET DIE ERSCHEINUNG DES INFANTEN BALTASAR CARLOS, 1981.
Öl / Leinwand (140,50 x 100 cm)
Saal 21 Turm „aller Rätsel"

Ölgemälde, auf dem der Prinz Baltasar Carlos von Velazquez zu sehen ist. Es handelt sich um ein sehr nostalgisches Werk mit Anspielungen auf und Symbolen für etwas, das zu Ende geht. Uns wird eine Tragödie angekündigt, eine Vorwarnung vor einem Ende, das sich mit einer Gala nähert, die sich in ihrer Umgebung Portlligat verflüchtigt, eine Gala, die das Sinnbild des Triebs zwischen der Schönheit und dem Tod sein könnte. Symbol des Endes ist die Figur des Prinzen Baltasar Carlos, dessen Darstellung in Dalís Ikonographie den Tod bedeutet, angesichts der traurigen Geschichte, die dieser erlebte. Auch die Zypresse teilt diese Symbolik.

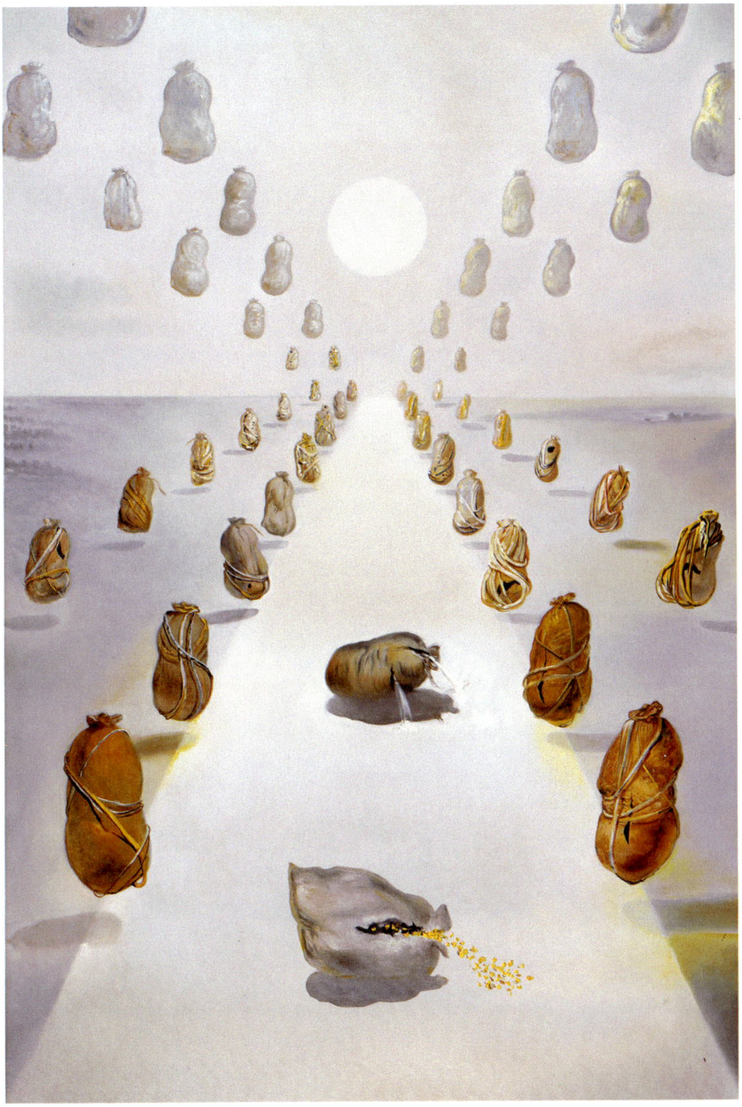

[C51]

DER RÄTSELHAFTE WEG, 1981.
Öl / Leinwand (140 x 94 cm)
Saal 5 Saal der Fischmärkte

Dalí stiftete dieses Gemälde dem Theater-Museum, als diesem 1982 die Goldmedaille der Generalitat de Catalunya verliehen wurde. Zu dieser Verleihung war sein Freund, der Dichter J.V. Foix anwesend. Wir sehen eine geheimnisvolle Perspektive mit Säcken, die laut Dalí Informationen enthalten. Es handelt sich um eine Symbolik, die häufig im Werk des Künstlers anzutreffen ist, vor allem in den Gemälden aus seiner ersten Schaffenszeit mit bereits surrealistischem Ausdruck wie *Einweihungs-Gänsehaut* oder in dem verschwundenen *Werk Honig ist süßer als Blut*. Ein allegorisches Werk, dessen Verstehen auf der Dualität basiert, auf dem anscheinenden Inhalt an Weizen und Korn und gleichzeitig der philosophischeren Last der Information und des Verstehens, die Endbedeutung des Werkes. Die Fluchtlinien des Bildes zielen auf einen Horizont, der sich auf ein kalt wirkendes Gestirn konzentriert. Es scheint, als ob es aus dem gleichen Grund, aus dem es einen Hinweg zu einem nicht bestimmten Hintergrund gibt, es auch einen Rückweg gibt, wie ein Echo, das durch die doppelte Projektion des oberen Raums entsteht.

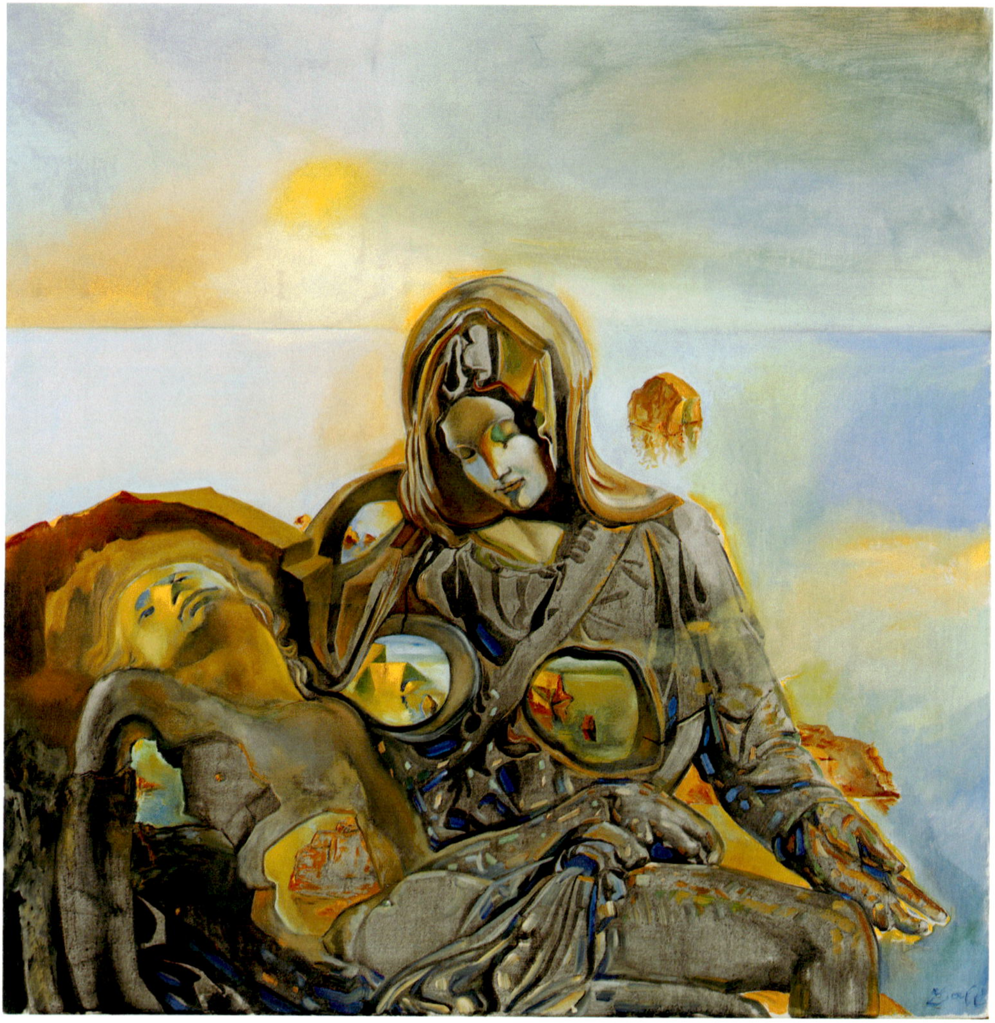

[C52]

"GEOLOGISCHES ECHO. LA PIETÀ, 1982.

Öl / Leinwand (100 x 100 cm)

Saal 5 Saal der Fischmärkte

Dieses Werk verdankt seinen Titel der Tatsache, dass Dalí Gefallen daran fand, die Form der Nase der zentralen Figur der *Pietà* von Michelangelo in Form von Felsen zu wiederholen und so das Bild eines Echos zu schaffen.Die etwas deprimierenden grünlichen Töne des Gemäldes entstammen einer Zeit, in der sich der Tod Galas abzuzeichnen begann. Dieses Werk Dalís ist das Ergebnis einer tiefen Traurigkeit und Melancholie, weil er sich an die Vergangenheit erinnerte. Auch in diesen Momenten griff er oft auf die Ikonographie Michelangelos zurück.

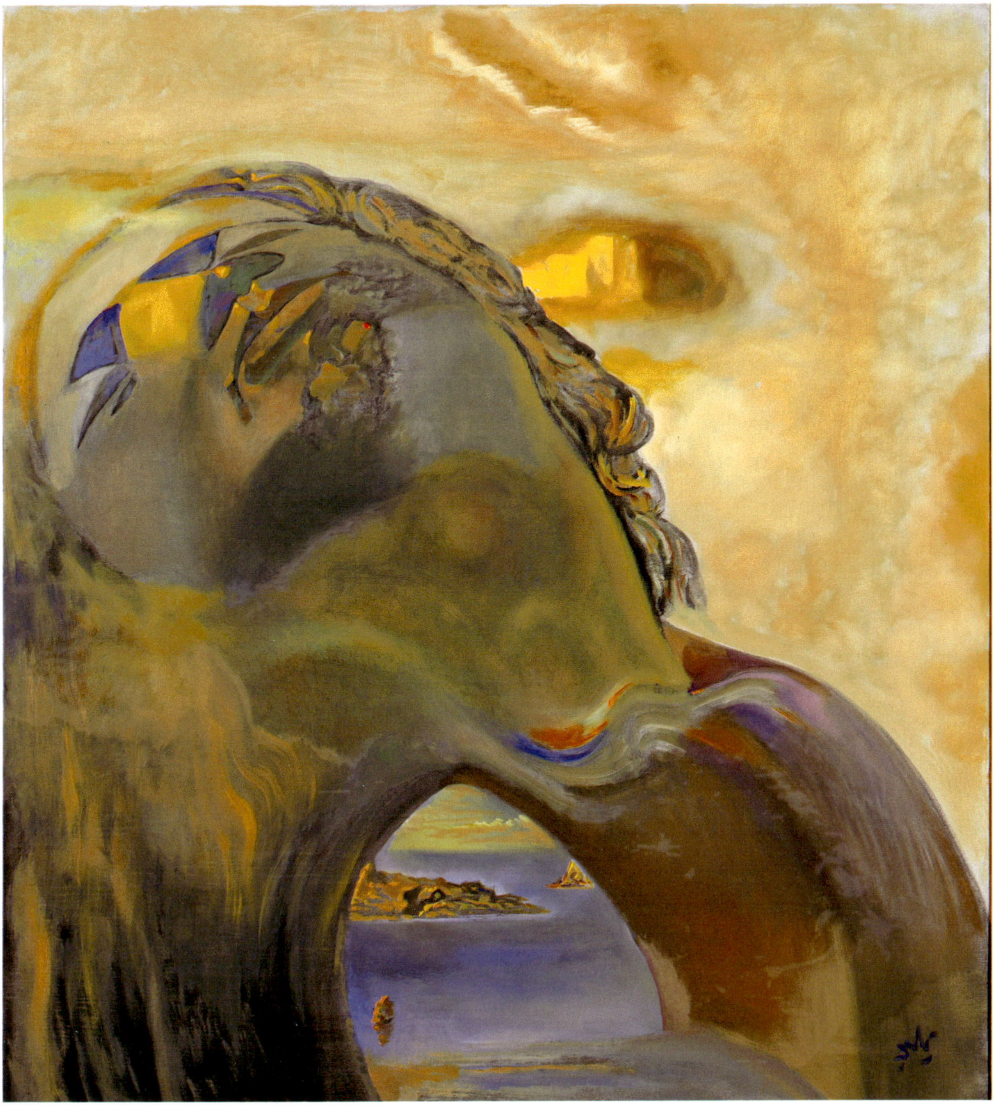

[C53]

OTHELLO TRÄUMT VON VENEDIG. 1982.

Öl / Leinwand (100 x 90,50 cm)

Saal 5 Saal der Fischmärkte

Dieses Werk entstammt der gleichen Zeit und hat die selbe Farbgebung wie das vorher beschriebene Gemälde, die man als Herbstlicht bezeichnen könnte. Damit will der Künstler den anekdotischen Aspekt ausdrücken und den Venezianer Othello darstellen, in dessen Erinnerungen nur noch ein seltsames Venedig erscheint, das durch Formen und goldene Töne angedeutet wird. Für Dalí bedeutete dies eine Rückschau und die Unmöglichkeit, etwas wieder zu finden, so wie dies bei dem der Fall ist, was man in der Vergangenheit gelebt hat. Im Vordergrund befinden sich die Felsen des Cap de Creus im Kontrast zu der Helligkeit des geträumten Venedigs, sie zeigen die rauhe Wirklichkeit. Während der Traum unvorhersehbare poetische Dimensionen haben kann, konzentriert sich die Wirklichkeit immer auf berührbare Objekte.

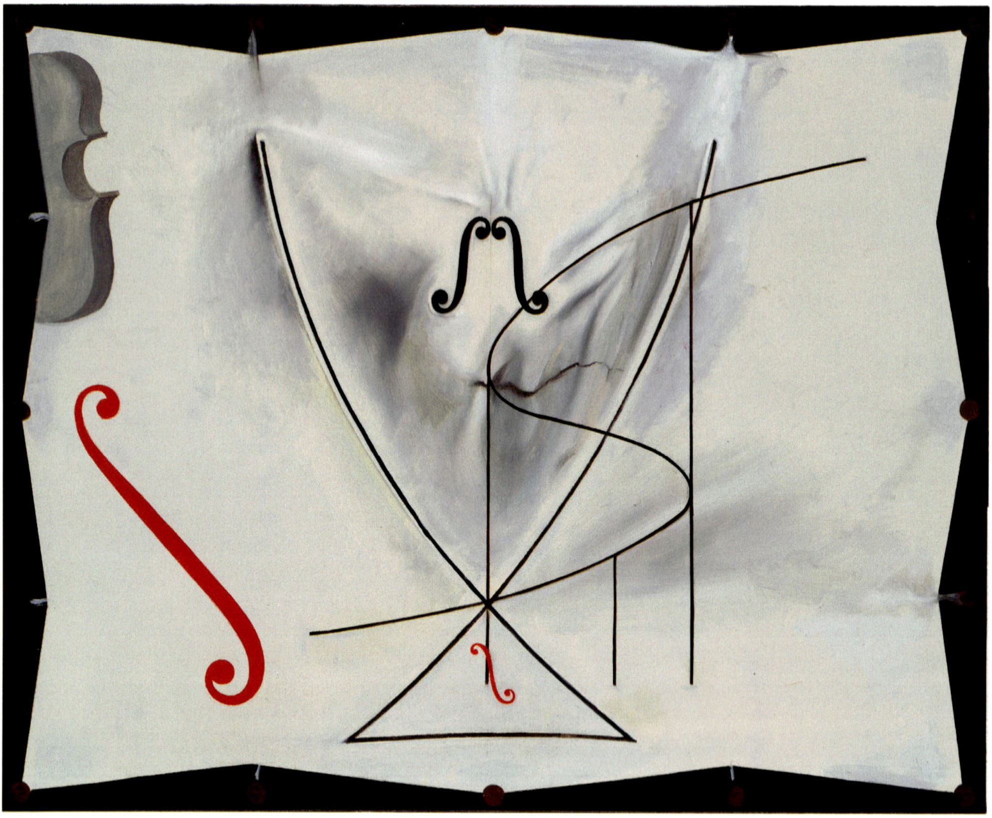

[C54]

OHNE TITEL. DER SCHWALBENSCHWANZ UND VIOLONCELLOS (SERIE DER KATHASTROPHEN), 1983. Öl / Leinwand (73,20 x 92,20 cm)

Saal 20 Saal der optischen Illusionen

Das ist das letzte Ölgemälde, das Dalí malte. Er schuf es in der Burg Púbol und er wendete in diesem Werk Kenntnisse an, die der Mathematiker René Thom in seinem Buch *Paraboles et catastrophes* festgehalten hatte. Dalí benutzt die Form des Violoncello, der er mehr die Funktion eines Symbols für Gefühle als die musikalische Präsenz gibt. In dieser letzten Schaffensphase Dalís war das Violoncello immer der Hauptdarsteller einer schmerzlichen Mission, auf anderen Gemälden wird es von Nachttischen angegriffen. Es hat etwas von einem verletzten Ich, und in diesem Fall ist es an der Darstellung des Schwalbenschwanzes beteiligt, der durch seinen poetischen Inhalt das wichtigste Element aller Beschreibungen und Grafiken ist, die er sich in der Katastrophentheorie ausgedacht hatte. Es gibt also diese beiden Übereinstimmungen: Schmerz und Schönheit.

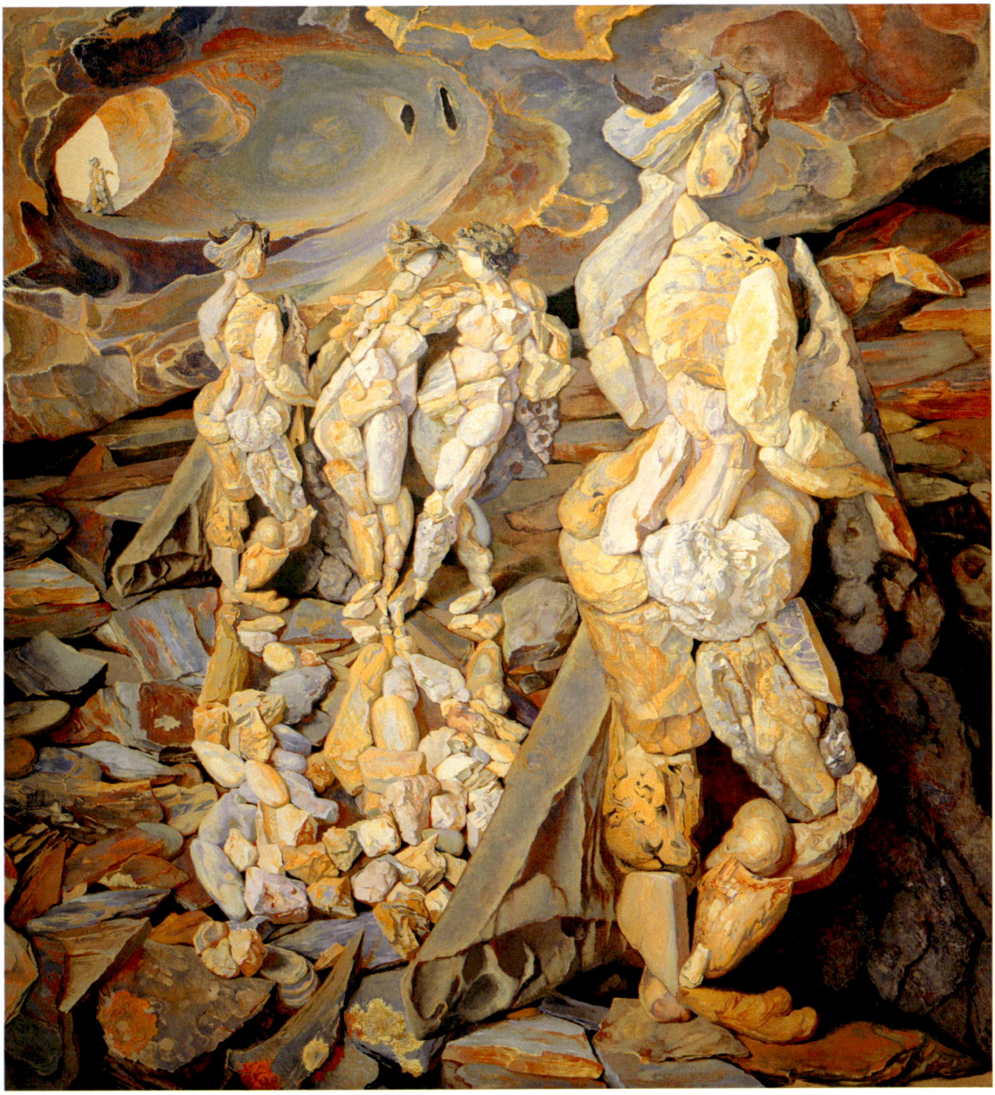

[C55]

DIE ALLEGORIE DER ERINNERUNG, ANTONI PITXOT, 1979.
Öl / Leinwand (220 x 205,50 cm)
Saal 12 Saal Antoni Pitxot

Ein Ölgemälde von Antoni Pitxot, das im Auftrag Dalís ausgeführt wurde, um genau den Platz hinten im Flur im zweiten Stock des Theater-Museums einzunehmen. Das Werk von Pitxot ruft einen interessanten Dialog zwischen dem Künstler und dem Betrachter hervor. Mysterium, Magie, konvulsive Schönheit und vor allem die Darstellung der „Üppigkeit der mineralen Seiden und Samt" werden uns durch dieses originelle, einzigartige und paradoxe Werk übermittelt. Die drei Figuren, die die Allegorie der Erinnerung formen, können mit einer Passage in dem *Buch der Betrachtung* von Raimundus Lullus in Beziehung gesetzt werden, der die drei Kräfte der Seele so beschreibt: „die Erste erinnert sich, was die Zweite versteht und die Dritte möchte. Die Zweite versteht, was die Erste erinnert und die Dritte möchte. Die Dritte möchte, was die Erste erinnert und die Zweite versteht. Das ist der ikonographische Schlüssel, der in diesen drei Figuren dargestellt ist: Erinnerung, Verständnis und Willen, an denen die beiden Maler Salvador Dalí und Antoni Pitxot so stark interessiert waren.

INNENHOF UND BÜHNE

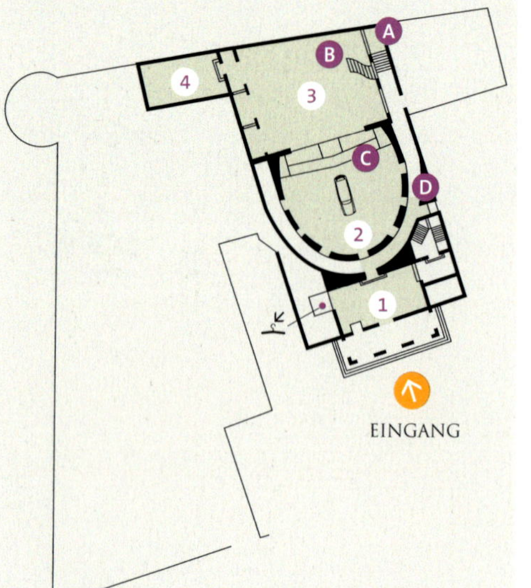

A Treppe zum Untergeschoss (Säle 5 bis 9)
B Treppe zum ersten Stock (Säle 10 bis 22)
C Treppe zur Bühne (Saal 3)
D Zugang zum Innenhof

UNTERGESCHOSS UND UNTER DER BÜHNE

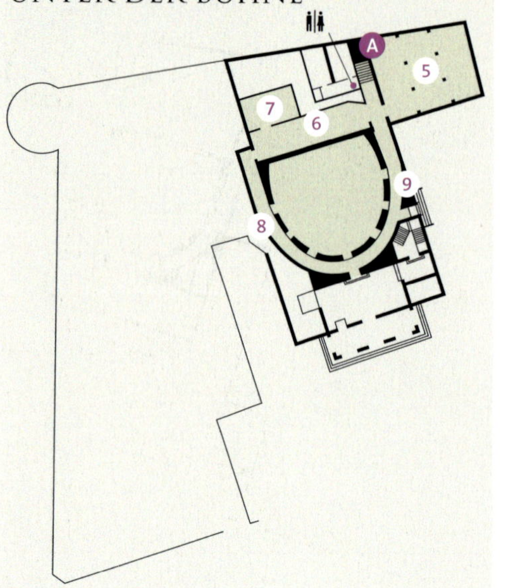

A Treppe zur Bühne, die zum ersten Stock führt (Säle 10 bis 22)

1 Vestibül
2 Innenhof
3 Bühne-Kuppel
4 Schatzsaal: Gemälde von Dalí

5 Saal der Fischmärkte: Werke von Dalí
6 Saal „Dalí d'or": Werke von Dalí
7 Krypta: Dalís Grab
8 Flur: Werk von Evarist Vallès
9 Flur: Montagen und graphische Werke von Dalí

10 Flur: Komposition von Dalí
11 Mae-West-Saal

12 Raum mit Gemälden von Antoni Pitxot, davor eine Installation von Dalí

13 Flur „Rue Trajan": Graphische Werke und Montagen von Dalí
14 Saal der Meisterwerke: Teil der privaten Kunstsammlung Dalís

15 Saal „Der Windpalast": Werk von Dalí
16 Saal „Die Poesie Amerikas": Werk von Dalí
17 Flur: Montage
18 Saal „Der Rundtempel von Bramante": Installation
19 Loggia: Optische und stereoskopische Spiele
20 Saal der optischen Illusionen: Gemälde von Dalí
21 Turm „aller Rätsel": Hologramm
22 Saal „Wenn es fällt, fällt es": Gemälde von Dalí
23 Schmuckstücke

ERSTER STOCK (ERSTER TEIL)

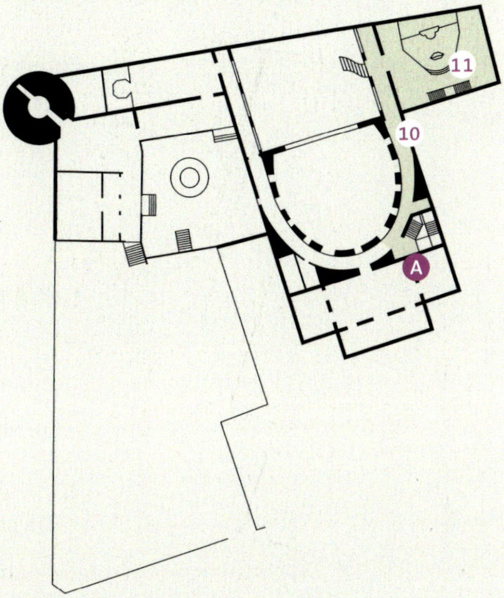

A Treppe zum zweiten und dritten Stock (Säle 12, 13 und 14)
B Treppe zum Ausgang

ZWEITER STOCK

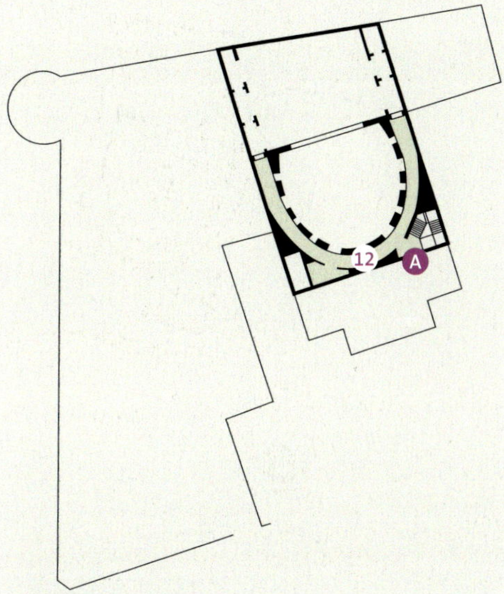

A Zugang zum Saal 12
Treppe zum dritten Stock (Säle 13 und 14)

ERSTER STOCK (ZWEITER TEIL) UND AUSGANGSBEREICH

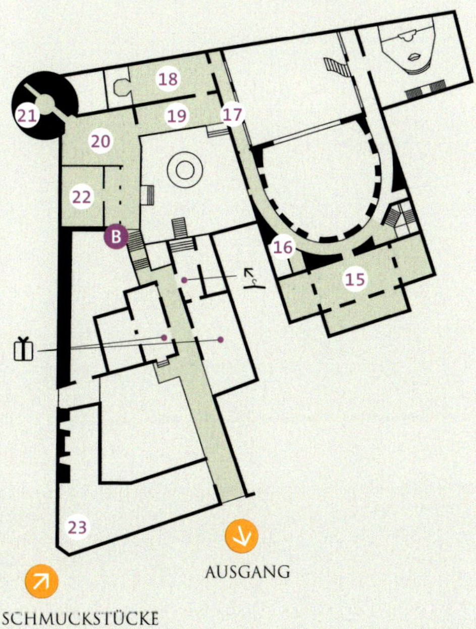

DRITTER STOCK

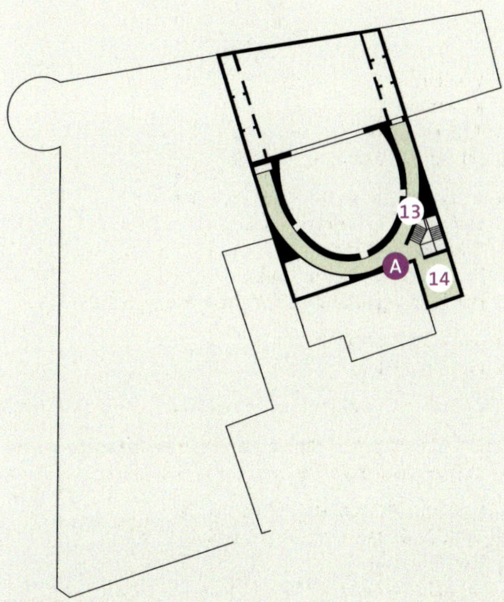

A Zugang zu den Sälen 13 und 14
Treppe zum ersten Stock

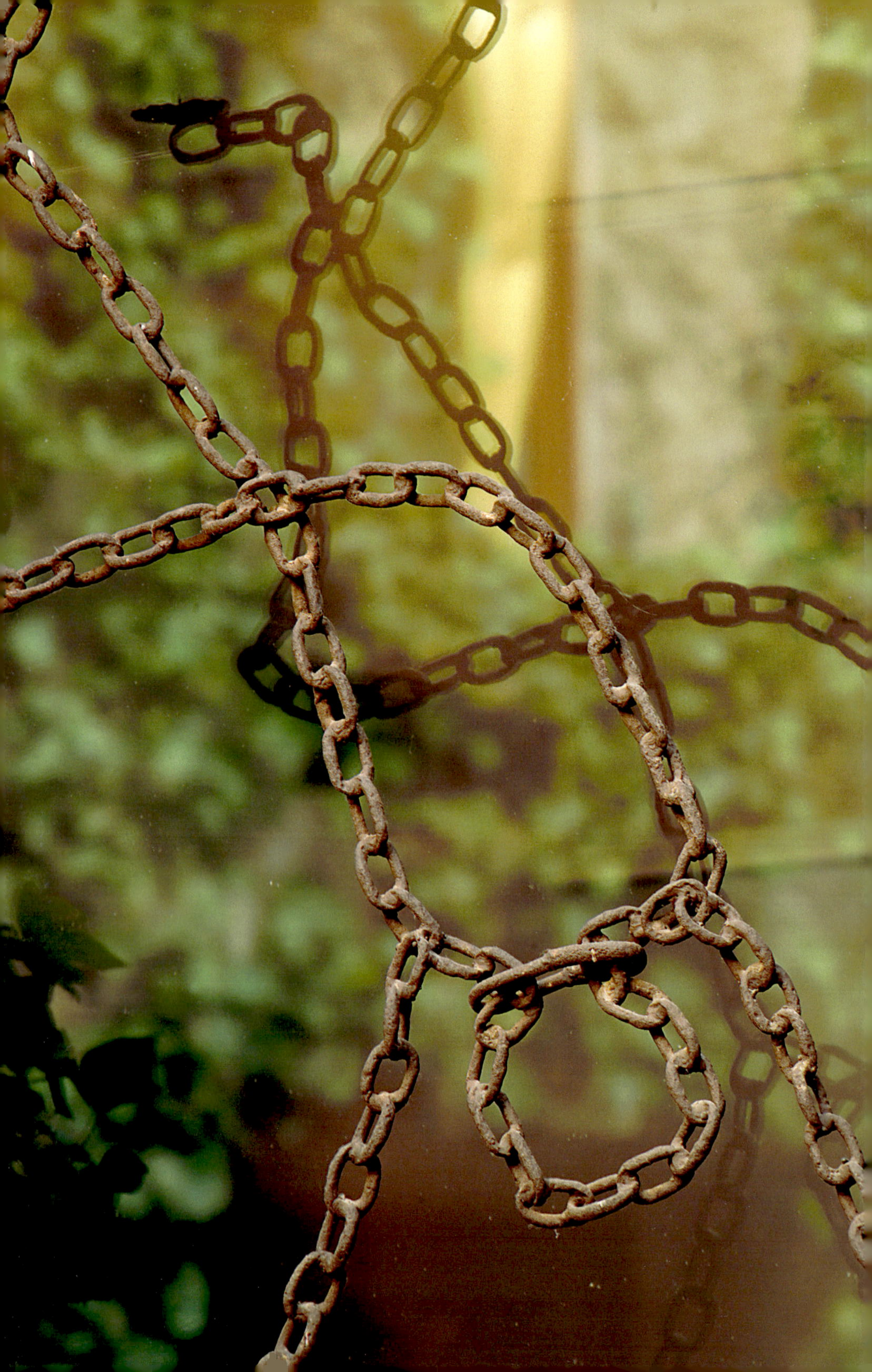

FUNDACIÓ
GALA-SALVADOR DALÍ

TRIANGLE▼POSTALS

Herausgeber
FUNDACIÓ GALA-SALVADOR DALÍ
TRIANGLE POSTALS, SL

Leitung
Jordi Puig

Künstlerische Leitung
Ricard Pla

Koordination
Joan Manuel Sevillano Campalans,
FUNDACIÓ GALA-SALVADOR DALÍ
Jaume Serrat,
TRIANGLE POSTALS, SL

Text
© Antoni Pitxot,
Montse Aguer Teixidor, 2005

Fotografien
© Jordi Puig, 2005

Seite. 15, © Català-Roca. Fundació Gala-Salvador Dalí, Figueres, 2005
Seite. 99, © Oriol Maspons. Fundació Gala-Salvador Dalí, Figueres, 2005
Seite. 17, 35, 53, 69, 83, 109, 131, 141, © Melitó Casals, "Meli". Fundació Gala-Salvador Dalí, Figueres, 2005
Seite. 15, © Xavier Miserachs. Fundació Gala-Salvador Dalí, Figueres, 2005
Seite 75, © Parrel- Graham/ Life Magazine
Seite 97, © Enrique Sabater
Seite. 29, © Studio 46, Roma

Werke von Salvador Dalí
© Salvador Dalí, Fundació Gala-Salvador Dalí, Figueres, 2005

Archivfotos
Centre d'Estudis Dalinians,
Fundació Gala-Salvador Dalí

Grafikdesign
Joan Colomer

Layout
Vador Minobis

Übersetzung
Susanne Engler

Überwachung des Inhalts
Centre d'Estudis Dalinians,
Fundació Gala-Salvador Dalí

Produktion
Imma Planas

Fototechnik
Molagraf

Druck
Sanvergràfic
1-2011

Hinterlegung der Pflichtexemplare
B-31409-2005

ISBN
978-84-8478-171-4

Unser Dank geht an:
Rosa Aguer, Georgina Berini, Teresa Brugués, Maria Castellano, Irene Civil, Maite Esteve, Carles Font, Carles Núñez, Dai Masllovet, Ferran Ortega, Imma Parada, Ester Rabert, Miquel Sánchez, Joan Manuel Sevillano

Und ganz besonders an das Team vom Centre d'Estudis Dalinians: Sílvia Cortada, Cristina Jutge, Rosa Maria Maurell, Mireia Roura, Carme Ruiz.

Wir danken auch für die wertvolle Mitarbeit von Jordi Artigas.

TRIANGLE POSTALS, SL
Sant Lluís, Menorca
Tel. +34 971 15 04 51
Fax +34 971 15 18 36
www.triangle.cat